国家出版基金项目

分卷主编　杜继东

中华民国时期
外交文献汇编

1911—1949

第九卷

下

中华书局

五、战后中国对日处置与对日和会

　　说明:坚持抗战的中国人民在 1941 年 12 月 7 日太平洋战争爆发后便不再孤立,尤其是 1942 年 1 月 1 日于美国华盛顿发表的《联合国家宣言》中明确规定反法西斯盟国不得单独与德、意、日等轴心国停战、讲和,直至它们无条件投降。1943 年是世界反法西斯战争的转折之年,当年 11 月相继召开的开罗会议、德黑兰会议已经着手考虑战后对德、意、日等轴心国的处置和重建国际秩序的问题。国民政府军事委员会参事室、外交部在抗战后期就为此做了大量准备工作。抗战胜利后,蒋介石从当时的国际环境和建立中日永久和平关系的基础出发,发表了以德报怨讲话,但国内各界、各团体,甚至是个人,都从自身的战争经历及与对东亚永久和平的渴望出发,纷纷发表对日处置和关于对日和会的意见与要求。如,从经济上彻底毁弃日本军事工业,消除其再次发动侵略战争的经济基础;从文化上根除日本军国主义的毒瘤,加强民主化教育;从领土上收回琉球,或使琉球独立,或由中美分管琉球南北两部等;从军事上不许日本建立军队和从事军事训练和军工研究;从政治上建议废除日本天皇制等。国民政府并非无视这些意见和要求,而是在这些意见和要求基础上提炼出对日处置和准备对日和会的具体政策与措施。如,国民政府据此编制对日索赔各案,督促、落实日本归还战时在中国劫掠的财、物与资料,制定审查、逮捕和审判日本战犯的法律法规,在南京、上海、沈阳、太原、保定、武汉、徐州、台北等地设立惩处日本战犯的军事法庭,引渡和严惩罪大恶极的日本战犯。但是,战后初期的国际国内环境并不利于中国政府的对日处置和准备对日和会工作。其原因一方面是国际上受制于反法西斯战争后期美英苏等国达成的雅尔塔—波茨坦体制,尤其是美国单独控制日本,导致中国政府的对日处置与参与对日和会的准备工作只能在这个大框架内进行。另一方面是中国国内持续三年之久解放战争，不仅在一定程度上影响了国共双方对日处置工作的开展，且由于国民党败退台湾导致地缘政治的变动而加速了美国转变对日政策的步伐，终使国共双方无缘对日和会。美国主导下的片面对日和会，无视长期对日作战并为此付出巨大牺牲和作出重大贡献的中国人民的参与，这在冷战时期或许可以被压制下来，但在今天这一无效、非法、片面的对日和会，正日益成为引发东亚国际关系格局变动的重大隐患。

本章主要资料来源：

第二历史档案馆藏外交部档案、行政院档案

《人民日报》1946 年、1947 年、1948 年、1949 年。

（一）国民政府的对日处置与战后中日关系

说明：随着世界反法西斯战争的顺利推进，1943 年 11 月，中美英三国首脑蒋介石、罗斯福、丘吉尔齐聚开罗，商讨对日作战和战后处置日本问题，并于会后发表了著名的《开罗宣言》，明确日本窃取中国的东北、台湾、澎湖列岛等领土在战后归还中国。此后直至抗战胜利，国民政府军事委员会参事室为战后处置日本做了大量的准备工作，包括对日占领、设置管制日本的远东委员会、惩处日本战犯、收复领土、对日索赔、朝鲜独立等。抗战胜利后，国民政府对日工作主要包括以下三个方面：一是会同美、英、苏等盟国共同管制日本，积极参加远东委员会、盟国对日委员会的各项工作，努力解除日本军备，消除日本军国主义存在的社会基础、思想基础和物质基础；二是恢复和改进中日关系，在日本东京设立大使馆，在神户、长崎等地设立领事馆，开放对日贸易，准备对日和会，促进中日关系正常化；三是编制各项对日索赔案；四是引渡、惩处罪大恶极的日本战犯和参与远东国际法庭对日本战犯的审判、定罪与惩罚。随着国民党政府败退台湾、中华人民共和国的成立、朝鲜战争的爆发，以及冷战格局形成，美国支配下的对日处置虽奠定了战后东亚国际关系格局的基础，但因其不彻底性也留下了东亚各国之间领土争端、历史认识问题等各种容易引起矛盾冲突的隐患。

军委会参事室为拟就关于四国会议问题致蒋介石签呈稿（节略）
1944 年 11 月 11 日

330#。机密。

谨签呈者：日前奉钧座面谕，由职室就中英美苏领袖会议、或中英美领袖会议、中美领袖会议时，英美苏与我国可能提出之问题以及我国应行准备之对策，拟具意见呈核等因。遵经拟就关于四国会议问题节略一件，谨另纸密缮，敬乞钧核。所拟诸项如须钧座为大致之核定，可否密交外交部会同职室就核定各点准备具体方案呈核，并祈裁夺。谨呈

委员长

附呈关于四国会议问题节略

参事室主任王 OO

签呈。

发。杰。重行缮。十一、十一。

一、日本领土暨联合国领土被占领或克复时之临时管理问题

（一）（说明）远东反攻战事发动后，日寇领土以及联合国沦陷地域被盟军次第占领或收复时，各该地区暂时应如何管理，当为英美可能提出之问题。如英美不即提出，我方亦应提出；因为此项问题如能事先确定，于我较为有利。至于我方对于此项之主张，我外交部在本年九月间已遵照委座核示，向美国政府提出办法。现时应将该办法提出，以期成立中英美协定。

（二）（我国政策）

（1）敌人领土被占领时，由占领军队暂时负军事及行政责任；但占领军队如非中英美三国联合军队，则此三国中无军队参加国，亦均派员

参加管制。

（2）中英美领土被收复时，由占领军队负军事责任，该地之行政由该地原主权国负责。彼此相关事项，由占领军与行政机构协商行之。

（3）其他联合国领土被收复时，由占领军队暂负军事责任，由该地原主权国负行政之责，但仍受占领军事机关之管制（即照英美所拟关于欧洲战区之办法）。

二、日本溃败时之对日处置问题

（一）（说明）依据四国协定序言中之规定，日本必需无条件投降。但于日本无条件投降后，盟方处置日本之基本原则，惩罚日本战争祸首暨其他暴行负责人员，以及处理自日本侵略下解放后之领土等题，迄今均尚无任何正式协商。此类问题有提出下次会议之可能，英美若不提出，我方亦应提出。苏联现时或不愿参加讨论此类问题。

（二）（我国政策）

（1）主张由中英美三国议定一战后处置日本之基本原则，类似莫斯科会议所确定对意大利之政策。

（2）主张三国议定一惩处日本战争祸首暨战事发生后日本暴行负责人员之办法，同于莫斯科会议对纳粹暴行负责人员之惩处办法。

（3）由三国约定，承认朝鲜于战后得重建自由独立。

（4）日本于九一八事变后自中国侵占之领土（包括旅大租借地）以及台湾琉球应归中国。

（5）关于太平洋方面其他领土之处置问题，应由三国议定若干原则，并设立一专门委员会，考虑具体解决方案，或交由拟设立之远东委员会，拟具具体方案。

（6）日本在华之公私产业，应完全由中国政府接收，以补偿中国政府及私人所受损失之一部，战争停止后，日本残留之军械、商船、军舰与飞机，应以其大部分移交中国，以增强中国在战后与盟国共同维持和平之力量。

中国第二历史档案馆藏外交部档案

外交部1946年度复员实施办法

1946年

三十五年度复员实施办法

（一）会同盟邦继续处理日本

日本自无条件投降后，我即根据开罗会议及波茨坦宣言暨我国立场予以处理，对于处置其本土事宜，我将派代表团赴日，并在日派设军事联络参谋处，以便与盟邦取得密切联系。我国为对日作战主要国家，对于继续处理日本，当本我一贯立场，既定方针及将来远东顾问委员会所提之建议，随时与盟邦密切协商办理。

（二）与联合国密切合作，发挥国际安全机构之效能

国际安全机构，业将成立，今后如何发挥其效能，以确保世界之永久和平，端赖联合国间之精诚合作，与夫各常任理事国家之努力程度耳。我国向为爱好和平之国家，亦为此次国际和平机构常任理事之一，对于一切足以维持世界和平之措施，当要一贯政策，随时与美、英、苏、法及其他联合国密切合作，促使此项机构充分发挥其效能，以确保世界之永久和平。

……

（五）恢复停闭或改设之使领馆

……

（乙）日本方面：驻日本大使馆，驻横滨总领事馆（连同函馆办事处），驻神户总领事馆（连同大阪及名古屋两办事处），驻长崎领事馆（连同门司办事处）。

（丙）韩国方面：驻韩国大使或公使馆（原为驻京城总领事馆，在我设立使馆后，其镇南浦及仁川两办事处将视需要情形改设领事馆），驻釜山领事馆，驻新义州领事馆，驻清津领事馆，驻元山副领事馆。

……

中国第二历史档案馆藏外交部档案

外交部编送 1946 年 7 月份工作简报的呈

1946 年 8 月 16 日

奉钧院本年七月十八日节京柒字第六一一九号训令以"自卅五年七月份起,各部会署应按月编送工作报告,除分行外,合行抄发编送简明工作报告注意事项,令仰遵照编具报告送院为要。此令。"等因,自应遵办。兹将本部卅五年七月份简明工作报告编造完竣,理合备文呈送同式三份,敬祈鉴核为祷。谨呈

行政院

附呈外交部卅五年七月份简明工作报告同式三份。

外交部部长王世杰(印)

外交部卅五年七月份简明工作报告

第二章　　其他重要工作

第一节　　对日德义事项

一、对日事项

甲、处理日本在国外资产原则案

驻华美大使先后来函,以美方拟提议在远东委员会设赔偿委员会,并提议处理日本国外财产原则三点:一、凡与日本交战各国(包括对日宣战各国在内)将留存各该国境内之日本资产,此项被留存之资产,将用以抵销各该国拟向日本索取之赔偿;二、日本在中立各国之资产,将使之用于分配,以充与日本交战各国索取之赔偿;三、日本在韩之财产或其等值,应予移交与联合委员会,代韩国人民与韩国将来之政府保管,以酬韩国曾在日人手中受难之人民,并为援助朝鲜之经济,使其能离日本独立。业经外交部电知驻美魏大使知照。

乙、日本赔偿各工厂案

据驻日代表团电:东京盟军总部所拟提供赔偿各工厂之器材清册,已由该总部寄美,藉供技术专家作选择工厂之参考。等情。惟该项清册,与调查日本赔偿能力及临时拆迁日本工业设备有关,已由外交部电令驻美使馆,索取副本寄回。

丙、赔偿分配问题英方所提简单原则案

据驻美顾大使电称:远东委员会第十九次会议上,关于日本赔偿之分配问题,决议照英国所提简单原则,交第一小组设计推进。等语。当以该项英方所提分配原则,内容至为重要,已经外交部电顾大使,迅电报告。

丁、东京日警枪杀台侨案

据朱代表电称:东京涩谷、新桥等区,中日摊贩商人素有恶感,时发生小冲突,而日警又与浪人互相勾结,遂演成七月十九日晚日警二百余人于涩谷列队枪击我华侨惨剧,计死四人及轻重伤者十余人,现正努力对此事件作合理解决,同时并向盟军总部采取联系,防止事态扩大及蔓延他处。等语。当经外交部去电,令速查明:1. 事件起因及经过详情;2. 所谓合理交涉,内容如何;3. 总部对此案措施及态度如何;4. 中央社东京廿日电,谓我台侨已承认对日警开枪,确否? 又令遵办:1. 此事应与总部联合举行调查,在事实未判明前,请总部暂不表示态度;2. 现在立即采取适当方法,防止事态之蔓延与扩大,并注意保护华侨;3. 对此事件之我方要求应全部保留,待另案指示;4. 请总部指示日政府及舆论界不得故意扩大渲染或作煽动性宣传;5. 对台侨应严加约束,不令滋生事端。

二、遣送德侨事宜

第一批应遣德侨,其中除少数为我方公私机关呈准雇用及因罪嫌待审暂免遣送外,均于七月七日乘轮返国,所留财产,由有关机关会同派员查点,列册封存。至自愿回国之德侨,亦经一并同轮遣送。

三、调查义大利公私财产事项

义大利公私财产之调查,前经本院通令津、沪、汉口、广州、厦门各市政府调查,并迭经外交部电催,迄未竣事。兹以巴黎和会举行在即,该部已再行电催。至其他材料,如义大利庚子年掠去古物及义在华投资及债权等,均已准备就绪。

中国第二历史档案馆藏行政院档案

外交部编送 1946 年 8 月份工作简报的呈

1946 年 9 月 21 日

谨查本部卅五年七月份简明工作报告,已于八月十六日以秘 35 字第五六二零号呈送钧院在案。兹将八月份简明工作报告备文呈送,同式三份,敬祈鉴核为祷。谨呈

行政院

附呈外交部卅五年八月份简明工作报告同式三份。

外交部部长王世杰(印)

外交部卅五年八月份简明工作报告

(节略)

第三章　其他重要工作

第一节　对日事项

一、对日要求赔偿案

关于日本赔偿问题,最近即将积极进行,我方须准备下列六项数字:1. 我方要求赔偿总数字;2. 国内日本资产总数字;3. 太平洋军舰资产数字;4. 台湾日本资产数字;5. 日本国内可供赔偿之资产数字;6. 日本本土及我国内东九省、台湾以外之日本国外资产数字。以上除五、六两项,由顾大使在美寻觅数字材料外,首四项经分别电知我驻日代表团、台湾行政长官公署及国防部,查示日本军舰数字、日本国内可供赔偿之资产数字、台湾日本资产数字,以及日本现存军舰资产数字,以便汇办。

又关于编制日本在华资产数字,系划分中国本部、东北各省、台湾三区,每区再分下列两项:1. 自由资产,即日人在侵略我国以前所经营之正常工商业资产;2. 侵略式资产,即日人在侵略我国期间及在战争时期内,在我国用武力及非法措施所经营之资产。以上数字,均折合美金为单位,俾可与其他赔偿项目比较。

二、日警枪杀台侨案

关于日警枪杀台侨事,前曾两次电令驻日代表团将事变及交涉经

过情形具报。兹据复称:本团在事件发生前,即多方设法消弭,事件发生后,更多方约束台侨,力持镇静,并动员多数团员协助侨务处。美军总部对此次事件,认为系治安问题,甚为重视,惟对过去台侨行为不检,原无好感,事件发生之初,更感于日方虚伪报告,于我颇为不利,经多方联系疏通,似已认识日方真面目,可期公平处理。现正会同总部,调查事实,究明启衅责任,一俟在法律上获得根据后,我方再提出要求等语。

关于处理德侨事,本年七月卅日,由外交部、内政部及收复区全国性事业接收委员会举行会议,经决议:1. 尚未遣送之德侨(留作罪证者除外)及具有入境签证之德籍犹太人,一律按照外侨居留证填发规则,发给居留证,并将名单分报内政、外交两部备查。2. 德籍教士,一律准许自由传教,请于斌主教调查全国德籍教士姓名及分布状况。3. 准予继续居留之德侨,其所有产业,至本年七月七日尚未接管者,暂免接管,由所有人自行管理,并呈报各地敌伪产业管理局备查。

又留沪德籍人民,有请求返国或往其他各国或赴我国其他各地者,如该项德侨查无罪嫌,当可照准。至于未经外交部核准居留之德侨暨未获我国入境签证之奥侨,请求离埠前往各地,则未予照准。

中国第二历史档案馆藏行政院档案

外交部为送 1946 年 9 月份工作简报的呈

1946 年 10 月 8 日

谨查本部卅五年八月份简明工作报告,已于九月廿一日以秘35字第零柒玖叁陆号呈送钧院在案。兹将九月份简明工作报告,备文呈送同式三份,敬祈鉴核为祷。谨呈

行政院

外交部部长王世杰(印)

附呈外交部卅五年九月份简明工作报告同式三份。

(节略)

第二章　其他重要工作

第一节　拟定对日赔偿问题我国提案纲要

关于对日赔偿委员会事,经拟定对日赔偿问题我国提案纲要七条,内容如下:(一)中国认为左列日本资产,应构成日本对盟国之赔偿公额:(甲)日本在其本国境内之存金现款、工业设备以及现在暨将来可供赔偿用之物资;(乙)日本在中立国、轴心国及未被日军占领各盟国内之存金现款及资产;(二)中国在日赔偿公额内至少应得百分之四十,前项公额内之现金至少应得百分之十五;(三)中国对于赔偿公额内之物资与现金,在其应得之比例数内,有优先取得权;(四)左列各项应归中国所有,亦得视为日本对华赔偿之部份,但不计入盟国共同分配之赔偿公额以内:(甲)日本在中国境内,包括东北各省之公私产业物资、存金暨现款等,其属于私有者,由日本政府对各该私有者负责清理;(乙)台湾及澎湖群岛及日本现有产业物资、存金暨现款等,其属于私有者,由日本政府负责对各该私有者清理;(丙)台湾人或日人或日伪所经营之经济事业,其总所或总公司设于中国台湾或澎湖境内,同时没有分所或分公司于日本者(如南满公司、北支那开发公司、台湾拓植公司等),其存于日本分所或分公司之产业物资、存金暨现款等;(五)关于日本境内指定为对华赔偿之工业设备,中国对于其迁移时期、利用方法及技艺人员等问题,得设定必要之条件;(六)日本在东北之工业设备及其他非战利品之物产,经苏联迁移者,赔偿委员会对之应有公平合理之处置,使中国对此应得之赔偿不致无着;(七)左列资产应由日本政府负责归还中国政府,视为退还品,不作为赔偿之部份:(甲)日本自中国境内用强力或威胁方法劫取之古物与美术品或其他物资现存于日本者;(乙)中国伪组织及台湾政府所存于日本之一切产业物资、存金暨现款等。

中国第二历史档案馆藏行政院档案

外交部1947年度工作计划

1946年10月

三十六年度外交部工作计划

外交部部长王世杰　　卅五年十月

设计考核委员会主任委员王世杰　　卅五年十月

一、计划提要

本年度工作计划,系赓续卅五年度未了事项,继续进行,内容方面,多属续办工作。

本年度重要中心工作,仍在促进美、英、苏、法等国关系,巩固世界和平,参加联合国组织活动,确保集体安全;根据平等互惠原则,缔订友好通商条约;扩张国外情报机构,加强外人对我认识,扶助弱小民族独立,交涉改善华侨待遇;修改本部及外馆组织法令,健全外交人事制度等项。

至于改进中日关系,发展中菲(菲律宾)关系,敦睦中暹邦交,恢复对德关系,以及与中南美、中东,以及欧洲其他各国,普遍增进外交关系,亦为本年度重要工作。

本计划分十五项,卅六目,按照规定,分别填列计划表于后。

二、计划表:

计划类别	计划号次	计划项目	续办或新办	过去办理概况或创办缘起	计划限度或要点	实施方法	完成期限	说明
	25	会同美、英、苏等国继续管制日本	续办		继续与美、英、苏等国彻底铲除日本侵略主义之军事、经济、教育制度,惩办战犯,协助日人制定真正民主之宪法,并依照我方最大比额与优先受偿两大原则,督促赔偿计划之实施。			

计划类别	计划号次	计划项目	续办或新办	过去办理概况或创办缘起	计划限度或要点	实施方法	完成期限	说明
	26	改进中日关系	续办		拟恢复战前在函馆、大阪、门司、名古屋各地领事机构,改善华侨法律地位与待遇,培植日本新兴民主势力,奠定远东和平基础,研究日本对外经济贸易关系,并准备对日和约及商约。			

中国第二历史档案馆藏外交部档案

外交部编送 1946 年上半年工作报告表的呈

1947 年 2 月 11 日

外交部秘 36 字第 271 号

中华民国三十六年二月十一日

前奉钧院上年八月二十一日管京柒字第九七六零号训令,以准党政工作考核委员会函催中央各政务机关速送三十五年上半年工作报告表,饬遵照迅速办理等因。谨将本部三十五年上半年工作报告表编填同式三份,备文呈送,敬祈鉴核为祷。

谨呈

行政院

附件如文

外交部部长王世杰(印)

外交部三十五年上半年度工作报告表

参加管制日本		（一）参加远东委员会——远东委员会系根据去年三月廿七日莫斯科三国外长会议之决议，就原有之远东顾问委员会改组而成，参加国家除原有之中、美、英、澳、法、加、菲、荷等国外，新增苏联一国，根据三国外长会议决议，远东委员会之任务为厘定管制日本政策，交由美政府转驻日盟军总部执行，具有实际之权力，非如前此之远东顾问委员会，仅系一咨询机关。其内部之组织，除主席、副主席及指导委员会外，分设（1）战犯，（2）赔偿，（3）经济及财政，（4）宪法及法律改革，（5）加强民主趋向，（6）日本外侨等六小组，后又加解除日本武装小组，各组由各国代表分任主席。该会自本年二月正式成立以来，工作积极展开，重要成就有通过临时赔偿拆迁日本工业计划、关于调查审判及处分远东战争罪犯政策、处置在日外人政策、对日恢复通邮案、日本新宪法原则、劫物归还原则等。我国代表原为魏大使道明，继改顾大使维钧，均直接受本部指导。该会近准备筹开对日赔偿委员会，我方正积极准备资料及提案中。 （二）参加盟国对日委员会——盟国对日委员会，根据去年十二月廿七日莫斯科三外长会议之决议设立，系一咨询机关，辅助驻日盟军总部管制日本，由中、美、英、苏四国各派代表组织而成。该会系于本年四月在东京正式成立，对于缩短肃清日本反动分子时期日本食粮政策、处置日本财阀、改革日本教育、恢复日本劳动团体与他国劳动团体间关系、扩张日本渔区、改革日本农地、日本政府变卖官产、处理日本法西斯书籍等方面，均有所建设，工作正积极展开。我国派朱世明少将充任代表，组织代表团，团员则由政府遴选专家充任。对于该团之一般指导，由本部担任，其向国内之报告，由本部汇转，遇有重要训示或指令事项，则由本部召集有关部分会商决定。关于在盟国对日委员会所提出之各种议案及其他有关外交、保侨、人事、经费事项，该团受本部之指导，各部会如派遣人员参加该团工作，均经由本部办理。 （三）交涉派兵驻日——本年初准美大使馆照会，邀请派军驻日，经呈准主席照复同意，嗣复准马歇尔特使本年五月备忘录附盟军最高统帅部为派遣驻日占领军所拟协定草案一份，征求意见，当复以本国政府对该项草案完全同意，并

		将复文交我驻日代表朱世明带赴东京,与盟军总部进行磋商,并经于草案上签字,一俟我方给养输送问题解决,即可与美方举行换文,派军赴日。(四)同意订立对日解除军备、废止军政草案——本年六月,美方将对日解除军备、废止军政草约分送中、英、苏三方,该草约与四月末所提对德解除军备及废止军政草约相仿,建议在廿五年期内,始终使日本解除军备、废止军政暨解除全部军队,日本各司令部及各军事组织人员亦均应予解散,各军事组织且不得于改头换面后继续存在,具体步骤为成立一四强管制委员会,在此廿五年期内,对全日本进行调查研究,并就调查研究所得,向联合国及四国政府报告,遇必要时,委员会得建议四国政府采取行动,包括海陆空军事行动,以防日本对于实行条约规定有违反或企图违反情事。我于于收到该项草约并详加研究后,以其与一九四五年七月波茨坦宣言及我方愿望,尚无不合,业经照复同意。该项草约,尚须苏联同意后,方可正式签定,现英、苏尚未正式答复。
交涉对日索取赔偿		(一)参加远东委员会对日索取赔偿工作——本年三月,美方建议在远东委员会内增设赔偿委员会,其职权为:(1)决定日本资产应交付赔偿数量、种类及种额;(2)接受受害国请求赔偿文件,经通过成立,我方派有专人参加。五月,远东委员会第十一次会议通过临时赔偿拆迁日本国防工业计划,该计划规定在对日赔偿总方案未成立前,先期拆迁日本一部分工业设备。该项计划所包括之拆迁工业,计有海陆军兵工厂、航空工业、造船工业,至于民生工业,亦已决定其生产力超过每年三千二百五十万日元者,均应交付赔偿。此项拆迁工业清单,已由驻日盟军总部编就,经远东委员会核准公布。(二)编拟赔偿方案,向美方提出商洽——我国对日索取赔偿之整个方案,经本年三月在翁副院长主持下,由资委会恽总经理震拟就,由本部寄交魏大使,向美方提出商洽。嗣据魏大使复称:向日索取赔偿方案,正与美外长商洽,期觅最迅速途径。(三)编拟最紧急临时赔偿项目,向美方提出商洽——本年五月,美国战争赔偿专员鲍莱奉杜鲁门总统之命,再度来远东,此次任务为:(1)调

		查苏联搬运东北及朝鲜之工业机械与其他财产情形;(2)日本在东北及朝鲜现有之财产状态。此外,尚拟研究何种物资可供中国及其他主要胜利国家之需要,就我国而论,即何种物资可由日本运出,以备我经济发展等。鲍氏过日,对我朱代表宣称,彼负责最短期内不待各国对赔偿计划批准,先交中国部分赔偿物资。我方当于鲍氏由日抵京后,由本部会同翁副院长及资委会钱主任,参照远东委员会所通过拆迁工业范围,就原已拟就之赔偿方案,抽编"最紧急临时赔偿项目",面交鲍莱,并分交美大使馆及朱代表分转美国务院及盟军总部,现此案尚无结果。(四)同意美方关于处置日本资产建议——美方曾于本年三月将关于处置日本国外财产之原则五点,提请我方表示意见,经函复表示赞同,并重申我应优先受偿与获得最大比例原则。嗣美方又将前项五点原则修改为三点,照请我方表示意见,经抄送有关各部会参考,并电知我驻美大使馆查照。此三项原则如下:(1)凡与日本交战各国(包括对日宣战各国在内),将留存各该国内之日本资产,此项被留存之资产,将用以抵销各该国拟向日本索取之赔偿;(2)日本在中立各国之资产,分配于曾与日本交战之各国作为赔偿;(3)日本在韩之财产或其等值,应予移交与联合委员会,代韩国人民与韩国将来之政府保管,以酬韩国曾在日人手中受难之人民,至援助朝鲜之经济,使其能离日本而独立。
交涉归还劫物		远东委员会曾决议日本掠夺劫物之归还应无限期,现驻日盟军总部之内,设有民用财产保管局(CIVIL PROPERTY CUSTODAIN),办理退还日本劫夺财产,并协助各国追赃、运输等问题。远东委员会并决定各会员国得各派五人至日组织委员会,在该局指导下工作,惟我方现尚未收到正式通知。 　　半年来本部经办各有关机关及私人请求归还在日劫物案,如船只、机械、古物等,大小凡数十案,其中最重要者,如永利硝酸厂机械、北京人化石、逸仙舰等,均经分别电饬驻日朱代表向盟军总部洽办,其中已得有结果者,有逸仙舰等案。

参加远东国防军事法庭审讯战犯		卅四年十月,美外部函知我国,关于审判远东战犯、组织国际法庭事,盟军总部请求各国推荐适当人员,以便由其选派,拟请中、英、苏各推五人,澳、法、加、纽、荷各三人。其后复准美方通知,请我国先派一二人前往日本,协助组织法庭。经本部签奉主席核定向哲濬、梅汝璈二人,并由行政院令派。该庭已于本年五月四日开始工作,我国代表向哲濬任副总检察官,在开庭前为调查战罪证据。该庭曾组织战罪调查小组,由检察长季南率领,飞赴我国各地搜集罪证,我方派有专员参加工作,并电令南洋各领事馆搜集证据,汇交该庭应用。其后,我方秦德纯将军曾出庭作证。迄今该庭工作,仍继续进行中。
交涉引渡战犯		我方自战犯处理委员会在去年十一月成立以来,除侵华元凶本庄繁、南次郎等卅三名,经两批呈奉主席核准,由本部照会美方逮捕交由远东国际军事法庭审讯外,其余主要战犯,均由国防部函请本部转饬驻日朱代表向盟军总部交涉逮捕引渡,迄今经本部向美方接洽引渡者,有森冈皋、稻叶、福田良三等十数案。
准许日捕鱼案		驻日盟军总部因鉴于目前亚洲粮荒,策划准许日人在中国、朝鲜及琉球群岛以外之公海上从事受监视之临时捕鱼工作,经由美大使馆于本年四月略达我方,希望我政府派员协同办理,并派该总部渔业股长费德勒来京与我磋商。经本部与农林部派员两度约同该渔业股长及美大使馆代表等商定捕鱼办法十项,在一年以内,准许日本渔轮四十只,在指定区域内受盟军总部之严密监督,从事捕鱼,并得由我国指派渔业技术人员随同渔轮视察,所得渔产,由盟军最高统帅部统筹分配之,我国得指派代表二人,驻在东京盟军总部参加工作,代表若干人分驻各渔轮卸货港口,协助办理。

续表

制定在外台侨国籍处理办法案		本年六月,本部拟具在外台侨国籍处理办法,提请行政院例会讨论,经于六月廿二日通过,公布施行。本部已照达各国驻华使馆查照,并通令驻外各使领馆遵办。该项办法主要内容如下:(1)台侨自卅四年十月廿五日起恢复中国国籍;(2)在外台侨应依照华侨登记办法,向使领馆登记,但须有华侨二人保证确有台湾籍贯;(3)其不愿恢复国籍者,得于卅五年十二月卅一日前,向当地使领馆为不愿恢复国籍之声明;(4)恢复中国国籍台侨,其法律地位与待遇,应与一般华侨完全相同,并应享受其他盟国侨民相同之待遇。
留用日籍技术人员案		本年五月,准马歇尔特使函询留华日籍技术人员之数字及中国政府之愿望,经函复我方为使若干工矿交通等事业不致停顿起见,在此过渡期间,有留用少数日籍技术人员之必要。嗣准美大使馆照会,略以美方认为准许留华之日技术人员,应仅限于若干在职务上或技术上有专长而中国一时无适当人材接充者,并须确切证明彼等并非业主或重要之管理人及有实际之财产利益等语,经复以我方留用日籍技术人员,乃为使工矿交通等事业不致停顿,在过渡期间暂行留者,彼等均非管理人或财产所有人,一俟本国技术人员训练就绪,即予以接替,而将其遣送返日。

中国第二历史档案馆藏行政院档案

行政院检送外交部 1947 年度政绩比较表致国民政府文官处的公函(节录)

1948 年 4 月 15 日

函送外交部卅六年度政绩比较表请转呈备查由

据外交部呈送卅六年度政绩比较表,经核尚无不合,除令准备查外,相应检同原表,函请查照转陈备查为荷。此致

国民政府文官处

检送外交部卅六年度政绩比较表一份

中华民国三十七年四月

院长张群

工作类别	工作项目	原定计划及进度	实施进度	比上年度进展情形	上级机关考核意见	备注
对日事项	一、会同美、英、苏等国继续管制日本 1. 彻底铲除日本侵略主义之军事、经济、教育制度 2. 惩办战犯 3. 远东委员会降后对日基本政策 4. 远东委员会日本赔偿各项决定		关于分配日本残余军舰案，我与美、英、苏三国先于本年六月中旬、七月上旬、八月中旬、九月中旬四次抽签，我计分得驱逐舰以下33艘，尚有不分部分104艘，仍在继续向美交涉予以分配中。消灭日本战争潜力案、禁止日本研究原子能案、日本平时生活水准案、短期控制日本经济案、日本教育制度案，均经远东委员会通过。其余如日本最低工业限度案、管制日本渔业案、日本民用航空案、日本平时工业水准案、对日输入粮食新案、日本出席国际会议等案，亦由远东委员会分别予以讨论或研究。 一、引渡战犯案 我国战犯处理委员会每二周开会一次，至本年底已经引渡来华之日战犯共13名，申请引渡中者4名，拟再向盟总交涉引渡之日战犯名单经战犯处理委员会数度审核决定为71名，由国防部、行政院核议中，又由我国引渡赴越南者计7名，其中暂时引渡对质者1名。 二、远东国际法庭审讯战犯案 盟国远东委员会军事法庭由参加远东委员会十一国组成，设东京、横滨二庭，审理甲级战犯东条等25名及乙、丙级战犯160余名。我国由梅汝璈任代表法官，向哲濬任代表检察官。本年二月中检察官起诉完毕，开始被告律师之辩护，九月中旬开始被告个人之辩护，本年内结束辩护程序，即将由检察官方面提出反驳证据后，双方开始辩论，终结后即由法庭宣判。本部于获悉审讯详情后，迭电饬梅法官，对于战犯中如土肥原、荒木、东条等之荒谬供词严予驳斥，并汇译被告供词及审讯笔录，转有关机关参考。 三、战犯财产用途案			

工作类别	工作项目	原定计划及进度	实施进度	比上年度进展情形	上级机关考核意见	备注
			本年六月十七日远东委员会通过一项议决案,规定业经判决没收财产之战犯,其没收财产应拨充占领军费用,各盟国境内军事法庭若判决没收战犯在日财产,亦应通知总部,将此项财产没收充占领费用,战犯财产在判决没收之列者应由其合法继承人继承。本案亦已于本年六月十九日通过,系以美国对日初步政策为蓝本修改而成,就盟国对降后日本之政策作原则上之规定,以为占领期间之方针。其中规定:本政策以保证日本不再成为世界和平安全之威胁,并尽速树立民主政府为最终目标。最高统帅经由日本政府行使权力,但不支持天皇或任何日本政府当局。最高统帅洽盟委会其他盟国代表后,得撤换阁员或添补阁员卸职后之遗缺。至于政府机构之变动或日本政府全体阁员之更迭,应按照远东委员会有关条款执行。日本不得再有任何陆军、海军、秘密警察组织或任何民间航空或任何宪兵,但得有适当数量之警察。军国主义或好战国家主义分子应摒斥于公职及其他任何公私负责地位之外。对一切战犯应严加审判,保证日本人民信仰、集会等自由。基于人种、国籍、信仰与政见而设为差别待遇之任何法令规章应予废除。日本军事力量之经济基础必须摧毁。工农组织应予以鼓励。赔偿应由日本以其现存资产、设备及设施抵付之,或以其现存及将来生产之货物抵付之。各国自日本总赔偿额中之分配额,应从广大的政治基础上予以决定,并对各要求国因日本侵略而受之物资破坏、人民死伤及所受损害之范围予以适当考虑。至于各国对击败			

工作类别	工作项目	原定计划及进度	实施进度	比上年度进展情形	上级机关考核意见	备注
			日本之贡献,包括抵抗日本侵略之面积与期间,亦应在适当考虑之中。掠夺物资应悉数归还。日本于最后应该参加世界贸易。本政策赔偿条款与有关问题之处,并不影响各国政府对日本在国外资产问题之意见。 一、关于赔偿比额案: 本年四月中,远东委员会讨论分配比额时,我要求日本国内赔偿物资总额中应占40%,惟因各国之提议予我国应得比例甚低,经电令顾大使继续声明我对抗战损失过巨,仍应维持40%之议外,并分电驻英、苏、荷、印使节向各国政府交涉。至十一月,远东委员会中美方提出新方案,我得百分之三十,美二八,英一〇,菲八,苏四,印四,荷四,法二,纽一,并表示愿以其本国所得二八分中抽出一八分,分配与满意之国家等,我已同意以该案作讨论根据。 二、关于先期拆迁案: 我方以赔偿问题进行延迟,于三十五年十月密商美政府,请其引用远东委员会颁发临时指令办法,饬麦帅对我国实施临时拆迁计划,以应急需。美方表示同情,其后美据此拟具先期拆迁方案,就临时拆迁计划案范围,先期拆迁百分之一十五至二十分配中、苏、英、荷四国。我力争应先期拆迁百分之三十,我得其中百分之五十,经美方同意。嗣后,美方复变更计划,将先期拆迁问题先交远东委员会审核,未获通过。我乃提议本案改期讨论,本案遂被悬搁。现先期拆迁首批物资已抽签分配,我分得工具机9447部,实得9398部,先行接收6544部。 三、其他关于保留日本电力炼钢炉案、赔偿物资分配原则案、赔偿工厂			

续表

工作类别	工作项目	原定计划及进度	实施进度	比上年度进展情形	上级机关考核意见	备注
			选择原则案、赔偿物资交货地点案、归还物新案、联合国人民在日财产归还案、联合国家在日财产毁坏拆迁案，均经远东委员会通过。至日本商船赔偿案、赔偿物资分配程序案、赔偿拆迁最后限度案，美方曾向该会提出讨论。			
	二、改善中日关系 1. 开放对日交通贸易 2. 准备对日和约 3. 美方召开对日和会		关于中日恢复通邮，本年度业已实行。通航问题亦经提向盟总交涉核准中。自盟总于本年八月间宣布有限制开放对日贸易后，我为便于管理计，组织赴日商务代表团统一办理，并由经济部荐由本部派遣商务专员驻日管理。至于私商名额之分配，美方原提议经我配额 36 名，已经争得 64 名。其他如日本临时进出口政策、日本进口来源案、日本出口去向案，均经远东委员会通过。 本年六月，本部为对原拟对日和约初稿再加研讨以期周密计，由本部有关单位主管人员开会，再加审核，历时两月审核完毕。八月间复以日本投降已届两年，对日和约亟待进行，我方准备工作应及早完成，本部虽已拟有约稿，但各项专门问题尚待研究，各方意见亦待广为采求，以收集思广益之效，除分电驻美大使馆及驻日代表团研拟外，并提请院会通过组织对日和约审议委员会。该会于九月正式成立，除举行三次审议委员座谈会外，并分组对各项问题作初步审议。 本年七月美方提议召开对日和会，由远东委员会十一国参加，以多数表决。我方主张四国应保有否决权。苏主张四国外之其他远委会会员国只能提供意见，但不能参加表决，有表决权之四国并各自保有否决权。现本案尚在磋商中。			

外交部1948年下半年度施政计划纲要
1948年

外交部三十七年下半年度施政计划纲要

……

七、促成对日和约之签订

对日和约之签订，自宜早日完成，以彻底铲除日本侵略主义，摧毁日本军事经济工商作战潜力，达成我国最大比额与优先受偿之赔偿原则，并监督日本政府完成真正民主化。惟为达到此种目的，中国必须于未来和会中获得其应有之特殊地位；中国不能放弃此种地位，以求和会之早开与和约之早订。

……

中国第二历史档案馆藏外交部档案

（二）各方对日和约的意见与讨论

说明：1945年8月15日，昭和天皇"玉音放送"，表示接受盟国的无条件投降要求，中国人民历经八年浴血奋战最终获得了抗日战争的胜利。蒋介石代表国民政府虽发表了以德报怨的讲话，但中国国内各界、各团体甚至是个人纷纷思考如何彻底铲除日本军国主义势力，确保东亚乃至世界的永久和平。具体说来，可以归为以下几类：一是政治上是否保留日本天皇制，总体上看大多同意废除日本天皇制，或有条件地保留天皇制；不少个人或团体提出促进日本民主势力的发展，从学校教育和社会教育入手，消除日本侵略思想之复萌。二是中国全国工业协会和经济界人士提出毁弃日本军需工业，限制日本工业发展水平，消灭日本再次发动战争的经济潜力。三是军事上解除日本武装，不许日本成立军队或从事军训及军事相关项目的研究，甚至有人建议盟国长期管制日本。四是领土上多主张收复琉球，或琉球独立，或琉球南北分别委托中美管治；依据《开罗宣言》《波茨坦公告》确定日本领土，将竹岛、对马岛划归朝鲜，千岛群岛划归苏联，加罗林群岛、马绍尔群岛、马里亚纳群岛划归美国托管等，总之是将日本近代以来窃取和强取豪夺的领土或物归原主，或分割占领。五是要求占日本对盟国赔偿之中最大比例，至少达到鲍莱提出的标准；建议定期拆迁中国所需之日本工厂，以实物或现金分期赔付中国的战争损失。六是提出应尽早召开对日和会，建议和会地点在中国首都南京，或长春、沈阳、上海等地，强调中国在对日和会中应保留否决权。国民政府对国内各方意见和建议相当重视，1948 年 5 月 4 日，在综合各方意见基础上提出了《缔结对日和约之准备》，希望以此为基础参加对日和会。但是，随着国民党政权在大陆的垮台，美英苏三国，尤其是美苏两国在对日和会上的分歧，美国最终主持了单独对日和会，不仅将苏联及东欧的社会主义国家，而且将遭受日本侵略最重、也是对日作战付出最大的中国大陆和台湾的国民党政权排除和会之外，因此，所有对日和会的讨论、意见、建议终归烟消云散。

对日和约国内各方意见辑要——政治类
1947 年 7 月—10 月

类别	项目	出处	意见	理由	备考
政治	天皇制度	云南《中央日报》	（一）天皇制度必须废弃。（二）天皇制度如要保留，只宜作有条件之保留。	强拿日本比拟英国，不但有所偏，亦且太冒险。	卅六年七月十九日社论
		蔡维藩	天皇制度之保留，必须具有保留条件，即限制其保留之时间性。		卅六年七月廿八日于云南文化运动委员会对日和约讨论会
		罗守骥	废除日本天皇制。		卅六年七月廿七日京《和平日报》

类别	项目	出处	意见	理由	备考
		张君劢	和约上应明文废除日本天皇制度。		卅六年七月廿九日答《中央日报》记者
		雷震	运用各种力量,促日本天皇及整个皇室逐渐崩溃,尤其必须先从日本宪法上修改其地位,削弱其权力。		卅六年八月四日答《中央日报》记者
		《大刚报》	消灭天皇军阀所构成之侵略制度。		卅六年七月廿九日社评
		马祖炳	天皇制度,应渐予废除,使日本实现民主。		八月廿日《民国日报》
		纯青	依据波茨坦宣言,将天皇及天皇制度先剔除,然后将政府形式交日本人民自由确定。		卅六年九月五日《大公报》"论对日和约我见"
		褚辅成等十八人	彻底废除天皇制度。		卅六年九月九日沪《大公报》
		亚东协会	"天皇"应改称"国王",并取消一切有碍民主制度之特权。		卅六年九月九日沪《大公报》
		《大公报》	废除天皇制,应站在消灭法西斯的政治机构及黩武侵略思想立场而处置,而与决定政府形式无关。		卅六年九月十二日社评
		监委于树德等十三人	废除日本天皇制度,实行民主共和制度。		卅六年九月十六日书面意见书

类别	项目	出处	意见	理由	备考
		参政会对日和约研究会	日本天皇制度为侵略精神之寄托,并予废除。		九月廿四日《中央日报》
		李铭	应由理论方面多多纠正神话之误,再由实际方面,时时提倡民主之实,则收效之宏,犹倍蓰于废除。	天皇制度,传统相承,已根深蒂固,今强制废除,适足以招日人反感。	九月廿六日《新闻报》
		王宠惠	波茨坦会议中,已有原则之规定,自各种观点看,天皇制度确有完全废除之必要。	废除天皇不独有利世界和平,更有利于日本人民民权之发达与民主政治之实现。	九月廿七日《中央日报》
一般		京《和平日报》	盟国管制机构,对日议员候选人资格,应事先加以严格审核。	(一)去年选出之国会中,自由、进步两党,依然由政友、民政两党蜕变而成,封建色彩仍浓。(二)吉田内阁,现以自由、进步两党为骨干,性质保守。(三)新宪法中,天皇不仅为"形式上的首长",且为实际之统治者。	卅六年四月三日社论
		张君劢	贯彻日本民主化。		卅六年七月廿九日答《中央日报》记者
		《大刚报》	积极扶植日本民主进步力量。		卅六年七月廿九日社评

类别	项目	出处	意见	理由	备考
		《东南日报》	对日本应积极研究、计划如何促成日本民主势力的抬头。	以求永久解决中日间潜伏之危机。	卅六年八月五日沪版社论
		马祖炳	彻底消灭财阀、军阀、官僚及旧势力。		卅六年八月廿日津《民国日报》
		褚辅成	解散日本军阀并改革土地制度。		
		亚东协会	(一)消除军国主义思想与心理之存在,建立和平民主政府。(二)修正宪法,强化日本政府责任内阁之民主体制。(三)现有神社及一切国家神道之象征物应一律废弃。(四)潜伏民间之秘密团体,应一律解消,并以法律规定此种组织为犯罪行为。		卅六年九月九日沪《大公报》"对日和约意见"
		监委于树德等十三人	严格取缔一切可使军阀、财阀复活的制度。		卅六年九月十六日书面意见
	再教育	陈博生	对日和约的根本问题首先消灭日本的军事力量,然后应继之以良好教育。		卅六年七月廿日答《中央日报》记者
		许世英	(一)彻底解除日本人的思想武装。(二)铲除排斥异己的心理。		卅六年七月廿一日答《中央日报》记者

续表

类别	项目	出处	意见	理由	备考
		蔡维藩	修正日本史地教材。		卅六年七月廿八日于云南省文化运动委员会对日和约讨论会
		余家菊	（一）我们应负起教育日本的责任。 （二）彻底改造日本人民侵略思想。		卅六年七月廿九日答《中央日报》记者
		雷震	（一）彻底廓清日本神权思想和武士道精神。 （二）分别整理日本专科以上学校。 （三）彻底改正日本中小学校教科书，尤其公民、国文和史地等教材。 （四）日本维新以来出版之社会科学书籍，特别是本国史、东洋史等，应分别查禁或改正。 （五）一切社教工具如电影、戏剧等，应循民主、和平及反神权主义之方针，彻底加予改正。		卅六年八月四日答《中央日报》记者
		张君劢	彻底解除日本武装，包括工业、经济、政治、教育、文化的武装在内。		卅六年七月廿九日答《中央日报》记者
		云南《中央日报》	（一）改良师资。 （二）改良制度。 （三）改良史地教本。		卅六年七月十九日社论
		香港《新生晚报》	军国主义思想须永远消灭。		

续表

类别	项目	出处	意见	理由	备考
		沪《中央日报》	（一）美方所建议之四国解除日本武装协定办法，需要在武装占领期间先行打下良好基础。 （二）此协定实施时机必须要在波茨坦宣言执行圆满完成以后。	（一）以往十月之军事占领中，军国主义依然孕藏在一般社会中间，而民主势力亦绝少抬头之表现。 （二）在短时期内，此一解除武装协定还代替不了波茨坦宣言之作用。	卅六年六月廿四日社论
		褚辅成等十八人	彻底廓清出版物之含有军国主义思想、极权与神道思想。取缔孕育上款毒素思想之戏剧、电影、神社及各种秘密团体。		卅六年九月九日沪《大公报》
		亚东协会	1. 学校教材、出版物及文化活动不许含有神道、军国主义或极端国家主义之思想。 2. 学校不得施行军训及不得作兵器及原子能之研究。		卅六年九月九日沪《大公报》
		参政会对日和约研究会	（一）日本教育制度应彻底修改，消除侵略思想之复萌。 （二）须规定在东洋史中详述中国历史。 （三）每一大学须选聘中国学者充任教授。		九月廿日《新闻报》

类别	项目	出处	意见	理由	备考
		宁庆伯	(一)儿童是最好的再教育园地,最有希望的再教育对象。 (二)妇女再教育单靠法令及训令不能奏效,须使之充分了解民主的意义及权利。 (三)廿岁至四十岁之间的男子最难教育,至多只能产生表面上之改革。 (四)成人学校教育须作多年继续不断之努力与监督。 (五)四十余万七千教师的再教育,是整个教育的关键。 (六)欲求日本教育永久改革,须由日人自拟定改革方案。	(一)将来重新处理国际事务的日本领导人材及使日本遵经民主途径与永久改革,便是一千八百万的日本学童。 (二)日本妇女所受的传统束缚异常坚强。 (三)日本成年男子所受极权国家主义侵染甚深。	九月廿五日《和平日报》

外交部编对日和约国内各方意见辑要——政治类,陈光辉、王桂生、王建民合编

中国第二历史档案馆藏外交部档案

对日和约国内各方意见辑要——经济类
1947 年 7 月—10 月

类别	项目	出处	意见	理由	备考
经济	工业水准	中国全国工业协会	日本工业水准不应提高,应以九一八前为标准。	如麦帅之建议将日本工业恢复至一九三○至一九三四年之生产力成为事实,则对我国工业将遭受严重打击。	卅六年五月十五日建议案

类别	项目	出处	意见	理由	备考
		中国纺织学会	抗议麦帅拟令日本现有纺锭二百八十余万枚扩充至六百万枚。	(一)日本全国人口七千万,以每人每年棉布二十码计,至多有纱锭一百卅万至一百五十万枚可以供给有余,日本现有纺锭已超越自行供给需要限量。(二)日本工业之所以发达,得力于纺织工业战前廉价日货纺织品之推销,不但广被于东亚、南洋,且远及于西欧、南美,其汹涌之势迄今犹有余悸。	卅六年六月廿九日抗议书
		沪《中央日报》	为提取生产品作赔偿而保留的日本工业必须以"决不包括能藉以武装再起的工业"为前提,但所谓"武装再起"的工业我们以为并不限于军需工业,而应包括一部分和平工业在内。	事实上日本在侵略战时,其军需工业的发达多半是从和平工业尤其重工业转变而来的。	卅六年七月十六日社论
		《前线日报》	(一)毁弃军需工业,除重工业严禁生产之外,轻工业标准亦以不至侵略盟国为限。(二)反对盟国允许日本维持一九三〇至一九三四年之工业标准。		卅六年七月十九日社论
		《新民日报》	(一)日本军火工业、重工业要扫数拆除。(二)轻工业亦须拆除至仅够维持它国内的消费而不足以输出。	可使我们落后工业得到保障,而幼稚生产工具不会在优势压力下被淘汰。	卅六年七月十九日社论

类别	项目	出处	意见	理由	备考
		陈博生	(一)必须研究一个合理方案,使得中日两国的轻工业平衡的发展。(二)进一步的以求南洋市场的分配,不论是纺织业、陶器、瓷器,都得好好的安排。	我们如果不可能抑止日本轻工业的发展,就应该另辟门径来谋自己轻工业的改进。对任何民族决不可能施以过分之压力。	卅六年七月廿日答《中央日报》记者
		香港《新生晚报》	工业生产力不能超过其自给经济之水准。		卅六年七月十九日社论
		罗守骥	(一)拆除下列工厂:飞机工厂及其修理厂、造船工厂、船坞、炼钢工厂、炼焦工厂、兵工厂、军火工厂、轻金属工厂、化学工厂(如酸碱工厂)等。(二)工业原料如钢铁产量每年不得超过五万吨,铝不得生产,煤产量每年不得超过十万吨,石油产量每年不得超过一万吨,重要矿场一律炸毁。(三)轻工业如纺织工业、水泥工业等应尽量限制。		卅六年七月廿七日京《和平日报》专论
		余家菊	管制日本经济生产权,以不得妨碍中国经济发展为原则。		卅六年七月廿九日答《中央日报》记者
		雷震	(一)彻底废除日本重工业和军需工业(包括造船工业)。(二)严格限制日本轻工业尤指纺织工业。(三)限制海洋航业。		卅六年八月四日答《中央日报》记者

续表

类别	项目	出处	意见	理由	备考
		丁志进	1. 所限制之标准,应为生活水准而非生产水准。 2. 所定生活水准,应照战后亚洲人民之最低生活水准。 3. 以生活水准之需而决定其保留工业之数量。	一九三一至一九三七年中日本生产水准提高远超人民生活所需。 日本以前生活水准之高,乃向外掠夺与剥削之结果。	卅六年八月三日上海《申报》
		马祖炳	日本工业水准不得超过目前中国的工业水准。		卅六年八月廿日津《民国报》
		《华夏日报》	1. 日本工业水准决不能保留一九三○至三四年的程度。 2. 日本平均每人保有之工业生产能力不应高于亚洲全体人民平均保有之能力。 3. 盟国若以为日本应有较高之工业水准,则亚洲之盟国更应有一比日本较高或适当之工业水准。	1. 该数年正为日本工业水准至高之时期。 2. 该数年正为日本工业水准足以向外侵略之时期。	卅六年九月四日论坛
		纯青	1. 水准不能以年度为标准。 2. 限制应不分重工业与轻工业。 3. 限制其产量并打断其系列(指炼钢、化学与机器三种工业)。	因均可为战争之用。	卅六年九月五日沪《大公报》
		褚辅成等十八人	1. 其人民生活水准不得高于其邻近被侵略国家人民之生活水准。 2. 由人民生活水准确定其工业水准(此生活水准应为和平生活水准),其他一律拆充赔偿或毁弃。 3. 反对一九三○至三四年标准之主张。		卅六年九月九日沪《大公报》

类别	项目	出处	意见	理由	备考
		亚东协会	1.应以日本发动皇姑屯事件之一九二八年为基准,并依鲍莱主张(不超过亚东受侵略国人民生活水准)予以适当之折扣。 2.依上项生活水准确定应保存之工业水准。		卅六年九月九日沪《大公报》
		监委于树德等十三人	1.工业水准应以仅足日本人民维持其生活上的自给自足为限,但不得高于我国,并不使有余力向外倾销与竞销。 2.至高水准不得高过一九二八——三〇年之水准。 3.严厉限制军事工业,并应加监督。 4.不得作大规模之集中经营。		卅六年九月十六日书面意见
		王晓籁	(一)虽不必主张一九二〇年之水准,至多只能容许一九三〇年之水准。 (二)不准日本在我国设厂及投资。		九月十七日
		《大公报》	(一)不应以年度为标准,不赞成维持一九二八年水准的主张。 (二)应以日本人民和平生活的合理需要为决定其工业水准的根据。	世界经济萧条乃自一九二九年开始,一九二八年是日本经济景气之年。	九月十九日

续表

类别	项目	出处	意见	理由	备考
		纯青	消灭日本战争的潜力： (一)禁止冶铁、炼钢及铝金。 (二)禁止造船。 (三)禁止造飞机、汽车、卡车。 (四)硫酸产量不得超过一百五十万吨，烧碱不得超过廿万吨。大规模之硫磺工厂、石灰碳素工厂及曹达工厂应拆除作赔偿。 (五)火电厂全部拆迁，全国水电力最多保存三百万瓩为限，维持日人生活但不得超过远东其他国家生活水准。 (六)纺锭不得超过二百万锭，织机不得超过十二万架。 (七)人造丝生产以十万吨为限，过剩设备应予拆除。 (八)食粮问题可举行远东会议决定之。	日本不产铁，根本无资格冶炼。柏林公报禁止德国生产"海船"。	九月十八日
		《大公报》	如允许日本维持一九三〇——三四的工业水准，任其继续扩张，而我工业不能发展，则可能重演另一次"九一八"。	(一)日本先天贫乏，缺乏原料，我东北富庶资源仍是它馋涎欲滴之物。 (二)日本资本主义的经济体制仍须向外寻找殖民地与出口良好之市场。 (三)战后的日本仍保有高度工业水准，虽回复到以轻工业为主，同时仍有足够之军需工业足以阻碍我民族工业的发达。	九月十八日

续表

类别	项目	出处	意见	理由	备考
		《新闻报》	应坚决反对麦帅主张一九三〇——三四年的日本工业水准,应使日本回复到日俄之战以前甚至是第一次中日之战以前的状态。	(一)美国工业发达,日本高度工业不能威胁美国,但足以危害我国。 (二)战时,平时工业可变为军需工业,工业水准之高下即是战争潜力的强弱。	九月廿日
		参政会对日和约研究会	(一)日本军需工业设备及重武器应一律销毁。 (二)日本工业水准,以能维持日人必需生活为准,如必需以年度为衡量,应以一九二八以前为准。		九月廿四日
		《新民报》	(一)应相对低于此时全亚洲人民的生活水准。 (二)反对以一九二八年为准,应以一九〇四俄之战或一八九五中日之战以前之状态为准。	一九二八年日本的生产总值比一九三〇——九三四尚多二亿七千万日元。	九月廿六日
		王宠惠	日本轻工业应维持一九二八——三〇年水准较合理,但应调查当时生产情况和现在需要原则方面,我国应坚持日本人民仅能拥有和平时期仅敷生存的工业生产水准。		九月廿七日

续表

类别	项目	出处	意见	理由	备考
		《东南日报》	在日本军国主义潜在的经济基础未彻底摧毁之前,在德、日履行其对盟国的义务尚未完整确立之前,贸然从事于复兴日本的计划及其实施是重大的错误,这错误早在第一次大战后即曾铸成,而今不可重蹈覆辙。	(一)今天的日本依然保持其在亚洲工业与资源最雄厚之实力,对亚洲各国之威胁已不小。(二)目前日本生产的低落,除盟国的管制之外,还由日本独占资本为逃避拆毁赔偿及取得美国支持而故意实行怠工所致的结果,如一旦盟国容许其自由发展并加以贷款等援助,日本工业之恢复到战前水准必然非常迅速,由此产生的严重后果完全可以想像。(三)复兴日本工业的危机,不在它的本身而在其所由建立之社会经济基础问题,在于复兴的是何种性质及由何人控制之经济,日本军国主义及支持侵略战争的独占集团,如已被彻底清算,而由民主力量取而代之,则日本的经济复兴就决不致再度形成世界和平的威胁,但而今复兴中的日本军国主义势力及独占集团依然存在,在此情形之下,复兴日本实无异扶持东条第二的再起。	十月四日
一般	刘子建		(一)日本经济仍须受盟国控制。(二)外国对日本的投资不可无限制。(三)由日本与需要盟国直接交易。	(一)援用和约虽签订、占领仍继续之理由。(二)外国贩卖日本出口货重行售予其他盟国,等于从中取利。(三)日本合理利益可得保障。	卅六年七月九日《大公报》

类别	项目	出处	意见	理由	备考
		云南《民意报》	日本商业的发展以在经济上不侵略他国为原则，我们应保留随时增减关税、禁止出入口等权利。		卅六年八月一日社论
		罗守骥	（一）反对日本在南极捕鲸。（二）民用运输机不得超过一百架。		卅六年七月廿七日京《和平日报》专论
		《新民日报》	限制日本渔船吨位，最大船身不得超过廿尺，时速不得超过三哩，最远游弋距离不得超过日本领海的二哩。	因为如此，方可说真是为了捕鱼来满足日本粮食的不足，否则必然是日本重建海军的第一步。	卅六年七月十九日社论
		丁志进	1.使日本工业永不能变为战时工业。2.使日本的经济不可能转为战时经济。a.使其生产不足敷战时各方之需。b.不使在平时有所积贮。3.使日本未来发展不致与我国的经济发展冲突。对有冲突之日本工商业加以限制。		卅六年八月三日沪《申报》"对日和约的几个经济问题"
		《中央日报》	1.严格规定日本工业发展。2.铲除日本侵略性的工业。		卅六年八月九日京社论
		张廷铮	限制日本轻工业不能超过其人民生活所必需的程度。	防其以低廉物品争取市场与原料。	卅六年八月十日京《中央日报》

续表

类别	项目	出处	意见	理由	备考
		《华夏日报》	1. 鲍莱计划与斯揣克 (Strike) 计划之同一重要缺点为均未有主张拆除日本纺织设备。 2. 日本财阀控制下之庞大财富与经济势力之工业组合制度, 应加注意并不使存留。	英、美、苏均有不同利己理由, 愿鼓励日本纺织业复兴, 日本可借此复兴, 而对中国绝大不利。以防止日本战时工业潜力之复活。	卅六年九月四日
		行政院赔偿委员会	1. 军火业应为永久之削除。 2. 属于支持战争之工业应有五年以上之限制时期。 3. 上列两项应在和约内特设条款规定。		卅六年九月三日公函
		亚东协会	1. 应以维持其人民和平生活为限制之标准。 2. 经济民主化。 3. 改革经济体制。 4. 肃清财阀。 5. 改革土地制度。 6. 拆除销毁军需工业及准军需工业。		卅六年九月九日沪《大公报》
		《大公报》	经济原则以消灭军事潜力及保持不超过远东国家生活水准为前提。		卅六年九月十二日社评
		监委于树德等十三人	各国不得对日有政治性之借款及超过其自足经济需要量之借款。		卅六年九月十六日意见书
		丁志进	1. 进口物品之种类必须限于确实为民生所需。 2. 各种进口物品输入数量每年不得超过真实消费量减去国内生产量之差额。 3. 日本对华输出之物品种类与数量, 中国应有权随时加以干涉。	1. 防备军用军料之输入。 2. 防止贮藏以为战争之需。 3. 保护中国新工业。	卅六年八月三日沪《申报》

续表

类别	项目	出处	意见	理由	备考
		纯青	1. 未来五十多年内日本输入物资数量应受限制。 2. 对外贸易签字国应有一谅解,不得违背经济原则援助日本对盟国作商业竞争。		卅六年九月五日
		监委于树德等十三人	1. 日本对外贸易应以"以货易货"为原则,并应保持出入口之平衡。 2. 军事工业物品限制输入及其使用。		卅六年九月十六日意见书

外交部编对日和约国内各方意见辑要——经济类,陈光辉、王桂生、王建民合编

中国第二历史档案馆藏外交部档案

对日和约国内各方意见辑要——军事类
1947 年 7 月—10 月

类别	项目	出处	意见	理由	备考
军事	一般	陈博生	对日和约最主要的,在彻底解除日本武装。		卅六年七月廿日答《中央日报》记者
		《新民日报》	(一)坚持限制日本武装。 (二)武装警察必需解除。		卅六年七月十九日社论
		香港《新生晚报》	不许日本成立军队。		卅六年七月十九日社论
		监察委员刘士笃等	(一)永远不许成立军队。 (二)摧毁军需工业。		卅六年七月廿六日建议案

续表

类别	项目	出处	意见	理由	备考
		罗守骥	（一）坚持在维持日本本土治安范围内，只能准许陆军三万人及武装警察二万人。 （二）军事学校一概不准设立，并不准训练后备军及学生军训。 （三）海军舰只总吨数不得超过三万吨，舰只最大者不得超过三千吨；运输舰总吨数不得超过五万吨，轮只最大者不得超过五千吨；军港船坞一律炸毁。 （四）空军永远不得成立。		
		张君劢	彻底解除日本武装。		卅六年七月廿九日答《中央日报》记者
		余家菊	彻底解除日本武装。		卅六年七月廿九日答《中央日报》记者
		武肇煦	（一）解除日本国内任何军备。 （二）注意日本武装警察。 （三）变相军事学校不得设立。		卅六年七月日国民参政会对日和约研究会
		雷震	（一）彻底废除日本各大中学的军训和军事管理，改正各小学的体育训练和游戏运动。 （二）各级军事学校及公私团体之含有军事意义者一律予以废止。 （三）彻底改造警察制度。		卅六年八月四日答《中央日报》记者

续表

类别	项目	出处	意见	理由	备考
		马祖炳	应彻底解除日本的武装： 1. 永远不许成立军队。 2. 不许成立变相之捕鲸队、探险队及地下组织。 3. 解除便衣警察、宪兵、在乡军人组织及忧国团体。		卅六年八月廿日津《民国报》"论对日和约问题"
		《益世晚报》	和约上规定完全解除日本的武装。		卅六年八月卅日社论
		褚辅成等十八人	(一)拆毁现有一切军需工业及海陆空军基地。 (二)永远废除兵役制度与其海陆空军。 (三)限制其警察数量与使用重武器并作军事演习。 (四)取缔过去军人潜向警察转业。 (五)禁止实施军训及对军器之研究。		卅六年九月九日沪《大公报》"我们关于对日和约的主张"
		亚东协会	(一)不许有兵役制度之存在。 (二)不许有陆海空军及秘密警察之存在。 (三)不许有陆海空军基地之存在。 (四)不许有兵器制造设备之存在。 (五)治安警察限于雇用性质，不得为军事之训练。 (六)不许有义务警察之设置。 (七)设联合参谋机关，于主要地区派驻监察人员，以监察废止军备条款之实施。		卅六年九月九日沪《大公报》"对日和约意见"

续表

类别	项目	出处	意见	理由	备考
		监委于树德等十三人	彻底解除日本武装,不准重建并消灭其作战潜力: 1. 限制警察员额,并不得使用重武器,并限制民间武器。 2. 水警用之巡逻艇之每艘吨位及全国总吨位应有限制。 3. 民用飞机应有数量上之限制,不得自制或限制制造。 4. 限制原子能、化学、物理与病菌的武器之研究与实验。		卅六年九月十六日意见书"关于对日和约问题"
		王宠惠	(一)解除武装应使日本永无侵略力量,彻底消除重工业。 (二)仅得保留少数轻武器警察,确立永久的警察制度,确定警察人数、警察终身职务。	(一)日本如保有重工业,战时仍即可转变为军需工业。 (二)第一次大战后,德国警察两年更换一次,结果全国皆兵。	九月十七日《中央日报》
		《新民报》	(一)彻底摧毁日本军国主义训练机构,解散在乡军人会,取消学校童军组织,取缔一切尚武教育如劈刺、击拳、柔道等。 (二)彻底解散日本现行警察行政系统,警察人员得由日人充任外,所长警察员均应由占领军派员充任,绝对禁止政治警察。 (三)仅准日人在领海之哩内捕鱼,辅助其粮食之不足,凡远海航行设备渔轮均应绝对取缔。	(一)日本仍极权军国主义国义,其数百万军队仍保持,军阀干部仍在农场、合作社及其他伪装下活动。 (二)日本系世界上第一个最严密警察国家,整个警察组织系统丝毫未受影响。	九月廿七日

续表

类别	项目	出处	意见	理由	备考
		李铭	关于废止日本军备,宜在和约中作硬性规定。潜在力量以民用航空、商用船舰之转化为军用,重工业转化为军需工业,均须加以规定。	日本虽在宪法中,表示已放弃侵略思想,但仅是迎合麦帅之姿态,有机可乘必再重整军备,宪法等于废纸。	
		中华国产商联合会	所有武装一律解除,设备一律销毁,并永远不得设有军队或类似军队化之组织和训练。		
管制		《新闻报》	麦帅之主张和约签订后即不继续以武力统治日本、仅由联合国监督履行一点,似乎言之过早。	(一)观日本历史,就可以发现日本以准备顺从的方法欺骗敌人,徐图恢复,已早有先例。(二)联合国机构没有武力,"监督"只是一种空谈。(三)波茨坦宣言有明白规定,即必须至"上述目的(指定解除日本物心两面的武装)已达到,及依据日本人民自由意志而成立和平民主政府之时"。而日本现在还没有达到这一阶段。	卅六年三月廿二日社评
		《正言报》	对日监督移交联合国机构,目前言之尚早,在联合国机构未有充分准备,不能负起实际责任之前,先加强原由各盟邦代表组成之管制日本委员会,充分发挥其管制机能,切实执行其任务。	(一)结束"事实上之美国单独占领"。(二)减轻个人之责任。	卅六年三月卅日社论

续表

类别	项目	出处	意见	理由	备考
		京《和平日报》	(一)赞成去年六月廿五日美国务院防日协定之建议,分别征求中、英、苏等国之同意,确定时效为廿五年。 (二)由中、美、项、苏成立四国管制委员会,担负监察责任,必要时可建议四国政府,采取行动,制止日本违约的行为。	(一)可以加强盟国的关系。 (二)应使战败后的敌国,知所警惕,不敢有违约背信行动。	卅六年四月三日社论
		京《和平日报》	(一)要规定长期的管制计划,日期以卅年为宜,至少不得短于廿五年。 (二)管制方式,应仍由有关主要盟国共同执行。 (三)应缔结防止侵略协定。	(一)避免日本走上极权政治,再度威胁中国。 (二)事实上"联合国"安理会的主体,仍为五强,与其经过成功的和平机构,施行对日管制,不如由五强以及太平洋其他盟国直接管制,较为切实。 (三)过去和约的失败,多由于战后盟国的分裂以及和约中未附有制裁违约的办法。	卅六年六月四日社论
		香港《华侨日报》	由中、英、美、苏、法五强共同联盟,若日本背约,向五强任何一国作侵略行动,则由五强采取一致步骤以压制之。		卅六年七月廿日社论
		许世英	签约后,对日本还要用密切与合理的监督。	使日本不再为中国与世界之患。	卅六年七月廿一日答《中央日报》记者
		湖北省参议会	各盟国长期管制日本,直至日本人民之侵略思想完全消灭为止。	(一)藉以确保东亚及世界和平。 (二)防制日本野心。	卅六年六月廿七日临时动议案

续表

类别	项目	出处	意见	理由	备考
		蔡维藩	四强共管日本。		卅六年七月廿八日于云南文运会对日和约讨论会
		香港《新生晚报》	（一）对日继续管制十年至廿年。 （二）由和会各国共同执行，以代替美国之寡头管制。		卅六年七月十九日社论
		《东南日报》	（一）和约签订后之执行监督，必须在和约中明确规定。 （二）经常在日本国内设立一联合国共同监督机构。 （三）在原则上可参照一九四六年六月二日美方所建议之对日解除武装廿五年协定草案。	以严密督促和约之执行。	卅六年七月廿五日社论
		罗守骥	（一）必须管制日本一百年，甚至长期管制。 （二）由四强或五强组织委员会，长期驻在东京，以监视日本对和约的履行。		卅六年七月廿七日京《和平日报》专论
		武肇煦	（一）管制日本以百年为期。 （二）在日本，应设立同盟国管制机构。		卅六年七月日于国民参政会对日和约研究会
		监察委员刘志笃等	和约签订后，我国应继续参加相当时期对日的军事占领、政治监督。		卅六年七月廿六日建议案

类别	项目	出处	意见	理由	备考
		《中央日报》	管制日本之期间,有延长之必要。	(一)日本现今政党之构成分子与以前政党分子,仍有相同之点。(二)日本目前所主张之民主政治与和平政策,乃应付美国而已。	卅六年八月九日京版社论
		张廷钟	管制应继续于和约缔结之后。	(一)战时恐怖事件之祸首,近复积极活动。(二)日本七十年来帝国主义教育已普遍渗透于日人脑中,对迷梦有所眷念。	卅六年八月十日京《中央日报》
		马祖炳	和约签订后和联合国无庞大军事实力前,应由中、美、英、苏军事占领,共同管制廿五年,此项应由条约明文规定。		卅六年八月廿日津《民国日报》
		纯青	(一)继续管制期间,不必太长。(二)使苏联积极参加管制。(三)继续管制目的,应使日本国内左右势力平衡发展。	使日本中立,减少投机战事之冒险。	卅六年九月五日沪《大公报》
		褚辅成等十人	应由中、美、英、苏四强依平等原则,组织监督机构,以代替美国现在的片面管制(指和约缔结后)。		卅六年九月九日沪《大公报》
		亚东协会	(一)联合国应授权中、美、英、苏四国依平等原则组织和约执行机构,为和约施行之监督。(二)四国组织军事监督机构及宪兵部队,驻扎日本重要地区。(三)四国应成立廿五年至卅年之防日协定。		卅六年九月九日沪《大公报》

续表

类别	项目	出处	意见	理由	备考
		《大公报》	共同监视日本复起侵略，不得由一国单独保护。		卅六年九月十二日沪社评
		宋越伦	和约中应明确规定执行监督问题，并应设立监察机构，我可参照一九四六年美方所建议之对日解除武装廿五年协定草案，在会议中提出。	根据第一次大战后，对德和约之教训，对日和约如未获得执行的安全保证，则和约可成为废纸。	《亚洲世纪》一卷五期
		李铭	(一)监督之方式应置于联合国管制之下，或(二)仿现在远东委员会之组织，由十一国管制。(三)由主要国家中、美、英、苏四国管制。	以采用第二种方式较为妥善，议决方法仍采"过半数同意，且须有中、美、英、苏国代表在内"，我国握有否决权，不虞为人压迫。	九月十七日《新闻报》
		王晓籁	应设立盟邦监视日本和约履行委员会，由有关系国共同监视，一致行动。		九月十七日《大公报》
		参政会对日和约研究会	(一)正式签约以后，应由四强实施限制性的监督。(二)管制期间暂定卅年，如日本对和约执行有违反情事时，得延长管制时期。(三)日本破坏和约，得由武力制裁，得由四强共同执行。		九月十七日《东南日报》，廿日《新闻报》

外交部编对日和约国内各方意见辑要——军事类，陈光辉、王桂生、王建民合编

中国第二历史档案馆藏外交部档案

对日和约国内各方意见辑要——领土
1947 年 7 月—10 月

类别	出处	意见	理由	备考
领土	沪《中央日报》	草拟和约时,对于琉球之处置要求能公正而合理,符合中国愿望。	(一)历史上言,琉球和我国之关系,自明代起,遣使进贡,派送留学生,其受明册封,奉清正朔,殆纯出于自动。 (二)地理上言,琉球居台湾东北,与台湾及海南岛同为我国屏障。	卅六年三月廿三日社论
	上海市参议会	反对日本共管琉球群岛及取得对台湾移民特权。		卅六年六月四日通过案
	丁宝存	琉球应归还我国。	(一)事实上,琉球为我国历来之属地,为日人强占而去。 (二)我国在海军上之需要。	卅六年六月廿三日《中央日报》文史周刊
	琉球革命同志会代表喜有名	(一)琉球全部应归入中国版图,确保东亚和平。 (二)美军放弃单独托管,由中美政府指导下,组织琉球人民自治政府,以正国际视听。 (三)琉球划分南北两区,本岛北部由美军管理,南部由中国管理(即靠近台湾附近宫古岛、八重山岛)		卅六年六月廿六日意见书
	邵毓麟	琉球问题可由中美两国依照联合国宪章规定,缔结托管协定,以处理之。		卅六年七月廿四日答新亚社记者
	叶青	收回琉球。	(一)予日本以必要惩罚。 (二)巩固中国东边国防。 (三)苏联不劳而获得占南库页岛及千岛群岛等地,可以援例。	卅六年七月卅一日和平日报专论

续表

类别	出处	意见	理由	备考
	张其昀	（一）中国收回琉球。 （二）中国同意经由联合国的程序在顾全中国主权原则下，供国际军队使用。	（一）琉球是中国屏藩。 （二）琉球为中国失地之一，自应由中国收回。 （三）琉球军事形势，关系远东大局，供国际军队使用，可以保障和平。	卅六年八月卅一日中国地理学会年会论文
	潘世宪	可能引起争端的几个岛屿： 1. 千岛群岛，苏联将绝不退让。 2. 琉球群岛，应归还中国。 3. 竹岛，应归还朝鲜。 4. 对马岛，应设置自卫自安及国际社会秩序之警察。	琉球人民要求归还中国，并有历史之根据。 竹岛原属韩江原道。 对马岛原非日本固有之领土，然为日本经韩向大陆发展之桥梁，且扼日本海与西太平洋之通路。	卅六年八月廿八日沪《大公报》
	《中央日报》	日本领土范围不能超过原来四岛之外。	开罗与波茨坦宣言。	卅六年八月九日京社论
	张廷铮	琉球为我国必争之地。	具有战略性且与我关系最切。	卅六年八月十日
	马祖炳	1. 应收回琉球、澎湖群岛。 2. 日本本土对其他岛屿，由美国单独管治，或由联合国托治。		卅六年八月廿日
	纯青	1. 应采民族立场： （1）收回东北、台湾； （2）琉球独立。 2. 强国应保持基地上的均衡。	免一切纷事。 让和平建于均衡上。	卅六年九月五日沪《大公报》
	褚辅成等十八人	1. 日本领土限于原来四岛。 2. 小笠原群岛、济州岛，应适用托管制度。 3. 独岛应归还朝鲜。 4. 琉球应还中国。		卅六年九月九日沪《大公报》
	亚东协会	1. 日本之主权限于本土四岛及邻近小岛。 2. 琉球应无条件归还中国。		卅六年九月九日沪《大公报》

续表

类别	出处	意见	理由	备考
	《大公报》	领土处理应以民族解放为原则,使人种的生存权利平等。		卅六年九月十二日
	监委于树德等十三人	1. 依开罗及波茨坦宣言决定日本本土范围。 2. 本土附近之岛屿,应以麦克阿瑟总部一九四六年一月廿九日命令所规定日本行政议行使的各岛屿为最大限度。 3. 琉球归还中国。 4. 竹岛归属朝鲜。 5. 对马岛归属朝鲜,由联合国驻军。 6. 千岛群岛应割与苏联。		卅六年九月十六日书面意见 —
	《华夏日报》	1. 领土应根据波茨坦宣言与雅尔塔协定。 2. 有军事价值之岛屿(小笠原、济州)可用托管制。 3. 属中、韩者(独岛、琉球)应归还中、韩。		卅六年九月十八日评论
	王晓籁	应在若干年内,例如卅年,不准日人进入我国的东北、台湾、澎湖列岛和琉球群岛经商和居住。	(一)日外长芦田要求与美国共同托管琉球群岛或归还,并想移民入台湾。 (二)日议员尾崎行雄公然主张我国的领土东北、台湾应由居民投票,决定属谁。	九月十七日
	《中央日报》	(一)对于日本扩展的领土,应根据下列理由,合理处置: (a)归还其原有主权国与发生历史关系最密切之国家; (b)各该地如系国联委任日本之代管地时,得提交联合国托管委员会处理。 (c)如系日本原有辖土,	《中央日报》的理由	九月廿三日

类别	出处	意见	理由	备考
		但具有战备价值者,必须以各该地对于他国有密切利害关系者,执行占领。 (二)竹岛和郁林岛应划归朝鲜,在韩国未独立前,由美国占领。 (三)琉球群岛应归还中国。 (四)济州岛归还朝鲜,韩国未独立前,应由中国海军驻守。 (五)伊豆七岛和南方群岛,应予剥夺,由获得小笠原群岛主权国家占领。 (六)小笠原群岛与大山群岛,应予剥夺,由获得代管群岛托治权之美国占领。 (七)冲鸟岛、南鸟岛、中鸟岛,应由美国占领。 (八)千岛、库页岛南部,应归苏联。 (九)齿舞群岛,应划交千岛主权国家。 (十)代管群岛由联合国托管委员会最后决定。 (十一)对马岛应归朝鲜,韩国未独立前应由中国占领。		
	李铭	加罗林群岛、马绍尔群岛、马利亚纳群岛,应归美国托管。	本为国联委任日本统治之德属地,根据美国托治太平洋前日本代管岛之协定。	九月廿七日
	王宠惠	(一)除本洲、北海道、九州、四国及邻近小岛外,日本不应再拥有其他领土。 (二)绝不允许日本移民进入台湾。 (三)琉球群岛应交还我国或考虑由联合国共管,绝不可让日人涉足。	该群岛一八七九年为日本吞并,根据历史关系及战略关系意义。	九月廿七日

续表

类别	出处	意见	理由	备考
	参政会对日和约研究会	开罗宣言规定,日本领土以外之各岛,应适用托管制,琉球应请联合国交中国托管。		九月廿四日《中央日报》

外交部编对日和约国内各方意见辑要——领土组,陈光辉、王桂生、王建民合编

中国第二历史档案馆藏外交部档案

对日和约国内各方意见辑要——赔偿
1947年7月—10月

类别	出处	意见	理由	备考
赔偿	沪《中央日报》	日本赔偿委员会近提函于赔偿之报告,较鲍莱所拟者迥不相同,我们对于除要求其必须付出赔偿外,并应要求较多之分配。	(一)战败国之必须付出赔偿,在于穷兵黩武者以严厉的膺惩,且弥补战胜国所受之损失。(二)赔偿之积极意义,在防止日本侵略势力之复活。(三)我国抗战八年,公私损失,不可胜计,自应获得较多赔偿。	卅六年三月廿三日社论
	资源委员会	对于日本工业设备保留最高生产能力意见:(甲)造船方面(E)钢制船及船坞等:(一)船只修建能力应减为年产75000吨,并只维持200000吨之总量,凡超过此项能力之设备,应提作赔偿并受下列限制:(a)造船设备能力每只以3000吨为限,凡超过此项能力之设备,应作赔偿之用。		卅六年六月十日意见书

类别	出处	意见	理由	备考
		(b)提作赔偿之船坞内不能拆迁之设备,除仅能作造船之用者外,应予摧毁。 (c)两个二万吨干船坞,应予保留,俾作他国船只来往之用。 (Ⅰ)日本商船保留吨位应减为1500000吨,余量应作赔偿之用并受下列限制: (a)日本所有商船每只吨位以三千为限。 (乙)钢铁方面 (一)生铁生产能力应保留以每年1500000公吨为准,凡超过是项能力之炼铁设备,均应拨作赔〔偿〕之用。 (二)钢铁及铸钢品生产能力应保留以每年300000公吨为限,为和平用度计,为数已高,超过是项生产能力之各种炼钢设备,均应拨作赔偿之用。 (三)各种主要型钢保留生产能力,应以每年2000000公吨为限,凡超过是项生产能力之轧钢设备,均应算作赔偿之用。 (丙)化工方面 (一)要求按照鲍莱原案规定纯碱标准为二十五万吨。 (二)民营军需工业拆迁限制[即原案之(1)(A)项],拟照行政院赔偿委员会化工小组决议案"民营军需工业之化学工厂,曾经制造军用品者,应全部提充赔偿,以免再被日本利用"要求更正。		

续表

类别	出处	意见	理由	备考
	中国纺织学会	抗议麦帅以为日本纺织工业非军需工业可比,不能列作赔偿之用。	(一)日本军备基础,在于工业,但工业之所以发达,更得力于纺织工业,拆迁其民用最低限度以上之纺织设备,实为剥夺其军备潜力之有力措置。 (二)我国抗战牺牲惨重,举凡衣食住行之所需,自当积极补充,拆迁日本过剩之纺织工业设备于中国,实为适当公平之举。	卅六年六月廿九日抗议书
	沪《中央日报》	日本轻工业,特别是足以威胁工业后进国的,如纺织工业,假使超过和平经济之必要时,必应予以拆充赔偿。	事实上这种轻工业是日本向远东各方施行经济侵略之武器,亦是造成其军事侵略之主因。	卅六年七月十六日社论
	《前线日报》	(一)我们必须要求赔偿占盟国中赔偿之最大比例,至少达到鲍莱氏标准。 (二)除物资外,还要一部分现金,如吉田政府所匿藏之大量钻石、黄金等,即可充作赔偿。 (三)赔偿物资,须征求我国之同意。 (四)东北为苏军所迁运之工业设备,种种损失须由赔偿中补偿中国。		卅六年七月十九日社论
	云南《民意报》	(一)中国人生命之损失,继续要日本战犯抵偿。 (二)中国人财物的损失,全部要日本偿还。		卅六年八月一日社论
	邵毓麟	(一)另行提出现金赔偿及生产品赔偿之要求。(二)□□(原文不清)生产品赔偿之工厂,亦应指定为赔偿物品。	补救拆迁旧重工业设备与我并无实际利益。	卅六年七月廿四日答新亚社记者

续表

类别	出处	意见	理由	备考
	香港《华侨日报》	（一）日本应对我负完全赔偿责任。 （二）日本对盟国的赔偿总额，我国应要求占有绝大多数。 （三）东北工业之损失，在日本对苏联的赔偿项下，照我们估计的损失数字，如数拨扣。		卅六年七月廿日社论
	香港《新生晚报》	拆除一切可以使其重新武装作战之新工业，移作赔偿。		卅六年七月十九日社论
	香港《星岛日报》	赔偿数额之决定，应把中国在战时的损失作比较，而不要偏重维持日本人民的生活。		卅六年七月十八日社论
	监察委员会刘士笃等	（一）凡日本工业超过现时中国工业水准之一切设备，应全部拆迁，作为赔偿抗战期间一切公私损失之用。 （二）我国应得之赔偿物资，应索偿足够搬运之船只，以供运输。 （三）日本及其傀儡政府在中国发行伪币所吸去物资之价值，应由日本全部赔偿。 （四）现在日本银行之黄金、珍宝约值二亿美元，又日本政府通令匿藏价值约七百五十亿元之钻石、黄金及布匹等物，均应作赔偿之用，我国应要求半数，以为整理我国币制之用。		卅六年七月廿六日建议案
	叶青	增加赔款数目，可以参考甲午之役而作比例。		卅六年七月卅一日京《和平日报》

续表

类别	出处	意见	理由	备考
	汪竹一	争取日本纺锭赔偿。	(一)日本纺织工业实为军需工业之主要基础。 (二)维持鲍莱建议保留三百万锭之数,已绰乎有余,其超过之数,应视为"非和平经济所必需",悉数移之赔偿。 (三)中国获取赔偿以发展纺织工业。	卅六年七月卅一日《大公报》专论
	《大刚报》	(一)日本除准许维持其经济必需及可以偿付货物赔款之工业外,应悉数拆除,分配各国,特别是军火工业。 (二)日本政府匿藏之巨额黄金及珍宝,应扫数充作赔偿。		卅六年七月廿九日社评
	丁志进	1、应指定日本将一批完整而为我国所需之工厂,定期拆迁。 2、应指定数量物品(日本之工业产品)为我国所需者,规定数量,分期赔偿,每年交付。 3、现金赔偿。	以稳定中国因战争而致之通货膨胀。	卅六年八月三日沪《申报》
	张廷铮	1、日本国内资产,凡超过准许保留水准以外者,均提充赔偿。 2、现行生产,应一部分提供给赔偿。 3、在中国发生之军票与伪钞,应负赔偿责任。		卅六年八月十日京《中央日报》
	马祖炳	1、遵照鲍莱氏赔偿方案采实物赔偿主义。 2、撤除所有军需工业及多余之轻工业抵充赔偿。 3、日本被冻结之金、银、白金等(二亿五千万)亦作赔偿之用。		卅六年八月廿日《民国报》(津)

续表

类别	出处	意见	理由	备考
	纯青	1、战费另算。 2、以人民损失之统计数字,为要求所占总额比例之标准。 3、赔偿物品,应索生产物品(机器与工厂)。		卅六年九月五日沪《大公报》
	褚辅成等十八人	1、庞大战费可免赔偿,人民损失必须尽量赔偿。 2、赔偿物品,应以能迅速助我建设为原则。 3、军需工业与重工业机器外,尤应索取一部分轻工业机器与商船。 4、至少应要求占赔偿总额百分之五十。 5、日本在华之一切公私产业,应一概没收,使中国人民得回实惠。	上次战争,法对德之要求赔偿为52%,此次苏对德赔偿要求为50%。 其产业取自中国,上次和约有对德之例。	卅六年九月九日沪《大公报》
	亚东协会	1、工业水准外,过剩之工业设备,除应予销毁者外,全部拆充赔偿。 2、实物赔偿。 (1)现有金银珠宝。 (2)生活所需以外之工业设备。 3、生产品赔偿,应拆除之工业设备,其继续生产之物品,全充赔偿,迄计划完成为止。 4、劳力赔偿,拆除之工业设备,其技术人员,应受盟国征用,随工业设备而服役。 5、中国应占赔偿总额百分之五十。 6、日本在被侵略国所掠夺之物资及在被侵略国领土上设置之产业,应无条件归属各国所有。		卅六年九月九日沪《大公报》

续表

类别	出处	意见	理由	备考
	《大公报》	为建国而争取赔偿,不应考虑搬运问题。		卅六年九月十二日社评
	监委于树德等十三人	1、以鲍莱氏所拟为最低限度。 2、战前及战时日本掠自我国之公私财产应完全归还,不能归还者应作价赔偿。 3、现金赔偿。		卅六年九月十六日书面意见
	王晓籁	应由日本赔偿我国此次大战所损失的船只吨位,并限制日本造船事业,以免妨害英美的造船事业,更不准日本在我领海内捕鱼。		九月十七日
	参政会对日和约研究会	(一)赔偿计算,应视战争之久暂,以战争期间公私所受之损失为准。 (二)日本本土及海外资产及工业设备(纺织在内),应一律作为赔偿资产。 (三)日本在中国所掠夺之金银珠宝及古物、书籍,须一律归还中国,不应视为赔偿品。		九月廿四日
	中国战后建设协会上海分会	(一)日本赔偿中,我国自应获得百分之五十。 (二)日本自我国掠得之物,应作为归还论,不应列入赔偿。 (三)赔偿设备,以工业设备为主体(以下原文不清楚)。		九月廿二日

续表

类别	出处	意见	理由	备考
	王宠惠	(一)我国应由日本获得大部分比例之赔偿。 (二)日本国外财产应为赔偿品,日本在我东北境内之重工业设备,应为我国所有。 (三)赔偿精确损失数,应及早准备。	自"九一八"以后,日人即不断利用我国人力物力资源从事生产,增加自己之财富。	九月廿七日
	中国之产厂商联合会	应根据鲍莱的赔偿计划,而为远东委员会所通过的,只准加重,不得减轻。		九月十九日《新闻报》
	东南日报社论	战败的日本不论其人民觉醒及民主改革达到若何程度,应该担负赔偿及协助被侵害各国复兴的义务。复兴日本经济的目标,就应该使德国能尽此一义务,才是合理、没有危险的。	今日美国复兴日本的理由,是为了使日本、亚洲对抗苏联及稳定资本主义制度的强国壁垒。	十月四日《复兴德日的错误》
	新闻报李铭	赔偿不能宽待。 (一)反对鲍莱赔偿计划及斯揣克之建议。 (二)应以日本赔偿建设我国工业为原则,自制计划。 (三)关于日本赔偿我国物资,如何拆卸、运输、窨置、分配等问题,应事先确立原则。 (四)应根据我国工业现状,制定发展我国工业之三年或五年计划,计划中所需者,应就日本现有设备陆续拆迁,其为日本原有设备所无者,就令日本制造,其陈旧不合用者,应断然拒绝。	中国本身负债已甚重。 (一)因系针对美国本身利益而制订,一九三〇—三四之水准,于美国工业不足为害,于我则甚不利。	卅六年九月十七日

外交部编对日和约国内各方意见辑要——赔偿组,陈光辉、王桂生、王建民合编

中国第二历史档案馆藏外交部档案

对日和约国内各方意见辑要——综合
1947 年 7 月—10 月

类别	项目	出处	意见	理由	备考
综合	和会程序	沪《中央日报》	对日和会从速举行，有其客观需要。	（一）对德和约已搬上莫斯科会议而将有所决定，则对日和约自应从速召开。 （二）尽速对日缔结和约，以解除日本之经济封锁状态，解决日人生活。 （三）联合国自身着想，希望日本对外贸易重开，如美国需要把多量棉花换取日本生丝，而中国也亟需日本赔偿物资，以为复兴之助。	卅六年三月廿四日社论
		《大公报》	对日和会地点应在中国长春。	（一）对日和会是东方问题，而东方各国中，中国所受战祸最惨，且被侵略亦最早，抗战也最久，原则上中国应为和会东道。 （二）长春是伪"满洲国"首都，在长春解决东方问题，可表示一大段历史之结果。	卅六年四月二日社评
		《正言报》	（一）对日和会地点宜在沈阳。 （二）对日和会日期宜在九一八。	（一）中国作战最久，受害最深。 （二）九一八是日本开始以武力侵略中国的第一天，沈阳是远东最先爆发战争的城市。	卅六年五月廿九日社论
		《益世报》	（一）以沈阳为和会地点。 （二）以九一八为开会日期。	（一）可予日寇全国上下以莫大教训。 （二）使国人不忘会稽之耻，然后民族意识始能恢复。 （三）藉在沈阳开对日和约会之便，向人民发起建设东北运动。	卅六年五月廿九日社论

续表

类别	项目	出处	意见	理由	备考
		国民参政会	请政府采主动外交,选定沈阳及九月十八日为对日和会地点及日期。		卅六年五月卅一日大会通过临时动议案
		《新闻报》	对日和会应在中国。	中国受祸最早,作战最久,我们并不是为甲午年马关讲和雪耻,实在是要给日本黩武分子以历史的惩戒。	卅六年六月三日社论
		刘子健	与日早定和约,对我国有利。	(一)日本告一段落,也许朝鲜问题也可快一点解决,那末东北战事的国际纠纷至少可以简单化一点。 (二)和约签订,经济走上正常关系,对于我国梗塞之经济未始无益。	卅六年七月九日《大公报》专论
		《新民日报》	坚决主张对日和约应援对德奥之例,由中、美、英、苏四强主笔,而坚决反对移交十一国或甚至十四国。	美国此种以"四强草约之权移交十一国"是"亲痛仇快"的举措,我们决不要妄自菲薄而使权利受到剥夺。	卅六年七月十九日社论
		《新闻报》	对日和约早日完成,对我们有重大裨益。	(一)苏联无法借口对日战争状态未结束,而继续盘据旅大。 (二)日本赔偿问题,可以得以解决,其对我们窘迫经济局势当然可以有所裨益。	卅六年七月廿日社评
		《云南日报》	(一)和会时间主张延期,若万一期不可延,就应有争取达到目的宗旨的全盘准备。 (二)会议机构与形式,应尊重已有的战时五强间历次的最高会议的决定。 (三)应采否决权。 (四)对日和会应在南京召开。		卅六年七月廿九日社论

续表

类别	项目	出处	意见	理由	备考
		香港《星岛日报》	对日和会地点应在上海。	（一）中国是远东最大国家。（二）中国抵抗日本侵略最久，损失最惨重。（三）在远东各关系国中，上海地点最为适中。（四）上海是中国文化中心，人民爱国热情最易表现。	卅六年七月卅一日专论
		参政会驻会委会	要求和会地点应在中国上海举行。		卅六年七月廿五日决议案
		《中央日报》	初步和会可及早召开。	可及早确定日本与世界各国之关系。	卅六年八月九日京社论
		《和平日报》	正式和会日期，不妨稍为展缓。	召开前应有充分准备，并使盟国间有彻底之谅解。	卅六年八月十一日京社论
		《和平日报》	对日和会应在中国境内举行。	1.中国为对日作战之主体。2.对和约关系最切。3.地理上中日距离最近，方便于各种调查。4.中国无占有欲与支配心理。5.可避免"一国优越主义"之色彩。	卅六年八月九日沪、十一日京社论
		《中国时报》	正式和会召开地点应在中国。	1.中国对日作战最久，英、美等国在作战初期与日妥协。2.中国牺牲最多，损失最大。3.中国作战最力，功绩最高。4.中国对日关系最深，了解最深。	卅六年八月十一日沪社论

类别	项目	出处	意见	理由	备考
		褚辅成等十八人	和会应在中国择地举行,由联合国订定和约后,召日代表签字。		卅六年九月九日沪《大公报》
		亚东协会	正式和约会应在中国举行。		卅六年九月九日沪《大公报》
		王聿修	1.苏联无参加和会之资格。 2.苏联阻挠对日和约,意在继续占据旅大与韩北。 3.其要求和美国对日和约有同等发言权之理由,均为虚构。	1.出兵仅二日,绝无损失。 2.其屡延日本向美求和之要求。 3.不劳而获竟占去东北物资等。	卅六年九月二日沪《中央日报》
		褚辅成等十八人	1.应先由四强外长先行起草,然后再提交对日有关之十一国会议讨论。 2.非四强全体参加之对日和会,中国不应出席。	根据波茨坦宣言。 免在十一国会议中,有孤立危机。	卅六年九月九日沪《大公报》
		亚东协会	1.应先开四强外长会议,决定和约纲要及和会程序,然后根据会议之决议,召开十一国外长会议。 2.上项会议以四强全体参加为前提。 3.和约序文,必须包括: (1)基本目标,确定日本应负战争责任。 (2)侵略为日本军国主义思想发展之结果,惩处祸首。 (3)中国作战之功绩与贡献。 (4)阐述开罗宣言与波茨坦宣言之精神,永久放弃战争。		卅六年九月九日沪《大公报》

续表

类别	项目	出处	意见	理由	备考
		《和平日报》	以参加远东委员会之十一国为对日草拟和约之机构,而四强保留最后决定之权力。		卅六年九月八日沪社评
		《华夏日报》	四外长会议起草提交十一国会议讨论。		卅六年九月十八日评论
		王晓籁	有关系对日战争的盟邦,应该全体参加,不该例外。		九月廿七日《大公报》
		参政会对日和约研究会	应由中、美、英、苏四国先行初步会商,再提交有关十一国会议讨论。		九月廿四日《中央日报》
		张明养	和约初稿应由中、美、英、苏四国拟就,再提交远东委员会审议。	(一)对日投降条件是由中、美、英、苏四国提出,根据波茨坦所定的原则对日,对和约实应由中、美、英、苏四国担任。 (二)(三)(原文不清) (四)就我国利益,更应主张由中、美、英、苏四国来起草对日和约。	九月廿五日《大公报》
		《大刚报》	对日和约,实不宜延迟,愈早签订,于我愈有利。	(一)目前我国急待赔偿,以助复兴。现在和约未订,只能在赔偿品未分配前先获得一部分物资,如和约签订,则可早获大批赔偿。 (二)局面拖延,不幸美、苏关系日益恶化,战争突然,美国可能扶植日本,以致和约不成,我必蒙受重大损失。 (三)中日关系之开展,亦亟待和约之签订。	九月廿八日《大刚报》

续表

类别	项目	出处	意见	理由	备考
		王宠惠	对日和会应尽早召开,我主张最迟明年年底。		
		崔万秋	和会地点应设在上海。	(一)交通方便,国际都市,宜于招待外宾。(二)一·二八、八·一三两次战役,上海曾为剧烈战场。	《亚洲世纪》一卷五期
		林唤平	关于麦帅主张在东京、美国务院主张在旧金山、菲尼宾和若干美国人士主张在马尼剌的建议,我国应不同意,应坚主在上海召开。	(一)日本管制现由美包办,盟总上下级人员均袒护日本,盟国代表如在东京开会,易遭阻碍。(二)日本仍为旧统治阶级统治,在此种环境下开会,于盟国甚为不利。(三)历史上无战胜国到战败国首都开会之理。(四)旧金山离亚洲太远,对东方各国的实际了解不易贴切。(五)菲尼宾名为独立国,实为美国的尾巴,在对日作战中,出力不大,既非远东大国,且亲日倾向严重。(六)中国为远东大国,得失对远东和平有决定影响。(七)中国抵抗日本最久,损失最重,应有较大发言权。(八)在远东各关系国中,上海地点最适中,交通极便利。(九)上海为中国文化中心,爱国热情容易表现,可随时观察民意而行事。	《亚洲世纪》一卷五期
		参政会对日和约研究会	和约之签订,应在中国举行。		九月廿四日《中央日报》

续表

类别	项目	出处	意见	理由	备考
		李铭	（一）和会不应在东京举行。 （二）吾人有权要求在我首都召开。	（一）史无前例。 （二）直接间接受敌人言论批评之影响及人事关系之牵制，而陷吾人于不利之地位。 （三）太平洋战争，发端于我国，我国抗战最久，伤亡甚大，物力损失亦巨。	九月廿六日《新闻报》
		张明养	对日和会就在中国举行，至少对日和约签字仪式应在中国举行。	（一）每次国际战争以后，和会的举行地点总在对当时战争最有关系国家举行。 （二）和会选择的地点，并不含有报复的意义，而在于纪念某国家的重大牺牲与贡献，而中国的贡献与牺牲均较任何一国为大。	九月廿五日《大公报》
一般		褚辅成等十五人	1.中国对现在对日管制，应有最大发言权，并应加倍注意。 2.对日和约之种种问题，应站在国家民族永久利益立场，提出独立主张，勿随人俯仰。	1.人民普遍不满美国对日政策。 2.日本在美国独占管理与积极援助下已渐复兴。	卅六年八月三日沪《大公报》
		《大华时报》	中国应坚定自己立场，绝不能在和约上让步，致日本乘机再起。		卅六年八月四日社论
		《大公报》	对日处理，应注重我国民意，不能盲作随从，万不能以内事迁就外交。"其攻击之事实"： 1.麦帅指定日本工业水准。 2.日本渔船在中国领海捕鱼。 3.涩谷事件。 4.开放对外贸易（日本）。 5.放弃否决权。		卅六年八月七日沪社论

类别	项目	出处	意见	理由	备考
		马祖炳	1.外交应坚定立场,取有效态度严正声明我国对和约之态度与主张。 2.促使远东有关各国尤其美、苏对我国之深切同情与了解。 3.延请专家分题研究,草拟和约建议书,并准备个别的争论资料。 4.成立对日和约准备委员会及代表团。 5.应检讨美国对日政策,应注意日本军国主义与侵略经济之复兴与阴谋的防备。	关系国家民族前途,不能以任何条件而牺牲。	卅六年八月廿日津《民国报》
		纯青	1.对日和约三原则: (1)在物质及精神上消灭日本再起侵略之因素。 (2)内政外交必要分开,抛弃"共同防共"之思想。 (3)建立中国独立的经济体系。 2.和约签字国应保证不利用日本地方及人力物力作战争之用。 3.日本之生存空间问题,应主张世界主义。		卅六年九月五日沪《大公报》
		《和平日报》	对日和约应为太平洋和平为基础。		卅六年九月八日社评
		《中华时报》	政府应公开对日和约的政策,不应以国运为外交资本。		卅六年九月十二日社论

续表

类别	项目	出处	意见	理由	备考
		《大公报》	1.中国对日应"以德报怨"。 2.遵守盟国宣言,对背盟者不能妥协让步。(对美之对日管制) 3.四强不得在日领土上使用武力。 4.并不得利用日本基地及人力物力作战。		卅六年九月十二日社评
		《新闻报》	对日宽待应有限度。	否则反受轻视。	卅六年九月十七日
		《大公报》	中国应坚定自己立场,放稳步骤,争取国家百年利益,不必俯仰因人,反遭轻视。		卅六年九月十七日社评
		张敏	努力联络与争取对中国有共同信仰与思想之日本民众。		卅六年九月廿三日《新闻报》
否决权		《大公报》	商讨对日和约形式上,中国应保持否决权。	(一)如同意美国建议"三分之二表决制",恐被三分之一国家做成不利中国决议。 (二)中国恐无足以否决的多数与国援助。	
		《大刚报》	赞成十一国全体参加三分之二表决制,惟三分之二内,必须包括有中、美、英、苏四国的同意票。	如此,中国方可享到应有的发言权,对日政策的行使方有保证。	卅六年七月廿三日社论
		沪《和平日报》	中国应主张保有否决权。	远东十一国是否有三分之二以上的国家必能同意我们的主张,大有疑问。	卅六年七月廿四日社论

类别	项目	出处	意见	理由	备考
		香港《工商日报》	对日和会中,我国应保持否决权。	(一)三分之二多数通过,事实上等于三分之一的否决权。 (二)中、苏两国在十一参加国家中,无法构成足够的反对票。	卅六年七月廿三日社论
		《东南日报》	中国应保持否决权。	争取中国在和会发言之力量。	卅六年七月廿五日社论
		《申报》	同意对日和约初步会议采取三分之二多数之表决制,但此三分之二中必须包括中、英、美、苏四国在内。		卅六年七月廿八日社论
		邵毓麟	应慎重考虑放弃我国之否决权而为三分之二多数表决。		卅六年七月廿四日答新亚社记者
		罗守骥	保留否决权之运用。	中国既不能找到三分之一以上与国,恐□的被人牺牲,更无力左右会议。	卅六年七月廿七日京《和平日报》专论
		任熙雄	保持相对的否决权,即四强之中任何一国对于任何议案均可否决,但若包括其他三强在内之七个国家(逾三分之二),提出对于否决之否决,亦即在案经包括三强在内之七个国家通过时,一国否决权应归失效。	(一)避免大国任意使用否决权。 (二)防止集团国家的操纵会议。	卅六年八月一日
		褚辅成、孟宪章等	保有及善为运用现在所具有的否决权。	(一)保持最大发言权。 (二)美国现在对日政策对我有不利之忧。	

类别	项目	出处	意见	理由	备考
		《大公报》	否决权绝不应放弃。	1. 在若干大问题上,美、苏、英利益一致,而对中国利益大有伤害时,中国必被牺牲。2. 中国可利用否决权,本着自己的道理与利益,解除日本的威胁,坚持日本改造成无侵略性的和平国家,并可藉以索取合理的赔偿。	卅六年八月七日沪社论
		《中央日报》	主张放弃(取消)否决权。	严防极权国家之运用否决权阻挠大多数的意见,使多数国际纠纷悬而莫决。	卅六年八月九日京社论
		《和平日报》	若采取三分之二表决制,而包括中、美、英、苏四国至少三国的同意票,则可不必坚主保持否决权。	1. 防止否决权之滥用。2. 保持主要战胜国之权利。	卅六年八月十一日京社论
		《新民日报》	绝不能取消否决权。	1. 保障中国利益,以达民族百年大计之完成。2. 求东方长久和平。3. 若取消否决权,无异为美国基本票之做成。4. 小国意见将不被尊重。	卅六年八月十五日京社论
		《民国日报》	应保有否决权。	中国作战中牺牲最大,功绩最高。	卅六年八月廿日廿版社论
		马祖炳	应保有否决权。	1. 欲求远东十一国中有三分之二国家必同意中国之主张,实非容易。2. 中国人民与舆论之吁求。3. 否决权之被诟病,乃使用上问题,并非本身存废问题。4. 因否决权存废之争执,而屏一二国家于会外,与和会被阻挠无异。5. 滥用否决权与企图控制会议,其弊相同。	卅六年八月廿日津《民国报》

类别	项目	出处	意见	理由	备考
		邵毓麟	1. 美国提出三分之二之表决权，绝非中国政府与人民所能接受者。 2. 我政府折衷之建议不应独请美政府"参考"，而应公正的向美、苏两方表明态度，积极展开外交政策，"中苏僵局亦不能任其拖延"。	一纸和约若将苏联除外，必不能和平解决现实问题。	
		《益世晚报》	不应放弃否决权。	我国在会议上之主张，将不为各国所尊重。	卅六年八月卅日京社论
		《和平日报》	顾全大体，对否决权可作相当让步。		卅六年九月八日沪社评
		褚辅成等十八人	否决权于我国特别有利，应设法保留。	对无与国支持之提案可得保留，不致为多数国所牺牲。	卅六年九月九日沪《大公报》
		亚东协会	1. 四强外长会议可采四分之三多数取决制。 2. 十一国外长会议可采三分之二多数决议，惟必包括四强中四分之三之同意票。		卅六年九月九日沪《大公报》
		《大公报》	应完全保有否决权。	1. 强迫大国接受其不同意之条款，则团结必破裂。 2. 四分之三同意票之提出，将使苏怀疑中、美、英联合反苏。3. 对美、英、苏同意而中国不能接受之条款，中国将被牺牲（如经济水准问题）。	卅六年九月十二日沪社评
		监委于树德等十三人	应坚决主张四大国同意权。	1. 遵守联合国宪章。 2. 我国势力孤单。	卅六年九月十六日意见书

续表

类别	项目	出处	意见	理由	备考
		《华夏日报》	坚持保有否决权。		卅六年九月十八日评论
		《大公报》	政府不预备放弃否决权,这态度是很正确的,我们对世界问题握有否决权,我国外交必然不会失败,也必能得人民的拥护。		九月十七日
		《益世报》	否决权不失为一有力的保障。	以中国目前的贫弱,随时都有被牺牲出卖的可能。	九月十七日
		《新闻报》	我外交当局关于否决权问题有极明智的表示,这可见我们在外交运用上已摒除一切的障翳,恢复应有的清明态度,实是一件可喜之事。		九月十八日
		《大刚报》	对日和会四强应有否决权,我们的任务只是如何合理的运用,使和约圆满成立,以求我国安全,而保远东和平。	(一)远东和平无苏联合作不能维持,要苏联合作,就不能不保留否决权。(二)四分之三的表决,英、美、苏利害一致时,对中国会不利。(三)日本在美扶植之下,日渐欣欣向荣,不能不更加恐惧警觉。	九月廿日
		《新闻报》	否决权是自卫的武器,具有消极的效用,必要时可以保障我们的利益,确乎不能放弃。	美国对日作风意存放纵、袒护和利用,实在不能放心。	九月廿一日
		《益世报》	中国对日和会,主张采四强一致的表决,这是明智的决定,是正确的,也是必需的,绝对不容怀疑改变。	完全是从自己国家利害着眼,不能与亲美亲苏混为一谈。	九月廿三日

续表

类别	项目	出处	意见	理由	备考
		邵毓麟	（一）否决权的自动修正木已成舟，主张既经提出，应把握时机，努力贯彻。（二）应向有关各国正式表示政府所提的折衷的表决方式，为我国所能忍让的最低限度，三分之二的表决制绝非我政府与人民所能忍受。	（一）我国利害与美、苏有一致之处，亦有不同之点。（二）中国对日关系，有其惨痛之过去，和令人不满之现况。（三）美对日政策，和我本身利害不能一致。（四）民间舆论一再要求政府保持否决权，毋宁说是"自我防卫"消极的呼声。	《亚洲世纪》一卷五期
		张明养	不能采四分之三的表决制，应保有行使否决权之权利。	（一）我国利害与英、美、苏不尽相同。（二）否决权的法理根据"四强一致"，已成为处理国际重要问题的国际法规与惯例。（三）各强国在联合国机构，对欧洲五小国和约会议及莫斯科对德和约中，均保有否决权。（四）远东委员会中，中、美、英、苏均得行使否决权。	九月廿五日
		《大刚报》	四分之三的表决制，实富有众危险性，赞同四强应保有否决权。	中国与日作战最久，亦最厉害，不能不携带保障其利益之防御工具以出席和会。	九月廿五日
		参政会对日和约研究会	对日和约之商讨签订，不得涉及否决权之修改。		

外交部编对日和约国内各方意见辑要——综合组，陈光辉、王桂生、王建民合编

中国第二历史档案馆藏外交部档案

外交部拟对日和约资料
1948 年①

（一）盟国占领日本

日本既降,乃于八月十九日遣参谋次长何边虎四郎中将率降使十六人抵马尼剌,接受麦帅之投降指令,翌日会商完毕。何边等于廿一日飞返东京,遵令布置盟军占领日本事宜,廿二日苏军在敌本土千岛群岛之占守岛登陆。至廿七日,日降使登美主力舰米苏里号,递呈东京湾航行图。廿八日晨,美空运部队着陆东京郊外十八里之厚木机场,苏军占领南库页岛全部。同日美舰驶入东京湾。三十日美占领军由军舰载运源源登陆,迅速占领横滨、东京等地。同日最高统帅麦克阿瑟将军飞抵厚木机场,旋即驻节横滨,以著名之大饭店为盟军总司令部。九月二日上午九时,日本降书(附六)签字式在停泊于东京湾美舰米苏里号上举行。首由麦帅致简短演辞后,即令日本全权代表外相重光葵及参谋总长梅津美治郎签字,然后麦克阿瑟代表同盟国签字,旋美国代表尼米兹元帅、中国徐永昌上将、英国福莱塞海军上将、苏联狄里夫扬柯中将、澳洲福列米大将、加拿大鲁古列鲁夫将军、荷兰柏鲁夫契提督、纽西兰伊西特空军中将依次签字。是日天气晴朗,海不扬波,此残酷之第二次世界大战即在此严肃而简单仪式中宣告结束。

其后,盟军主力遂进驻日本各地,迄九月四日,日本境内美国占领军已扩展占领区逾七百二十英里之广,美第八军已越多摩川,其他部队则占领千叶半岛顶端区域。自五日至七日,美军一万五千及军官四百六十名分别进驻平塚、神奈川、大原市及东京市区。一方大琉球方面美第六军约二千五百名,于四日进驻鹿屋,停泊于高须海面之盟军海上部队亦于四日十时在高须海岸附近登陆。八日,又有美军二师在东京以南登陆。至此盟军占领日本工作顺利完成。据估计占领日本之美军约有七万至八万之谱。

---

① 原件无日期,本日期系根据内容而定。

麦克阿瑟□□□□□（原文不清）八日移节东京，并以蓝皮书乙件交日政府，告以盟军占领□□□□□□□（原文不清）日政府在盟国指导下统治其国家，并须遏制一旦危害世界和平之新威胁。同时并警告美军称，占领日本不准发生任何不必要违反纪律之事件或不切当之迫害。

九月十三日盟军总部发言人参谋长苏赛关将军宣称："中英苏三国将各派遣一师军队占领日本"。然其后仅英方派军参加，中苏均未派占领军，故盟军占领日本，殆可谓由美国单独负责。

兹将盟国占领军最近指挥系统及部署状况列表如下：（附表二）

盟国占领军指挥系统表

盟军总部（东京）

第八军团军政部（横滨）

第一军团军政部（京都）

第九军团军政部（仙台）

第一地方军政本部（担任北海道全部）（札幌）

第二地方军政本部（担任东北地方：秋田、青森、福岛、岩手、山形、宫城七县）（仙台）

第三地方军政本部（担任关东地方：千叶、群马、茨城、长野、新潟、琦玉、朽木、山梨八县）（横滨）

第四地方军政本部（担任中部，东海，北陆地方：爱知、石川、岐阜、三重、静冈、富山六县）（名古屋）

第五地方军政本部（担任近畿地方：福井、兵库、京都、奈良、大阪、滋贺、和歌山七县）（京都）

第八地方军政本部（担任九州地方：福冈、鹿儿岛、熊本、长崎、大分、宫崎、佐贺七县）（福冈）

神奈川——东京地方军政本部（担任神奈川县、东京都）（横滨）

英军：第六地方军政本部（担任中部地方：广岛、冈山、岛根、鸟取、山口五县）（吴港）

英军:第七地方军政本部(担任四国地方:爱媛、香川、高知、德岛四县)(高松)

(二)我国驻日代表团

自盟军占领日本后,主要盟国间对管制日本问题,意见迄未一致。美国主持之远东顾问委员会虽于卅四年(一九四五年)十月十三日在华府召集首次会议,然苏联则拒绝参加,而提议在顾问委员会组成之前,应先设立四强(中、美、英、苏)管制日本机构。及至十二月二十六日莫斯科外长会议结束,盟国对远东方面之歧见,始告消解。而决定分别在华府及东京设置远东委员会与盟国对日委员会,以拟订及实施共同管制日本之政策。于是四强始相继派遣正式代表前往日本,参加此对日委员会。我国代表朱世明将军于卅五年(一九四六年)四月一日偕沈觐鼎、林定平等重要人员飞抵东京。盟国对日委员会则于四月五日举行第一次会议。各强国代表名义上虽为盟国对日委员会之一员,然实际上则兼理有关日本之外交事务。盖日本已被剥夺对各国之外交关系,故迄今之交涉对手并非日本政府而系盟军总司令部之外交组也。日本投降后我国派驻盟军总部之代表,原有外交部之刘专员增华及军令部(现为国防部第二厅)之王联络参谋之,其后因业务繁重及统一对外指导系统起见,乃改组为中华民国驻日代表团,内部计分四组:第一组军事,第二组政治,第三组经济,第四组文化,另设侨务处,专司侨胞登记签证及福利事项,又设法律处掌理侨民司法上之事务及参加会审华侨刑事诉讼等。迨远东委员会所讨论日本赔偿物资提前拆迁一案,经美政府于卅六年(一九四七年)四月四日对麦帅颁发临时指令,即付实施后,由是赔偿问题,日趋繁重,乃于卅六年(一九四七年)九月二十六日在代表团内组成由各部会派遣专家组成之赔偿及归还物资委员会,专司对赔偿物资之选择接收及督运之责。旋经现任团长商震将军之请求,于卅七年(一九四八年)二月二十五日,我国派宪兵队官兵四十名乘海康轮赴日,担任该团警备之责。兹为明了我代表团之组织情形起见,特附最近驻日代表团组织系统表如下:(附表三)

驻日代表团组织系统表

团长

副团长顾问

办公厅

第一组（军事）

第二组（政治）

第三组（经济）

第四组（文化）

侨务处：神阪侨务分处长崎侨务分处横滨侨务分处

法律处

后勤组

副官组

会计室

赔偿及归还物资接收委员会

（三）我国之对日政策

甲、蒋总统声明

不念旧恶及与人为善，为我民族传统至高至贵的德性。我们一贯声言，只以日本黩武的军阀为敌，不以日本人民为敌。今天敌军已被我们打倒了，我们当然要严密责成日本忠实执行所有投降条款，但是我们并不企图报复，更不可对敌国无辜人民加以污辱，我们只有对他们为他们的纳粹军阀所愚弄所压迫而表示怜悯，使他们能自拔于错误与罪恶。要知道如果以暴行答复敌人的暴行，以奴辱来答复他们从前错误的优越感，则冤冤相报，永无终止，决不是我们仁义之师的目的。（三十四年八月十五日日本投降后蒋主席在重庆对国内外播讲）。

对日不采报复主义，但宽大并非示弱，盟国应尽力辅助日本真正民主势力之成长，以根绝军国主义之复活。中国对日并无过分要求，但在和会中应有特殊地位。（三十七年五月二十日蒋总统在南京就总统任演词）

乙、王外长谈话

中国不主张采狭隘的报复主义，但此亦非姑息之谓。在军事方面，对日处置必须从严，使不能重整军备，再图侵略。在政治方面，中国则主张宽大，在不违反民主原则下，日本内政大体上可任日本人民自理。至对于日本经济及日本赔偿问题，则应一本正义与公道之要求，以从事解决。盟邦所允许日本人民未来之生活水准，应依此原则确定。中国抗战最久，所受损害最大，就任何公道标准言，在日本赔偿总额中，自应受到最大的比额。（三十六年五月二十二日在南京国民参政会第三次会议所作外交报告）

中国认为不可轻作放弃某些国家之合作而单独与日本媾和之拟议。关于起草对日和约之机构，其组织及程序，不妨以远东委员会之组织与程序为方式，即凡直接与日作战之十一国均参加，同时中、美、英、苏四强保有否决权。（三十六年九月五日飞美出席联合国大会第二届会议道经上海时向记者发表之谈话。）

对于世界经济复原一事，中国不但要支持恢复盟国损失之任何方案，即对敌国经济亦愿见其复原。惟一切恢复敌国经济之计划，必须能确实保障不致黩武主义复活，世界和平是不可分割的，世界的经济恢复是同样不可分割的。（三十七年二月十三日在南京参政会驻会委员会之报告）

（四）会同盟国管制日本

甲、盟军总部之工作

一、消灭军国主义

1.陆海军之解体——近七百万日军之解除武装遣送回国，以及武器船舰之移交、军事设施之破坏工作已告完成。参谋本部、陆海军省亦已撤消。

2.战争罪犯之逮捕——美、英、苏、法四国政府审理德国战犯协定中所定战犯定义，已移用于日本，对和平犯罪之 A 级战犯如东条内阁全体阁僚，阿部朝鲜总督，土肥原大将，梨本宫，畑俊六等对人道犯罪之

B级战犯,与对违反战争法规之C级战犯如与轰炸东京航空员处刑有关者,虐待俘虏者均已由有关国家提出交由盟军总部逮捕。

3. 军人特权之取消——退伍军人二千万人之恩给亦已予取消。

4. 对军国主义支持者之清除——三十五年一月四日盟军总部颁发二项重大指令。其一为解散在推进日本侵略主义上扮演主要角色之黑龙会、玄洋社等二十七个极端国家主义团体及其有关系团体共一百二十个。其二为从现政府机构中清除支持军国主义者,如大政翼赞会、翼赞政治会、大日本政治会之主要分子,战争罪犯,陆海军职业军人,特高警察署员,陆海军省重要官吏,过激国家主义团体,恐怖团体,秘密爱国社团之主要分子,执行侵略政策之经济开发会社高级人员,占领地行政长官,估计被清除者总数达十五万人,十分之九之政府高级官吏被清除,议院议员亦被清除不少。在此二项重要指令颁布前之三十四年十月三十一日,总部并曾颁布指令清除军国主义教员四十万人。

5. 特务组织之解散——宪兵队,秘密警察,反动之警察高级人员均已分别予以解散清除。

6. 神道教军国主义色彩之清除及学校神道教育之废止——三十四年十一月盟军总部指令废除学校神道教育,十二月十五日复发布指令禁止政府对于神社及神道教之监护援助、保全、管理及弘布。

二、改革宪法

三十四年十月十一日盟军总部指示日本政府应即从事修改日本旧宪法,以符波茨坦宣言之规定。三十五年四月日本新宪法经盟军总部批准公布。此项新宪法,载明日本永远放弃战争,不再维持任何军备,对于天皇权力则大加削减。

三、改革教育

三十四年十月二十二日盟军总部颁发指令,明示日本教育改革方针,内容如下:防止军国主义极端国家主义之流布,禁止军事教育及训练,规定关于代议政治组织、国际和平、个人尊严教育之实施,规定职业军人、军国主义者及反对盟军占领政策者教员之罢免与被罢免之自由主义者、反军国主义者教员之复职禁止因人种、国籍、思想政见、社会地位之故予教师及教育关系者之差别待遇，原有课本教材等应尽可能迅速修改，删除助长军国主义部分，原有之教育制度应迅速予以改订。

十月三十一日总部续发指令补充前项指令，规定立即解雇一切已知之军国主义者极端国家主义者教员，日本前陆海军人员任教职者应即暂行解除职务。受此项指令影响之教职员计三万九千校约四十万人。此外，总部并颁发指令废除图书新闻检查制度。十一月指令废除学校神道教育。

十二月十五日总部复颁"国家神道教禁绝令"，否认长期为日本人民尊崇目标之"天皇"为现人神。

十二月三十一日总部指令全国教育机关废止含有国家神道教义、军国主义极端国家主义思想之日本地理、修身及历史三科目，令文部省收回此项科目之教科书毁弃之，另行编纂新教科书。

四、加强民主势力

1.议论之解放——三十四年九月二十日总部指令日本政府停止直接间接对各报馆及新闻通讯社之统制，剥夺同盟通讯社特权，废止新闻刊物电影通讯等之检查制度。

2.政治自由之确立——三十四年十月四日总部指令废除治安维持法、思想保护观察法、预防抵押手续法、军机保护法、国家保安法、宗教团体法等十五种限制人民政治自由之法令。十月十日总部指令释放一切政治犯，取消特高警察警保局及一切政治警察。此外总部复下令赋予妇女选举权，降低选举人年龄。

3.经济上民主之确立——三十四年十一月六日总部下令解散三井、三菱、住友、安田等财阀团体，没收其战时利得，普遍分配其所有生产商业财产及利得。

三十四年十一月二十日总部指令查封皇室财产，冻结皇室财产达十五亿元。

三十四年十一月二十五日总部指令征收战时利得税及财产税，规定对军需作为不安定因素战时利得税一概课以百分之百税率,对其他法人及个人亦征收百分之百急缴累进税。至财产税则规定最少应征收百分之十至七十之渐近累进税。

三十四年十二月九日总部复指令日本政府应采取措施解除日本农民封建束缚。并分别拟定土地所有权应自不在地主移让于耕作者,佃农以公正价格自地主购买农地,佃农之收买农地条件应以与佃农相称之年租行之。从佃农地位解放之农民应施以正当保护,使不致再回复至佃农地位。

总部并于三十四年十月币原内阁成立时,指示日本政府应采取措施,促进日本劳动团体之组成并助长其活动,其后日本政府遵照制定劳动法案,承认劳工组织团体、团体交涉、罢工等权利。

五、审判战犯

三十四年十月盟军总部经由美政府邀请有关各国派遣代表,赴东京组织远东国际军事法庭,审判日本战犯,该法庭于三十五年五月四日开始工作,起诉书中检举战犯荒木贞夫等二十八名,至三十七年四月审讯完结,听候判决。

六、管制日本经济

盟军进占日本后,即将日本对外贸易置于盟军总部管制之下而由美国商业公司承办,规定日本对外贸易以直接换取日本需要物资或可能购买此项需要物资之外汇为原则。至于日本出口物资究应如何分配于盟国,其进口物资应自何国输入,则由有关盟国组织对日贸易局计划之。

三十六年八月总部鉴于完全统制下之日本对外贸易影响日本经济生活难于自给自足,宣布有限制开放日人私人对外贸易。

七、索取赔偿

1.临时拆迁方案——三十五年五月十三日远东委员会通过美方根据鲍莱建议提出之临时拆迁方案,将日本显属超过平时必需之工业十三种在整个赔偿问题获得协议前先期拆迁。其中包括海陆军兵工厂、航空、造船、工作母机、硫酸、球轴承、钢铁、制钢、民营兵工厂、人造汽油及人造橡皮、火力发电、轻金属、制碱等工业。盟军总部根据上述决议，造具移供赔偿工厂清册于七月初送远东委员会审核，并于八月十三日训令日本政府准备拆迁。

2. 先期拆迁临时指令——三十六年四月四日，美政府颁发临时指令予盟军总部，就临时拆迁计划范围内先期拆迁百分之三十配给中、菲、英、荷四国。总部遵照完成各项准备工作以后，于三十七年一月开始拆迁。

3. 分配日本残余军舰——三十四年十月，美方商得中、英、苏三国同意关于日本残余军舰之处置，战斗舰及巡洋舰均予以毁坏，驱逐舰及较小舰艇则由中、美、英、苏四国平分。当时因该项舰艇从事扫雷及遣送侨俘工作，尚未完结，致未立即分配。三十六年五月，该项军舰开始分批分配，三十六年十二月止，中国已接收日本残伤军舰计三十三艘。

八、归还劫物

三十七年三月十八日美政府颁发临时指令予盟军总部，规定归还劫物工作限八个月以内办毕，对于不能证明原主之劫物，应即变卖，由总部作为保证基金，加以运用，最后分配与被劫各国。总部经召集各国代表组织归还劫物顾问委员会，积极推进归还劫物工作。

乙、盟国对日委员会

盟国对日委员会（附件一）系根据三十四年十二月二十七日莫斯科宣言而成立，首次会议于三十五年四月五日在东京召开，由中、美、英、苏四国代表组织之会，此设东京，以驻日盟军统帅或其代表为主席。该会对驻日盟军统帅仅能谘询建议，盟军统帅具有一切执行之权力，凡有关占领及管制政策之补充及实施均由盟军统帅颁发。该会每二星期开会一次，由四国代表对总部占领工作发表意见。重要议题如下：

一、日本总选举

二、整肃令之实施状况

三、食粮问题

四、解散财阀

五、日本农地改革

六、日本警察制度之改革

七、海上防疫

八、日本劳工法规

九、日本渔区之扩大

十、日本煤矿国营

十一、摧毁日本军备及军需品

十二、日本地方行政机构之选举

十三、清理财阀

十四、管制日本无线电广播

十五、日本内海渔权

十六、日本电力公司之发电

十七、稳定工资及物价关系

十八、日本公共卫生

十九、农地改革之进展

二十、开放对外私人贸易

廿一、工业生产现状

廿二、遣归日侨俘问题

廿三、日本教育制度之改革

廿四、解除日本军备

廿五、日本对外汇率

丙、远东委员会之工作

远东委员会(附件二)系根据三十四年十二月二十七日莫斯科宣言,远东委员会于三十五年二月二十六日,开首次会议于华府,会员国包括中、美、英、苏、法、荷、加、澳、印、菲、纽西兰等十一国,其职权为:(一)制定日本履行投降条款所应遵行之政策原则与标准。(二)审议美政府对驻日盟军统帅所发布之指令或盟军统帅所采之行动。但

（三）委员会不得提出与军事行动有关或与领土调整有关之建议。远东委员会之政策决议由美政府指令驻日盟军统帅执行，如遇紧急事故，美政府得对盟军统帅颁发临时指令，惟关于日本宪政组织管制机构以及日本政府之变更，未得委员会同意前，不得发布任何指令。议案表决，须过半数并包括中、美、英、苏四强之一致同意。

（一）一般政策

降后对日基本政策——本案于三十六年六月十九日通过，系以美国对日初步政策为蓝本修改而成，就盟国对降后日本之政策作原则上之规定，以为占领期间之方针。其中规定，本政策以保证日本不再成为世界和平安全之威胁，并尽速树立民主政府为最终目标。最高统帅经由日本政府行使权力，但不支持天皇或任何日本政府当局。最高统帅洽盟委员会其他盟国代表后撤换阁员或添补阁员辞职后之遗缺，至于政府机构之变动，或日本政府全体人员之更迭，应按照远东委员会有关条款执行，日本不得再有任何陆军、海军、空军、秘密警察组织，或民间航空及宪兵，但得有适当数量之警察。军国主义与好战国家主义分子应摈于公职及其他任何公私负责地位之外，对一切战犯应严加审判，保证日本人民信仰集会等自由。基于人种、国籍、信仰与政见而故为差别之任何法令规章应予废除。日本军事力量之经济基础必须摧毁。工农组织应予以鼓励。赔偿应由日本以其现存之资产设备及设施抵付之，或以其现存及将来生产之货物抵付之。各国自日本总赔偿额中之分配额，应从广大的政治基础上予以决定，并对各要求国因日本侵略而受之物质破坏、人民死伤及所受损害之范围，予以适当考虑。至于各国对击败日本之贡献，包括抵抗日本侵略之面积与期间，亦应在适当考虑之中。掠夺物资应悉数归还。日本于最后应准参加世界贸易关系。本政策赔偿条款与有关问题之处，并不影响各国政府对日本在国外资产问题之意见。

（二）赔偿

临时拆迁计划案——三十五年五月十三日远东委员会通过美方根

据鲍莱建议提出之临时拆迁计划，将日本显属超过平时必需之工业十三种在整个赔偿问题获得协议前先期拆迁。

财阀工厂尽先拆迁案——三十五年五月十三日通过，规定财阀工厂应尽先拆充赔偿。

归还劫物案——本案于三十五年七月十八日通过。其中规定，原在盟国境内，于日军占领时被移往日本之工业及交通、黄金及其他贵金属、宝石、外国有价证券、外国货币及其他外汇资产、文物、农产品及工业原料等，若经发现，应即归还。在盟国注册之被劫船只，若在日本海内发现，应即归还。归还船只应打捞修复原状，其费用由日本政府负担，惟将来须在赔偿项下扣除。

劫物不得列入赔偿或出口物资，劫物在日本港口交还，被劫船只在日本港口或太平洋西岸港口交还。在日本境内之一切包装运输费用由日本政府负担，船只以外之劫物归还，应由被劫前该物资所在国家申请，并即归还于该国。被劫船只归还应由被劫前该船注册国或所悬国旗国申请，并即归还该国。归还物资或船舶均应由受领国政府转发原主，劫物若在日本以外其他国家境内发现，应由远东委员会将本案规定原则向该国推荐，由其与有关国家成立协定处理之。

暂时保留日本电力炼钢炉案——临时拆迁计划规定日本电力炼钢炉准予保留十万米突吨，其后美方提议，因日本目前燃煤缺乏，在此数外准予再保留三十万米突吨至三十六年六月为止。本案经于三十五年十二月六日通过。至三十六年七日期满时，美方以日本缺乏燃煤为词，建议将此项期限再延长一年，亦经通过。

赔偿物资分配原则案——本案于三十六年五月八日通过。内容与降后对日基本政策有关部分相同，即各国自日本总赔偿额中之分配额，应从广大的政治基础上予以决定，并对各要求国因日本侵略而受之物资破坏、人民死伤及所受损害之范围，予以适当考虑。至于各国对击败日本之贡献，包括抵抗日本侵略之面积与期间，亦应在适当考虑之中。本案同时规定现行生产品应列入赔偿物资中。

赔偿工厂选择原则案——本案于三十六年六月二日通过。规定各国工厂之选择,应按下列次序:(甲)财阀所有之工厂,(乙)日本政府或人民,其他轴心国政府或人民所有之工厂,(丙)中立国政府或人民所有之工厂。

赔偿物资交货地点案——本案于三十六年二月十三日通过。其中规定赔偿物资在日本港口交货。

(三)经济与财政

对日粮食输入案——本案于三十五年四月二十五日通过。规定粮荒之盟国应较日本有优先权承受粮食之接济。

设立盟国对日贸易局案——三十五年十月十日通过。由十一国组织盟国对日贸易谘询局,根据远东委员会有关政策决定核议日本对外贸易技术事项,以为美政府谘询机构,该会决议若有涉及政策性质者,须送请远东委员会通过。

短期控制日本经济案——三十六年二月二十七日远东委员会鉴于远东被侵略各国经济困难情形,经通过一项议案,规定总部应饬日本政府加紧生产日用必需品尤其纺织品,但应尽量限制日本国内消费而以其余以低价供给远东受战害国家。此项决议之有效期间至三十六年十二月底为止。

盟国驻日贸易代表案——占领日本初期,总部即开始与各盟国实行易货贸易,各国均派有驻日贸易代表。三十六年三月十三日远东委员会通过一项议决案,将此项驻日贸易代表之职权予以规定。

日本进口来源案——本案于三十六年五月八日通过。规定进口日本货物来源之选择,以省费及易运为原则。若为世界市场所缺乏之物资,并须顾及其他国家之需要。

日本出口去向案——本案于三十五年六月二十七日通过。规定日本出口货物之去向以售价最高,并能购得需要物资之地点为原则,但联合国家对于该项出口货物之急迫需要应予以考虑。

日本平时生活水准案——三十五年一月二十三日通过。规定以日本一九三〇至一九三四年之平均生活水准为日本平时生活水准,该项生活水准所需要之工业为日本工业发展之最高限度,此项工业限度应逐渐恢复,至一九五〇年达到。

日本最低工业限度案——本案于三十六年二月二十日通过。系规定日本确保不予拆迁之工业限度,俾其在此项限度内能安心开工生产。

削减日本战争潜力案——本案于三十六年九月三日通过。其中规定,战争工业均应拆供赔偿或拆除。七种支持战争工业(钢铁、轻金属铸造、金属制造机械、造船、炼油、人造橡皮、人造汽油)应照最后赔偿拆迁案所规定之保留限度予以限制。

日本临时进出口政策——本案于三十六年七月二十四日通过。除规定占领期间日本对外贸易应由总部控制并规划外,并规定日本国内自有黄金珠宝可以之出售或抵押借款充日本贸易调转资金以购买原料,但此项资金在将来仍须归入赔偿总额分配各国。

(四)宪法

日本新宪法草案——当日本政府起草及讨论新宪法草案之际,远东委员会曾不断予以密切之注意。经发现其中关于首相及阁员之遴选全民投票及主权所在各节,尚不尽符合民主精神且对于皇室及两院联席会议之规定亦未尽周密。惟以波茨坦宣言规定,日本政体应由其人民自由抉择。故对新宪法草案不便以政策决定方式作硬性修改。经于三十五年七月二十三日决定,就上述各点正式谘商麦帅,经获得总部答复,略谓草案各严重缺点业经日本政府改正,其他亦正考虑修改中,并已规定,首相及阁员须自议员中遴选。其后,此项新宪草在众议院通过,于三十五年八月二十七日拨交远东委员会考虑。苏方坚持宪法中须规定阁员应由平民充任,参议院权限不得超过众议院。远东委员会终于三十五年九月二十五日通过一项政策,决定除载入上述两点外,并规定远东委员会有权考虑一切宪法补充法,以期确保参院权限不致超过众院。日本政府其后遵将各点再作修改,于三十五年十一月三日公布,定于三十六年五月三日施行。

　　要求日本新宪草应予人民以充分考虑机会案——三十五年三月在日本新宪法开始起草之初,远东委员会通过一项议决案,要求麦帅予日本人民以充分考虑新宪草机会,并应通知日本政府及日本人民,新宪草最后须经远东委员会认可,日本议会应接受任何呈递之宪草加以考虑。目前,日政府所拟宪草,不应为唯一宪草。

　　要求麦帅随时报告宪草讨论情形案——远东委员会为保持密切联系,以确保新宪法出自民意,曾于三十五年四月十日通过一项正式谘商,要求麦帅报告宪法起草程序,并要求其派员经常驻会以备随时谘询。

　　宪法中保障人民自由条款案——三十五年四月十六日宪法小组委员会开始起草宪法中关于保障人民自由之条款,旋即停顿。

　　日本新宪法制定原则案——三十五年五月十三日远东委员会通过一项政策决定,规定日本新宪法制定时应遵循之原则,以确保新宪能为日本人民自由意志之表现。此项原则为:1.应予日本人民以充分之时间与机会以讨论宪草。2.日本政府应负责保证新宪为日本人民自由意志之表现。

　　日本新宪法基本原则案——三十五年七月二日远东委员会通过日本新宪法基本原则。规定此项新宪法应承认主权在民,保证全民投票及人民基本权利;立法机关应保有充分权力,地方自治,司法独立,废除阶级特权;阁员应自议员中任命,且须为平民;鼓励废除天皇制度,如民意赞同保留天皇,则其各项特权,尤其军权应予取消;内阁若不获议会信任须辞职或解散议会另选;皇室财产应归国有,废除贵族院及枢密院。

　　天皇出巡案——在制宪期间,日本天皇时时出巡,图增加民间好感,以便影响宪法上有关天皇权力之规定。三十五年四月十七日苏方提议正式谘商麦帅,转饬停止出巡,经于七月十八日通过。

　　日本宪法复审案——三十五年十月通过一项政策决定,规定新宪法实施一年后两年内应交由日本议会,就其实施结果加以复审,远东委员会亦同时审查其是否合于波茨坦宣言及其他管制文件,该会如认为必要,得将该项新宪法交由日本人民投票复决。同年十二月,该会通过决议,将此项复审办法通知日本政府。三十六年三月二十日该会于谘商麦帅后复通过此项复审原则之公布办法,规定此项原则应于日本境外非正式公布。其后此项复审原则遂于三十六年三月二十七日华盛顿时间下午六时在美公布。

大选日期案——日本政府所定制宪议会大选,日期为三十五年四月十日,远东委员会以此项大选日期过早,日本民主政团尚无充分时间活动竞选,经于三十五年三月二十日通过一项正式谘商,要求麦帅饬将大选展期举行。嗣准复称,大选不必延期,如新选议会不能满意,彼有权解散另选。

日本职工团体活动原则——三十五年十二月六日远东委员会通过。日本职工团体活动原则,循民主方针,确定日本职工有组织团体、团体交涉、罢工等权利。

日本教育制度案——三十六年三月二十五日远东委员会通过。日本教育制度政策决定,规定日本教育应注重灌输个人尊严及国际生活互赖等原则,极端国家主义军国主义教员应予清除。教科书中军国主义、天皇崇拜、神道思想应予清除。教育机构之管理权应由中央逐渐移于地方等。

日本职工团体对外关系案——本案三十五年十二月六日通过,规定日本职工团体得与国际职工团体联络。

(五)战犯

逮捕审判惩处战犯案——关于逮捕审判惩处日本战犯,美方曾颁发指令,设立远东国际军事法庭办理。规定由有关国家代表合组法庭审判日本战犯,凡属对和平人道犯罪及违犯战争法规之日本战犯均应审判惩处。三十五年四月三日远东委员会以美方此项政策为蓝本,略加修改通过为正式政策决定。与原政策不同之点为:1.远东委员会十一国均应有代表参加法庭,即除原有各国外,加入印、菲两国代表;2.各代表由各该国政府正式派遣,而不由总部委任;3.总部于批准或变更法庭判决时,须先谘商盟国对日委员会及其他远东委员会国家在日代表;4.在日各国占领军并得自设法庭审判单独对该国犯罪之战犯。

战犯财产用途案——三十六年六月十七日远东委员会通过一项议决案,规定业经判决没收财产之战犯,其没收财产应拨充占领军费用。各盟国境内军事法庭若判决没收战犯在日财产,亦应通知总部将此项财产没收充占领军费用。战犯财产不在判决没收之列者,应由其合法继承人继承。

(六)在日外侨

在日外侨政策案——三十五年六月五日远东委员会通过一项政策决定,将在日外侨分为中立国、联合国、轴心国三种,分别就其待遇予以不同之规定。关于朝鲜及台湾人规定视作被解放人民,特定遣送及保护办法。

在日联合国人民民刑事案件管辖范围案——三十五年七月十八日远东委员会通过一项议决案,规定涉及联合国侨民之一切刑事案件,应由盟国军事法庭审判,日本法庭无管辖权。涉及占领军所属人员之民事案件亦归盟国军事法庭办理。其他民事案件之涉及一般联合国侨民者,虽由日本法庭审判,但其判决总部有权复核、取消或变更之权。

在日外侨征税案——三十五年七月十一日远东委员会通过一项议决案,规定日本政府对于联合国人民课税不得歧视,对其财产(包括股票)不得征收资本税。

联合国人民在日财产归还案——本案三十六年三月六日通过。规定联合国人民在日被没收财产均应发还,但以原主在日者为限,且发还财产之使用须受总部有关规定之限制。

国际红十字会在日被冻结款项案——国际红十字会在日被冻结款项,瑞士政府曾请求发还,经远东委员会于三十五年九月十二日议决,暂不予解冻。

联合国家在日财产毁坏拆迁案——本案于三十六年四月二十四日

通过。规定联合国在日财产有关军事须予拆毁或移充赔偿者,由日本政府支付代价并优先拆迁所属国。

美英占领军军事法庭所科罚金处置案——本案于三十六年八月八日通过。规定此项罚金应移充占领费。

(七)解除军备

禁止日本军事活动及处置日本军事设备案——本案于三十七年二月十三日通过。本案规定,除盟军总部指定,准予警察使用之步手枪等及专供警察用之其他小武器以及猎枪外,禁止日人保有及制造输入任何武器弹药及战具,现有者一律销毁。现有之任何军事组织及军训机构一律解散并不得复设,高级军官不得再在任何政府机构任职等。

(八)杂项

日本原子能研究案——本案于三十六年一月三十日通过,规定禁止日本在目前作任何关于原子能之研究与制造,惟将来联合国关于国际控制原子能之决议成立后,则许可日本在其规定之范围内活动。

附件一:盟国对日委员会

关于设置一个同盟国对日委员会,已经商得协议并已取得中国的同意。(一)当设置一个同盟国委员会,会址设在东京,由同盟强国最高司令官(或其代理人)主持,以便和最高司令商量并咨询和投降条款的履行、对日本的占领与管制以及补充的指令有关的事项,并且行使由此赋予的管制权力。(二)同盟国委员会的会员将由担任主席并充美国的一个委员的最高司令官(或其代理人)、苏维埃社会主义共和国联盟的一个会员、中国的一个会员以及共同代表、联合王国、澳洲、纽西兰及印度的一个会员组成。(三)每一个会员得带相当的随员,由军事的和民政的顾问组成。(四)同盟国委员会至少应每隔两周开会一次。(五)最高司令官将为了投降条款的履行对日本的占领及管制,得发布命令以及附加的指令。在任何场合统应在同盟强国驻日的唯一行政当局最高司令官之下,并经由最高司令官以贯彻行动。他在发布关于重大问题的命令以前,形势的紧急性如果许可,就应和委员会商议并征询意见,他对这问题的决定应有拘束力。(六)关于远东委员会为了和变更管制办法,根本变更日本宪政机构,以及变更日本整个政府有关的诸问题所作政策决定的实施,倘若委员会的一个会员跟最高司令官(或其代理人)不同意时,最高司令官在远东委员会就这一点商得协议以前,就不得发布关于这些问题的命令。(七)必要时关于日本政府中个别大臣的更动或关于因个别阁员辞职而造成的遗缺的递补,最高司令官与同盟国委员会中其他同盟强国的代表进行相应的预先商量后就可决定。

附件二:远东委员会

第一、委员会的设置由苏维埃社会主义共和国联盟代表、联合王国代表、美利坚合众国代表、中国代表、法国代表、荷兰代表、加拿大代表、澳洲代表、纽西兰代表、印度代表及菲律宾联邦代表组成之。

第二、职权:(甲)远东委员会的职权是:(一)拟定日本履行投降条款下的义务予以贯彻应该遵循的政策原则与标准;(二)应任何一个会员的申请,审查发给同盟强国最高司令官的任何指令,或最高司令官采取的和委员会权限以内的政策决定有关连的任何行动;(三)考虑由参加的各政府之间依照下述第五项二款中所规定的表决程序商得的协议而交议的其他事项。(乙)委员会不得提出和进行军事行动有关的或和领土调整有关的建议。(丙)委员会在自己的活动方面,当从同盟国对日委员会已经成立这个事实出发,并当尊重驻日的现存管制机构,包括一连串的控制,从美国政府到占领军的最高司令官和最高司令部。

第三、美国政府的职权:(一)美国政府依照委员会的政策决定准备指令,并由相应的美国政府代理机关发交最高司令官,最高司令官当负责遵办委员会的政策决定赖以表现的诸指令。(二)如果委员会认定依照第二款(甲)(二)项而审查的任何指令或行动应予变更的话,他的决定就当做一种政策决定。(三)无论何时发生了委员会所已拟定的政策没有包括的紧急事故,在委员会采取行动以前,美国政府都得对最高司令官颁发临时指令,倘若和日本宪政机构方面或管制办法方面的基本变更有关的,或者和日本整个政府方面的变更有关的任何指令,总要先在远东委员会中商议并且取得协议以后,才能发布。(四)发布的一切指令都要向委员会正式提出。

第四、其他的商议方式,委员会的设置并不排除由参加的各政府就远东问题运用其他的商议方式。

第五、组成:(一)远东委员会将由本协议列举的国家各派代表一人组成之,委员会的会员如情况许可,可根据参加的各强国之间的协议而予以增加,由在远东的或在远东有领土的其他联合国家的代表加入,委员会必要时得和联合国中非本委员会会员国的各国代表充分而适当的商议本委员会当前处理的对该国特别有关的事项。(二)委员会不足全体一致表决的方式就可采取行动,惟这行动至少须取得所有代表过半数的同意,包括下列四个强国的代表在内:美利坚合众国、联合王国、苏维埃社会主义共和国联盟及中国。

第六、会址和组织:(一)远东委员会总部设在华盛顿,必要时可在他处开会,包括东京在内,如果到了认为相宜的时候可以这么办,得经由主席作可以实行的部署,和同盟强国最高司令官商洽办理。(二)委员会的每一代表可带相当的随员,由民政的和军事的代表组成之。(三)委员会将组织秘书处,任命认为适当的小组,委员会并以其他方法完成自己的组织和程序。

第七、终止至少须由全体代表的过半数包括下列四个强国:美利坚合众国、联合王国、苏维埃社会主义共和国联盟及中国的代表在内表示同意,决定停止远东委员的职权时,远东委员会就当停止行使职权。在职权终止以前,委员会当把相应移交的那些职权移交给参加的各政府,或其中委员所属的任何临时的或永久的安全组织,已经商得同意,应由美国政府代表四强,把参考条款送交第一款中所列举的他国政府,并邀请他们根据修正的基础参加委员会。

中国第二历史档案馆藏外交部档案

缔结对日和约之准备

1948 年 5 月 4 日

甲、盟国对于缔结对日和约之态度

（1）波茨坦宣言（即对日和约之基本态度）

波茨坦宣言乃一九四五年七月廿六日杜鲁门美国大总统与艾德礼英国首相在德国波茨坦签字后，我国蒋主席以电报表示同意，所正式决定之美、英、中三国共同宣言，苏联旋于对日宣战时参加此宣言，而成为四国共同宣言，乃联合国对日要求无条件投降宣言。

而经日本接受，自应不成问题。乃一般误解接收波茨坦宣言为有条件投降者颇多，日本暂存政府当局对此亦欠认识。例如联合国对日本政府发出命令封闭日本在外公使馆、撤退外交官之时，日本政府之一部议论对该指令超越波茨坦宣言，并由吉田外相恳请麦克阿瑟元帅撤回指令。又日本第八十九届临时议会之贵族院委员会"接收波茨坦宣言后紧急敕令事项承诺案"中亦有"议会发言权是否受麦克阿瑟司令部指令之限制"之质询。又在众议院于审议农业改革法案时，亦有"议会修正权对于麦克阿瑟司令部指令而提出之政府提案是否可以行使"之质询。

投降后天皇及政府统治已受最高司令官麦克阿瑟元帅权限之限制，是麦帅司令部之指令对日本有绝对性并对其议会权有拘束之效力至为明显。如宣言第十款规定："日本国政府应对日本国民除去其间民主主义之复活与加强的一切障碍，并应确实尊重言论、宗教、思想之自由及基本人权，在沿民主主义之路线推进国家建设之限度内，日本人民已获自由保证；换言之，关于反民主主义之倾向，虽天皇亦不能有言论之自由。"

关于日本领土之限制，宣言第八款规定："为履行开罗宣言条款，日本之主权应限于本洲、北海道、九洲及四国以及吾等所决定之附近诸小岛。"

按开罗宣言乃罗斯福美大总统、邱吉尔英首相及我国蒋主席于一九四三年十一月一日在北非开罗开会所发表的对日制裁宣言。宣言规定："三大同盟国为制止日本侵略且加以处罚而进行此次战争,同盟国并不为自国要求任何利益且无扩张领土之意",并规定:剥夺第一次世界大战后日本所占领之太平洋一切岛屿,满洲、台湾、澎湖岛等地以及日本自中国夺得之地域归还中国,及朝鲜之独立解放,并宣言:三国应长期采取协力行动,至日本无条件投降为止。

关于日本军事武装之解除及战犯之惩处,波茨坦宣言第六款规定:"凡欺骗及错误领导日本国民使征服世界之举动者的权威及势力必须永久予以除去"。此种规定应解为包括日本军阀、皇族及政治、经济、言论、宗教、社团各界之指导者,天皇亦不能例外。又同款规定:"主张直至非将不负责任之军国主义驱出世界,则和平安全及正义之新秩序不能产生",亦为彻底惩处战犯及解除军事武装,而希望获得和平、安全及正义之实现的主张。

于此并应加以说明者,即所谓和平、安全与正义之新秩序,乃指完全解除日本军事武装,撤去可能再军备之一切产业,树立以国民自由意志而成之和平负责政府,彻底改革教育,建设真正和平国家等目的而言。宣言第五款并有决不更改之坚决声明。此种民主政府固应有日本国民自己建立,但其是否合乎真正民主、和平及负责之条件,盟国为谋保证和平、安全及实现正义计,盟国应负促成之义务。又关于盟国对日军事占领宣言第十二款声明,其撤退须于日本新秩序之确定,即占领目的之完成及日本国民自由表示意志之和平、负责政府之产生,亦即于盟国对日所应促成之目的或义务达成之时。

以上仅为宣言规定之荦荦大者。至如对日赔偿、管制、生活水准及工业之限制等等,均散见于宣言各条款之中。

关于波茨坦宣言在法理上的效力问题,一般对此亦殊多误解。例如:或谓宣言精神与某种国际公法相抵触,而主张排除其适用者,甚或谓与大西洋宪章亦有相当之抵触者,云云。凡此种种,实由不明宣言之性质与其在国际法上之地位而起。我等认为宣言既经联合国所承认而为专对某事而产生,即已具备国际法之特别法的效力,其应认为优于普通的国际法乃堪断言。又宣言即为有关各国之共同意思表示或承认,则其彼此之间即应受其拘束之义务,而不得任意加以曲解、变更或推翻。

(2)美国管制日本政策与联合国远东委员会对日投降后日本之基本政策

美国一般的初步对日政策,为日本投降后美国对日之初期政策。此政策系由美国国务院与陆海军两部协议后所决定,并经美国总统于一九四五年九月六日所批准,并于同年九月廿二日正式声明,以为美国对日管制方针而指示盟军最高司令官。

政策第一部为最终目的,第二部为盟军之权能,第三部为政治,第四部为经济,而为依据波茨坦宣言之一般原则的具体的占领日本政策。美国并于该政策第二部占领军之权能一项中表明,占领军之最高司令官由美国任命,美国于管理日本之际,与重要联合国协议或设置谘询机关以谋协调。万一各国间发生意见、对立,美国之政策有决定力量。并强调美国对管理日本之领导权。由此观之,可见此种政策实派定美国以之代表联合国对日的政策。

其后设置联合国十一国组成之远东顾问委员会,嗣又改为远东委员会。该会于一九四七年六月廿日公布对日投降后日本之基本政策,其内容大体与前项美国对日政策大致相同,亦分为四部,即(一)最终目标,(二)盟军权力,(三)政治,(四)经济。右开十一国计为澳大利亚、加拿大、中华民国、法国、印度、荷兰、新西兰、菲律宾、苏维埃联邦、联合王国与美利坚合众国等均曾参加对日抗战之国家。各该国代表根据莫斯科一九四五年十二月美、英、苏三国外长会议之决定,组织远东委员会,集会于华盛顿拟订政策原则及基准,其目的在使日本遵守并履行其投降条款下之义务。

该政策开首提要称:构成此委员会之国家,以履行波茨坦宣言之意旨实施投降条款,并建立国际安全与安定为目的。各代表深知此项安全与安定端赖下列各项：第一，完全摧毁日本之军事机构，因此机构为其数十年来实行侵略之主要手段；第二，设置政治、经济诸条件，使日本之军国主义不能复活；第三，使日本人彻底了解其战争意义，征服计划，以及达成此种计划之方法，已使彼等濒于毁灭。

日本在决意放弃一切军国主义，愿与世界各国和平相处，并在其政治、经济与文化生活各领域内建立民主原则之前，不准管理其自身之命运。

各代表并经同意下列各项：

保证日本对同盟国履行其义务。

完成日本物质及精神上解除武装之任务。

其方法包括全部解军备，改组经济，以剥夺日本作战之力量，消灭军国主义之势力，严厉审判战犯，并规定严格管制之时期。并协助日本人民，为其本身及全世界人民之利益起见，采取各种方法，使其在民主社会之机构中，对内对外在经济与文化上发生联系，并使其能满足个人与国家之合理的需要，而与各国维持永久的和平关系。

（注）至该政策之内容四部，为便于参考起见，附录于后。

（本政策"开首提要"见前）。

（3）联合国对日问题一般的意见

就联合国间一般对日的观感，多数认为日本人具有优越的、好战的、非文化而具有神道化的与顽迷倾向的心理，而此种心理之改造，应由再教育着手。日本之自然科学及艺术各部门虽多已达成与欧洲相近之水准，但一般国民之文化水准，则远不及欧人之普遍化。日本科学高度发达，但文化仅被少数人所独占。自其国民文化之立场言之，日本殊难称为文化国家，例如，一般日本人家庭并无抽水马桶之装设而飞机大炮竟高度发达即一明证。麦克阿瑟元帅关于占领管制日本之报告书中有云："关于民主主义，日本国民不论任何形式，均无经验。数百万农民及妇女对政治均无所知"。纽约时报特派员特兰布尔评称："欲使日本人由好战之军国主义，转变为和平之民主主义必需数年之改良教育。

日本从官僚主义转向民主主义，显然必需一悠久之时间。"麦克阿瑟司令部教育部长翰特生少将评称："日本人无希腊论理基础，因之以一般事物不加以论理之考虑。彼等对于基督教、哲学及民主主义方法均不具有。为协助日本民主主义教育之成长，在学校中加入公民学一项课目。"华盛顿明星报之社论有云："对于日本人之重新教育，为联合国之艰巨任务……日军在菲律宾及其他各地所犯之特殊惨暴罪行……且今后日军续有此种惨暴情事非与以更大之打击不可。故对给与日本人以战争之责任心，是为对于日本人重行教育之最后目的。"又纽约时报特派员琼斯云："欲在日本国民之间发展政治，必须先教以个人主义为何，相互协助为何等等初步事项。现在业已成人之大多数国民，恐将至死不知民主主义为何物，决非过言。"琼斯又云："欲救日本人之政治上无自觉性质，应高唱自由意志，与以自由活动，在明确之目标下，创立政治组织。"又琼斯氏对日本国民大众，对麦克阿瑟司令部之所发日本政治之指令毫无反响之批评指出："故其问题在使日本国民对政治经济有所自觉"。

中国方面对于日本国民再教育问题，亦极注意。如亚东协会主张学校教材、出版物及文化活动不许含神道、军国主义或极端国家主义之思想，参政会主张日本教育应彻底修改，清除侵略思想之复萌等等，颇能代表中国一般舆论之意见。至如其他各盟国对于日本再教育之意见，要不外乎此。

关于日本民主化方面之观感，美参议员汤姆斯云："解放日本之计划，经外国人之手，而加诸日本，其理安在？……但迄今所采取之一切改革方案均因联合国之压迫而采取者……所谓自由，决非外界之赠品或上峰之命令"。汤姆斯氏又云："麦克阿瑟元帅此次之指令，不表示占领军当局热心援助日本树立真正自由，日本人应表示真实接受。民主主义非空谈所能获得结果，有实际行动后如能了解日本国民之真情……"。中国方面一般舆论之意见，皆认为使日本国民享受形式上的自由尚嫌未足，非铲除一切民主之障碍，其民主政治无由以实现，如褚辅成、于树德氏等主张彻底废除天皇制度并铲除军国主义财阀及神道主义各势力，以除去日本民主政治根本之障碍，等等，而中国的各报纸主张，尤极热烈。至如其他各盟国除少数主张保留于皇地位，而兼施民主政治外，其余各国要皆与中美两国之主张大致略同。以上为各盟国间对日政治问题之态度。关于日本战犯之惩罚与不良分子之整肃，各国均主张从严处理。就中，中国因受祸最深，主张尤烈。虽美国少数人士，略有改变宽大主张之动向，但不能以代表其一般国民之意见与动摇各国最后之决定。

关于对日军事之处理，各盟国多主张彻底解除军事武装，废止军备，停止军事性之教育与训练，禁止武装警察，等等。美国最近主张成立之日本海上保安厅提高商船吨位、设立保安警察等等计划，难免使各盟国发生怀疑与不安的情绪，均认为此等举措显与波茨坦宣言之精神不符而有所争执。

关于各国经济方面之处理意见，各国公认日本农地改革，乃为推翻封建制度、促进民生、安定秩序、趋向民主之一大关键。对此问题之解决，麦克阿瑟元帅司令部曾督促日本现存政府通过第一、二两次土地改革案。第一次改革案之要点：（1）在村不耕作地主保有面积五町步（北海道十二町步）。（2）土地之收买由农会办理。（3）自耕农之创设于五年期间完成。（4）佃租改为现金交纳。（5）于市町村中设农地委员会，以处理此等必要之事项。此种决议，麦克阿瑟元帅司令部遵照远东委员会各国决定之方针，指示日本政府通过。并为补偏救弊、贯彻各国主张计，麦帅遵照远东委员会之意旨，促成日本政府通过。

第二次改革案，其内容：（1）在村不耕作地主保有一町步，连同自耕地并得保有三町步（北海道前者四町步，后者十二町步）。（2）土地由国家总收买，完成期间为三年。（3）改组农地委员会，排除地主势力。（4）租佃契约以文书为之。此项土地改革方案，联合国间对之意见尚未完全一致认为满意，如：苏联力主租佃制度应完全解放，并规定地价最低之收买价。中国国内一般的舆论主张以渐进的办法达成耕者有其田之目的,如在村不耕地主保留面积之再缩减,地价依现定价减去百分之四十至五十,并尽量减低地租佃租,使地主感觉得不偿失,而自愿卖让其土地所有权,并加强日本土地增拓之质量,以及移用其政府给与买地地价补贴为土地改良费用,使达成区划整齐、瘠地变为膏腴等目的。

关于盟国对日本平时生活水准,多数主张以日本一九三〇至一九三四年之平均生活水准为其平时生活水准。此项生活水准所需要之工业为日本工业发展之最高限度。去年美国斯揣克主张日本工业水准至一九三〇——三四年之125%,并将炼铅工厂再予保留。今年美国视察团之德莱柏、约翰斯敦二氏更主张再予放宽,惟此等主张均为各国所反对。又亚洲各国,尤其中国一般舆论主张:日本工业之限制,并应采取以下原则:(1)消灭战争潜能;(2)解除国民经济上之军事重担;(3)不得威胁邻国人民经济活动;(4)重要工业如钢铁、造船、火电及酸卤各工业并应严格限制。又此项工业限度采逐渐恢复办法,使日本于一九五〇年达到关于此项生活水准。惟各盟国间意见,尚未能一致,例如美国少数人士则主张提高,亚各国则主张仍须抑低,并不得高于亚洲其他之国家。此种意见之纷歧,于将来和会中亦成争点。

关于经济分散办法,麦克阿瑟元帅司令部一九四五年十一月六日发表四大财阀(三井、三菱、安田、住友)解体指令。嗣又合并指定四十五个公司被解体。此等持股公司支配一千二百个左右之子公司,而此四十五家之资本总额为六十亿四千二百万日元。其总资产超过二百八十亿日元,合并一千二百子公司之总资产则约为一千八百六十亿日元。中央登记局之设立,以办理登记各清理机关所卖却之股票,并使清理委员会之代表驻局办理出卖股票事宜。此种股票之买受,定有限制办法,如在日本经济界内被决定为不良之人物包括被追放人士、财阀家族及其被任命者等,亦均在限制之列。又股票之买受公司职员获有优先权,合作团体亦受鼓励之列。对于此等办法之意见,国际间舆论认为仍有加强改革之必要。例如对于股权之还原问题,即仍归到原有财阀手中,而公司职员买股优先权之授与,即易启此弊端,一般人民以及工人等对此通常股票价额之买受,缺乏购买能力,徒有享受购买机会之虚名;分散股票而不分散公司产业与分离其组织体,仍然形成产业经济及资本之集中;以及对于财阀既不予以处分,又不加以放逐,将来难免死灰复燃等等,均为国际间舆论考虑之焦点。又如中国一般人士认为:日本皇族财产特权既经指令(一九四六、五、二三)予以剥夺,但皇室财产仅以指令(一九四五、一一、二〇)予以冻结之措施,仍与美对日一般初步政策及联合国远东委员会对日基本政策之原则规定不符。

关于对日赔偿要求之意见,各国代表于远东委员会第九二次至一一九次会议迄未协议。第九二次会议中,各国分别提出其本国之要求百分数,计澳(补提)28%、加1.5%、中40%、法12%、印18%、荷15%、纽2%、菲15%、苏14%、英25%、美34%。其间,中国代表声明,中国受害最深,期间最久,而最低限度应要求赔偿总额百分之四十。荷代表建议(法代表赞成)将盟国分为"受直接损失"与"未受直接损失"两大类。前者为澳、中、法、印、荷、菲,共得75%,后者为美、苏、加、纽、英,共得25%。此种分类略与中国有利,其余各国代表所提出各意见,多于中国不利。又中国代表于第一一三次会议中提出中国政府之方案,为中国40%,美、菲30%,英、纽、印、加、澳20%,法、苏、荷10%。又纽西兰代表提出折中方案,将各国对某一国分配百分数求一平均数,作为该国之分配数,其结果如次:澳6%,加1.5%,中22.5%,法3.5、印6%,荷6%,纽2%,菲9%,苏3%,英10%,美19%,共为88.5%,其余11.5%留待小组会议商决,加给分配待遇低之国家。对此方案,苏联表示不能接受,我代表反对以上方案作为讨论之基础。美国鲍莱氏之临时赔偿方案,既因日本在外资产与各国分配比额问题,不易定案而搁置。美国所定提前拆迁临时赔偿办法,又因盟总以为日本工业保留限度,尚待重新厘定进行甚缓。现仅有陆海兵工厂计件工具机予以提出分配。飞机工厂及民间军需工厂计件工具机亦予以分配,其他各项颇易延至和约谈判时并入最后赔整案讨论。

按提前赔偿办法,中国所得百分数最多,且紧急物资先行运回。一方面免受损耗,一方面立可装用,故对于中国之复兴大有裨益。为对日和约讨论前不能付诸实施,实为中国重大之损失。

美国斯揣克氏的反赔偿主张云:"我们建议的赔偿办法是拆迁若干过剩的制钢设备、储油设备和炼油厂。其他如陆海军工厂的一切机器工具以及飞机工厂的特种机器和过剩的造船设备等,也在可以拆迁之列。"

按斯揣克氏之主张,赔偿数量仅占远东委员会所指定的一千一百所工厂中极小部分。

本年一月间,美国德雷柏及约翰斯顿二氏尤主张大量减低赔偿额,其所拟之方案将工业水准提高一九三〇——三四年之125%以上并保留炼铁厂等等。

凡此种之主张,仅能代表美国一部分人士之意见,并为各盟国不能接收。是赔偿问题,于将来和会中之协议困难尤多。

乙、缔结对日和约程序问题

1.美国的意见:美国建议对日和约初步会议的举行,应邀请远东十一国参加,开会地点在美国(可能旧金山或华盛顿),表决办法采用三分之二的多数表决制。

2.英国的意见:英国完全同意美国的建议。

3.苏联的意见:苏联不赞成美国的建议,而主张对日和约的起草由中、美、英、苏四外长为之,并须四国意见一致始能成立决议。

4.中国的意见:中国建议采用折衷办法,即预备会议由远东委员会之十一个会员国组成之(召开日期由中、美、英、苏四国商定),会议由多数表决,但须包括中、美、英、苏四国之同意票。

以上为中、美、英、苏四国之三种不同的主张,兹归纳其不同之要旨如左:

(A)预备会议主张由十一国参加者——美、英、中,主张由四国参加者——苏。

（B）表决法主张采多数表决制者——美、英，主张由中、美、英、苏四强一致制者——苏。

（C）主张折衷办法者——中。即：对于参加预备会议主张采英、美之建议，对于表决之方式主张于多数表决制之中，应包括中、美、英、苏四国之同意票。

上开中国折衷的建议，为希图打开美、英与苏联的僵局，于一九四七年十一月七日正式照会美、英、苏三国政府。对此建议，除美、英两国迟延答复，苏联于十一月廿八日即公布，同时并照会中、美、英三国左列的答复：

（1）对于十一国会议不予赞成。

（2）召开特别外长会议，于一九四八年一月，由中、美、英、苏代表参加。

（3）如中国政府认为需要，苏联主张此项会在中国举行。

对于对日和会程序问题以否决权问题至关重要。关于表决方式之否决权之争议，迄未获得协议。惟最近据一般人士由于左列之动向，美、英二国亦有可能同意苏联建议否决权之迹象。

（A）远东和会讨论日本设立海上保安厅问题，美国已经自行使用否决权（东京卅七年五月八日电）

（B）英外交部帮办但宁现在坎培拉与澳政府讨论打破四强就召开对日和约会议程序所陷僵局的方法（伦敦同年五月八日电）。

（C）澳洲对日和约态度将同意五强否决权（东京同上十九日电）。

（D）坚持取消否决权的成见，势将违反联合国宪章。美、英两国就和约内容之意见接近时，或有抛弃反对其成见之可能。

中、美、英、苏四国间于表决制倘获协议，则对于预备会议允许参加之国家问题、会议时间及地点问题，似较易于获致妥协，而笼罩各盟国间关于对日和会的暗云可能予以冲破。惟关于对日和会会议的地点，中国一般舆论均希望设在中国，其意义比较深大，因中国为日本侵略战争受害最大、时间最长之国家也。

附录(一):远委会对投降后日本之基本政策(远东委员会一九四七年二月廿日公布)

一、对投降后日本之政策,应依据下列最终目标:

甲、保证日本不再成为世界和平与安全之威胁。

乙、尽速树立一民主和平之政府,以履行其国际责任,尊重他国权利,并支持联合国之目标。此项政府应根据日本人民自由表达之意志而建立之。

二、此等目标将由下列各主要方法达成之:

甲、日本之主权将限于本洲、北海道、九州、四国及可能决定之附近岛屿。

乙、日本应完全解除武装与军备,并完全消灭其军部权力与军国主义之影响,严格取缔一切表现军国主义与侵略精神之制度。

丙、鼓励日本人民发展个人自由与尊重基本人权之愿望,尤其信仰、集会、结社、言论与新闻之自由,并鼓励其组织民主与代表民意之机构。

丁、给予日本以某种程度之工业,俾可支持其本身经济及提供公正之实物赔偿。凡足以重整军备以作战之工业,则应予以禁止。为达到此目的起见,日本可取得原料,而不许控制原料。日本并将获准参加世界贸易关系。

第二部盟军之权力

1.军事占领

对日本本岛将加以军事占领,以实施投降条款与促进上述最终目标之完成。此项占领之性质将为一种代表对日参战各国之行动。此等国家部队应参加占领日本,其原则业经确认。占领部队将由美国指派之最高统帅指挥之。

二、与日本政府之关系

天皇及日本政府之权力,将隶属于最高统帅。最高统帅具有实施投降条款、执行占领及管制日本各种政策之一切权力。

最高统帅,将经由包括天皇之日本政府机构及机关而行使其权力,但以顺利完成上述目标与政策为限。日本政府得遵照最高统帅之指令,行使关于国内行政之通常事务。最高统帅亦得不经由日本政府而随时采取直接行动。

最高统帅经与盟国对日委员会其他盟国代表作适当之初步协商后,于必要时得采取关于撤换日本内阁个别阁员或添补阁员辞职后遗缺之决定。至于政府机构之变动或日本政府全体之迭更,应按照远东委员会有关条款中各原则施行之。

最高统帅不必支持天皇及其他任何日本政府当局。盖其政策乃在利用日本政府现存形式,而并非支持之也。凡日本国民变更其投降前之天皇制政体与政府形式,以改变或剔除其封建或专制之性质,而建立民主之日本,均应予以鼓励。

三、联合国权益之保护

最高统帅有保护联合国各会员国及其人民之利益、资产与权利之义务。若此项保护与履行占领目标与政策相抵触时,关系国政府将经由外交途径获得通知,并协议此项问题之正当调整。

四、政策之公布

凡曾参加对日战争各国之人民,日本人民及全世界将对履行占领目标与政策之进展情形,随时获得情报。

第三部政治

一、解除武装与废弃军备

解除武装与废弃军备,乃军事占领之初步任务,应迅速而决然的予以完成。同时必须竭力设法使日本人民认清其军阀及合作者如何欺骗并诱使彼等误入征服世界歧途所演之惨剧。

军国主义、过激国家主义及反民主之学说与实行,包括准军事训练,应自教育制度中铲除之。过去之职业陆海军将校、士官及其他鼓吹军国主义、过激国家主义及反民主学说与实行分子,应被排除于监督与教导地位之外。

二、战犯

对一切战犯，包括虐待战俘及联合国各会员国人民之人员，应严加审判，其他被最高统帅或联合国会员国适当机关指名为战犯者，应行逮捕，审判有罪时，并予以处罚。其他被一联合国会员国指为对其人民犯罪者，如最高统帅不需该犯受审或作证时，应交付该会员国拘禁。

三、对个人自由与民主过程的愿望之鼓励

宣布并保证日本人民崇拜与信仰一切宗教之自由，同时并晓谕日本人民不准在宗教掩蔽之下隐藏过激国家主义、军国主义及反民主组织与运动。日本人民应给予机会，并予以鼓励，使其熟悉民主、各国历史、制度、文化及其成就。日本人民中民主倾向之复兴与增强，如有障碍应行消除。

在维持占领军安全之范围内，具有集会与辩论权之日本不得再有任何陆军、海军、空军、秘密警察组织或任何民间航空或宪兵，但得有适当之警察。日本之地上及海空部队，应即解除武装并予遣散，日本大本营参谋本部及全部秘密警察组织应予遣散。

陆海器材、陆海军船舶与陆海军设备，及陆海军用与民用飞机，应即就地缴交各该日军投降区域内之盟军当局，并遵照盟国之决定或行将决定之方法处置之。以上各项应编造清单听候检查，以保证此项条款之完全执行。

日本大本营与参谋本部之高级官吏、日本政府之其他高级陆海军官、国家主义与军国主义各组织之领袖以及其他鼓励军国主义与侵略之重要分子，应加拘禁，听候处分。军国主义与好战的国家主义之活动分子，应摈斥于公职及其他任何公私负责地位之外。过激的国家主义、军国主义之社会政治职业与商业团体与组织，应解散并禁绝之。任何反民主与军事活动之复活，不论其公开或在伪装下进行，应予防止，尤其过去日本之职业陆海军官、宪兵及业经解散之军国主义、过激国家主义及其他反民主组织之分子。

民主政党以及职业公会之组织应予鼓励。

基于人种、国籍、信仰与政见而故为差别之任何法令规章应予废除。与本文件所揭之目标与政策相抵触者亦予取消、停止或施以必要之修正。其负责执行之机关，应即废止，或加以适当之改革。因政治关系而被日本当局非法拘禁者应行释放，司法、法律与警察制度应尽速加以改良，使其与本文件所述之政策能相符合，而司法、法律与警察、官吏皆有保护个人自由与各种人权之义务。

第四部经济

一、经济武装之解除

日本军事力量之现存经济基础必须摧毁，并不准其复活。因此，包括下列因素之计划，应即实施。立即停止并禁止专为任何军事力量或军事建置上配备、维持或使用之一切物资生产，禁止生产或修理海军舰艇与各式飞机以及其他战争工具之特殊设施，设立监督与管理制度以防止军备之隐匿与伪装，消灭一切可使日本重整军备之工业或其生产部门，禁止战力发展有直接贡献之特殊研究与教学，为和平所需要之研究，虽可允许，但须受最高统帅之严格监督，以防止其战争上之应用。日本工业应受限制，至足以维持其经济水准与生活水准为度。此项标准须根据远东委员会所决定之原则，并须与波茨坦宣言相符合。关于日本国内现存生产设备之处置或转运出国以充赔偿，或径行拆毁，或移作别用，均应编造清单，并根据远东委员会所定之原则，或依照该会有关条款另行决定。在未有决定之前，凡是项设备可转运出国或移作民用者，除紧急情形外不得破坏。

二、民主势力之促进

工业、农业中之劳工组织，凡以民主原则为基础者，应予以鼓励。其他工业、农业中之各组织，凡以民主原则为基础，而有助于促进日本民主化或占领日本之其他目标者，亦应予以鼓励。

树立各项政策，务使个人所得及贸易与生产工具之所有权，有广泛而公平之分配。

凡足以加强日本民主力量之经济活动、组织及领导之各种形式，又凡足以防止支持军事目的之经济活动者,均应予以鼓励。

因此最高统帅之政策如次:

甲、凡日本人民在经济领域内,因其过去关系或其他理由,不能信任其领导日本经济向和平民主目标迈进者,应禁止其保留重要地位。

乙、确立计划以解散大工业与金融组合,并使其他以扩大控制与所有权为基础之组织逐渐代替。

三、恢复和平的经济活动

日本各项政策,曾使其人民蒙受经济上之大破坏,并陷于经济困难与生活苦楚。日本之灾害乃其自身行为之直接结果,盟国不负补偿其损害之重荷,日本人民惟有抛弃一切军事目的并在和平生活方式上专心致志,始能恢复,日本人民必须着手物质上之建设,并根本改革其经济活动与制度之性质与方向。根据波茨坦宣言所提供之保证,盟国无意设置妨害将来达成此等工作之条件。日本应提供物质与劳力,以应占领军之需要,其供应之限度,由最高统帅决定,务使日本人民不因此发生饥饿与蔓延疫病及身体上剧烈之痛苦。

日本当局经最高统帅之允许,应维持发展并实施各种计划,以完成下列目的。

甲、避免经济上严重之困穷。

乙、保证现有物资之公平分配。

丙、适应提供赔偿之各种需要。

丁、远东委员会参照日本现存物资,以及对于联合国人民与对于前被日本占领区域内人民所负之义务,订立各项原则。日本当局应根据该原则,准备合理之供应,以适合其国民之需要。

四、赔偿与归还

赔偿:

为惩处日本之侵略行为起见,为公平赔偿各盟国因日本而受之损失起见,为摧毁日本工业中足以引起重整军备之日本战争潜力起见,此项赔偿应由日本以其现存之资产设备及设施抵付之,或以其现存及将来生产之货物抵付之。

上述资产及货物,根据远东委员会所订立之政策,或依照该委员会之各有关条款,日本当局应设法供应,以作赔偿之用。各项赔偿应不妨碍日本解除军备计划之实施,并不损及支付占领经费与维持人民最低限度之生活标准。各国自日本总赔偿额中之分配额,应从广大的政治基础上予以决定,并对各要求国因日本侵略而受之物质破坏、人民死伤及所受损害之范围予以适当考虑。至于各国对击败日本之贡献,包括抵抗日本侵略之程度与期间,亦应在适当考虑之中。

归还:

凡被掠夺、强买或以无价值通货换取之一切财产,凡可辨认者,应迅速悉数归还。

五、财政、货币与银行之政策

日本当局仍负责管理并指导国内财政、货币与信用之政策,但此项责任须经最高统帅之准许与稽核,于必要时,并须由最高统帅指示。

六、国际贸易与金融关系

日本于最后应准参加世界贸易关系。在占领期间,并在适当之管制下,及优先满足曾经参加对日作战各国人民需要之条件下,日本将准自国外购入为和平而需要之原料及其他货物,日本并在适当管制下准予输出货物,以偿付许可之进口物资。除指定输出充作赔偿或归还之物资以外,凡输入日本货物之国家,必须输出必需货物以为交换或同意支付外汇,使日本得用以购买进口货物。日本出口货之收入,除用以保持人民最低标准之生活外,可偿付自投降以来为占领所必要之非军事进口货之价款。

对一切进口出口货物与外汇及金融交易,仍将维持管制。远东委员会应拟定日本进出口之政策与原则,远东委员会并将订立执行是项管制之政策。

七、日本之国外资产

本文件赔偿条款与有关问题之处,并不影响各国政府对日本在国外资产问题之意见。

八、外国企业在日本国内之机会均等

任何联合国之一切商业组织,对日本海外贸易与商业,应有平等之机会。在日本国内,联合国人民应享受同等待遇。

九、皇室财产

皇室财产不能自实施占领目标所必要之任何行动中获得优免。

附录(二):麦帅之声明——"占领日本之目的与方法"

四、其他

1.关于英方占领军英美协定纲要

2.麦帅之特别宣言——远东国际军事法庭之设立

3.远东国际军事法庭条例

乙、特别指令

一、军事

1.处置日本军队装备及物资之指令

2.遣送复员军人及在外侨民返国之指令

3.废除复员军人之恩给指令

二、外交

1.关于停止外交活动之指令

2.停止驻在东京中立国外交关系之指令

3.对联合、中立、敌国之定义——麦帅总部之解释

三、言论、宗教

1.新闻统制之解放

2.对新闻及言论自由之新措置

3.废除国家神道之指令

四、教育

1."关于占领教育之目的及政策"指令全文

2.军国主义教员之罢免

五、政治

1. 废除政治警察之备忘录

2. 释放政治犯、赋予参政权之指令

3. 对侵略主义支持者之清除令（褫夺"不良分子"公职之训令）

六、皇室

1. 皇室财产之内容

2. 皇室财产之查封令

七、经济

1. 关于提供财政金融等情报之指令

2. "必需物资之生产及消费分配计划"之指令

3. 关于查封殖民地银行、外国银行及战时特别金融机关之指令

4. 查封殖民地、外国银行之指令

5. 关于拟定粮食增产计划之指令

6. 准许粮食、棉花、石油、食盐等必需物资之输入

7. 对失业者救济计划之指令

8. 对失业者、返国者配给军衣、食品之指令

9. 停止十五财阀证券交易之指令

10. 关于解散财阀之指令

11. 关于改革农地制度之指令

12. 战时利得之没收及改革财产之命令

八、赔偿

1. 关于赔款偿付问题鲍莱大使之声明

2. 鲍莱大使之报告

3. 作为赔偿用可能接收之工厂

附录（三）波茨坦宣言（略）

附录（四）开罗宣言（略）

林健民编《缔结对日和约之准备》

中国第二历史档案馆藏外交部档案

（三）清偿战时劫掠与惩罚战犯

　　说明：抗战胜利后，中国在对日处置上提出自己的赔偿和惩处战犯要求。中国驻日代表团不仅派员调查、核实战时日本劫掠中国的物资、轮船、图书、机器设备等，而且研究当时日本的经济社会水平，提出限制日本工业水准的具体量化目标，并督促日本归还其掠夺中国的轮船、汽车、机器设备、图书、地图等物资和情报资料。1947 年 8 月，召开对日和会的消息传出之后，各国赔偿小组对日赔偿讨论日渐冷淡，似有将对日赔偿问题拖延至对日和会上解决的意图。不过，作为遭受日本侵略损失最为惨重的中国，无论是从战争索赔的角度，还是从当时中国国共内战的现实需要出发，都希望打破这种袒护日本经济而使其消极赔偿的做法。单独控制日本的美国为实施日本的民主化改革和确保日本国民经济生活，不得不在经济上鼓励和支持日本政府，故其对赔偿日趋消极的态度决定了对日赔偿问题终不能如国民政府所愿。在惩处日本战犯问题上，国民政府于 1945 年 12 月颁布了《战争罪犯处理办法》，为调查、审查、逮捕、惩处日本战犯制定了具体的法律文件；同年 12 月 6 日又成立了由军令部、外交部、司法行政部、行政院秘书处、联合国战罪审查委员会、远东及太平洋分会等机构组成的战犯处理委员会，负责到战时沦陷区各地搜集战犯罪证，并在武汉、广州、上海、太原、保定、台湾等地拘禁、审查和审判战犯工作。与之同时，远东国际法庭对日本战犯的审理在商讨定罪量刑时，各国代表意见不一，荷兰代表为一些日本战犯开脱，印度代表甚至主张日本战犯无罪，从而一定程度上造成了不良影响，以致于影响至今，成为日本右翼分子为侵略战争翻案的所谓"例证"之一。

中国驻日代表团第三组 1947 年 4 月—10 月份工作报告
1947 年 4 月—10 月

1. 驻日代表团第三组 1947 年 4 月份工作报告

……

四、留华日本技术员工汇款接济在日家属事,经再度与总部经济科学组商讨,该组建议我国政府于日开一特别帐户,将一部分出口货所得货款存入,在日付款,抵扣特别帐户,已电部请示。

……

3. 驻日代表团第三组 1947 年 6 月份工作报告

类别	事项	办理经过	备注
归还	申请归还被劫机器	因盟总物资保管组(C. P. C)中人士非正式告称:因赔偿拆迁即将开始,申请机器事,恐将于六月底截止,故将此项案件约二十种,分别整理,全部送总部申请归还,并予以调查。	
	归还隆顺轮案	本月十七日试航,参加者为林副组长、马专委雄冠、刘专委麟生,三十日由陆宜专押运返国。	
	被劫物资仓库中物品之申请事项	本组前已申请,惟据 C. P. C 中人言,须分类整理后再申请,现正分别整理。	
	察勘广东造纸厂被劫机器	林副组长偕同谢为杰、赵如晏两专门委员,于廿三日前往北海道勇指拂察勘,有总部物资保管组两主管人偕行,月底返团。	
	镇远、定远铁锚之归还	廿六日运至隆顺船,刘专委、廖参谋、钟参谋亲往视察,认为满意,由钟参谋签收。	
	兴安、飞星轮日籍船员返日	由吴专员鼎铭,搭海黔轮,率领返日,廿八日抵东京。	

续表

类别	事项	办理经过	备注
	安利、成利、宏利、天利、新利、同济、顺源、镇源、和源等轮交涉归还之经过	安利、成利、宏利、天利、新利等五轮,据盟总报告,均已先后沉没,如欲打捞,可饬日本政府施工,惟所有一切打捞、测量、检查等费用,应由我方负担。同济轮一切尚属不明。又据盟总函称,顺源轮沉没于马尼剌,镇源轮沉朝鲜,和源轮在大连地区起火沉没等语,以上各轮所有状况均经电达外部、交部及有关各机关查洽,并请示应否打捞。	
	永源轮归还案	据盟总函覆称,该轮系前满洲海运株式会社之船只,现泊舞鹤港等语,现拟向盟总申请依隆顺、和顺两轮之先例办理,予以归还。	

......

5. 驻日代表团第三组1947年8月份工作报告

类别	事项	办理经过	附注
和约	工业水准之拟定	本团经研究后提供对日政策一篇《日本经济生活水准》大纲如下： 1. 钢铁工业年产量不得超过 生铁　　　1000000 吨 钢块　　　2600000 吨 轧钢　　　2000000 吨 2. 非铁金属工业年产量不得超过 煤　　　　无 铜　　　　80000 吨 3. 轻金属工业年产量不得超过 铅　　　　无 轧铝　　　8000 吨 镁　　　　无 4. 工具机工业　　5200 部 5. 轴承工业　　5600000 元(1930 –1940 价) 6. 化学工业年产量不得超过 工业炸药　　10000 吨 T. N. T　　无 硫酸62%　　2500000 吨	

类别	事项	办理经过	附注
		硫酸98%以上无	
		纯碱(包括制 465000 吨 烧碱用者)	
		烧碱 200000 吨	
		氯气 45000 吨	
		硝酸 20000 吨	
		电石 430000 吨	
		氩 350000 吨	
		7. 铁路设备年产量不得超过	
		机车头 255 部	
		客车 870 部	
		货车 6800 部	
		8. 火力发电发电量不得超过	
		火力电 1500000KW	
		9. 造船工业	
		得造最大之船 5000 吨	
		得修最大之船 80000 吨	
		修理量每年不得过 1500000 吨	
		10. 石油业	
		人造石油禁止制造	
		储油量 5000000 桶	
		炼油量 4500000 桶	
		11. 电器制造工业年产量不得超过	
		发电机 450000KVA	
		电动机 225000HP	
		变压机 1800000KVA	
		转变机 60000KVA	
	签订和约 有关问题 之汇编	其纲要如次: 一、日本国内工业设备赔偿问题 1. 各国赔偿分配比额 2. 赔偿工业范围 3. 提前赔偿如何推进 4. 赔偿设备之处置 二、实物赔偿问题 1. 原料供给 2. 实物赔偿对于日本生产能力之得失 3. 日本国内舆论 三、日本国外资产问题 1. 日本国外资产之性质 2. 日本在外资产之计算	

续表

类别	事项	办理经过	附注
		3. 决定各国分配之方法 4. 本团意见 四、流动资金及金银宝石提作赔偿问题 1. 美国主张 2. 金银估价 3. 远委会意见 4. 本团意见 五、归还物资问题 1. 船舶归还 2. 被劫物资日本须送回原地点 3. 恢复原状 4. 物主不明者应先归还中国，设法招领 5. 文物归还 6. 伪组织之存款及资产 7. 未了契约之履行 8. 在日之分公司	
	对于日本工业水准之管理	本团对于管理日本工业亦已拟定方案，计分： 1. 原料之管理 2. 设备与方法之管理 3. 进出口货物之管理 4. 日本国外流动资金之管理	
归还	察勘永源轮	被劫之永源轮泊于舞鹤港，本月十一日 C. P. C 派遣 Mr. Knieger 会同本组吴专员鼎铭、曹专员祖忻前往察勘，拟具报告书存卷。该船现在修理中，约明年初可以修竣。	
	地图版之归还	地图版 530 片，已于本月廿五日在本团接收，由本团刘专员麟生会同第一组王上校公武、王上尉亮接收，并呈报各有关机关备案。	
	台湾银行纸币版	C. P. C 通知本组台湾银行旧日制造纸币之锌版 60 块在日，应如何处置，已咨行总部，申请归还。	

续表

类别	事项	办理经过	附注
	永利公司被劫机器归还案	本月廿五日该公司侯总经理德榜、谢工程师为杰往晤 C. P. C 中人士,得悉总部已同意将整套机件归还,公文不日可以发出,经此次确定原则后,将来其他各工厂机器之归还,亦可援例矣。	
	草拟归还意见	关于归还案件,将来应如何交涉,以期迅速推动各节,已草拟意见,呈请外交部及赔偿委员会核定。	
	被劫仓库中之中国书籍	此案业经申请归还,嗣 C. P. C 人士询问应如何接收,当告以应饬日政府即日装箱,由和顺轮运回。	
	信通公司汽车归还案	此项车辆存于世田谷区仓库,已申请归还,九月十六日可以交还。	

……

驻日代表团第三组 1947 年 10 月份工作报告

类别	事项	办理经过	备考
	对于和约之建议	关于中日和约,曾于王部长莅日时面呈条陈一件,胪列与赔偿及归还有关诸问题。其大纲如下: (一)赔偿:应确定赔偿总值,分配比额,实物赔偿实限、年限,并建议设立估价评议会。 (二)国外资产:日本在华资产纯为侵华工具,应予全部没收,不列入赔偿,并应从速组织机构,将日人在华资产调查分析,搜集侵略证据,估计其价值。 (三)归还:宜向和会提出,凡系从吾国劫夺之物资倘无证件,可由持有人提出反证,否则即以劫物论;已损失之劫物应提出反证;分公司在日本者应连带归还;伪组织之资产一律应由吾国接收。	
		(四)未履行之契约:似以暂不提出为佳,惟须将全部案件、公私机构所订契约全部统计,以凭决策。 (五)日本工业水准:远委会决议以一九三〇至一九三四年平均生产量为其工业水准一点,不必再行争执,但其用于军备者应在其中除去,钢铁工业缺乏原料者应减低其保留数量,输出工业应不妨害邻国工业为标准,原料丰富之工业倘不对邻国竞销则可鼓励。	

中国第二历史档案馆藏外交部档案

远东委员会中国代表团关于赔偿小组最近工作的报告(第四号)
1947年8月14日

……

(四)其他事项:

自对日和会之讯传出后,赔偿小组讨论各案情绪渐趋冷淡,各国似均有将重大事项延至和会解决之势。我方对整个赔偿问题似亦可趁此加以彻底检讨,我方似应衡虑已往远东委员会讨论赔偿之趋向,参酌拟定一主动之整个方案,俾目前过分袒护日本经济复兴之局势得以改观,我国之赔偿要求从而贯彻!

中国第二历史档案馆藏外交部档案

中国代表团关于远东委员会1947年9月份开会概况的报告
约1947年10月

概况:九月份远委会情绪仍欠紧张,其原因可有二端:(一)和会的呼声仍未消寂,会员国之注意力由远委会而转移于和会,(二)联合国大会开会,各国人员不免分散其注意力于纽约。

讨论要项:与上月相同,大部议案仍为赔偿与经济有关之问题。

……

(四)、禁止日本军事活动及处置日本军事设备案,本案成为苏联与美国力争之一题目。

争点在准许日本警察使用之小武器之范围(是否包含机关枪)及办理复员机关可否暂利用军职人员诸点。苏联之意在争取一原则,所有日本武器全部毁弃,彻底禁止利用军职人员,此案仍在热烈辩论中。

(五)限制日本人员与他国交往、参加非政治性会议案与日本参加国际会议案(政治性会议,盟总携带日本专家参加),二案合并讨论。

关于后者,原则上反对意见较少,关于前者各国多表示反对。美国仍主张迅速通过前一方案,并引用管制德国方针中对德国人员参加国际会议已采鼓励政策为理由,幕后原因,系美国宗教文化团体纷纷向美政府要求,美代表兼大会主席麦考颇愿由远委会通过本案,以副彼等希望云。

中国第二历史档案馆藏外交部档案

（四）中国共产党对和会的意见与反应
——以《人民日报》的报道为中心

　　说明:1947 年 7 月 16 日,美国政府发出请柬,邀请英、苏、法、中、加、菲、印、澳、荷与新西兰等十一国参加 8 月 19 日在美举行的对日和会。苏联政府认为草拟对日和会问题应有四强外长会议先行协商,并坚持四强一致原则,故不同意美国政府的对日和会提议,英国政府也要求延缓会期。中国国民政府原则上同意美国政府的十一国对日和会,指出在表决程序中应考虑四强一致原则。正处于解放战争关键时期的中国共产党,一方面反对美国单独召集对日和约预备会,即前述十一国对日和会;另一方面主张蒋介石无资格代表中国,并不承认国民政府意见的有效性。此后,苏联坚持四强一致原则和由中国外长参加的四国外长事先讨论原则,与以美国为代表的主张远东委员会准备对日和会与表决中三分之二的多数原则之间,进行了多次无果的争论。中国共产党在美苏对日和会的争论中,一是支持苏联关于对日和会的意见与要求;二是反对美国拖延对日和会政策,批判美国违反国际协定与实行释放战犯、停止赔偿等片面决定;三是揭露美日勾结和美蒋私下协议,并于 1949 年 6 月提议定期地举行有人民民主新中国全权代表参加的对日和约准备会,以拟定肃清日本军国主义和实现日本民主化的对日和约。但是,在美国单独控制日本的现实条件下和冷战格局已经形成的国际大环境中,不仅社会主义中国被排除对日和会之外,就是败退台湾的国民党政权也无缘对日和会。因此,中国人民至今仍不承认 1951 年 9 月美国单方面主持的旧金山对日和会的有效性、合法性。

美单独召集对日和会　苏联不予同意　英政府则要求延缓会期
1947 年 7 月 25 日

（新华社陕北廿五日电）美国政府于七月十六日发出请柬，邀请英、苏、法、中、加、菲、印、澳、荷与纽西兰等十一国参加由美单独决定于八月十九日在美举行的对日和会。据莫斯科廿四日讯：美国驻苏大使史密斯曾于七月十一日访莫洛托夫并递交备忘录一件；史氏就美国定八月十九日召集对日和会事，与莫洛托夫商谈。苏联政府于廿二日将正式覆文交史密斯转美国政府；该覆文称："如众所周知，美、苏、中、英四国以其武力共同战胜日本侵略者。在对日作战时，关于作战及战后订立和约的两个问题，四国间已获明确协议，在开罗会议、雅尔达会议、波茨顿会议上，对此已有明文规定。依照一九四五年十二月莫斯科会议的协定的条款，由上述四国参加盟国对日委员会，华盛顿远东委员会所通过之决议，须得上述四国代表的一致同意，保证四强对日本战后各问题上之特殊利益。鉴于上述情况，苏联政府不能同意美国事前未与苏、中、英政府磋商而片面决定召开草拟对日和会的建议。苏联政府认为：召开草拟对日和约会议的问题，必须先经四强外长会议考虑。"

（新华社陕北二十五日电）伦敦讯：英政府于十六日接获美国召开对日和会之请柬后，对美国尽速召集对日和约的建议表示"欢迎"，但要求延缓会期。盖英国已答应参加八月二十六日在坎培拉举行的大英帝国会议，以便与英国自治领初步交换对日和约的意见。

《人民日报》1947 年 7 月 28 日

美决定延缓对日和约会议日期　对日委员会苏代表团长应召返国
1947 年 8 月 1 日

（新华社陕北一日电）华盛顿讯：美国务院官员二十九日称：美国原建议于八月十九日召开初步讨论对日和约之会议，现已决定延期，关于延期至何时则尚未决定，美国现正与其他十国继续讨论中。美副国务卿罗维特三十日宣称：关于苏联所提迅速召集四外长会议，以决定草拟对日和约的提议,美国正在考虑中。

　　(新华社陕北一日电)。东京讯:盟国对日委员会苏联代表团团长德勒夫杨柯已于二十九日离日返莫斯科。据息:德氏应召返国,系咨商苏联对战后日本的政策问题。

《人民日报》1947 年 8 月 4 日

关于对日和约问题　蒋党献媚美国主子

1947 年 8 月 4 日

　　(新华社陕北四日电)蒋介石政府为迎合其美国主子包办对日和约企图,已决定参加美国单独决定在美召开由十一国参加之对日和约预备会议。据美联社南京一日消息,蒋政府已令其驻美大使顾维钧将此意通知美国政府。据中央社息:同日美国国务院亦宣布已接获蒋政府关于对日和会问题复文。蒋政府乘机在对日和会表决秩序问题上大作文章,以邀美国之欢宠。蒋介石外交部发言人在其声明中,一再模仿其美国主子口吻说:"中国(指蒋政府)坚主表决方式能拒绝苏联或任何其他一国使用否决权,"并将前年远东委员会成立时美国在会上所提表决程序(即出席十一国过半数通过及四强中四分之三票数通过,议案即得成立)之意见照抄一遍,送往美国国务院,作为蒋政府自己的"初步意见"。该意见系美国当时被迫放弃者,蒋政府此次重新提出,据合众社称:是"欲以此探询美国人士之意见。"意思就是说,蒋介石为了忠心拥戴美国主子表示自己在该问题上的积极性以前,先要看看主子的脸色。美国单独召集对日和约预备会一举,显为贯澈其一贯的扶植日本侵略势力再起,使之充当美帝国主义在东方的警犬的政策,此举将危及世界和平,而首先是威胁我国的生存。当美国上月擅自单独提出召开对日和约预备会后,苏联曾予坚决反对,英国亦要求延期召集。四国中惟独中国的蒋介石小朝廷,才不惜出卖中国民族的未来命运,惟美国之命是从,妄图借此讨得美国给予屠杀中国人民的内战赌本。但是,蒋介石卖国贼决无资格代表中国,中国人民坚决反对并坚决不承认蒋介石政府意见的有效性。

《人民日报》1947年8月6日

苏联坚持波茨顿原则　起草对日和约必先四强协议
1947年8月5日

（新华社陕北五日电）莫斯科讯：里昂吉也夫顷在真理报上著文评论起草对日和约称："起草五个前德国盟邦和约及对德和约的经验，已明确地证明，起草和约工作应由强国会议来顺利完成。对战败国和约的起草，必须由曾以其武装力量保证对侵略者胜利的国家来进行。这是准备和约的唯一标准，而且是经过考验的极其重要的标准。这一原则表现在开罗宣言、克里米亚协议与波茨顿宣言中。起草对日和约的唯一正确方法，就是由曾在击败日本中起决定作用的美苏中英四强来起草，由它们以联合决议来决定以何种方式邀请那一国家参与和约的最后起草。"该文指出：美国提议召开十一国会议而不召开外长会议的行动，外国报纸早在鼓吹：远在五月，胡佛就建议"西方强国"对德日单独缔结和约。贝文在马盖特工党大会上也主张废弃波茨顿协议中关于由外长会议起草和约的方法而召开十一国会议。该文在指出苏联是击败日本的主要因素后结语称："以一切方式扩大起草和约参加者的企图之真正动机，就是想玩弄票数。苏联坚持在和平时期保持强国一致的原则；这一原则保证盟国在和平与安全问题上获致协议。这一原则完全适用于必须先由四国外长会议考虑的对日和约的起草。"

《人民日报》1947年8月8日

对日和约问题蒋党邀宠美国　苏真理报著文谴责
1947年8月13日

（新华社陕北十三日电）塔斯社莫斯科十日讯：真理报国际评论家维克托罗夫著文评论蒋介石政府及其中央日报对于对日和约问题态度称："由中央日报的报导判断，蒋介石政府已经接受了美国的建议（按：

即决定参加由美国单独决定在美召开由十一国参加的对日和约预备会议），中国（蒋）政府的覆文为了某种理由，内容仍然保持秘密，显然的现时中国（蒋）政府认为将覆文公之于中国广大人民面前，对他自己是不利的。但是中央日报表示的意见，却相当透露了中国对日和约的态度。该报在强调中国需要有自己的'有力政策'时，不得不承认现在的中国统治者却恰恰缺乏这种符合中国人民及民族利益的政策。该报明知以三分之二多数通过来代替一致通过的表决程序，是不能维护中国人民利益的，但是却不愿公开指摘这种程序，而提出自己的'建议'，旨在赢得美国主人的宠爱而又借此提高自己的地位。该报称：'我们建议在对日和约问题的会议上，四强否决权必须不被滥用。为此目的，将否决权由绝对变为相对是必要的，四强中任何一国均可否决任何建议，但议案如有出席十一国家三分之二（包括四强中之三国）票数，则议案成立而一国的否决权无效。'这一建议粗看起来是巧妙的，其实他的提出来是企图掩饰相当不巧妙的诡计。这种'建议'，其本质同样是'玩弄票数'，唯一不同之处，就是这种'建议'，给中国（蒋）政府保证了更多的机会，在某些强国参与之下行使诡计。显然的，中央日报所提出的表决程序是破坏四强一致的原则的，这种立场不能认为是符合世界和平与中国人民利益的立场。"

《人民日报》1947 年 8 月 15 日

美独占日本野心未死　　仍企图片面召开对日和会
蒋政府随声附和无耻已极
1947 年 8 月 15 日

（新华社陕北十五日电）各方讯：美帝国主义片面召开对日和约会议以便独占日本之阴谋，虽因苏联拒绝而告延期，但至今并未死心。据蒋记中央社伦敦九日专电透露：美国务院第二次建议于九月间在华盛顿召开十一国对日和约初步会议，英正考虑答覆中。对于美国此种违反四强协定之妄举，蒋介石则唯恭唯敬予以赞助，蒋政府驻美大使顾维钧于七日晤美助理国务卿亚莫尔时，无耻表示："中国（蒋）欢迎美方尽早召开十一国对日和约初步会议之建议，会议在华盛顿或旧金山召开均不反对"。另据中央社府七日专电泄露："美国主张之三分之二大多数表决法，中国（蒋）可以接受，但须包括四强之三的同意。"此显示蒋政府完全尾随其洋爸爸抛弃早所确定的四强否决权原则。

《人民日报》1947 年 8 月 18 日

美国包办对日和约　违反中国民族利益　津大公报亦著论反对
1947 年 8 月 25 日

（新华社陕北二十五日电）据合众社北平二十二日消息：天津大公报在其社评中，对美国单独包办对日和约一事表示反对。社论说：如果苏联不参加该项会议，则和约"将不能解决什么远东问题"。"相反地，将使日本能够利用盟国间的不和，并将中国置于困难境地。"该报指出："如与苏联为敌，而与日本为友，这是违反中国民族利益的。"主张在苏联不参加情形下，中国应抵制美国所倡议的草拟日本和约的会议。指出保持否决权是防止复兴日本工业侵略的唯一办法，不赞成蒋政府附和美国取消否决权的企图，说：例如英美赞成发展日本纺织工业，如不能行使否决权，"中国即将被牺牲。"社评称：除了现实主义的考虑以外，如无苏联参加而签订和约，在道义上亦为"遗憾"；因为一九四二年盟国即保证不与日本单独媾和。

《人民日报》1947 年 8 月 27 日

前美副国务卿威尔斯主张：商谈对日和约问题必须征得苏联同意
1947 年 8 月 23 日

（新华社陕北二十三日电）纽约讯：前美副国务卿威尔斯在谈对日和约时提出与美官方相反的意见。主张为继续世界和平计，征得苏联对日和约之同意实为必要。他对于排斥苏联与其他强国执行对日和约之管制发出预测称："其后还将不堪设想。"威氏认为美国民众一向所知关于日本之占领工作,多半为"全部错误之报导"。威氏批评称:日本之宪法几乎全部由美国占领当局所草拟。

《人民日报》1947 年 8 月 28 日

美国妄图片面召开对日和会　苏联二次复文拒绝
坚持维护四国外长事先讨论原则
1947 年 9 月 3 日

(新华社陕北三日电)莫斯科讯:苏联二次拒绝美国片面召开对日和约会议之覆文,已于八月二十九日送达美国政府。该覆文在答覆马歇尔八月十三日关于召开十一国会议,以草拟对日和约问题之照会时称:苏联政府认为:美国没有理由反对由四强外长会议预先讨论召开草拟对日和约会议的问题,因波茨顿会议决议建立外长会议,是要它实现解决和约问题的必要准备工作。此决议决非只限于对欧洲之和约问题。外长会议包括中国代表在内,因此证明了它有资格解决对日和约问题。此点虽已为美国政府承认,然在八月十三日之备忘录中,却附有武断的保留即所谓"外长会议得用以准备对日和约,但须经所有会员国之同意"。苏联政府完全不能接受这种保留。该覆文继称:苏、英、中对战后日本局势有特别关系,一九四五年莫斯科外长会议协议,规定四强参加盟国对日委员会;而且华盛顿之远东委员会之决议,必须由四强之一同意。苏联政府在其上次之照会中,曾引述此项决议,而在美国政府八月十三日之覆文中,对此则未作任何答覆。鉴于上述情形,苏联政府保留其七月二十二日覆文中所表明之立场,坚持召开对日和约会议之问题,必先经过包括苏美英中四国代表之外长会议讨论。

《人民日报》1947 年 9 月 5 日

新华社记者评论对日和会问题力称　蒋介石无资格参加会议
美国单独召开和会违背四国一致协议

1947 年 9 月 3 日

（新华社陕北三日电）对于美国坚持单独召开片面的对日和约初步会议问题，新华社记者于日本投降两周年纪念日作如下评论。

必须指出，目前来谈召开对日和约的初步会议和草拟对日和约，就必须根据历次国际会议规定对战败国草拟和约应首经强国一致协议的基本原则。如果这原则不被采用，或在任何藉口下加以推翻，则波茨顿会议对日本的许多决定，特别是使日本不能再危害世界的决定，与中国人民八年抗战以巨大牺牲（其中灾民就达四千一百万）换来的胜利，以及不再受日本威胁侵略的要求，就不会有任何保障。我们绝对不同意而且反对美国违背这一原则而片面地召开十一国初步和会。美国坚持这一主张，只是证明她企图推翻四强协议，藉以独占日本，进而放纵日本侵略中国为祸远东。两年来美国扶植日本法西斯反动势力再起的种种事实，已为我们这一说明提供了充分的证据。

由中、苏、美、英四强首先讨论并草拟初步和约，为着澈底根除日本法西斯的东山再起，乃是绝对必要的。不过出席会议的中国代表，在民主联合政府未成立之先，必须由中国人民中间产生，特别是必须有抗战八年中牺牲最重，贡献最大（它抗击了在华百分之六十以上的日军和几乎百分之百的伪军）的解放区人民代表参加。如果没有解放区人民代表参加，则任何"中国代表团"决不能代表中国人民，而蒋介石集团是绝对没有资格代表中国人民来参加对日和会的。

蒋介石从大革命时期叛变革命起，一直是亲日卖国的头号汉奸：九一八出卖东北的是他；五月三十一日签订塘沽协定以及其它协定，出卖华北的也是他；抗战期间对抗战消极怠工，而积极反对人民，与进攻八路军、新四军的是他；与日汪勾结，派兵投敌，以至在香港沦陷前派代表在香港与日本代表如萱野长知之类秘密往还的，统统都是他。蒋介石身上的血缘与中华民族毫无关系，与日本法西斯关系却是密切得很。

　　所以,蒋介石在日本刚一投降就大喊"要爱敌人",把战犯冈村宁次待为上宾,请他指挥内战,把大批日军留在中国屠杀人民。对美国扶植日本,他从未说过半句话。美国主子要他将煤铁盐等原料供应日本,要他开放中日贸易,统统照办。中国人民的正义与呼声与舆论反对,他是毫不动容。在目前美国片面主张召开对日初步和会的时候,他就连忙赞成,并且更进一步主张修改否决权,藉此讨好中国民族的公敌美帝国主义与日本法西斯蒂。凡一切中国人民所痛心疾首的事情,蒋介石件件都做了。

　　这样,自外于中国的卖国集团既无资格谈任何对日和约;同样的帮助蒋介石屠夫政权屠杀与进攻中国人民与完全无视中国与世界人民公意的美国帝国主义政府,也绝没有权利一意孤行单独的召开什么御用的"对日和会"。

　　中国人民为了争取民族独立,对日本帝国主义和汉奸汪精卫血战了八年,如今仍旧为了民族的独立民主与和平,正对美帝国主义直接支持的卖国贼蒋介石作殊死斗,中国人民有一坚定不移的信念,即是人民的力量既然可以打倒日本帝国主义支持的汪精卫与日本帝国主义本身,则人民也必定可以有力量澈底结束蒋介石卖国统治,澈底粉粹日本法西斯蒂重新侵略中国的企图,并澈底将其后台老板的美帝国主义驱逐出中国。我们确信自己胜利的到来,已不在远了。美蒋如果仍要在对日问题上一意孤行,擅开和会,擅订和约,为中国人民埋下百年祸根,那么在最后清算时,中国人民是知道如何处理的。

《人民日报》1947 年 9 月 5 日

蒋美拖延对日和约　　培养日本侵略势力
1948 年 2 月 29 日

　　(新华社陕北二十九日电)据美帝合众社南京二十五日消息披露:蒋美勾结拖延对日和约,以便全力协助日本经济复兴,使日本重新成为世界侵略者。蒋匪官方人士供认:为了在对日一般态度特别是对日和约问题上"与美国政策一致",已决定放弃所谓"早日解决日本问题"的办法。蒋政府认为"和约比较日本的经济复兴并不重要",并丧心病狂的主张使日本复兴到"能够参加遏止全球共产党人这一政策"。因此蒋匪对麦克阿瑟培养日本侵略势力的政策特别表示"满意",宣布已"接受美国建议,按照一九三〇年至三四年的平均标准来决定日本工业水平"。

《人民日报》1948 年 3 月 4 日

四外长会议揭幕　苏联建议召开五外长会议
有中国参加讨论对日和约

1949 年 5 月 24 日

（新华社北平二十四日电）苏法美英四国外长会议已于二十三日在巴黎开幕。苏外长维辛斯基在第一次会议上曾要求外长会议定期在中国参加之下讨论对日和约问题。据塔斯社巴黎讯：第六届外长会议于二十三日在此间玫瑰宫开幕。参加会议的是苏外长维辛斯基,法外长舒曼,美国务卿艾契逊,英外相贝文,以及各外长的顾问和专家。苏联代表团包括：崔可夫将军、斯米尔诺夫、鲍格莫洛夫、塞苗洛夫和鲍兹洛勃。法国代表团包括：巴洛第、佛朗西斯、庞赛、摩维尔和亚尔朋。美国代表团包括：耶塞普、杜勒斯、莫菲和波伦。英国代表团包括：巴特里克和罗伯逊将军。

各外长同意依照过去已有的程序,由各外长轮流担任主席。第一次会议由舒曼任主席。

各外长通过下列会议议程：一、德国统一问题,包括经济原则、政治原则及盟国管制问题。二、柏林问题及货币问题。三、对德和约准备工作。四、对奥和约问题。在通过议程之后,维辛斯基提请外长会议注意：在对奥和约问题列入议程之后不想到对日和约问题是不对的。关于这点,维辛斯基提出一个问题,即规定外长会议在什么时候在中国参加之下开会,以讨论对日和约问题。维辛斯基解释说：我并不是建议将这个问题列入本届会议议程之内。在本届会议上解决德国问题和对奥和约问题就够了。但是我们很少开会,因此,最好就在现在决定外长会议什么时候在中国参加之下再次开会,以讨论对日和约问题。

艾契逊说:对日和约是一个复杂的问题,需要有时间加以考虑。他提到远东委员会已经建立,以此暗示对日和约问题或许要由远东委员会,而不是由外长会议来处理。贝文说:他必须得到英国政府的训令,因为这个问题远与英国自治领——澳大利亚、新西兰、印度等国有关。

维辛斯基在答复艾契逊时提醒外长会议说:波茨坦协议规定得很清楚:"关于建议由五个主要国家组成的外长会议以继续进行媾和的必要准备工作,本会已达协议。"五国为苏、美、英、法、中。波茨坦协议更指出:在准备和约时,为执行每一项这种任务,外长会议将由曾在有关敌国投降条款上签字的国家的代表组成。维辛斯基说,直到现在,依照这些规定,中国并未参加许多和约的准备工作。但是,对日和约必须有中国参加的外长会议准备,因为中国也曾以投降条款加诸日本。维辛斯基论及贝文提及英国自治领关心对日和约准备的谈话时指出:象澳大利亚和新西兰这些国家,自然应当予以参加缔结对日和约的机会,但是,这应在适当的阶段。至于和约的初步准备工作,则必须由按波茨坦协议规定的成份组成的外长会议来进行。

维辛斯基的意见未遭反对。主席舒曼建议苏联代表团所提出的问题,留交本届外长会议中的某一次会议上讨论。

外长会议的第一次会议至此结束,历时三小时。

《人民日报》1949 年 5 月 25 日

阴谋扶植日本充当远东帮凶　美帝妄图拖延对日和约
中国人民坚决表示反对
1949 年 6 月 19 日

(新华社上海十九日电)本社记者自熟悉日本情况的人士获悉,美国决定无限期拖延对日和约以图全力扶植日本充当起在远东的侵略帮凶。据悉,麦克阿瑟总部的专家团团长范恩(FINE),于本月四日曾向美国务院致送说明书一件,为麦克阿瑟的美国在日政策进行解释。该说明书承认:"中国事变"证明美国在亚洲实行的帝国主义政策业已破产,并强调指出在目前形成的条件下,"日本在远东应起美国主要同盟者的作用"。为此,该说明书重又主张"占领日本期限应尽量延长",再次表露了美国长期拖延签订对日和约的决心。

美国帝国主义者的这一蓄意已久的阴谋企图,亚洲各国人民尤其是中国人民,早已不止一次地予以揭露并表示坚决反对。当美国政府于一九四七年七月作出单独召开片面的对日和约初步会议的非法决定后,中国舆论界曾广泛的加以谴责。本社记者于九月三日发表评论,指斥美国这一决定,是"企图推翻四强协议,借以独占日本,进而放纵日本侵略中国为祸远东"的阴谋。并坚主召开对日和约的初步会议和草拟对日和约,必须根据历次国际会议规定对战败国草拟和约,应首经强国一致协议的原则。一九四八年一月二十一日,本社即已引用确实证据,揭露麦克阿瑟曾向前美国国务卿马歇尔建议美国"必须延长占领日本的时间,为此并须在各种借口下拖延签订对日和约"。麦克阿瑟在建议书中认为美国在日本、中国和朝鲜必须保有海空军基地,这样才能巩固美国在远东的地位。范恩的说明书,表明美国在中国的侵略政策虽已完全破产,但美国侵略分子还没有从这个事实取得应有的教训。

《人民日报》1949 年 6 月 20 日

迅速准备对日和约

1949 年 6 月 20 日

当美国政府在德国问题上继续采取分裂政策,并对日本侵略势力采取保护政策的时候,中国人民不能不更加严重地警惕美国拖延准备对日和约和长期占领日本的阴谋。关于美国长期占领日本的计划,本社前此已曾迭次报道。最近由于美国国务卿在巴黎外长会议上,公然托辞拒绝召开包括中国在内的四国外长会议讨论准备对日和约问题,中国各方对美国远东外交阴谋的注意大大加强了。据本社十九日上海消息,麦克阿瑟总部的专家团团长范恩于本月四日致美国国务院说明书一份,为麦克阿瑟的美国在日政策进行解释。该说明书在承认美国帝国主义政策已在中国遭受破产以后,又一次提出了"占领日本的期限应尽量延长"的主张。

美国政府对于对日和约问题,一贯采取着极端自私和反动的立场。美国政府违反波茨坦协议所规定对日和约应由外长会议准备的国际协定,曾于一九四七年七月十一日作出片面决定,宣布由参加远东委员会的十一国于同年八月十九日举行对日和约初步会议,企图以十一国会议和多数表决的方法,来代替四外长会议和强国一致协议的原则,来压迫苏联等国接受美国对日本的独占政策,从而使这个政策取得合法的地位。但是,美国政府的这一阴谋,在苏联政府及受日寇侵害的东方各国人民的坚决反对下失败了。从此以后,美国政府对于对日和约问题,就一直采取拖延和怠工的政策,现在则索性借口"对日和约是一个复杂问题"(艾奇逊语)而抱着置之高阁的专横态度了。

美国政府在对日和约问题上所采取的令人不能容忍的立场,是以美国战后在日本施行帝国主义的既定政策作为基础的。这个既定政策确定要独霸日本,要把日本变成美帝国主义在远东进行侵略冒险的重要帮凶和主要基地,变成美国独占资本榨取超额利润的殖民地。美国驻日占领当局对这件事已毫无掩饰地加以承认。麦克阿瑟在三月一日接见英国每日邮报记者时,曾公开地说:"太平洋目前已变成萨克逊湖,菲律宾、琉球、日本,已成为美国的前卫线,日本已成为美英应保有之权益据点,在日本募集与吾人合作的军队,至为容易。"上引范恩在致国务院的说明书中,更公然主张:"在目前条件下,日本在远东应起美国主要同盟者的作用。日本领土应被用作美国在远东主要的陆海空军基地。美国一切都应向着这个方向准备,以便日本尽快地成为美国的实际同盟者。"在经济方面,该说明书极力赞同麦克阿瑟尽量利用日本的生产设备与廉价劳动力,激烈增加日本输出的一切措施,以便挽救美国"在亚洲正在低落的声望"。美国帝国主义为了实现这一反动政策,早已片面地采取了释放战犯,保存财阀,扶植反动势力等许多步骤。最近则更变本加厉地采取一系列的非法行动。其中主要的有:(一)美国政府于五月十二日片面地宣布美国政府已决定取消日本临时赔偿计划,并终止日本任何的赔偿。美国国务院又于六月十日发表声明,重申其取消日本赔偿的立场;(二)在麦克阿瑟的指使下,日本众院于五月十六日通过扩充警察法案。尽人皆知,美国占领者正是在扩充警察的外衣下,秘密训练与装备着日本军队;(三)美国独占资本在去年十二月颁布的所谓九点稳定日本经济计划之下,正源源涌入日本,控制着日本的一切重要工业与出口贸易。美国独占资本正把日本变成美国的工厂,利用美国的原料与日本的便宜劳动力来给它制造商品,然后再把这些商品输出到东南亚、中南美与西欧各国去。美国独占资本由此榨取了双重的利润,高达百分之三百到百分之一千一百;(四)麦克阿瑟总部最近更加疯狂地镇压日本人民的民主运动,嗾使日本众院通过了剥夺日本劳工权利的新劳工法,通过了禁止学生与教员学术自由的"国立大学法"与"教员资格审查法",并正在准备通过反对人民示威与公共集会权利的"新治安法"。麦克阿瑟总部纵容日本警察于五月二十九日残杀参加反"新治安法"示威的电车工人桥本金次郎。五月十九日、六月六日及六月十一日麦克阿瑟总部公开出面干涉,禁止了日本煤矿工人、东京电车工人及东京与神奈川县电气铁道工人的罢工。

美国政府这种帝国主义的对日政策,及其各种实际行动,直接威胁着远东的和平与安全,直接违反着波茨坦公告和对日作战国家的权利,直接破坏着日本的独立、民主与和平经济的发展,这难道还不明白吗?

中国人民曾坚决反对美国的这种罪恶的对日政策,而且将继续反对到底。蒙受日寇祸害最深和牺牲最大的中国人民,有充分权利要求立即按照波茨坦协议等国际协定的原则,迅速地定期举行有人民民主新中国全权代表参加的四国对日和约准备会议,拟定肃清日本军国主义和实现日本民主化的对日和约。同样,中国人民有充分权利对美国四年来历次违背国际协定所实行的释放战犯、停止赔偿、保存财阀等等片面决定,宣布为非法。

中国人民解放战争的伟大胜利,已完全改变了亚洲的面貌。帝国主义者任何轻视中国人民呼声的企图,都将继续犯重大的错误,继续遭受象他们已经在中国所遭受的可耻的失败。不管美帝国主义愿意与否,中国人民和以苏联为首的世界各国人民一起,和远东人民一起,和日益强大的日本民主势力一起,一定要战胜美帝国主义者的反动的对日政策,一定要努力帮助日本的民主化,一定要为远东和世界的持久和平而奋斗! 　　（新华社北平二十日电）

《人民日报》1949 年 6 月 21 日

巴黎外长会议末次会上　苏外长再度建议确定日期
有中国参加准备对日和约　美英法违反波茨坦协议竟予拒绝
1949 年 6 月 22 日

（新华社北平二十二日电）各方报道:五月二十三日在巴黎开幕的苏美英法外长会议,已于六月二十日闭幕。在最后一次会议上,苏外长维辛斯基再度提出外长会议必须协议一个日期在中国参加之下准备对日和约的问题,但经美英法外长无理拒绝。

六月二十日,四国外长首先举行秘密会议,其后举行全体会议,由英外相贝文任主席。会议通过了巴黎外长会议的会议记录。

在讨论会议记录的批准时,维辛斯基发言称,五月二十三日,苏联代表团曾提出是否有可能协议一个日子,召开有中国参加的外长会议,以讨论对日和约的问题。维辛斯基说,当时,并不是所有的外长都对这一问题发过言。举例说,贝文曾称,他需要与英国政府咨商。美国务卿艾奇逊亦称有必要吸取考虑同类问题之经验,并称对苏联代表团所提出之问题的考虑,有赖于本届会议议程上所列问题之胜利解决。维辛斯基就此指出,本届外长会议虽然对恢复德国经济和政治统一这一主要问题以及对德和约问题,未能达到协议,但是有一些问题已经解决,这就创造了艾奇逊所说的条件。这样,现在对苏联所提之问题作一答复是可能的。维辛斯基又着重地说，他的意思只是确定召开讨论对日和约问题的外长会议的日期。

贝文答复维辛斯基所提的问题说，英政府现在不能举出"可以召开讨论对日和约问题的外长会议的任何日期"。艾奇逊接着说，美国政府并不认为外长会议是"准备对日和约的适当机构"。艾奇逊不顾事实地断言，"波茨坦协定决没有包括将外长会议用于这一目的的内容"。他说：美国政府仍然认为，对日和约的准备工作，必须由远东委员会诸会员国组成的会议负责。法外长舒曼说，法国甚至在两年以前就同意美国的这一意见，现在的立场仍未改变。

维辛斯基在再次发言时声称，他提出的只是日期问题，但是，艾奇逊却把这一问题扩大了，他触及到外长会议是否是讨论对日和约问题的"适当机构"这个原则问题。维辛斯基说，波茨坦协议曾明确地规定："会议获得协议，应建立代表五大国的外长会议，以继续缔造和平的必要准备工作，并负责处理参与外长会议各政府同意而可能随时提交外长会议之其他事宜。"维辛斯基强调称，这里没有任何限制，这里没有说，缔造和平只关系德国和意大利，而不关系日本。这是完全可以了解的。维辛斯基又提到波茨坦协定中的另一点，该点规定："为执行上述每一任务（按即缔造和平的任务），外长会议将包括在强加于该项任务所关的敌国的投降条款上签字的国家。"维辛斯基说，投降条件是强加于日本的，那些国家把这些条件强加于日本呢？其中就有中国。因此，根据这一节，在准备对日缔和中间，中国完全有权参加外长会议。

虽然维辛斯基透澈地证明了外长会议是负责准备对日和约的唯一合法机构，但是，艾奇逊仍然否认这一明显的事实。他说："波茨坦协定根本没有谈到对日和约的事。"他又说："在签订波茨坦协定的时候，苏联甚至未曾与日本处于作战状态。"艾奇逊又说，早在一九四七年，美国政府发言人就主张由远东委员会而不是由外长会议准备对日和约，"如果当时苏联接受这一建议，则我们在准备对日和约上，就会已经有颇大的进展了"。

　　维辛斯基回答艾奇逊时列举事实证明:美国代表所提出的论据完全经不起一驳。维辛斯基提及苏联在远东战线上所起的作用,指出这一作用尽人皆知,一切想贬低这一作用的企图,都注定要失败。维辛斯基又说,无论怎样,在准备对日和约中,中国是否必须参加外长会议工作的问题,是无法否认的。中国在波茨坦协定拟定的时候,已在对日作战。关于艾奇逊所说,若不是苏联拒绝接受美国在远东委员会中准备对日和约的建议则准备工作必已有进展一节,维辛斯基说,拖延准备对日和约的是美国而不是苏联,因为美国不愿遵照波茨坦会议通过的程序。

　　西方代表们没有反驳苏联外长所提出的论点,但是,他们固执自己的立场。因此,关于外长会议必须协议一个日期在中国参加之下准备对日和约一事,没有通过决定。

《人民日报》1949 年 6 月 23 日

新时代论准备对日和约　　美帝延长占领日本妄图用作侵略基地
1949 年 6 月 24 日

　　(新华社北平二十四日电)塔斯社莫斯科二十二日讯:最近一期"新时代"杂志刊载一篇准备对日和约的论文。作者写道:在占领日本的整整三年半时期中,苏联始终不渝地维护波茨坦会议就已拟定了的对日和约基本原则。美国当局对日本的打算,却完全不同。华盛顿借口如果美军撤退,日本将"毫无防御",它正努力地尽可能延长对日本的占领,使其永远陷于被占领国的地位。实际上,没有条约的局面,比任何条约都更适合美国商人及美国陆军的口味。作者援引美国企业家加紧在日本活动的事实,对于那些人来说,占领日本就是金矿。在这些人中间,最狂热的就是美国商人对日本战争工业的关心。论文称,目前美国占领政策的基本原则,就是不把日本当作一个必须解除武装的战败敌国看待,而是把它当作未来的盟友与附庸,当作正在计划中的侵略性的太平洋集团的主要工业基地看待。所谓"经济稳定计划",其目的即在于重建日本的战争机器。美国当局不去恢复日本的和平工业,却去制订发展其战争工业的计划,从而使日本工业家欢喜若狂。为了说明这种情形,作者揭露美国恢复日本钢铁、造船、制铝及其他工业的计划,指出这些计划自然并非基于日本平时的需要。从美国公开地计划恢复日本工业的战争潜力的行为看来,占领的主要目的之一——强制赔偿——为什么会到今天还没有完成,就变得清清楚楚的了。作者指出:美国经济计划将恢复日本以前在远东的地位,成为远东的中心,而其他亚洲各国,则必须成为原料的来源和市场。美国垄断资本家在日本的帮助之下,不仅打算在经济上剥削这片富饶的地区,而且还打算阻止及镇压亚洲各民族的民主运动。作者结语称:华盛顿月复一月地拖延对日和约的政策,损坏了人民战胜日本帝国主义所奠定的和平与安全的基础。

《人民日报》1949 年 6 月 25 日

天津进步日报强调指出　迅速准备对日和约
联合政府才能代表中国
1949 年 6 月 25 日

(新华社北平二十五日电)天津进步日报二十二日发表题为"由日本赔偿说到对日和约"的社论,强调指出:对日和约应迅速准备,中国人民即将建立的民主的联合政府将派代表参加,只有这个新政府可以代表中国。不得中国人民的同意,任何对日本问题的片面处置,都是非法的,无效的。该报谴责美国政府于五月十二日和六月十日所发表的关于停止日本赔偿的声明是"强调害理,颠倒是非",目的在于复兴日本军事工业,使日本成为美国在远东的兵工厂。该报说,中国抗战牺牲百万人命,非军事的损失估计在四百亿美元以上。在美国支配下决定拆迁的全部日本赔偿工厂价值不满二十亿美元,全给中国也不过赔偿我们人民损失不到二十分之一。但麦克阿瑟临时赔偿案只准搬迁百分之三十,中国名义上分得一半,国民党政府搬了三年还搬不到一千万美元。后来,美国对赔偿额一减再减。现在竟独断地宣布停止赔偿。这是中国人民所决不能同意的。社论指出:美英帝国主义违背波茨坦协定和莫斯科宣言的决定,硬抬出其绝对控制下的十一国会议来代替四国外长会议,企图操纵包办一切,其目的就在拖延和取消对日和约,让麦克阿瑟永作日本的陛下,奴役和驱使日本民族替美帝在远东作强盗,当炮灰。该报赞成最近巴黎四国外长会议上苏联代表维辛斯基重申的立场,即由苏中美英四国外长准备对日和约。社论最后宣称:日本问题的解决,"关系中国国运,关系远东人民的祸福,关系世界和平,更是日本民族命运之所系。对日有关各国和日本的人民力量应团结起来,坚决和美英帝国主义的对日政策斗争,并相信我们的斗争将获胜利。"

《人民日报》1949 年 6 月 26 日

苏外长两次建议 有我参加准备对日和约 获得中国人民热烈欢迎

在本届外长会议上,由于苏联的提议,曾经讨论了亚洲人民尤其是中国人民极其重视的准备对日和约问题。苏外长维辛斯基曾两次建议,本届会议应协议一个时期,召开有中国参加的外长会议,以讨论对日和约问题。在申述这一建议时,维辛斯基曾引据波茨坦协定,确证外长会议是负责准备对日和约的唯一合法机构,并且在准备对日和约时,外长会议的成员应包括中国在内。维辛斯基的这一建议受到世界爱好和平人民,尤其是中国人民的热烈欢迎。中国民主舆论指出,应该迅速召开外长会议准备对日和约,即将成立的中国民主联合政府将派全权代表参加,共同拟定肃清日本军国主义和实现日本民主化的对日和约。但英美代表首先是美国务卿艾奇逊却无理地拒绝了维辛斯基的建议。艾奇逊主张由远东委员会而不是由外长会议来准备对日和约,以便操纵一切。艾奇逊并企图拖延对日和约的缔结,延长对日本的占领。艾奇逊的这一行为,显然损害中国人民的权益,并暴露了他企图变日本为其远东侵略帮凶的罪恶阴谋。

本届外长会议虽然有着重大的缺点,但它依然是一九四六年十二月纽约外长会议以后第一次获得若干协议的外长会议。这将使由美帝国主义一手制造的国际紧张空气得到某些缓和,将使国际反动派制造新战争的借口遭遇更大困难,将标志着外长会议恢复正常活动,从而使缔结和约工作的进行得以继续。本届外长会议所达成的若干协议,乃是世界民主阵营在保卫和平斗争中的一个胜利。但是,这次外长会议在最重要问题上,美英法一再拒绝苏联积极性的建议,以致未能得到协议,暴露了帝国主义集团继续执行分裂德国,拖延对德对日和约,并扶植德国与日本反动派复活的反动政策,继续采取准备新战争的冒险政策。这是必须继续引起全世界爱好和平人民的严重警惕的。

《人民日报》1949 年 6 月 28 日

真理报尖锐指出　美帝拖延对日和约　阴谋延长独占日本
1949 年 7 月 1 日

（新华社北平一日电）塔斯社莫斯科六月二十九日讯:真理报发表马也夫斯基所作世界大事述评,指出美国反动派关于"对日和约不应由外长会议准备,而应由远东委员会会员国会议准备"的辩解是毫无根据的。马也夫斯基写道:美国政府认为外长会议"不适宜"作为准备对日和约的机关,因为波茨坦计划并不为美国统治集团所喜。该计划已经被一个公然使日本沦为殖民地的计划所代替。马也夫斯基在列举美国政府如何破坏波茨坦协议的许多实例之后指出:美国政府在对日政策上所追求的最终目标是尽人皆知的。我们不难看出,不缔结对日和约可以使美国统治集团放手实行他们对日本的奴役,使其成为美国在太平洋的跳板。诚然,有了和约,就会加速美军自日本撤退、结束占领政权,美国就会被剥夺独自支配日本的机会。正因如此,美国统治集团极力以官样文章来无限期地拖延缔结对日和约。艾奇逊及其追随者所提出的毫无根据的"辩解"不能遮掩这种无可置辩的事实。

《人民日报》1949 年 7 月 2 日

反对美国拖延对日和约

一九四五年七月二十六日，波茨坦宣言曾经规定："欺骗及错误领导日本人民使其妄欲征服世界者之威权及势力，必须永久剔除。盖吾人坚持非将负责之穷兵黩武主义驱出世界，则和平安全及正义之新秩序势不可能。"第十条中又规定："日本政府必须将阻止日本人民民主趋势之复兴及增强之所有障碍，予以消除，言论宗教及思想自由以及对于基本人权之重视，必须成立。"换句话说，就是日本必须根绝军国主义，必须进行澈底的民主化。但三年多以来，美国政府的对日政策，却一反这个方向，而以保持日本军国主义势力，变日本为美国反苏、反共、反人民民主的重要基地为目的。早在一九四六年，美国众议院军事委员会远东视察团的共和党议员萧特在视察回国后，就说道："一海军上将告余，在下次战争时，日本人将穿着美国军装。美国已秘密将日本神风队飞行员运回美国训练。"同年八月，麦克阿瑟在日本投降一周年演说中，也强调日本各岛的军略地位，指明将为"战争的跳板"。

为了实现这一政策，美国尽量延长单方面占领，得以利用其管制权力，来庇护日本的军国主义力量。一九四八年以还，美国重要官员和陆海军将领就不断强调长期占领的政策。一九四八年九月，美国第八军军长艾契柏格（即驻日占领军现改任陆军部日本问题顾问）在退休返美时，曾发表演说称："直至日本能有足以镇压共党示威者的警察力量以前，美军不能离日……。在美军解除日本武装时，我们或太嫌澈底。"一九四九年以后，长期占领的口号，提得越发响亮了。二月十一日，不久前才行去职的陆军部长罗耀尔声称："现在并无任何减少吾人在日本驻军的计划。"麦克阿瑟也大放厥词，"美国之战略业因上次战争而完全改观，目前太平洋已成为撒克逊湖，自菲律宾往琉球群岛、日本以至阿留申群岛已成为美国之前卫线……不幸由于战后盟国之分裂，日本已成为美国应保有之保障英美权益的据点。"六月四日，盟总经济组组长范恩公开主张"无限期延缓对日和约"，六月二十七日，美陆军部次长伏利斯在参院拨款委员会上声称，"美国对日占领将继续一颇长时期。"当议员询问陆军部希望占领多久时,伏竟答称,"没有人知道要多久。"要延长军事占领就必须无限期地拖延对日和约。那么,美国采用什么办法来拖延对日和约呢?

美国企图推翻波茨坦的协定,不依照波茨坦宣言中关于讨论对日和约所应遵循的程序与步骤;如不能缔结按照美国的意旨的和约,就采取拖延的态度。

根据一九四五年八月三日的波茨坦宣言,外长会议应当是准备对日和约的机构。宣言第一条称:"会议获得协议,应建立代表五大国的外长会议,以继续进行缔造和平的必要准备工作。并负责处理参与外长会议各政府同意而可能随时提交外长会议之其他事宜。"第三条又规定,"为执行上述任务,外长会议将包括强加于各项任务所关的敌国的投降条款上签字的国家。"因此,依照波茨坦宣言的文字与精神,"缔造和平的必要准备工作"是由五国外长会议负责,由苏美英法外长会议负责对德和约准备工作,而由苏中美英外交会议负责对日和约准备工作。所以,很显然的,外长会议乃是处理对日和约准备工作的机构,由于中国是强加于日本投降条款上签字的国家,所以解决对日和约的外长会议,应当由中苏英美四国组成。

迄今为止,在有关国家间,提出召开对日和约准备会议的共有两次:一九四七年七月十六日,美国单方面提出,要在该年八月十九日于华盛顿召开初步会议;一九四九年五月二十三日,苏外长维辛斯基在巴黎外长会议上,建议依照波茨坦协定的原则定期召集有中国参加的外长会议,以准备对日和约。这两次提出都充分地表现出维护波茨坦宣言与破坏波茨坦宣言之间的斗争。

一九四七年美国的提议,主张不经过外长会议,而由参加远东委员会的十一国会议,来进行对日和约准备工作,同时,在这次会议中,采用多数表决制,四强均不得行使否决权。这一建议显然是想绕过苏联的反对,藉美国所能操纵的多数,实现美国帝国主义的意旨。美国单方面的提议,虽然获得其帮凶英帝国主义的同意(英国仅要求延期举行并要求印度与巴基斯坦参加），但七月二十二日，苏联政府覆文，反对美国不事先征求他国意见，而擅自做出决定。并建议由外长会议进行。十一月二十七日，苏政府并正式照会英美蒋政府，建议于一九四八年一月，在中国召开由苏中美英参加的外长会议，准备对日和约。蒋匪政府则依照美帝的意旨，建议由远东委员会负责准备对日和约工作，并依照该会的表决程序进行，即采用三分之二的多数制，惟应包括四强的一致同意。

美国也曾经企图单独签订和约。早在一九四七年五月，美国著名反动头子前总统胡佛即曾在一次发言中，提议美国单独对日签订和约。同月二十九日，马歇尔在记者招待会中也表示对胡佛提议极感兴趣。一九四八年，美陆军部次长德莱柏表示了如果苏联不同意，就绕过苏联来单独行动。但不论是美国的片面决定由十一国会议进行准备对日和约的建议，或单独对日签订和约的威吓，都因受到苏联的反对，中国人民的反对，全世界爱好和平的人民的反对，而不能实现。

一九四九年五月，维辛斯基在外长会议里，正式提出召开由苏中美英参加的外长会议来讨论对日和约。艾奇逊最初以这是一个复杂问题为搪塞，后来则仍旧重弹以前的老调，说什么外长会议不是进行的机构，说什么应由远东委员会组成的机构去处理。但恰如上面所证明的，这些建议都与波茨坦原则不相符合。在拒绝了苏联建议之后，美国陆军次长伏利斯之流，竟高弹长期占领日本的谰调。美国拖延和约的阴谋，乃暴露无遗了。

为了远东的持久和平，必须制止美国利用军事占领、以扶植日本反动势力、把日本变为其在东亚的反苏、反共、反人民民主的前进基地的阴谋。坚持了八年的艰苦抗日战争，付出了无数生命财产的代价的中国人民，有充分的权利要求迅速按照波茨坦宣言的文字和精神召开苏中美英外长会议，准备对日和约，终止美国目前的军事占领及其倒行逆施，而实现日本民主化与非军国主义化。这一要求是与全世界爱好和平的人民的利益完全一致的。

《人民日报》1949 年 7 月 7 日

六、战后中苏关于东北问题的交涉

说明:抗战结束后的东北问题在战后中国时局的发展演变中曾发挥极其重要的作用。中(国共)美苏三国四方围绕东北问题,数度交锋,上演一幕一幕大戏,而国共两党对东北之争夺,不仅决定了东北,也在很大程度上决定了中国之命运。中(国共)美苏三国四方博弈,外交关系与内政问题相交织,最终又归结为国共两党之争夺。

在此期间,国民政府与苏联作为外交交涉的主体,两国围绕国民政府接收东北政治经济大权以及战后东北的地位、中苏在东北的经济合作,进行了多回合的谈判。在战后美苏逐渐陷于冷战的大背景下,国民政府与苏联围绕东北问题的交涉屡遭挫折与打击。

《雅尔塔协定》规定的战后中苏关系的基本框架在《中苏友好同盟条约》中得到体现。根据协定及条约,苏联出兵东北,对日作战;长春铁路中苏共管;大连为自由港,苏联享有优越权益;旅顺口划为苏联海军基地,外蒙古公民投票决定其归属,等等。中苏条约中四个协定都是关于东北的,且苏联还有未写入条约的要求——中苏在东北实行垄断性经济合作,因此中苏关于战后善后交涉的工作主要围绕东北问题展开。

日本投降后,国民政府的首要任务就是从苏军手中接收东北。但蒋介石请美国帮助运兵大连,触到了苏联的禁区。而中共派兵东北,则在蒋苏关系中打下了一枚"楔子"。苏联两次延迟撤军,就是为在中苏经济合作谈判中取胜,不让第三国势力进入东北。而蒋介石每到关键时刻,必得美国支持,更加深了苏联对蒋的反感。于是苏联"挟共制蒋",在谈判中提高要价。苏联以是否达到自己的经济要求来决定协助国民政府接收行政的程度,国民政府则以是否协助接收东北政权来考虑苏联的经济要求。最后,中苏经济合作谈判不了了之,苏联闪电撤军,东北二分天下。而中国在此后有关中苏旅大行政权的交涉中也未获成功。

本章主要资料来源:

中国国民党中央委员会党史委员会编,秦孝仪主编:《中华民国重要史料初编——对日抗战时期》第七编《战后中国》第 1 册,台北"中央"文物供应社,1981 年(以下简称《战后中国》)

United States Department of State, *Papers Relating to the Foreign Relations of the United States* (《美国外交文件》,以下简称"FRUS"), 1947, Vol. 7, *The Far East: China*, Washington: U. S. Government Printing Office, 1947

《中央日报》1945 年、1946 年、1947 年

《解放日报》1945 年、1946 年

[俄]A. M. 列多夫斯基著,陈春华、刘存宽等译:《斯大林与中国》,新华出版社,2001 年。

俄文资料由陈春华翻译,英文资料由陶文钊翻译。

其他资料来源文中说明。

(一)国民政府筹收东北

说明:随着日本的投降,国民政府立即筹划接收东北的事宜,为确保对东北的有组织的快速接收,国民政府在长春特别设立军事委员会委员长驻东北行营,统揽接收东北的各项工作。蒋介石任命熊式辉为东北行营主任,并任命张嘉璈为东北行营经济委员会主任、蒋经国为外交部驻东北特派员,具体负责接收东北的经济事务与外交事务。与此同时,国民政府与美国协商,由美国派舰船与飞机,帮助国民政府抢运军队到东北,以快速实现对东北的军事占领。

蒋介石致国防最高委员会交议收复
东北各省处理办法纲要代电
1945 年 8 月 29 日

　　国防最高委员会陈代秘书长①鉴:关于收复东北各省处理办法,兹订定办法纲要六项如次:(一)国民政府为便于处理东北各省收复事宜,特在长春设立军事委员会委员长东北行营,综理一切。(二)行营设主任一人,其编制另定之。(三)行营内特设政治委员会及经济委员会,分别办理行营区域内政治经济之收复事务,各设主任委员一人,委员若干人,其组织规程由行政院另定之。(四)辽宁、吉林、黑龙江三省区域重行划分为辽宁省、安东省、辽北省、吉林省、松江省、合江省、黑龙江省、嫩江省、兴安省九省。(五)行营得就近指挥监督上列九省区内行政机关。(六)在长春设置外交部东北特派员公署,办理行营区域内交涉事宜。以上各项可即照办,并以熊式辉为行营主任。除分电文官处外,即希于下次国防会议提出通过后发表为要。中正未艳侍秘。

《战后中国》第 1 册,第 30 页

国民政府令各机关遵照"收复东北各省处理办法纲要"训令
1945 年 8 月 31 日

　　处字第 335 号
　　国民政府训令
　　三十四年八月三十一日(补登)(仍另行文)
　　令行政院、立法院、军事委员会、直辖各机关。
　　中央执行委员会常务委员会
　　第九次
　　国防最高委员会常务会议　　　一六九

---

① 陈诚。

会议联席会议,对于委员长交议之收复东北各省处理办法纲要,经议决两项:(一)办法纲要修正通过,第四项关于东北划分为九省一节,应即附具地图,交立法院迅速完成立法程序。(二)特派熊式辉为军事委员会委员长东北行营主任,并由国防最高委员会秘书厅函文官厅转陈到府,除照发特派明令暨分令外,合行抄发原件,遵照并分别转行遵照饬知,遵照办理。

令仰遵照并分别转行遵照饬知。此令。

知照并转饬　知照

收复东北各省处理办法纲要(内容同上,略)

《国民政府公报》渝字第八四七号

国民政府特派熊式辉为东北行营主任令
1945 年 9 月 1 日

国民政府令　三十四年九月一日

特派熊式辉为军事委员会委员长东北行营主任。此令。

《国民政府公报》渝字第八四七号

国民政府任命蒋经国为外交部驻东北特派员令
1945 年 9 月 4 日

国民政府令　三十四年九月四日

任命蒋经国为外交部驻东北特派员。此令。

《国民政府公报》渝字第八四八号

国民政府特派熊式辉为东北行营政治委员会
主任委员莫德惠等为委员令
1945 年 9 月 4 日

国民政府令　三十四年九月四日

特派熊式辉兼军事委员会委员长东北行营政治委员会主任委员。

此令。

特派莫德惠、朱霁青、万福麟、马占山、邹作华、冯庸为军事委员会委员长东北行营政治委员会委员。此令。

《国民政府公报》渝字第八四九号

国民政府特派张嘉璈为东北行营经济委员会主任委员令

1945 年 9 月 4 日

国民政府令　三十四年九月四日

特派张嘉璈为军事委员会委员长东北行营经济委员会主任委员。[①]　此令。

《国民政府公报》渝字第八四九号

国民政府任命东北九省主席暨二市市长令

1945 年 9 月 4 日

国民政府令　三十四年九月四日

任命徐箴为辽宁省政府委员。此令。

任命徐箴兼辽宁省政府主席。此令。

任命高惜冰为安东省政府委员。此令。

任命高惜冰兼安东省政府主席。此令。

任命刘翰东为辽北省政府委员。此令。

任命刘翰东兼辽北省政府主席。此令。

任命郑道儒为吉林省政府委员。此令。

任命郑道儒兼吉林省政府主席。此令。

任命关吉玉为松江省政府委员。此令。

---

① 1945 年 10 月 6 日,张嘉璈提请国民政府主席蒋介石核定,任命何廉(经济部次长)、凌鸿勋(交通部次长)、钱天鹤(农林部次长)、庞松舟(粮食部次长)、霍宝树(四行联合办事总处代表)为东北行营经济委员会委员。

任命关吉玉兼松江省政府主席。此令。

任命吴瀚涛为合江省政府委员。此令。

任命吴瀚涛兼合江省政府主席。此令。

任命韩骏杰为黑龙江省政府委员。此令。

任命韩骏杰兼黑龙江省政府主席。此令。

任命彭济群为嫩江省政府委员。此令。

任命彭济群兼嫩江省政府主席。此令。

任命吴焕章为兴安省政府委员。此令。

任命吴焕章兼兴安省政府主席。此令。

任命沈怡为大连市市长。此令。

任命杨绰庵为哈尔滨市市长。此令。

《国民政府公报》渝字第八四九号

蒋介石"九一八"十四周年纪念广播词(摘录)
1945 年 9 月 18 日

全国同胞:今天是我们"九一八"第十四周年的国耻纪念日,我们在今天纪念这个日子,和以往十三年中举行纪念的情绪自然大不相同。因为自从甲午以来,五十年间日本对于我们国家无数的欺凌侮辱和不断的压迫侵略的旧账,尤其是从"九一八"以来,十四年间的深仇大耻,到今天都已经根本的清算了。我们东北,由于盟邦苏联的军事援助之下,实现了开罗宣言及波茨坦公告,而我们东北同胞亦由此得到了解放,重返了祖国。最近将来,我们的行政人员及我国的军队就要来到东北,与我们隔绝了十四年之久的亲爱同胞握手言欢。我今天在这里以十分郑重和愉快的心情,先向我东北同胞致其纯挚的慰问和热烈的庆祝。

……

现在我要郑重的向大家报告一下我们建设东北的方针,这要分两方面来说。第一、我们必须发挥自己的力量,以奠定建设的基础。第

698 中华民国时期外交文献汇编1911—1949·第九卷

二、我们也要获得盟邦的援助,以完成建设的全功。……

至于希望盟邦协助的方面,包括经济上的援助和技术上的协力而言。尤其是对我盟邦苏联业已订立了三十年友好同盟条约,此后中苏两国唇齿相依,守望相助,东北同胞,首先蒙受利益,我东北同胞必须重视这个友谊,真诚相处,以增进两国的邦交,实现我们国父共同奋斗的遗教,完成我们建设的大业。

……

《战后中国》第 1 册,第 69—74 页

哈里曼致贝尔纳斯电

莫斯科,1945 年 8 月 29 日

该件作为 3087 号电发致国务院,复本作为 118 号电致驻重庆大使。

在我 8 月 29 日中午发出的 3086 号电报中,我报告了在 8 月 27 日我和斯大林会谈的某些情况。您在其中可注意到,斯大林希望中国国民政府近期派遣中国军队到满洲,从俄国人手中接管治安和对日本破坏者的防范。这证实了斯大林和宋的协议,红军应在三月内撤出满洲。

红军在这期间撤出满洲,这件事看来很重要,因此,我建议立即把它和部署中国军队的计划联系起来考虑。

哈里曼

FRUS,1947,Vol. 7,The Far East:China,p. 1026

蒋介石致宋子文电

1945 年 9 月 11 日

国军急待运往东北各省接防,如照月前运输计划,须待十二月初方能开始运输,如此则俄必藉口我军届期未到,彼因急欲撤兵,对东北防务不能负责,因此可让共党占领东北,此为最险之事,希速即向美政府

切实商洽,务于本月内先拨给若干船舶,以供东北军队运输之用为要。

《战后中国》第 1 册,第 115—116 页

艾奇逊致杜鲁门备忘录

华盛顿,1945 年 9 月 12 日

9 月 10 日午后 4 时,宋子文行政院长拜访了代理国务卿。他带来委员长的一封信。在信中,委员长说他已请求魏德迈将军①转告作战部,委员长急切地希望提供船只把中国的几个师从广州运送到大连。委员长的希望是,这些船只在这个月内提供,以便中国军队能在俄国人撤退前进驻满洲。根据最近的中—苏协定,俄国人将在日本投降后三个月内撤退。委员长希望宋院长请总统注意这件事。宋说,他决定不直接去见总统,但他希望艾奇逊告知总统此事。艾奇逊先生答应了。

宋博士接着解释说,据目前的消息,12 月份以前不能把中国军队运送到满洲,这显然是太晚了。他说,如果在俄国人撤退时满洲没有国民政府的军队,中国共产党的军队将很可能进入那个地区。艾奇逊先生提到用飞机把中国军队运送到中国各地如上海和北平一事,问宋博士是否可能从陆路把中国的几个师运进满洲。宋博士说铁路条件不行。宋博士再次强调实现这一运送的迫切性,说也许要运送三个师(约 30000 人),不过,他接着又表示他对所需师的数目没有把握。

艾奇逊先生再次向宋保证他将及时向总统转达委员长的要求。

FRUS,1947,Vol.7,*The Far East:China*,pp.1027–1028

杜鲁门致艾奇逊备忘录

华盛顿,1945 年 9 月 18 日

关于您 1945 年 9 月 12 日题为"运送中国军队到满洲"的备忘录,

---

① 艾伯特·C.魏德迈中将,中国战区美国武装部队总司令和中国战区参谋长——原注。

参谋长联席会议通知我以下情况：

在西太平洋的各陆海军部队司令已经接到指示，按蒋介石委员长的参谋长魏德迈将军规定的日期和港口运送前往满洲的中国军队。

参谋长联席会议深信，在中国军队准备好登船前往满洲之日，将有足够的船只为其所用。

H.S.T.（杜鲁门）

FRUS,1947,Vol.7,The Far East：China,p.1028

饶伯森致贝尔纳斯电

1945 年 10 月 31 日

外交部长王世杰通知我们以下情况：

俄国人一直坚持拒绝中国政府的军队在大连登陆。俄国人说可以在营口和葫芦岛登陆，这两个地方的港口条件不如大连。据报，在葫芦岛附近集结了大批共产党的军队。为了不延误军队进入满洲的进一步运动，中国人将在这两个港口登陆，但同时并不放弃在大连登陆的权利。对中国在长春的官员，其中包括一些将军如东北行营主任熊式辉和外交部特派员蒋经国，俄国人不准其自由行动。

他说，中国政府认为，在共产党最近的好战表示与俄国人的态度之间，有一种直接的联系。

他说，直到 9 月 24 日，和共产党的谈判进展令人满意。从 9 月 24 日到 10 月 17 日，共产党的军队切断了能够把军队运进被解放地区的所有铁路交通线。他进一步说，对政府军队毫无缘故的进攻屡有发生，就此，他特别提出共产党在山西省出人意料突然进攻，给政府军队造成惨重伤亡的例子。

延安的广播反复不断地攻击政府和美国的政策。王部长说，他认为在谋求达成协议期间与共产党公开论战是不明智的，不过，他将尽力将事态的进程和会谈的进展随时机密地通知我们。

共产党的联络员王炳南为了共产党的利益常常到使馆来（见使馆

10 月 29 日 1884 号电和 10 月 31 日 1889 号电）。对于种种说法及相反
的说法，本使馆不能予以评价，但将尽力向您报告双方所给的情报。建
议国务院让赫尔利大使了解我们关于这个问题的所有电报。

饶伯森

FRUS，1947，Vol. 7，The Far East：China，pp. 1035－1036

美国海军部致国务院函

华盛顿，1945 年 11 月 8 日

1. 下面的海军部收到的第七两栖作战部队司令关于营口形势的
情报。①

2. 俄国人没有履行华盛顿时间 11 月 5 日和中国国民政府先遣军
的约定。码头上有中国共产党的卫兵，他们声称奉命禁止任何人上岸。
代理市长带着两名持枪士兵来到码头。他断然说，任何让军队在营口
地区登陆的企图都将遭到共产党军队的阻止，俄国人已经离开这个城
市。河两岸，人们正在加紧挖掘战壕和修筑街垒。岸边的警察总署空
无一人。警察们从 11 月 5 日起就消失得无踪无影。他们是文职雇员，
任职长久，倾向国民政府，以前行事颇为友好。

3. 第七两栖作战部队司令总结如下形势：俄国人无意帮助国民政
府军队重占满洲，看来，他们宁愿由共产党的军队或非正规军在他们撤
退时接管这一地区。上述总的看法有以下几条根据：

（1）俄国人以法律上的技术细节为借口，拒绝国民政府军队在大
连或旅顺港登陆。

（2）尽管俄国人肯定完全清楚葫芦岛被中国共产党的力量控制这
一事实，却首先建议把这个港口作为国民政府军队进入满洲的一个备
用港。

（3）随之产生 10 月 29 日的协议。众所周知，当时马林诺夫斯基

---

① 以下为海军参谋长办公室的 T·H·汤斯史上校致对外联络处处长莱昂电。

元帅保证,国民党的军队在 11 月 10 日前任何时候都可在营口安全登陆。他要求国民政府先遣军尽快到达营口,以便和当地俄国驻军协商安排具体事项。中国国民政府先遣军到了,但是俄国人却拒绝与之协商,理由是他们没有得到前面所说的指示;而全然不顾他们通过电话和飞机与沈阳保持联系这一众所周知的事实。

(4)近来通过俄国人控制下的各条铁路,共产党的军队像潮水一样涌入满洲。

(5)在营口和葫芦岛的俄国军官们屡屡发表谈话,大意是俄国和美国人应该避免卷入中国内战。

(6)俄国人在必须履行 10 日 29 日协议时,出人意料地撤出了营口。

4. 在美国海军拒绝将其部队送上营口口岸的情况下,杜聿明将军表示:由于在俄国人撤出的同时重占满洲对国民党的事业至关重要,由于在营口地区登陆具有重要的战略意义,请考虑下述建议:

(1)让五十二军在营口附近某一未设防海滩登陆。

(2)登陆日期提前(原文如此——译者),直到整个五十二军到达邻近地区,全军各部可以同时登陆的时候为止。

杜聿明将军声称,如果不能在营口地区登陆,可能不得不在秦皇岛登陆,并且打开一条经山海关到满洲的路。这一替代方案可能代价高昂且进展缓慢。其结果很可能出现一个由军阀以非正规军队控制的独立王国。

5. 在一次海岸调查中,发现一个非常好的登陆海滩,它的出口在营口南面约 20 英里处,与公路相通,相当理想。海滩后面,有一些身着军服的人在野外干活,好像是些日本人。当一艘步兵登陆艇驶近离这座城更近的一些海岸地区时,看见一些不明身份的人,他们身穿军服,三五成群一看见登陆艇就隐蔽起来。

6. 第七两栖作战部队的司令深信,把国民政府军队送上营口海岸将遭到反对。无疑,任何在营口附近的登陆都会在所有共产党地区引起强烈不满,尽管这种登陆很可能只遇到微弱的抵抗。毫无疑问,这种登陆将表明美国海军以积极的军事行动参与了正在发展中的内战。第七两栖作战部队司令建议,勿作在营口地区登陆的尝试。

7. 第七两栖作战部队司令说,既然共产党军队的态度已为人熟知,既然俄国人已从会议席上隐去,他留在营口地区已不再有任何意义。他正在去秦皇岛的途中。五十二军的第一梯队现在已登上三十六运输分舰队的舰只驶往秦皇岛。不过,在接到指定登岸港口的进一步指示之前,这些部队将不会被送上岸。

8. 第七两栖作战部队司令还建议,立即向中国政府转让足够数量的两栖舰艇、船只和自由轮,以运载一个加强师,让中国政府配备上人员并插上它的旗帜航行,这一建议旨在避免美国海军运输舰只继续长期漫游,为了把国民政府军队送往非共产党地区,这些舰只最近一直在这样漫游;这一建议的用意还在于,使美国海军人员得以尽快解脱。

美国海军上校 T·H·汤斯史

FRUS,1947,Vol. 7,*The Far East*:*China*,pp. 1037–1039

饶伯森致贝尔纳斯电

重庆,1945 年 12 月 11 日

2144,收到国务院 12 月 10 日 1965 号电后,使馆午后立即向外交部询问此事。现在,副部长刘锴通知我们,和俄国人的谈判正在进行,希望很快在下面两个问题上达成协议:(1)空运中国军队到长春和沈阳,(2)由中国政府的人员接管满洲的行政管理机构。刘锴说,报界有关在大连登陆的报告是不正确的,因为和俄国人并没有讨论海运问题,而且,海运问题须与美国当局商量决定。(致国务院,复本送莫斯科。)

刘锴通知我们,今天,中国政府在重庆与苏联政府签署了关于苏联军队在满洲的军事费用的协议。他说,该协议不会发表,但将向我提供具体内容以转告国务院。

饶伯森

FRUS,1947,Vol. 7,*The Far East*:*China*,pp. 1050–1051

（二）国民党军队登陆交涉失败

　　说明：抗战结束后，国民政府立即筹划从苏联手中接受东北。但是国民政府相继在大连、葫芦岛、营口等港口登陆受阻。由于苏联的阻碍，国民政府不但在军事上无法接收东北，行政上亦无法接管东北。于是，国民政府商请美国援助。1945 年 12 月，美国杜鲁门总统发表对华政策声明，要求苏联将东北归还中国，美、英等国的外交谴责，致使苏联在外交上陷入被动局面。

1. 国民党军队大连登陆交涉失败

彼得洛夫致宋子文照会[①]
1945 年 10 月 1 日

　　关于苏联军队自东三省撤退事，苏联政府向中国政府申述如下：

---

　　① 　关于苏军从东北撤出期限，王世杰与莫洛托夫于 1945 年 8 月 14 日签署之《纪录》作出明确规定：

　　"史达林统帅与宋院长子文在一九四五年七月十一日第五次会谈时曾讨论苏联参加对日本作战后其军队由中国领土撤退之问题。

　　史达林统帅不愿在苏联军队进入东三省之协定内，加入在日本战败后三个月内将苏联军队撤退一节；但史达林统帅声明在日本投降以后，苏联军队当于三星期内开始撤退。

　　宋院长询及撤退完毕需要若干时间，史达林统帅谓彼欲撤军可于不超过两个月之期间内完竣。

　　宋院长继询是否确在三个月以内撤完。史达林统帅谓最多三个月足为完成撤退之期。

　　中华民国三十四年　　　　　　　　王世杰（简签）

　　八月十四日

　　西历一九四五年　　　　　　　　　莫洛托夫（简签）"

　　彼得洛夫照会称苏军"于本年十一月底撤退完毕"，符合中苏双方达成之三个月完成撤军之协议——原注。

一、苏联统帅部业已开始将苏联军队自东三省部分撤退。

二、苏联主力将于本年十月下半月自东三省开始撤退,以便于本年十一月底撤退完毕。

三、苏联政府已派马林诺夫斯基元帅为全权代表,进行关于苏军自东三省撤退问题之谈判。

马林诺夫斯基元帅预备于本年十月十日至十五日与中国统帅部关于该项问题所适当派定之全权代表等在长春晤会。

《战后中国》第 1 册,第 116 页

外交部致苏联驻华大使馆照会
1945 年 10 月 1 日

径启者:查中国方面之第十三军部队,现已定于本月十日前后,自九龙乘美国船只,由海道前往大连登陆。为此照会贵大使,请烦查照,转电苏联政府,令饬该区苏联部队司令官知照为荷。本政务次长代理部务顺向贵大使重表敬意。此致

苏维埃社会主义共和国联邦驻中华民国特命全权大使彼得洛夫阁下。

《战后中国》第 1 册,第 117 页

甘乃光致傅秉常电
1945 年 10 月 1 日

急。莫斯科傅大使:本部顷照会苏联大使馆,内容为:"查中国方面之第十三军部队,现已定于本月十日前后,自九龙乘美国船只,由海道前往大连登陆。请转电苏联政府,令饬该区苏联部队知照"等语,希并洽告苏外部,并电部。甘乃光。

《战后中国》第 1 册,第 118 页

傅秉常致外交部电

1945 年 10 月 7 日

第四九七号　六日

特急。重庆外交部：第四九一号电计达，本晚苏联外部洛次长又约常谈话，谓：关于中国政府派军队自九龙前往大连一事，苏联特声明如下：按照中苏条约，大连为运输商品而非运输军队之港口，苏联政府坚决反对任何军队在大连登陆，因其违反中苏条约。傅秉常。

《战后中国》第 1 册，第 119 页

王世杰与彼得洛夫谈话纪要

1945 年 10 月 9 日

王部长：关于中国政府派军队由大连登陆到东北事，贵国政府认为系违反中苏条约，表示反对。对于此事，本人兹向贵大使声明如下：

（一）中国政府对条约所规定之义务，必完全履行。大连为商港，故对于苏联货物，免除过境税，又港口主任用苏籍人员充任，码头一部份设备租予苏方使用，此为中国在条约中所承认之义务，中国政府一定履行。但大连主权属于中国，亦为条约所明定，除经条约明定之义务外，中国政府自不受其他限制。因此中国政府对于派兵由大连登陆到东三省，决不能认为系违反中苏条约。

（二）中国政府派军队到东北的目的，系接防，换言之，即系对于所接收之地区维持治安及镇压敌人可能的反动，此等任务现由苏军担任，苏军撤退，自应由中国军队负担。

以上二项希望贵大使确实报告贵国政府，并向贵国政府解释。

《战后中国》第 1 册，第 120—121 页

熊式辉与苏方代表的谈话

1945 年 10 月 12 日

马林诺夫斯基意见及对我方所提问题之答覆分述于下：

一、关于苏军撤退问题：马氏称苏军现已开始撤退，并决定于十一月底撤退完毕；其步骤为自南向北，预计至十一月二十日，撤至沈阳线，十一月二十五日，撤至哈尔滨线，十二月一日以前，全部撤回苏联国境，希望我接防部队，能随苏军之后撤，逐步向北接收。

二、关于我方接收部队登陆地点问题：中国军队在大连登陆一节，马氏称彼无权答复，不过对于在营口、葫芦岛、安东三处港口登陆，彼表示不反对，苏方并可派一部分车辆，协助我接收部队之运输，同时允许我方先派人员至上述三处视察港口设备。

三、关于行政机关接收问题：马氏称，苏方本无意破坏伪满之行政机关，惟事实上有部分伪满人员，业已逃避，有部分人员，则有不利于苏方之行动，故有少数更动，如热河、辽宁二省府之主席，系由苏方派出者，至于我中央行政人员如何接收现有行政机构之具体办法，俟向其总司令部请示后，再行作答。

四、关于空运事宜：马氏称，我方空军，可在长春设站，并于通知当地军事机关后，即可随时来往飞行。

五、马氏指出，现在东三省发现中国秘密组织，从事破坏苏军运输线及其他军事设备之举动，要求我方注意并设法阻止，否则苏方将采取严厉处置，其主动者为谁，苏方已知悉也。

六、关于苏方供给轮船飞机运送我接收部队问题：马氏称，根据中苏条约之互相精神，彼个人对于原则表示同意，最好由我政府向苏联政府正式提出。

七、关于接收伪满银行问题：马氏表示同意，但须请示上方办理；至现在苏军所查封之伪满钞票，我方需要若干，彼请示上方后，可以照拨。

《战后中国》第 1 册，第 121—122 页

蒋经国呈蒋介石函

长春，1945 年 10 月 13 日

父亲大人膝下：敬禀者：一、今日下午一时会见马林斯基，彼在谈话

中表示三点：甲、中苏二国在东北应作至诚之合作。乙、苏联大军进入东北后难免有违犯纪律之事发生，但指挥官必定严加制止。丙、中央人员来后一切问题可作正式解决。二、今日下午三时随熊主任会见马林斯基，谈话要点另件呈阅，但最可注意者有三点：甲、彼方不愿我军海运登陆，谓最好由平津经山海关，或经过张家口，亦可来东北。乙、强调反苏之秘密组织必有其他意思与作用。丙、对于经济问题避开不谈，恐是拖延作用。三、马林斯基定明后日飞苏请示，下次会谈定十七日举行。馀情续禀。敬请福安。儿经国跪禀，十月十三日晚十一时。

《战后中国》第 1 册，第 122—123 页

彼得洛夫致甘乃光照会
1945 年 10 月 15 日

径启者：十月十六日晤谈时，阁下曾表示欲对于阁下十月一日关于中国军队运往大连之照会，得一书面答覆。兹特将本大使关于该项照会向阁下之口头答覆，以书面重申于下：查大连港根据中苏条约，系一商港，为运输货物，而非运输军队之地，无论谁的军队在大连登陆，均系破坏中苏条约，故苏联政府，坚决反对。本大使顺向阁下重申崇高之敬意。此致
中华民国外交部次长甘乃光先生阁下。

彼得洛夫，重庆　一九四五·十·十五

《战后中国》第 1 册，第 123 页

熊式辉致蒋介石电
长春，1945 年 10 月 21 日

急。委员长蒋：职等于酉元（十月十三日）与马宁诺夫斯基元帅会谈，所提各项交涉，及马氏所表示意见，要点如下：（一）关于撤兵者，我方希望得知彼方陆空军撤退计划。马氏答谓：陆军已开始由南向北撤退，预定十一月二十日以前撤至沈阳敦化一线，二十五日以前撤至哈尔

滨,十二月一日以前完全撤出中国境内,希望中国军队,亦由南而北,从平津方面紧随接收,对于空军之撤退,无从表示。(二)关于我接收部队之运输者,我方希望我由大连、营口、葫芦岛、安东等港登陆时,苏方予以援助,并代谋铁道接运之便利与安全。马氏答谓:大连登陆问题,须由两国政府解决,安东非马氏管区,须再请示,营口、葫芦岛二港登陆,彼无意见,但不知该处码头设备如何,且陆上运输力有限,苏方仅能派少数车辆协助,驻在该处苏军部队不多,但登陆似无若何顾虑。(三)关于一般交通者:(1)我方希望能从速恢复铁路各线之客运;(2)苏军没收日伪之运输交通通讯〔工〕具及器材,移交我方部分;(3)哈尔滨、沈阳、大连三处,我即设立航空秩。(未完)职熊式辉西寒(十月十四日)。渝机转酉马午(十月廿一日午)。

　　即到密。委员长蒋:(续西寒亥电)(4)重庆长春间,我飞机自由来往,不必经苏联大使馆转洽;(5)苏方借予我多量飞机与船舶,以利接收部队之运输。马氏答谓:第(1)项:因兵运频繁,且有两处发生鼠疫,故客运尚未恢复。第(2)项:没收之汽车,绝无可用者,其他工具或器材之移交,须请示办理。第(3)项:马氏无表示。第(4)项:重庆长春间,可自由来往,只须与当地驻军取联络。第(5)项:船舶根本缺乏,飞机亦多购自美国,但尽可依据协定,由两国政府洽办。(四)关于行政权之接收者,我方希望:(1)各省市各级行政机构,即仍请接收。(2)日伪银行,尤其满洲中央银行,及其印刷厂,拟即接收,并望将苏军封存之伪中央银行现钞,移交我一部分。马氏答谓:东北各省市行政首长,有已逃亡者,皆以次级人员权摄其事,惟热河辽宁二省,有不利于苏军之行动,故由苏军另行委派任用。职熊式辉西寒一亥印。渝机转马(廿一日)。

《战后中国》第1册,第123—124页

熊式辉致蒋介石电

长春,1945年10月26日

限三小时到渝。蒋委员长:一三九八密(表)。第一号情报,职本日返抵长春,得悉如下情况:(一)有(廿五)日上午,苏方派员率武装兵,至东北党务专员办公处及吉林省党部,禁止出入。分别传询全体工作人员,旋将所有档案文件及款项,搜载一空,并带去认为重要之人员五人,于两小时后放回,命即停止一切活动。(二)同日自检查党部之时起,行营各部分电话,一律被停止通话,至次日始恢复极少数之一部分。(三)我方前经提出之各项问题,其已答覆者如下:(1)大连我军登陆认为有破坏同盟条约,不能同意。(2)大连不能设立航空站,沈阳、哈尔滨、长春可于苏军撤退之前三二日设立。(3)派员赴热河购皮军服,因该地有军事行动,应从缓。(4)派员赴各省市视察,因各地不靖,从缓。(5)派员赴沈阳及长春附近,树立相当保安部队,现有苏军维持治安,无此必要。特覆。苏军政治顾问对经国兄言,行营到达后,言行不甚相符,颇为憾事,问其有何事实,则置不答。又另一消息,苏军估量其撤退长春时,我军尚未到达,决定以华籍苏军将校若干人,指挥现已结集郊外之八路军,约五六千人,进驻城内,参阅其他情报,似有实现可能。(四)长春市公安局长,今午由苏方改任张庆和说,张某系为一拥有武装约千余人,附和八路军之首领。综合以上各点,苏方态度,显有急激之变化,职熊式辉。宥(十月廿六日)印。

《战后中国》第 1 册,第 126—127 页

2. 国民党军队葫芦岛、营口登陆及长春空降交涉失败

国军分批开东北,将在葫芦岛、营口登陆,

熊式辉抵长春,杜聿明至北平

1945 年 10 月 27 日、29 日

(中央社长春二十六日电)熊主任及其随员等一行十七人,于今日下午一时飞抵此。

(中央社上海二十六日电)东北保安司令长官杜聿明将军,二十六日晨离沪飞平转长春,杜长官此行,将先在平视察后,再赴长春,在长春

视察完毕,将再赴渝向蒋主席报告一切。又悉:我开赴东北部队决分□
大队北移,杜司令长官此来,即为与此间美驻华空军总司令斯特拉特梅
耶将军及美军开德上将商洽运军事宜。闻赴东北国军将在葫芦岛、营
口登陆。又我军各部队之防冬装备及给养,均已在沪备妥,大部均已装
运,首途北开。

　　(中央社上海二十六日电)东北保安司令长官前进指挥所主任赵
家骧中将,随杜聿明将军抵沪后,定二十七日晨赴平转长春,设立前进
指挥所,准备我军在东北登陆与接收工作,其前进指挥所各部人选为第
一组组长李要慈少将,第二组组长刘伯中少将,第三组组长何宝泽少
将,外事处处长李修业少将,高级参谋李贤少将及其他参谋副官十六
人,各员二十六日均已赴平转长春。

《中央日报》(重庆版),1945 年 10 月 27 日

　　(中央社天津二十八日电)国军某某两部,分于昨今两日来津,并
有一部沿北宁线驻防,牟延芳将军兼任天津警备司令后,已开始办公,
中央宪兵十一团一部来津,日来各校学生及民众团体纷谒牟将军,表示
敬意。

　　(中央社北平二十八日电)东北保安司令长官杜聿明将军,于二十
八日由津乘机返平,定二十九日飞赴长春。

　　(中央社记者钟鹤年天津二十七日电)东北保安司令长官杜聿明
将军,于二十七日暮色苍茫中,由津专车抵塘沽,视察当地情形,作大批
开往东北国军于登陆该地前之部署,塘沽人民在抗战胜利后,首次得见
国军高级将领之莅临,杜氏抵达后不及十分钟,即自动集约千人,手执
国旗,高呼中华民国万岁,蒋委员长万岁,其热情奔放横溢达于极点,杜
氏备致抚慰,杜氏公毕后即乘原车返津,定二十八日返平乘机飞长春。

　　……

《中央日报》(重庆版)1945 年 10 月 29 日

蒋经国致蒋介石函

长春,1945 年 10 月 26 日

　　父亲大人膝下:敬禀者:熊主任已安抵长春,手谕拜悉。今日苏方正式向儿提出声明谓:自行营人员来长春后,东三省各地即发生武装反苏情事,并有"打到莫斯科去"之反苏传单发现,因此苏军当局决定执行其军事行动期间应有之最高权,并不准行营人员赴各地视察。儿对此当即严正反驳,查行营人员来此之后,处处谨慎,决无非法之行动,更无反苏之念。按此完全系苏方假造情况,定有其他更大之企图。苏方态度自二十一日起突然恶变,昨今二日苏军并在长春城郊作大规模之演习,长春警察局长亦已改派共党接任,本党党部已被封闭,日内恐将借执行最高权力之名,限制行营活动及检查邮电。儿自知此种变化乃受整个局势之影响,目前情况虽已趋严重,但似尚未至不可收拾之地步,即有重大之变化,儿亦必将坚守本位,镇静应变,无论如何决将为争我中华之主权而坚持到底。……

《战后中国》第 1 册,第 127 页

蒋介石致熊式辉电

1945 年 10 月 28 日

　　我军在葫芦岛、营口登陆及由山海关至沈阳铁路运输等事,应速与苏军方面切实洽商,中苏两军如何联系协同各项实施办法,又东北整个接防计划,亦须从速商定详报,否则延稽不定,我军无法进入东北接防,将来延误时机,中国不能负责也。

《战后中国》第 1 册,第 129 页

蒋介石致蒋经国函

1945 年 10 月 29 日

　　经儿知之:来函家用事已派员送去,勿念。近日国际形势仍未缓和,但总想打开僵局也。葫芦岛能否如期登陆,要在苏军能否负责维持各该处之治安，不使为匪扰乱阻碍。关于此点，无论在同盟义务与条约上，必须请其切实做到。否则我军在陆上山海关既为匪占领，铁路交通非贰个月无法修复，而海岸营口与葫芦岛，彼如再不负责接应我登陆，则我军无法运入东北接防，此则延误之处，我方自不能负责也，应使之了解此意。关于登陆与协助等事，自昨日起已向苏大使速催其答覆，而彼总以未接其政府指覆电为辞，此间如此，长春当必更难矣。惟美国军舰廿七日到达葫芦岛，为岸上匪部射击，美军总部今日已将其军舰驶往葫芦岛通知苏大使，并属其转达驻东北苏军知照矣。万一我军不能在葫芦岛登陆，则决心在秦皇岛与天津登陆，由山海关入东北也。希以意转达天翼①主任，并以此函交熊张二先生同见可也。父。十月廿九日十五时。

《战后中国》第 1 册，第 130 页

熊式辉致蒋介石电

长春，1945 年 10 月 29 日

即刻到渝，委员长蒋：俭午机秘、俭廿一时机秘、酉艳午府参电均奉悉，酉艳与马元帅会谈要点如次：（一）我军营口、葫芦岛登陆，应事先以飞机侦察码头设备，彼无异议，并允掩护营口登陆之安全，惟谓葫芦岛苏方兵力只有一排，虽已令其掩护，但无把握。又谓锦州山海关间已有大股十八路军，故不能保证安全。我言因苏军不能保证我安全，挺进部队不能不有自卫之措施，特先奉告。彼云此系中国内部事，苏军不干预。（二）彼云营口城区，及锦州西南任何地区，皆可为我军集中地点。但锦州城中苏军，准于十一月十日撤退，在苏军未撤退以前，希望我军亦不入城。至于协助铁道输送问题，彼云锦州方面车辆决不带走，但为数有限，可留用一部，此时不必派员前往接洽。营口方面愿设法帮助，但车辆亦少，恐难有济于事。至于行营派员赴该二处作我军登陆有关

---

① 熊式辉，字天翼。

之准备工作,彼谓须请示莫斯科再答覆。(三)行营拟派员编组地方保安团队,彼谓莫斯科不希望我在苏军未撤以前办理。(四)长春沈阳苏军撤退前三天,可任我空运部队降落,但不必先派遣地面工作人员,因苏方空军可代照料。(五)东三省、热河、察哈尔一带之外蒙军队,彼谓与苏军同时撤退。(六)我行政人员,接收各地方行政机构,彼谓尚未得莫斯科之答复,拟再请示。(七)关于旅顺港一切问题,彼云须我与莫斯科直接交涉,彼无权讨论。(八)关于东北党务方面,彼谓同一地方同时有几个国民党党部的组织,不知谁真谁假,深以为只要不反苏,便可任其活动。近查反苏工作进行不已,不但系文字宣传,并有武器,不是局部的,而是有整个组织的,不是临时的,而是经常继续的,系有中心领导的反苏军行动,因此苏军有二百余人之死亡,现每晚仍时有反动情事,故不得不采取严厉的手段,倘行之无效,将采取更严厉的手段。其反动之事实甚多,例如中苏友好协(定)〔会〕之人员被杀害,铁路轨道上堆有沙袋一类之障碍物,而所捕获之反动份子,无一日本人,多是伪满的官兵,或假借行营招募之军人,此类人物,至少后面有一种精神之援助者,显然都在利用行营之威力来活动,故苏军不得不运用协定第一条之最高权力,将长春市长及公安局长予以撤换。(九)我声明前次巴顾问蒋特派员之谈话,本人对此事态度已于酉俭(廿八)由蒋君答复,今再郑重声明,本人代表政府,决以中苏永久友好之既定方策,作一切措施,使东北成为中苏两国军事经济合作之重要地区,我政府决以坦白诚恳之态度,商处两国有关之一切问题。至对于破坏两国友好之日人汉奸及其反动份子之处理态度,我方与苏方完全一致,并与贵方彻底合作,从事于防止及消灭一切反动。彼答谓过去不愉快之事都可忍过,但希望一切之处理皆依据中苏友好协定云云。馀详函,职熊式辉酉艳叩。

蒋经国致蒋介石电

长春,1945 年 10 月 31 日

即刻到渝。委员长蒋:一二七三密(表)。关于我军在营口、葫芦岛登陆后之暂时驻地区域,以及交通工具等问题,曾与苏方详商,已将结果面告杜长官矣。关于葫芦岛登陆之安全问题,儿曾再向马林斯基当面提出,并要求多派苏军暂驻该岛,彼向儿表示葫芦岛本无苏军驻扎,但为使中国军队安全登陆起见,已派兵在该岛维持秩序,中国军队登陆想无问题。儿则请其对此问题作确定之答复,以免可能之意外。彼则又谓该处苏军不多,但必尽所能协助贵军登陆,至于绝对安全之责,则实难负。儿已将此意转告杜长官,彼决定先派少数部队乘舰前往侦察。马氏并表示我军可即在安东港登陆,此事亦已转告杜长官矣。马氏在谈话中,提及锦州至山海关之间,驻有中共军,希望中央军出关之后,能避免与共军之冲突。儿谓中央决不愿与共军冲突,但共军如将阻扰我军前进,则亦不得不采取自卫步骤,并特先奉告。彼谓苏方极望中国军队能顺利完成东北接防计划,并愿予以协助。关于我方派机侦察港口事,彼谓此乃中国应有之权,苏方决无反对之理,但希事先通知,以免误会,并可负安全之责。儿最近决以交涉我军登陆及出关二事,作为中心工作,并已派精通俄语人员往营口、葫芦岛工作,以便建立我军与苏军之联络。儿经国谨禀,酉世辰印。

蒋委员长批示:阅。

《战后中国》第 1 册,第 133—134 页

熊式辉致蒋介石电

长春,1945 年 10 月 31 日

世午与苏军参谋长巴监罗夫斯基特将军商作如下之协定:(1)戌灰前,驻营口之苏军撤至西三道沟、韩家纸房、三家子前、石桥子、柳树沟、田庄台、四庙子、青马圈子、二界沟之线,线上属苏军,为维持治安,苏军城防司令部附小部队暂不撤出营口,我军戌灰前可在该线以南登

陆,但不得超越该线以北。自戌灰起苏军自该线向北撤退,主力退至沈阳,一部份开安东及辽东半岛(戌灰至戌号由营口至大连铁路上有军车运行),同时苏军城防司令部及所附小部队撤出营口。(2)戌(文)〔灰〕苏军撤至大孤山、岫岩、牛庄、盘山、锦州、水泉、下板城、古北口之线。(3)戌删苏军撤至岫岩、辽阳、小北河、黑山、义州、朝阳、宁城、张三营、上黄旗之线。(4)戌号苏军撤至大营子、本溪、沈阳(不含)、新立屯、赤峰、多伦之线。(5)驻安东之苏军戌有撤至大荒沟、宽甸、凤城、大营子之线。以上各项除分电杜司令长官聿明知照外,谨闻。

《战后中国》第1册,第134页

蒋介石致熊式辉函
1945年11月1日

天翼吾兄勋鉴:兹得美海军报告第五十二军决定在营口一地集中登陆(一切准备已完成),其美机拟于六日起在营口与葫芦岛侦察,余则仍主张在葫芦岛、营口二处登陆。但无论其是否在葫芦岛同时登陆,而我方对苏方通知仍作二地登陆之准备,并说明美机亦于六日起侦察此二地附近一带,请苏军知照,而此间亦于今日通告苏大使矣。另有一事不可不特别注意,即长春铁路干线,尤其哈尔滨至大连全线铁路之护路问题,必须与苏军从速切实洽商,务待我军到达接收一段,彼军方可撤退一段,否则铁路无人负责保护,彼方乃必乘机藉口护路无期,撤退则更为难,不知由我自动提出要求其在我军未接收护路任务以前仍应由其负责也。如其问护路任务之期限,则可答以本年底至明年三月底止。(南满路本年底接完)乃可将中东与南满二干线全部接完也,务望以此意积极交涉。与其由彼自动藉口护路,不如由我方提出要求其有限期的负责也,一面将与苏军提出具体之要求办法电告中央,再由中央亦向苏联政府提出此要求更妥矣。……

《战后中国》第1册,第135页

熊式辉致马林诺夫斯基备忘录

1945 年 11 月 5 日

本年十一月五日吾人会谈中,曾协定如下:

一、阁下曾通知苏军司令部,同意中国军队空运至沈阳与长春,并称在苏军撤退前五日,即可开始空运。

二、关于中国军队空运开始日期,阁下曾允先期通知,关于此点,我方希望贵方至迟能于苏军自沈阳及长春撤退前十日,通知我方。

三、阁下曾表示贵方当保证我方飞机之航行及降落之安全,并同意在飞机场设置我方飞行人员之休息地点。

四、因空运时间短促,同时我政府所辖有之运输机数量又不多,故本人曾向阁下通告谓我方将应用美国航空队之运输机,即此项飞机将由美国飞行员驾驶,并印有美国徽号,关于此点,阁下曾表示同意。

五、阁下曾称第十八集团军已有组织的由南方经过锦州开进营口,而苏联军队因数量过少,不能制止上述部队前进,于是不得不离开营口向北开拔,致营口被十八集团军所占,因之苏联军队对中国军队在营口登陆,已不能负保证安全之责。本人曾对阁下表示按苏军撤退计划,驻扎营口之苏军,应于本年十一月十日由该地撤退,因此曾认为苏军司令部对在本年十一月十日前在营口登陆之中国军队,应予协助并保证其安全。此外,本人曾负责声称,在东三省内迄今尚无任何政府军队,所以占据营口之部队,自非政府军队。按阁下以前曾声明,苏军司令部在其占据地区内,当不准任何非政府部队之存在,如经发现,当即设法解除其武装等语。因此占据营口之非政府部队,应负责请阁下解除其武装。对于此点,阁下曾答称苏军司令部在该区未辖有足以阻碍大批的有组织的部队占据营口之力量,并无权与之作战,盖此项部队并非苏军占据区域内产生,而系自南方开来者,本人对此当即表示不能同意。

关于上述各节,本人已报告我方政府,在此本人特再请阁下依据吾人以前之协定,对于出发在途之中国军队在营口登陆时,苏方对其应负安全之责。

阁下曾表示希望由中国国民政府派定之各省各市之行政工作人员即行执行其职务,阁下并曾令东三省各城市贵方卫戍司令,对即行到达各地并接收行政之中国国民政府行政工作人员应予以协助一节,本人拟即派员分赴各地接任。

熊式辉

《战后中国》第 1 册,第 139—140 页

熊式辉致蒋介石函

长春,1945 年 11 月 5 日

本日曾与马帅会谈,除关于空运及营口登陆事,已以戍微申亥两电奉陈外,因虑电文过长,易致延搁,谨将谈话内容详陈如下:对于昨日巴顾问向蒋特派员所言在长春中国国民党党部内检查出地图及其他文件,证明国民党有十万秘密武装力量,分布各地,并在若干区域有从事破坏交通及抢夺苏军武器之事发生,因此苏军在撤退以前禁止行营组织地方团队。职声明国民党以前地下活动,行营并不清楚,依理决不至其有反苏之言论与行动,万一有之,无论其出自何人,行营决与贵元帅取一致之态度,查明事实之后,必严加取缔与惩办。目前为防止误会,已令党部停止一切活动,亦业向贵元帅声明,至行营为使行政接收时维持地方治安起见,有权编组地方保安团队。

马氏答称:各省行政之接收,已奉莫斯科电无异议,并已令各地卫戍司令照顾,警察可同时接收,即可用以维持治安,军队是国家的,无使用于地方行政之必要。且伪满官兵大部分皆曾与苏军作战,故不赞成收编,其中间有善良分子,皆已吸收在警察之内,倘犹有编组武装警察之必要,此时只可作准备工作,俟苏军撤退,始可成立,假使在长春须编少数武装警察,亦须与苏军协商办理。

职云:各省行政之接收,希望苏方派联络员偕往。彼云:此事有所不便,因有干涉内政之嫌疑,将引起美国之非议。职云:行使政权之便利,运输通信机关,必同时接收。彼云:地方邮电可接收,长春邮电总机

关则待请示,大概不能办到,铁路在整个军运组织之下,在苏军未撤退以前不能接收。

马氏答复党的问题云:国民党之反苏活动,不但有文件证据,至今犹时接情报有活动存在,如佳木斯有宣抚使收编伪满军,蓝衣社领导人宾初又名刘清山者,专做反苏工作等等甚多,但以上情形,曾经说过与行营并无连带关系,不过应以相告,为苏军撤退之安全,希望地方行政机关接收后能予以取缔。

职云:行营来此,本负彻底实现中苏友好条约之任务,但近来一月毫未展开工作,在军事方面初以大连不能登陆,继以山海关、锦州间不能协助运输及保证其安全,现在营口、葫芦岛之登陆,又有问题;行政方面,不能着手编练团队,不能接收铁路邮电金融等机关,不能派员赴各地视察,致一切接收准备皆无从进行。以上事实,不符合中苏友好条约之精神,诚为遗憾,万一接防部队不能按时到达,而影响整个东北之接收,此责任应由贵方负之。

马氏答称:我们在此一个月中,不是友好精神之表现,究系何种精神之表现,应请明告,以便报告莫斯科。

职虑交涉决裂乃转语气云:中苏友好精神之表现,要在依照协定顺利撤兵,顺利接收,今有如上所述军事与行政两方面之事实存在,殊认为未达到圆满地步,应请贵方切实负责协助,以免延误接收。

基于本日谈话情形,参考各地现状,可以推知苏方用意:

一、为应付国际视听,表面依照协定,容许我方空手接收行政。

二、为不愿我军事力量进入东北,巩固政权,故利用八路军名义,阻碍我军前进,一面普遍扶植各地八路军,以为此后有力牵制之准备。

三、当苏军撤退我军不能到达时,有三可能:(1)行政交与八路军之傀儡;(2)在地方扶植各种势力,使我政权有名无实;(3)造成各种变乱,使我政权虽接收而不能保持,行政人员亦不能立足。

四、当国军出关或登陆与八路军冲突之际,同时各地发生事变,藉口维持治安,留一部分军队不撤,出而调停。

为欲挽救目前恶劣情势，因此建议：

一、我政府应由外交部向苏方正式声明；1.苏方以营口、葫芦岛让非国民政府军队占领，实违反中苏友好条约之原则与精神，盖于十一月三十一日以前在苏方占领区域内任何地区，苏方不能以少数部队被迫退出，为卸除未能将地方交与政府军队接收责任之理由。2.行营到达长春，苏军对日作战直接军事行动业已终了，为期一月，而依照协定应行接管之行政经济交通等机关与事业皆不交出，似为缺乏友好之诚意。3.苏方对我方加以种种指摘与牵制，而对八路军则容忍其逼走营口、葫芦岛两处之部队，不能不使我对苏方有故意放纵之推测。4.为中苏永久之友好计，应请苏方对于东北措施重行考虑，加以改善。

二、拟请钧座径电史太林元帅，告以东北现状，有不能贯澈中苏友好条约精神之顾虑，请其主持改善，是否有当，伏维裁夺。

《战后中国》第1册，第140—143页

熊式辉呈蒋介石电

长春，1945年11月6日

即刻到渝。委员长蒋：九五〇四密（表）。（1）苏方已允我空运在苏军撤退前五日开始在长春、沈阳两地降落。（2）我可用美国军用运输机，即有美国国徽及美国人驾驶之飞机。（3）空运开始日期，苏方在其撤兵前十日通知我方，推想沈阳约在戌寝（十一月十六日），长春约在戌筱（十一月十七日）可开始。（4）请航委会速派重要能负责人员来长春筹商。（5）苏方不愿意美国地面人员来此工作，并谓美方电台等，可在第一批空运飞机内带来。职熊式辉鱼未印。拟办：原件呈阅，拟交航委会、军令部速即办理。职商震呈。十一月六日。

蒋委员长批示：如拟。中正。

《战后中国》第1册，第143页

熊式辉致蒋介石电

长春,1945 年 11 月 12 日

即刻到渝。委员长蒋:戌支苏军派政治顾问正式约蒋特派员谈话,大要如下:(一)苏方前查封国民党党部,搜得地图及文件,知其所领导之地下军有十师,武装人员在十万以上,此皆破坏交通,袭击苏军之武力。现在国民党部即归行营指挥,苏方警告行营,不能组织地方部队。(二)营口现在有一大部第十八路军,新从锦州来到,苏军不能反对之。因为苏军如用武力驱逐,则恐延误撤兵日期,违反协定,故苏军不能办云云。以上二事,当由经国面驳后,影响如何,尚难判断。职等研究,查所称我党部领导之地下军武装十余万,为反苏武力,全然不是事实。而系一种藉口,行营早已向其声明,在未得苏方同意以前,决不派员赴各地收编者。今复张大其词,用意不外防止行营收编地方部队,便利他方面着手吸收。又彼声言营口新来第十八路部队事,显系见我部队尚未登陆,捏造事端,阻我登陆。职拟于日内再向马宁诺夫元帅提出质问,一面仍请在重庆向彼得罗夫大使提出抗议,何以对我政府方面种种为难,而对八路军方面故意放纵。再营口、葫芦岛我军登陆,若再延迟,将来变化,更难逆料。如何?尚祈核示。职熊式辉。戌支亥印。

《战后中国》第 1 册,第 143—144 页

王世杰接见彼得洛夫谈话纪要

1945 年 11 月 13 日

关于中国政府接收东北事项,尤其最近情形,本人今日约请贵大使来说明一下:

一、东三省现有甚多投降之日本军队及伪满军警,且地区辽阔,故中国政府派员接收东三省,不能不同时派若干军队前往维持治安。关于我方派军队至东三省之困难情形,本人曾于十月二十五日以书面谈话纪录交贵大使,并于十月五日派卜司长到贵大使馆,关于我军在营口登陆事,将我方困难及希望,面报贵大使。此系过去情形,今日不再

详谈。

二、据十月二十五日以后之报告,中共军已占领营口,苏军自营口撤退,故在营口登陆事,已不便实行。

三、据最近熊主任报告,十一月十二日长春郊外之大屯飞机场,有中共军队数千人集中。长春市内亦有共军约二千人开入。长春城内,有向行营示威之举动发生。

以上情形,使中国政府派兵入东三省接防发生重大阻障,今后如何办理,我政府正在考虑中。如有所决定,当随时通知贵大使。

苏大使表示:

一、贵部长所告最近事实,本人尚不知悉。不过本人知道,马林诺夫斯基元帅曾经应允协助中国军队在营口登陆。

二、苏军正在从东三省不断撤退,对于已经撤退之地区,苏军不负责任。

三、苏军从长春或其他大城市撤退前三五日之期间内,中国方面可空运卫队及宪兵至各该城市。关于此点,系熊主任与马元帅约定,贵部知道否?

部长答:本人知道。但长春附近机场,已有共军集中,恐我军空运前往,将遭遇与营口及葫芦岛登陆之同样阻障。且我运输机数有限,三四天期间内,亦不能运多数军队前往。

《战后中国》第 1 册,第 144—145 页

蒋经国东北交涉日记(摘录)
1945 年 10 月 25 日—11 月 14 日

十月二十五日

今日为余去国赴俄求学之二十周年纪念日,而能在长春与当时同行之天儌、世杰二兄,共聚一处,更多感念。回忆往日之生活与事业,东西奔走,迄无一成,尤觉慨然。傥再不专心致力于救国大业,后悔必无及矣。

十月二十六日

×××由渝返长,我方决定暂不在大连登陆,或可打开僵局耶。下午,俄顾问巴某来见,彼代表马林斯基正式向我方说明,谓自我行营人员来长春后,各地多发生反俄行动,并声明不准我行营人员出外视察。巴某语意,似指所谓反俄行动,间接与行营有关;而其语气与态度,则完全带有恐吓性与警告性,确实使人难受。余思自行营驻长以来,各地不会有反俄行动,且知行营为适应当前需要,屡经宣告必须切实奉行与俄保持友好之国策。而巴某今竟制造此种空气,必系执行其既定策略,以阻碍我政府之接收东北也。俄方本无特权制止我行营人员出外视察,但为免除不必要之纠纷,拟暂时不提此事,以谋重大事项之解决。

……

长春警察局长易人,闻由共匪①派员担任,此事极可重视。

……

十月二十八日

……

上午,急待巴顾问回音,后知其于下午三时见余。晤面时,余除再度表明行营态度外,并希望两方合作,防止一切反苏行动。巴某态度之骄,架子之大,实在难受。此将益增国人对俄之痛恨,而余亦更能体认忍辱负重之深义矣。……

……

十月二十九日

……下午一时会见马林斯基,彼对重要问题,皆不作正面之确定答复,即关于葫芦岛我军登陆一事,俄方亦不愿作安全之保证。且彼对我行营,公开表示不满。经过此次谈话,益信所谓顺利二字,已不复存在于东北接收中矣,但亦不必着急也。

---

①　"共匪"、"匪党"、"奸党"是对中国共产党的侮称,为保留文件历史面貌不加改动,亦不加引号;对其他文件出现的同类或类似污蔑性语汇不再作注。

杜聿明总司令四时抵长春,七时余复陪其见马,商谈我军登陆有关诸事项。

十月三十一日

……

奉政府指示,应以登陆葫芦岛及打通北宁路为交涉重心。

……

十一月三日

……余更对俄方代表声明:“我们自己承认是一个弱国,但国家决策及待人态度,一是以正义为本。我们决不做不可告人之事,事事要放在桌上明谈。”昨夜思及此事,未能安睡;半夜忽醒,又即想到交涉之困难。目前除办理军队登陆外,似应集中力量,空运部队抵长,如长春不能控制,他处均将波动矣。

今日俄方通知:(1)我空运部队可于俄军撤退前四日在长春降落。(2)我行政人员可即莅任。(3)电灯电报电信于俄军撤后办交代。我方认为:第一点四日期限太短,要求改为二星期,否则将借用美机运输;第二点可即研究具体接收办法;第三点邮电必须先行接收,电灯则可稍缓。俄方对此各点,今日尚未作复。

行营接军委会电报,谓有美军部代表,由美经日韩前来东北,行营应设法招待。行营为慎重起见,将此事通知俄方;而俄方则误会,以为行营要求准美机来长,下午即提抗议:经解释后始无问题。即此小事,亦可知美俄关系之恶劣矣。

午后四时,约请各省主席市长,商讨接任有关事项,并指出对俄应处之态度。傍晚赴行营见×,商谈党务工作。

十一月四日

……

下午三时遇巴某,讨论接收行政有关问题后,彼向余声明:“(一)国民党有秘密武装人员,埋伏各地,破坏俄军,希行营注意,不可在俄军撤退前组织地方团队。(二)营口发现‘十八集团军’部队,目前该处情况不明。"念行营来此之后，极愿与俄建立关系，而俄方则处处为难，诚属可忧，但此忧亦非今日之始也。

……

十一月五日

昨夜未能安睡，门外枪声车声不绝于耳，此东北不安之象也。东方发白，余于床上综忆交涉经过，计十三项：

一、俄方反对我军在大连登陆，并已正式提出声明。

二、俄方虽允许我军在葫芦岛、营口登陆，但既不愿对葫芦岛登陆国军负安全之责，又忽称营口发现共军，意亦在于不负安全责任。

三、俄方本允修理北宁路，以便我军运输，后又谓自锦州至山海关一段，因有共军而情况不明，彼不愿作任何处置。

四、俄方本允修理沈阳至古北口之铁路，并设法使其通车，后复谓该地发生匪患，不能负铁路运输安全之责。

五、行营要求编组地方部队，业被俄方拒绝。

六、俄方本已允诺：除大连外，行营视察员可赴各地视察，后又藉口地方不安，撤销允诺。即我方往热河购军用皮衣者，俄方亦不准通行。

七、俄方本谓电报邮政，我可派员接收整理，后复遭拒绝。

八、我请俄方在营口、锦州等地准备火车，以作运兵之用，亦遭拒绝。

九、我方要求空运部队能在俄军撤退一星期前降落，俄方只允在四天之前；即此有无变化，尚待注意。

十、俄方对我行政人员分赴各地接事，表面允可，实际上则不协助交通工具。

十一、我方向俄方借用汽车、轮船、飞机，皆遭拒绝。

十二、因飞机之飞行手续未清，俄方已向我抗议二次。

十三、俄方谓各地反俄言论，皆在行营到后发生，提出无理警告；后复谓行营对中国国民党反俄言行，应负责任。

……

……下午一时会见马林斯基,彼正式通知营口已为"十八集团军"占领,俄方不能负我军登陆该处之安全责任。此外复谈及空运行政问题,但皆未允与我方以应得之方便。此实为险象之开始,尤其俄方不负营口登陆安全之责,更为其不愿我方军运东北之证明。……

……

十一月六日

……

……下午研究×致马林斯基函件内容,傍晚先用俄文草成函稿。……

十一月七日

俄方不能实践诺言,如电报邮政之接收,铁路之管理,及保证营口登陆军之安全等等,莫不出尔反尔。因思最近与马之谈话,内容重要,乃写成备忘录,由行营送请俄方查照答覆。备忘录计列七点:(一)俄方同意我方空运部队至长春沈阳,并在俄军撤退前五日为之。(二)俄方将撤兵日期,于撤兵十天之前通知我方。(三)俄方保证空运部队飞行之安全。(四)可用美国军用机空运我国部队。(五)俄方应负责解除营口方面非政府军队之武装,并实践诺言,保障中国军队之安全。(六)我政府派行政人员即赴各地到任,俄方已通知其军队协助,请作准备。(七)行营即派人至哈尔滨、长春、沈阳,筹组地方团队。余意此备忘录送去后,傥俄方不愿我国顺利接收东北,定将另提理由以阻我空运也。

现距俄军由东北开始撤退之期仅有三日,即距撤退沈阳、长春俄军之期亦不到两周,行营本应积极展开工作,但工作人员多而且闲,×个人又无把握,故乃无所事事。政治斗争之特性,不能退让,不能中立;吾人要收复东北,建设东北,必须克服无数之困难,决非坐而可得,待而可成者。吾人应以东北人民为主;切谋人民之福利,丕立百年之根基,此吾人奋斗之目标也。

今为苏俄二十八年国庆纪念日,余于上午十一时,参加俄国空军阵亡将士碑揭幕礼,并送花圈。典礼中有俄方高级将领演说,闭幕后有市民二万人游行,学生颇多;但皆没有精神,情绪低落,一望而知其系被动,且颇似一群送丧之行列也。儿童何辜,但望其不再被迫害耳。游行中有白俄一队,当其经过阅兵台时,俄方军官高呼俄国人民光荣。过去赤白俄,生死大敌,今白俄情绪不恶,民族利益之难于分隔也。"自己人总是来得亲密些",天理固不可以力量争也。献花圈时,尚有日本小孩六人,身着新衣,向俄阵亡空军献花,并有一年老日人领队,散会后,余在大同公园散步,公园极大,露天戏院中有游艺会,参加者甚众,下午五时,参加马林斯基宴会,会后尚有红军游艺节目。

……

十一月八日

昨在马林斯基宴会,饮酒三杯,当时并无感觉,半夜口渴异常,起而饮水,不能成睡,在床综忆此次交涉,经过如下:

(一)第一次会马林斯基,彼表示二点:一为俄军军纪不好,二为欢迎中央代表来此商谈,因过去无人可作交涉对象之故。(十月十三日三时)

(二)第二次与马正式会谈,彼方将撤兵计划大概见告,我方亦告以运兵前来东北之计划,未及其他。(十月十三日十五时)

(三)第三次与马作第二次正式会谈,我方除将第二次会谈经过之备忘录,交给马林斯基外,并提出六点:一、要求修理北宁路之沈山段并使通车。二、要求修理自沈阳经热河至古北口之铁路,并使通车。三、我方准备接收邮电及长春以外铁路。四、要求俄方将封存我国法币发还。五、我方要求编练地方团队。六、行营派人赴各地视察。马对一二三各点表示同意,对四五六三点则须向莫斯科请示再作答复,彼并同意将东北境内非政府之部队解散。(十月十七日)

(四)第四次见马,我方说明我军定在大连登陆,同时由山海关出兵,希望俄方依照条约,予以协助并保证安全。马氏则将上次谈话中同意二点予以变更:一即北宁路只能通至锦州,以南不能负责;二为沈阳至古北口铁路只能通至承德。彼并说明我军不能在大连登陆,但可在安东、营口、葫芦岛登陆。

(五)俄方通知我方三点:一为俄国政府反对我军登陆大连,并将以此认为我国破坏条约;二为俄方不同意我行营编组部队;三为我方视察人员不能前往大连,因该地应受旅顺军港之控制。

(六)我方次日提出答复,驳斥俄方上开三点。尤其对所谓大连应受旅顺军港控制一节,明白指责俄方违反条约;并指出直接之军事行动早已停止,俄方今日不能执行其在我东北之最高权。

(七)俄方卫戍部搜查我中国国民党部并拘捕党部人员。

(八)巴顾问谓自行营来后,各地发生反俄言论及行动甚多,虽不能断言其与行营有关,但不能不使俄方怀疑,故俄方将执行其最高权,不准行营人员赴各地视察。(十月二十日十六时)

(九)长春警察局长改派匪党人员充任,匪军在警察局内布置人事,已在实际上控制长春警察局矣。(十月二十六日)

(十)向巴顾问提出关于所谓反俄言论行动,与行营绝对无关之郑重声明。(十月二十八日十五时)

(十一)我方通知俄方:在大连问题未解决前,国军暂不在该处登陆。

(十二)第五次与马林斯基会谈:我方提出国军之空运及登陆营口、葫芦岛问题,并坚持行营编组保安队之原意。俄方认为在营口登陆可绝对保障安全,在葫芦岛登陆仅可设法维持登陆秩序;至对空运原则,表示同意,并可在俄军撤退前三天开始运输。(十月廿九日十三时)

(十三)杜聿明见马,谈登陆空运各事,双方均无新意见。(十月二十九日十九时)

(十四)俄方通知我方:我行政人员可即赴各地到任,具体办法可与政治顾问商量;至邮电电灯,因有军用关系,暂时不能交接。(十一月三日)

（十五）巴顾问闻美机将载美军代表来长，表示不欢迎，如必来，将正式提出抗议。（十一月三日）

（十六）巴顾问通知营口已为"十八集团军"占领，并谓中国国民党有十万地下军分布各地，从事反俄工作，希行营注意；同时提出有关接收行政诸问题。（十一月四日）

（十七）第六次与马林斯基会谈：我方要求俄方保障我军登陆营口之安全，并提出接收邮电及长春以外铁道问题。俄方表示营口已为共军占领，彼决以不干涉我国内政立场，不能将其驱逐，故对我军登陆营口之安全，自亦不能负责；邮电铁道，因有关军用，暂不能交；编组部队事则只可开始准备，不可正式成立。（十一月五日十三时）

（十八）将第六次与马会谈内容，制造备忘录送交俄方。（十一月七日）

……

十一月九日

……下午五时，行营宴马林斯基，我曾起立致词，说明中苏关系，应建立于相互认识之基础上。马则通知接其政府指示：可将全部邮电交给我方，并将多余武器交给我国政府，然此尚不能遽谓为其政策之转变也。宴后参加馀兴，晚作家书告近况，心愁而难安眠。

……

十一月十日

……俄方对我备忘录尚未正式答复，巴某则对空运事通知如下：我空运部队可自十七日起在沈机场、自二十日起在长春机场降落，设备由俄方负责，每次只可降落一架，驻地须由俄方指定云云。彼方如此决定，显在限制空运，但如不发生意外，则五日之内国军亦可控制长春矣。至沈阳方面可否开运，尚待考虑，因该处已为五万匪军盘踞也。

……

十一月十一日

……俄方今允协助我空运，又云哈尔滨有枪三千交行营。我方在哈无人无兵，以此为言，其非开玩笑乎。彼之用意何在，殊难揣测，要在此时加强警惕而已。

十一月十二日

……长春市已成立治安机关咨议会，闻其昨日开会决定：要求组织自治政府，并定期向行营请愿。昨有匪干五百馀人由烟台抵此，今日下午又有装备完整之两千匪军，开入长春城内，城外二十里地，亦集中有该军一千五百人，机场附近彼等已布置齐全。则共匪已开始集中兵力，对长春作包围态势矣，而交涉已不能生效，我空运部队纵能降落，亦将难免开火，事态必至扩大，实有再加研究之必要……

十一月十三日

澈夜大风，向明复下小雨，凄寂之情，竟夜未能安睡。晨间××来，谓×有电至，言长春铁道电信，暂不宜接，想系必有新方针之决定。惟俄方则催我速接，用意似在推诿责任也。彼在我无人无兵之哈尔滨，云给我枪枝三千备用，而在长春则不能肯拨给一枪一械。彼云所缴日本武器，已扫数运回俄国；而所谓人民自卫队之武器则无一而非日本枪枝。彼以铁道运输所谓自卫队及匪军，而限制行营一人不能外出，一兵不能招编。凡此实情，人所共见；而俄方负责人员又避不会面，则交涉已成空谈矣。但不到黄河心不死，且自信为国家民族争正气，终必有成功之一日也。昔在列宁格拉求学时，俄人曾评余"过于天真"，及今思之，更有深意。

目前解决东北问题，仅有二途：一为中央接收人员全部撤回，并作严正之表示。二为空运少数部队控制长春，行营继续存在，派主席至各处接事，编练地方团队，扩大政治影响，务使先有对付共匪之力量存于东北，然后逐步增强政府力量，使东北进入正轨。以上二途，应以后者为宜，因大问题之处理，即不可意气用事，亦不可专讲面子，而必须走一步是一步，争一点是一点也。

十一月十四日

长春情况似在突变中。俄方今催行营接收电报电话，并声明其对我行政人员苾任事从无异议。俄军卫戍司令部派匪党金某为长春市长,亦于今日接事。匪党昨日开始出版光明日报,集中目标攻击中央。闻其将于日内,在沈召开所谓东北九省人民代表会,预定由大会通过:成立所谓东北人民自治政府。此即所谓民意耶? 吾不知东北人民闻之作何感想也!

《战后中国》第 1 册,第 96—112 页

3. 国民政府撤退东北行营

蒋介石致蒋经国函

1945 年 11 月 14 日

关于东北问题,不外以下二案:第一、照目前局势以及根本之计,只有将东北行营迁移于山海关,决由山海关循铁道进入东北之一途,而对苏联仍与之继续周旋,不取决裂形势,不过明示其我政府在事实上已无法接收东北,行使主权,故不得不迁移行营地点,暗示其责任在彼而不在我也。此为基本方案。第二、我方所可表示者:(1)我中央但愿遵照协定接收东北行政,并非欲在东北建立强大武力。(2)我空运长春部队,只以维持地方治安为度,共约一万人之数。(3)东北政治,各县可用自治方式,组织民选政府,但须共产党及其他非法团体不在任何地方组织武力。(4)东北经济决与苏联合作。以上四项,实为不得已之所为,如当地情形以为尚可尝试,不妨为之。而行营迁移之通报,必须先行提出为要。

《战后中国》第 1 册,第 146 页

外交部致苏联驻华大使馆照会

1945 年 11 月 15 日

径启者:中国政府鉴于现在东三省尚有甚多日本投降之军队及伪满军警,需待处置,地方秩序,必须维持,拟于派员接收东三省时,随派

军队若干前往。兹因运兵至东三省事,遭遇诸种阻障,其详情有如本部长十一月十三日面告贵大使者,以致东北行营及其随行赴东北接收各项行政之人员,不能达成其任务,故中国政府决定:

一、东北行营职员及偕行营赴东北之军事、行政、外交人员全体四百馀人,迁移至山海关。

二、迁移时间决定为本月十七日至二十三日,每日将用运输飞机一架至六架往长春接运。

三、我政府依照中苏协定,并派定行营副参谋长董彦平中将为军事代表,带同助理人员数名派在马宁诺夫斯基元帅之总司令部所在地,随同进止,以资联系。

以上各节,特照请贵大使查照,并请转电苏联政府,并转达马宁诺夫斯基元帅为荷。本部长顺向贵大使表示崇高之敬意。此致
苏维埃社会主义共和国联邦驻华特命全权大使彼得罗夫阁下。

《战后中国》第1册,第147页

4.美国表明立场

饶伯森致贝尔纳斯电

重庆,1945年11月16日

昨天晚上,外交部长王世杰博士递给我一份绝密备忘录,涉及到俄国在满洲的行动,日期为11月15日。其中大部分情报已向国务院报告过(使馆10月31日1900号电;11月10日1959号电;11月15日1992号电),但是,我们觉得该备忘录十分重要,特将其要旨全部报告如下:

在莫斯科谈判中,斯大林大元帅保证,在日本投降三星期内,俄国军队开始从满洲撤退,这一撤退将在开始后三个月内完成。斯大林的保证记载在日期为1945年8月14日的会议记录上,该记录和苏中友好同盟条约及其他一些关于满洲的协议一起被发表。(发致国务院;

复本致莫斯科。)

9月份快结束时,中国政府被通知苏联军队将在10月中旬开始撤退,随即,中国政府就在美国军方的合作下安排将中国军队经大连运往满洲,以便接管俄国军队腾出来的地区。同时,熊式辉将军奉命前往长春,任委员长的东北(满洲)行营主任,随同前往的还有一批行政和技术官员,以准备在俄国军队撤出后重建中国的行政管理机构。外交部长将这些安排随时通知了苏联驻重庆大使。

10月6日,苏联大使拜访外交部,表示苏联政府反对中国军队在大连登陆,因为大连已被宣布为商港,中国军队的出现,将构成对1945年8月14日在莫斯科缔结的关于大连的条约的违反。外交部认为,大连之被宣布为自由港,只是为了某种贸易上的目的,条约没有包括限制中国在此和对此行使主权的条款。

当在大连登陆的谈判继续进行时,苏联驻满洲军总司令马林诺夫斯基元帅通知熊式辉将军,苏联政府不反对中国军队在其他某些满洲港口如葫芦岛和营口登陆。随后,中国政府便着手进行准备,获得了美国军方的同意,得以使用他们的运输船只。10月25日,中国方面把这些安排通知苏联大使,请他转告马林诺夫斯基元帅。10月29日,苏联大使通知外交部长,马林诺夫斯基元帅已经向苏联军队下达了必要指示,为中国军队在葫芦岛和营口的登陆提供方便。同时,熊将军电告中国政府,马林诺夫斯基元帅已承诺保证中国军队在营口安全登陆,但是关于葫芦岛,由于苏联军队在此兵员不足,却不能给予这种保证。鉴于营口的港口设施不允许大型运兵船进入,中国当局认为有必要在葫芦岛登陆,以便在苏联军队撤退时有足够的军队及时接管其撤出的地区。因此,外交部长10月30日请求苏联驻重庆大使向马林诺夫斯基元帅力陈保护中国军队在葫芦岛和营口登陆的必要性。

11月5日,正当中国军队在营口登陆准备就绪时,马林诺夫斯基元帅通知熊将军,共产党的八路军已经经锦州进入营口,苏联军队随即撤出了营口,与之相应,苏联当局对中国军队在营口的安全登陆已不再负责。马林诺夫斯基元帅又说,葫芦岛也被同一支共产党的军队占领,苏联军队业已撤出此地。

苏联撤出了上述地区并让共产党的军队去占领,这种行动使中国政府军队的登陆,即在任何一个由苏联政府原先同意的计划规定的港口的登陆已不可能。这种行动与苏联驻满洲的军事当局再三作出的保证,即将解决任何未经中国国民政府批准而进入满洲的军队的武装的保证大相径庭。值得注意的是,在日本投降时,满洲没有共产党的军队,而且,直到中国政府军队计划在营口登陆的前夕,没有迹象表明共产党已深入那个港口。

据最新消息,两千名共产党八路军的共产党士兵于 11 月 12 日进入长春,同一军队的另一支共产党的部队集中在长春附近的机场,按计划,苏联军队应在 11 月 21 日至 25 日才撤出该地。这样,中国政府就面临着一种严重的局势,面对这种局势,委员长的东北行营主任熊式辉将军感到已无法执行他在满洲的使命。因此,中国政府决定,把熊式辉将军负责的委员长的行营从长春撤到山海关,同时把所有与他一起到满洲的政府官员一并撤出,以待形势的进一步发展。备忘录要旨报告完毕。

饶伯森

FRUS,1947,Vol. 7,*The Far East:China*,pp. 1040–1042

蒋介石致杜鲁门电

1945 年 11 月 17 日

本月十五日我外交部曾以节略致贵国驻华使馆代办,请其转达贵国务卿,该节略对于东北诸省现今严重形势之演成,业经缕述。

从该项节略,阁下可以看出中国如何努力求与苏联合作,以实现中苏友好同盟协定之目的,中国之此种努力,在谋中苏之亲善,藉以巩固东亚之和平,吾人为此努力时,常常念及罗斯福总统与阁下,吾人对于罗总统在雅尔达会议中关于东北诸省问题之努力,以及阁下六月十五日赞同罗总统政策,嘱托赫尔利致余之华翰,无日不在念中。

无如苏联政府方面,对于中苏协定之条文与精神,则故意蔑视,对于中国方面实现该协定之种种努力,在在予以阻挠。初则拒绝中国军队自大连登陆,以大连系自由港为藉口,其无理由至为明显。嗣复使中共军队入占营口、葫芦岛等港口,以阻挠中国军队在该各地登陆。最后于本月十二日后公然使中共军队入占长春——此即苏军司令部暨我东北行营之所在地。

当日军投降时,东北诸省原无中共军队,此一事实即斯大林元帅亦曾予以证实。彼于八月下旬与哈利曼大使谈话中曾经如此中说(该谈话经赫尔利将军告余)。最近东北诸省境内有大部中共军队存在,自系由于苏军之支援。至于政府军队之登陆,则无处不暗受苏军之阻挠,因之中国政府派赴东北人员无法达成接收任务。在此情形之下,中国政府乃不得不将其派赴东北接收人员自长春撤退,移至东北边界上之山海关。中国政府已将此种移转之决定通知苏方,并定自今日起撤退。

当前之东北局势不仅危及中国之领土完整与统一,实已构成东亚和平与秩序之重大威胁。窃意此种局势,需待中美双方之积极的与协调的动作,以防止其继续恶化。在此吾人正考虑未来行动之时,如承阁下以尊见见示,余必郑重慎密视之,无任企盼。

《战后中国》第 1 册,第 148—149 页

杜鲁门对华政策声明

1945 年 12 月 15 日

(中央社华盛顿十五日合众电)美总统杜鲁门本日发表对华政策声明,全文如次:

美国政府认为处此崭新与未开拓之时代,世界和平及繁荣系于主权国家同在联合国组织中谋集体安全之能力,美政府之坚定信心为一强大统一民主之中国,对于联合国组织之成功及世界和平,乃最为重要之事。由于外来侵略,一如过去日本之所为,或因强烈内争所酿成之衅

乱与分裂之中国,将为今日与未来世界安定及和平之破坏潜力。美政府久已谨守之原则,即国内事件之处理乃各主权国家人民之责任,本世纪来之各项事件,显示世界任何一隅之和平遭受破坏,即足以威胁整个世界之和平,因之为美国暨所有联合国之主要利益计,中国人民不可忽视以和平商谈方式即时调整协商国内歧见之机会。美政府深信最为重要者,厥有(一)中国国民政府及中国共产党之军队以及其他持有歧见之武装部队,应设法停止军事冲突,俾达成中国全国完全重归中国有效统治之目的,其中包括日军立即撤退。(二)各主要政治份子代表共同参加之全国性会议,应谋目前国内纷争之早日解决方法,亦即促成中国统一之解决办法。美国及其他联合国曾承认现在之中国国民政府为中国境内之唯一合法政府,中国国民政府为达成统一的中国之目标之适当机构,美国及英联合王国依据一九四三年之开罗宣言及苏联依据其所参加之本年七月之波茨坦宣言与本年八月之中苏条约与协定,均有致力中国解放之约定,其中包括将东北归还中国统治,上述诸协定,俱系与中国国民政府所缔订者,美国为与中国国民政府继续其过去为进行战争而建立之经常密切合作,并依据波茨坦宣言,及清除日本势力留存中国之可能起见,特于解除日军武装并使其撤离中国之工作中担负一确定之义务。因之美国曾协助国民政府解除收复区内日军之武装,并使其撤退,且将继续如此,美海军陆战队刻在华北即系如此。

《中央日报》(重庆版)1945 年 12 月 17 日

(三)蒋经国访苏

说明:为增进与苏联之间的沟通与了解,联络感情,从而促进中苏之间顺利解决所存在的如国民政府接收东北政权、中苏在东北的经济关系、大连港的使用、外蒙古问题、新疆问题、国共关系的调控等诸问题,1945 年底,蒋介石派蒋经国以其私人代表的身份访问了莫斯科。

在莫斯科,蒋经国于 1945 年 12 月 30 日和 1946 年 1 月 3 日两次会见斯大林,就中苏关系的许多重大问题全面交换了意见,会谈中蒋经国代表国民政府要求斯大林对中国共产党施加影响,以使中国共产党勿与国民党作对,斯大林对此未明确承诺。除此之外,在国民政府接收东北问题上,此次访问并未取得任何明显的收获。这次访问并未取得任何有实际成果,只起到了一个沟通联络的有限作用。

洛索夫斯基①致斯大林、莫洛托夫同志

1945 年 12 月 29 日

第 453—Л 号

关于蒋经国的来访

无论蒋介石还是蒋经国,在与我国大使②预先的谈话中,均未谈及蒋介石的"私人代表"为何出访莫斯科。尽管如此,根据间接的情报仍可确定蒋经国出访莫斯科的主要政治目的。

蒋经国将就东三省的政治地位、利用日本在东三省的企业、苏联资本和技术力量参加东三省的发展、将东三省移交中国政府行政和军事当局等问题进行谈判。显然在谈判开始和最后,蒋经国奉命将就美国在华作用问题安抚苏联。据说与苏联相比,蒋介石并不愿意向美国提供某些特权,他只想在国家经济改造方面利用美国。不排除蒋介石也向美国人发表了类似的声明。无论如何,有一点是清楚的,即蒋介石为了国家资产阶级的利益,既想利用苏联,又想利用美国,尤其是想利用它们之间的矛盾,以巩固国民政府和改造中国。

现在我们来研究谈判时蒋经国可能提出的问题以及我们应该提出

---

① 时任苏联副外交人民委员——原编者注。

② 阿波隆·亚历山德罗维奇·彼德罗夫(1907—1949)当年曾担任驻华大使。自 1941 年起从事外交工作,1943 年任苏联大使馆一秘(重庆)。随后任大使馆参赞。1943—1945 年任苏联外交部副司长。1945—1948 年任苏联驻华大使——原编者注。

的问题。

（一）

一、关于中国的政治危机。蒋经国将力求我们施加精神上的压力或道义上的影响，迫使共军放弃夺取东三省和华北的斗争。蒋介石对取得东三省行政权以后，以自己的兵力保持住政权没有信心。他也明白：无论日军还是伪军都控制不住东三省和华北的居民。因此，蒋经国会提出不仅要推迟些时候撤走我军，[①]而且还要给予蒋介石政府道义上、政治上的援助，以排除行将到来的左的危险的问题。[②]

二、关于利用日本在东三省的企业。中国人知道，我们从东三省运走设备的数量相当大。他们想拖延和中断这一问题的谈判。[③]他们在抽象的原则上同意共同利用一些日本企业。总的看来，中国同意共同利用那些已运走设备的企业，即使附加些条件。他们会提出以归还设备作为可以共同利用以前的日本的企业的条件的问题。中国人可能这样提出问题：或者你们归还运走的设备，或者我们运入美国的设备，但

---

　　① 如上所述，依照1945年8月14日苏中条约的条款，日本投降3个月后应从东三省撤走苏军，但中国政府曾两次请求将撤军期限推迟一个月。提出此项请求是因为国民党司令部在苏军撤走某些城市以前，来不及将自己的军队派往那里。推迟撤走苏军实际上只能巩固中共的阵地。当蒋介石明白这一点以后，便促使苏联政府尽快撤走苏军，但在此以前，寒冬已经到来，莫斯科以天气不好和不可能迅速排除某些技术困难为掩护，单方面推迟了撤军时间，于1946年4月底5月初撤离——原编者注。

　　② 洛索夫斯基的报告谈及"行将到来的危险"，是指日本投降后中共领导随即开展的武装夺取华北，然后夺取东三省的斗争。中共在东三省完全依赖苏联的援助。尽管莫斯科并没有对国民党用兵，但却给了中共一切可能的援助——原编者注。

　　③ 蒋介石政府的确在竭力拖延签订苏中共同经营东三省工业企业的协定的谈判。但中方并不打算中断谈判。拖延谈判有明确的目的。第一，中方力图使莫斯科放弃把东三省的工业企业视为苏联战利品和拥有企业股票控股额的要求。依照中国的法律，联合企业股票控制额应归中国所有。中方已同意平分股票。莫斯科却坚持自己的意见。因此，中国人期望以拖延谈判促使莫斯科做出让步。第二，中国人想以谈判作为在从东三省撤走苏军问题上对苏联政府施加压力的手段。第三，蒋介石政府认为：在苏军还驻在东三省的情况下，同苏联签订关于上述问题的协定在政治上对自己有利。美国人对蒋介石政府的立场有影响。美国政府建议中国政府不要对苏联的要求做任何让步，如果这会引起推迟从东三省撤走苏军的话——原编者注。

这意味着美国资本渗入东三省。

三、关于苏联资本和技术力量参与东三省发展。在同我们军方谈判时，中国已对该问题发表过意见。同前一个问题，即归还设备问题一样，如果我们不参与东三省经济发展和企业技术装备，他们将毫不掩饰地暗示美国资本将渗入东三省。蒋介石通过自己的人通报说：他们不打算让美国资本进入东三省。他希望通过归还运走的设备或从苏联运入新的设备并给予技术援助，得到某种补偿。

四、关于外蒙古。蒙古人民共和国与内蒙古的活动家建立的联系使中国人十分担心。蒋经国也许会提出蒙古人民共和国不要给予内蒙古任何帮助的问题，众所周知，内蒙古人是倾向蒙古人民共和国的。

五、关于新疆形势。蒋经国可能以蒋介石的名义，请求苏联说服起义者，要他们满足于所做的让步，因为中国不能同意起义者所力求的广泛的自治。蒋介石愿意妥协，但无论如何不能把新疆交给穆斯林管理。

六、关于大连。蒋经国可能以蒋介石的名义提出：中国政府不同意我们对苏中条约有关大连的解释问题。[①] 因为大连在中国是仅次于上海的港口，蒋经国会以蒋介石的名义暗示：中国只好请求美国帮助装备营口、葫芦岛或者离大连不远与大连相对的其他大海港。

也许中国人还会提出关于日本支付战争赔款、关于中长铁路章程和财产、关于新商务条约等问题。但这是些附带的问题，而不是主要问题。

（二）

在谈判过程中我们应当提出哪些问题呢？依我看应提出下列

---

① 从关于旅顺口和大连的协定签订后开始，苏中两国对这一协定的实施问题产生了严重分歧。苏方实际上已摆脱了中方对这些设备的利用进行任何参与。苏联单方面对这些设备进行了全面控制。依照 1945 年 8 月 14 日苏中条约，中国政府承认大连为自由港。中国政府同意将该港码头、仓库租给苏方，租期 30 年。雅尔塔协定规定该港向苏联提供"优先权"。莫斯科依靠这些优先权对大连港、旅顺口建立了全面控制，向苏联提供"优先权"的条款还扩大使用于旅顺口，而海军根据地的保卫也由苏联政府负责。完全禁止中外船口进入旅顺海军根据地。外国船只，尤其是中国船只只能进入大连港，不过也须经苏联当局的特别批准。中国政府和外国政府不止一次对这种办法提出抗议，但他们无法废除这一办法——原编者注。

问题:

一、中国政府承认蒙古人民共和国独立问题。虽然 10 月 20 日外蒙古已举行公民投票,但中国政府仍在拖延承认蒙古人民共和国。中国人之所以拖延,不仅因为他们想对我们施加政治压力,使我们早日撤军,而且主要是因为他们期望利用苏美之间可能产生的纠葛,以达不履行协定中此条款之目的。另外说不清楚中国为什么拖延这一问题。王世杰[①]对该问题的解释显然是没有根据的。因此,我们应当坚决提出这一问题,并尽快要中国政府发表宣言,承认蒙古人民共和国独立。卜道明[②]12 月 26 日转告米克拉舍夫斯基[③]说:中国将尽快承认蒙古人民共和国。这表明中国人已考虑到三国外长会议拟定的协议。

二、中国长春铁路护路队。我国军队撤离东三省,将使我们的人和中长铁路全线陷入绝境。如果说在我军驻扎东三省的情况下还常发生抢劫、敲诈和破坏活动,那么,在我军撤离后将发生什么情况呢?铁路将无法运营、我们的人在那里会被打死、火车颠覆,被抢。干这种事情的不仅仅是红胡子和前伪军士兵,而且还有国民党军队,其目的是迫使我们撤离东三省和放弃中长铁路。但中国政府都不能保障自己,就更不能保障长达 2700 公里的铁路了。我们应当提出我们的护路队再留住两三年的问题。中国政府依照苏中协定建立自己的护路队以后,我们的护路队再行撤离。[④]

---

① 中华民国外交部长——原编者注。

② 中华民国外交部司长——原编者注。

③ 米克拉舍夫斯基·列昂尼德·米哈伊洛维奇,1942 至 1950 年任苏联驻中国大使馆参赞——原编者注。

④ 中长铁路的保卫和中长铁路工作的苏联公民的安全问题仍未解决。这不仅对铁路员工,而且对居住在东三省的全体俄国人都极为不幸。苏军刚一撤离某一城市,国民党军队便进驻了,俄国居民立刻遭到殴打和抢劫。参加殴打和抢劫的国民党军队士兵、军官以及当地居民中各种犯罪分子。许多俄国人,尤其是妇女儿童被打死,甚至被活埋。这些行为乃是反苏、反俄宣传引起的沙文主义的结果。详见 A. M. 列多夫斯基著:《1942—1952 年在中国做外交工作》,载《近现代史》杂志,1993 年第 6 期——原编者注。

三、不许外国人和外国资本进入东三省。如果说战前主宰中国的是英国人和部分日本人，那么现在主宰中国的则是美利坚合众国。美国渴望向华北和东三省渗透。对苏联而言，这是最重要的问题之一。我们已经在我国边境上避开了日本，我们不允许东三省成为另一大国施加经济和政治影响的场所。

四、关于在东三省的经济合作。只有在我们积极参与东三省经济活动的情况下，才有可能不允许外国资本进入东三省。因此，我们必须：

1. 在东三省建立一些利用以前在日本企业的苏中公司。

2. 这样安排我们的工作，使大连港在实际上为中苏共同使用，在大连的大型船舶修理厂也为苏中共同使用。

3. 加快建设为整个东三省服务的苏中航空公司。

4. 这样制定铁路运价，使中长铁路与西伯利亚大铁路紧密联系起来。

（三）

关于蒋经国。同蒋介石企图在美苏之间巧妙应付一样，作为前联共（布）党员的蒋经国也想在蒋介石与我们之间巧妙应付，他自称是苏联无私的朋友。如果他不是百分之百的可靠，蒋介石就不会派他出访。蒋经国甚至准备批评蒋介石，以便更好地、更容易地贯彻他父亲制定的政策。蒋介石身边的人不喜欢蒋经国，不只因为他从前是左派，而且因为他是蒋介石政治遗产的竞争者。其实蒋经国是个中年人，无论如何不能与宋子文①这样的投机政客相比。结论是：蒋经国未必受命同我们签订什么协定。他前来莫斯科是为了谈一谈，可能的话，为蒋介石亲自来访做些准备。

《斯大林与中国》，第10—14页

---

① 1944年至1945年任中华民国行政院长——原编者注。

斯大林与蒋经国会谈记录

1945年12月30日21时

莫洛托夫、帕甫洛夫（外交人民委员部）、中国大使傅秉常在座。

蒋经国向斯大林同志面交了蒋介石的一封信。

斯大林同志问：中国军队是否已进驻沈阳？如果未进驻，是谁在阻挠，也许是共产党人？

蒋经国答：中国军队尚未进驻沈阳，不过很快就要进驻。共产党人没有阻挠。

斯大林同志问：蒋经国想要谈什么事情嘛？

蒋经国答：苏军已进入东北，粉碎了日本军阀，加速了日本投降，苏军还帮助恢复了东北的政权机构，对此，蒋介石要他向斯大林大元帅转达谢意。

蒋经国说：蒋介石派自己的代表会见斯大林大元帅，有以下想法：

（一）他认为：战后苏中关系愈来愈密切，为两国利益计，这种关系应日益加强。如果遵守十分重要的条件，即斯大林大元帅与蒋介石彼此完全谅解，那么苏中关系能够而且一定会加强。蒋介石认为：情况不明只能使问题模糊不清，情况明有助于问题的解决。

（二）蒋介石认为：有许多问题不必通过外交途径解决。因此，蒋介石派他（蒋经国）前来会见自己的私人朋友斯大林大元帅，讨论苏中关系问题。

（三）蒋介石要他（蒋经国）向自己的私人朋友斯大林大元帅表达他的敬意和信任，并请他谈谈对中国的看法，他的全部怀疑，并谈谈他不同意蒋介石现阶段所奉行的政策的哪些方面。

他（蒋经国）想同斯大林大元帅讨论下列问题：

第一，他想就中国统一问题进行会谈。中国人同日本人斗争了20年之后所面临的问题是：如何防止可能的日本阴谋活动和武装入侵。因此，国民党和蒋介石把自己的注意力集中在解决国家问题上。正如斯大林大元帅所知，中国有各种政治团体。蒋介石一方面竭力集中力量对日作战,另一方面竭力统一中国。现在日本已被打败,有可能进行国家民主化、国家统一,并解决社会体制问题了。这一任务的完成首先取决于与中国共产党关系的调整。蒋介石认为中国共产党与国民党可能共存,国民党不打算消灭中共。国共两党的政治路线不相矛盾。应当坦率地指出:如果国共两党和平共处,就可保障国民党避免解体,并迫使国民党更快地前进。不过,国共两党共存的必要条件是共产党不能打算消灭国民党。

蒋经国说:在五月份召开国民大会以前,业已决定邀请中共代表参加政府,条件是保持中国国民政府的机构和合法地位。

斯大林同志问蒋经国:中国政府对三国外长会议通过的关于中国的决议持何态度?①

蒋经国说:他尚未看到这些决议。

斯大林同志答:三国外长业已商定:必须在国民政府领导下统一中国,广泛吸收民主人士参加国民政府各个部门,停止内争。

蒋经国答:他认为这与蒋介石的意见一致,因为决议谈及在中国国民政府领导下实现民主化。蒋介石认为:共产党可以参加国家最高机关国防委员会。

下一个方面是共产党的军队。中共建议政府准许保留共军 16 至 20 个师。此项建议是毛泽东在与蒋介石谈判期间提出的。蒋介石同

---

① 1945 年 12 月 16 日至 26 日,苏美英三国外长在莫斯科举行会议,鉴于中国领土上内战加剧,根据苏联政府的提议,将中国问题列入了会议议程。中国政府对讨论这一问题表示坚决抗议,况且中国代表也未参加会议。中共领导表示支持苏联建议。美英两国外长虽然表示同意中国政府的看法,但只好对苏联的要求做出让步,同意在中国不参加的情况下讨论中国问题。与会者根据莫洛托夫的提议,可有能就"中国统一和民主化"的必要性、吸收民主人士参加国民政府各个机构和停止内战达成协议。同时美苏两国外长根据苏方的要求,在"最好在尽可能短的期限内从中国撤走苏美军队"方面取得了一致意见。但美国断然拒绝接受苏联提出的关于确定准确撤军的日期和建议,作为折中的结果,通过了上述的提法。1946 年 5 月 3 月前苏军完全撤出中国。美国只撤走了部分军队。美军完全撤走了中共军队进驻的地区——原编者注。

意保留共军16至20个师,并保证其安全。① 不过,既然谈及中国统一,军队也应当统一,即统一指挥。蒋介石认为:共产党不应当利用自己的兵力分裂国家。另一个条件是统一国家管理,要求共区服从中央。他(蒋经国)记得:斯大林接见宋子文时,谈及在保留国民党领导权的情况下实现中国统一,不过应有广泛的民主力量参加。

蒋经国表示:蒋介石认为,苏联关心中国的安定和统一,他请求斯大林大元帅谈谈他对该问题的看法以及他可能有哪些怀疑。另一方面,蒋介石还请斯大林大元帅劝告中国共产党与国民党合作。

斯大林同志答:苏联有三名代表驻在延安共产党人那里。美国人也有30至32名代表驻在那里。苏联政府从延安召回了自己的全部代表,因为苏联政府不同意中共的行动。② 苏联政府不明白重庆谈判为何中断。

斯大林同志说:中国共产党人并不隶属俄国共产党人。共产国际已不复存在,俄国共产党人很难进行调停,因为不愿提出日后不被采纳的建议。加之中共也不来征求建议。

蒋经国指出:斯大林大元帅的威信将使中共按照他的建议行事。

斯大林同志答:苏联政府不知道中共的情况如何。他们也不征求任何建议。以前当苏军开始进入东北,苏联政府还有三名代表驻在延安时,中国共产党人曾通过这些代表请求给他们提建议,当时答复他们

---

① 1945年10月10日,毛泽东与苏联外交官在苏联大使馆举行了会晤(与毛泽东一起参加会晤的有周恩来和新四军副司令员、中共中央委员王若飞)。毛泽东在会晤时谈了同蒋介石谈判的结果,并且表示,中共代表团坚决要求:为中共保留其所控制的现有全部军队的权利。蒋介石坚决要求大量削减现有军队,最后达成了中共保留20个师的协议。中共代表团出于种种考虑对此表示了同意。中共代表团并未向国民党方面吐露这些考虑。毛泽东说,问题在于:在就这一问题谈判时,只对师的数目进行了争论,并未规定每个师应当有多少士兵和军官。毛泽东说,中共想借此将中共现有的部分军队编入20个师。见《1945年10月10日苏联驻华大使 A. A. 彼得罗夫与毛泽东、周恩来和王若飞的谈话记录》——俄罗斯联邦对外政策档案馆,全宗:0100,目录:40,案卷:248——原编者注。

② 关于此事,详见 П. П. 符拉基米罗夫著:《中国的特区(1942——1945)》,莫斯科,1973年版——原编者注。

说:按照俄共中央的意见,中共代表应前往重庆谈判,中共未料到会提出这种建议。这一建议在中共当中引起惶恐不安。他(斯大林同志)不知道中共前往重庆有什么打算。只知道谈判受挫。

斯大林同志说:当共产党人希望向东北转移时,苏联司令部不准许他们向那里转移,因为苏联政府不想干涉中国内政。总之,外国军队干涉中国事务于蒋介石不利,因为这会导致削弱中央政府的威信。①

斯大林同志说:他不知道中国共产党人在想什么:是中国苏维埃化,还是两个政府共存。

斯大林同志说:他未料到中国中央政府与共产党人有这些困难,共产党人会阻挠中国军队调动。

斯大林同志表示:苏联政府的观点已在三国外长会议公报和苏中条约中阐明。苏联政府在两个文件中声明:苏联政府承认蒋介石政府为中国合法政府。如果中国国民党政府吸收民主人士参加政府,则对政府有好处。但看来中共不同意这一观点。苏联政府在这方面能做些什么呢? 苏联政府认为:不能有两个政府,两支军队。但看来中共不同意这一看法。

蒋经国说:蒋介石认为,如果这一问题不解决,将会破坏苏中关系。

斯大林同志回答:他理解这一点,因为许多人都在说:苏联政府劝中共不要同蒋介石签订协定。

蒋经国指出:斯大林大元帅的威信可能对中共产生影响。

斯大林同志答:苏中条约已经公布,但看来中共并不重视这一文件。三国外长会议公报也已公布。以后的情况会表明中共是否同意。看来不会同意。

蒋经国问:怎样才能把问题解决得更好呢?

---

① 斯大林并未说出全部实情。的确,毛泽东与自己的司令部不可能向东北转移,仍留在延安的窑洞里,后来转移到华北其他农村地区。但莫斯科帮助中共将大批上层领导干部转移到东三省,在那里建立了中共中央地区性的局(东北局),建立并装备了民主联军,并给予中共其他必要的援助——原编者注。

斯大林同志说:也许中共与中国政府的代表需再次聚会。

蒋经国答:周恩来一行30人已抵达重庆。

斯大林同志问:蒋经国是否认为,中共来重庆是为了进行谈判。

蒋经国做了肯定的回答并且说:需要解决问题,目前的状况再也不能继续下去了。中国军队和中央政府军在蒙古打了起来。而中共宣传说:既然外蒙古已宣布独立,那么他们也将力求使内蒙古独立。

斯大林同志答:这是愚蠢。并说:苏联政府不能为中共的行为负责。

蒋经国说:可向中共提出建议。

斯大林同志答:他不知道他们是否愿意接受建议。如果他们来征求建议,他就向他们提出,会不会这样,天晓得。有一天中国共产党人去重庆征求建议(指向苏联驻华代表征求意见——译者注),但未能达成一致。从那时起他们再也不来征求意见了。

蒋经国问斯大林同志:关于蒋介石提议的中国师(原文如此——译者注)的数目他有何看法?

斯大林同志答:他不知道中共有多少个师,有哪些师?苏联政府得到了各种情报,有时是通过无线电截获的消息。他(斯大林同志)不知道所有这些消息是否可信,他不知道师的数目。

谈到国民党,按他(斯大林同志)的看法,蒋介石是对的。在一个国家不能有两个政府和两支军队方面,他是对的。如果蒋介石打算让共产党人管理几个省,那么,按他(斯大林同志)的看法,可以这样做,不过,这当然是蒋介石的事情。

斯大林同志说:苏联政府并未向中国共产党人提建议。苏联政府对中国共产党的行为不满。中国共产党人未征求过意见。

蒋经国问:如果中国共产党人前去征求建议,苏联政府将怎么办呢?

斯大林同志答:苏联政府将按照他(斯大林同志)对蒋经国讲的精神向共产党人提出建议。

蒋经国问:照斯大林同志的意见,需要为中国统一做些什么呢?

斯大林同志答:需要同共产党人谈判,需要了解他们有何要求。

斯大林同志问:重庆谈判为何受挫? 为何共产党军队和中国国民政府军又打了起来?①

蒋经国答:他不知道此事。

斯大林同志答:苏联政府也不知道此事。

蒋经国答:重庆谈判时共产党人要求热河、绥远、河北等黄河以北诸省由共产党人主持。蒋介石认为:这等于把国家一分为二。这是谈判中的主要分歧。至于共军与中国国民政府军打仗,有种种原因。

斯大林同志答:中国一分为二当然不好。

蒋经国请斯大林同志考虑他讲的上述情况。

斯大林同志答:如果中国共产党人不同苏联政府商量,苏联政府不会给中国共产党人提建议。如果中国共产党拒绝苏联政府的建议,苏联政府便很尴尬,苏联政府不愿意这样做。

蒋经国说:需要同中国共产党人达成协议。

斯大林同志说:如果双方达成协议,彼此就能让步。中国共产党人知道:苏联政府坚持的观点同他们坚持的不同。中国共产党人知道苏联政府不同意他们的观点。

斯大林同志说:当中国共产党人征求建议时,向他们提出了建议。他们去了重庆,但没有达成协议。他(斯大林同志)不知道是谁的错。他(斯大林同志)认为:中国共产党人再也不会来征求建议了。他们知道苏联政府不同意他们的观点。

---

①　在前面的注中提及 1945 年 10 月 10 日在苏联大使馆会晤时,毛泽东谈及这些军事行动是共产党方面发动的。他指出,由于蒋介石持不退让立场,使重庆国共谈判迟缓下来。美国总统特使赫尔利大使对蒋介石有影响。毛泽东说,鉴于此种情况,中共领导决心以自己的武装力量沉重打击阎锡山将军在华北的国民党军队。经过这些战役,国民党军队几个师被粉碎。毛泽东说,在此以后,同蒋介石的谈判开始有了进展。见《1945 年 10 月 10 日苏联驻华大使 A. A. 彼得罗夫与毛泽东、周恩来和王若飞的谈话记录》——俄罗斯联邦对外政策档案馆,全宗:0100,目录:40,案卷:248——原编者注。

蒋经国说:应当早日召开由国民党、中共、中国民盟及无党派人士参加的政府协商会议。

斯大林同志说:也许共产党人来重庆正是为了参加这一会议。

蒋经国答:当然要举行谈判,主要是国共两党谈判。

斯大林同志答:如果中国共产党人正式征求俄共中央的建议,俄国中央将会向他们提出建议。中央委员会不愿把自己的建议强加给中国共产党人。

蒋经国答:他认为大家都关心这一问题。

斯大林同志说:共产党人有隐秘的想法。他(斯大林同志)认为:共产党人来重庆是为了证明不可能同蒋介石达成协议。另一方面,看来,毛泽东不相信蒋介石,蒋介石也不相信毛泽东。

蒋经国说:蒋介石与毛泽东进行过十分友好的会谈。

斯大林同志说:既如此,为什么双方军队又打了起来。看来,中国人的性格就是如此。苏联政府不理解这一点。

蒋经国说:他想同斯大林讨论的下一个问题是苏中关系问题。有些人认为:中共反对中国国民政府,是背后有苏联的支持。

斯大林同志答:他们的想法是错误的。

蒋经国表示:苏中关系始于十月革命。1923 年至 1924 年期间的苏中关系最好。当然,同 1923 年至 1924 年相比,目前的情况已发生改变,当然难于采用旧的方式。不过,蒋介石认为:为双方利益计,应恢复到 1923 年至 1924 年期间苏中关系的那样一种精神。

斯大林同志指出:当时并未签订条约。

蒋经国说:当时孙中山①还在世。那是北伐前的事情,当时已经创立黄埔军校。② 虽然现在时代已经改变,但蒋介石依然认为:应当恢复

---

① 中国国民党创始人,自 1912 年 1 月 1 日至 4 月 1 日,任中华民国第一任临时大总统——原编者注。

② 是孙中山为国民革命军培养军事干部而建立的。该校由蒋介石主持——原编者注。

当年苏中关系的精神。但形式将是另一样的,蒋介石在瞻望遥远的未来。

斯大林同志答:苏联政府同意这一看法。目前苏中两国关系比较好,可建立密切的关系。1923 年至 1924 年期间的情况不同。当时的锋芒是针对英国,部分是针对日本。目前由于中国与英国、美国共同对日作战,苏中英美四国实已结为同盟。

斯大林同志问:难道中国政府想使苏联反对英国吗?

蒋经国笑着说:当然,根本谈不到此事,但中国政府想恢复1923 年至 1924 年期间苏中关系的那样一种精神。中国政府竭力使这种关系比现在更亲密。

斯大林同志说:如果一个问题解决了,事情就好办了。苏联政府愿意建立最亲密的关系。中苏同盟是此种关系的基础。

蒋经国说:1923 年时,中国的政府遵循三项基本原则:一、联苏;二、联合工农;三、共产党与国民党联合。目前第一项、第二项原则依然有效,第三项原则已失去意义,已为吸收共产党人管理国家这一原则所代替。

蒋经国说:最好同共产党人达成协议,并问道:照斯大林同志的看法,是什么妨碍达成协议呢?

斯大林同志说:他不知道。也许双方领导互不信任妨碍达成协议。也许,朱德或毛泽东认为:蒋介石在欺骗他们。双方领导人谈判时缺乏信任。他(斯大林同志)不知道怎样恢复这种信任。

斯大林同志指出:美国人不一定相信俄国人,俄国人也不一定相信美国人。不过,当俄国人与美国人签订协议时,每一方都要相信另一方会履行协议。谈判时需要这种信任。他(斯大林同志)不相信:如果协议签订了,将会被撕毁。

蒋经国说:中国人民对中国共产党人与国民政府的分歧已感到厌烦。

斯大林同志指出:这完全可以理解。因为所有这些都是背着中国人民的。

蒋经国问斯大林同志：苏联政府是否同意与中国建立最亲密的关系。

斯大林同志答：苏联政府同意。

蒋经国说：蒋介石要他转告斯大林大元帅，蒋介石保证中国在任何情况下都不会参加反苏的事情。蒋介石表示：他当权时不会反苏。

对此，斯大林同志请转达对蒋介石的谢意，并且表示：苏联政府也将这样对待中国，只不过苏联政府没有任何担心。英美两国的情报机关散布说：苏联和英美两国快要打仗了。这是虚伪报道。美国人和英国人不可能鼓动军队发动一场新的战争，因为没有目标；日本已战败，人民讨厌战争。任何一个英美政府企图鼓动自己的军队打仗必将失败。正是这一原因，苏联政府也不会鼓动军队发动战争。也许英美两国情报机关作虚伪报道是为了恐吓苏联和中国。尽管如此，他（斯大林同志）仍感谢蒋介石发表这样的声明。他（斯大林同志）过去和现在都相信中国不会反苏。他（斯大林同志）可以向蒋介石保证：苏联不会反华。过去苏联不止一次劝说要这样做，不过苏联坚决坚持与中国共同前进。

蒋经国指出：蒋介石指的不是现在，而是遥远的未来。

斯大林同志说：那就更好了，因为过 20 年、30 年或 40 年当然不知会发生什么事情。

蒋经国表示：下一个方面是教育中国人民。蒋介石制定了以亲近苏联的精神教育国民党员和在学青年的大纲，内容丰富而又广泛。蒋介石希望中国人与苏联友好相处。应当说明，目前中国人的情绪并未集中在与苏联友好方面。

蒋经国表示：蒋介石要他转告：在未来的国际事务中，中国将预先同苏联商量，并就发表共同的观点同苏联政府达成一致。

斯大林同志说：迄今为止，中国代表一向反对苏联。比如，在旧金山和伦敦就是这样。在旧金山关于谁主持会议问题有很大争论。美国人决定,应当由美国代表主持会议。苏联代表团提议由四国代表轮流主持。在讨论此项协议时中国代表反对苏联代表团。

蒋经国答:将来中国人将与苏联共同表态。当时,蒋介石竭力摆脱伦敦会议①的困境。

斯大林同志说:他不久前获悉此事。看来,对蒋介石的建议未做出答复。

莫洛托夫同志说:当时情况不明,苏联政府在等候结果。

斯大林同志答:虽然如此,最好还是给予答复。实际上,当时情况不明。苏联政府不知道事情将如何了结。一方面美国人和英国人,另一方面苏联政府都坚持自己的立场。他们在莫斯科找到了摆脱困境的办法。

蒋经国说:下一个问题涉及东北。蒋介石十分感谢苏联司令部帮助恢复东北的政权机构。② 马利诺夫斯基元帅③在同中国代表的一次谈话中谈及:东北曾是进攻苏联的基地,并强调指出:日后东北不应再成为这种基地了。因此,蒋介石授命他(蒋经国)向斯大林大元帅保证:东北永远不会成为反苏基地。中国军队开赴东北只是为了维持那里的秩序。中国政府本不愿意在中苏边境驻军。蒋介石在与彼得罗夫

---

　　① 这里指苏美英法中五国外长会议。五国外长会议是根据为和约做必要准备工作的柏林(波茨坦)会议的决议在1945年设立的机构。五国外长会议第一次会议于1945年9月11日至10月2日在伦敦举行。会议以上苏联代表团为一方,以其他与会国为另一方,双方产生了严重分歧。引起分歧的问题之一是中国参加对德和约和制定对作为德国盟国的其他欧美国家的和平条约的问题。中国坚持参加上述工作,并得到美英法三国的支持。苏联表示反对,因问题中国并未参加对德作战。苏联政府担心,在解决欧美战后安排问题时,中国站在西方国家一边,使苏联更加孤立——原编者注。

　　② 我们认为翻译帕浦洛夫对蒋经国的话"感谢在恢复东三省政权机构方面给予的帮助"的解释和记录不准确。东三省解放后,莫斯科与重庆之间最尖锐的问题之一是:蒋介石政府竭力尽快建立自己的行政机构,确立对东三省全境的全面控制并力求苏联在这方面给予协助。莫斯科在口头上支持中国政府这一要求,但实际上并不帮助中国政府,而帮助共产党人。看来蒋经国的感谢之言并非对已给予的帮助,而是对蒋介石政府期望给予的帮助——原编者注。

　　③ 马利诺夫斯基·罗季翁·雅科弗列维奇于1945年8月至1946年4月,任东三省苏军总司令——原编者注。

的一次谈话中说:他准备在苏联与东北的边境建立像美国与加拿大边境那样一种制度。谈及在东北采取的政治措施,蒋介石说:东北离苏联很近,那里一切均需重建,那里开始实行民主化比较容易。

在东三省经济方面,蒋介石提出坚持门户开放政策,但依然保持苏联在经济方面的主导作用。

斯大林同志说:中国应当是东三省的主人,是拥有主权的力量。苏联在东北不谋求优势地位。

蒋经国答:中国愿意向苏联提供这种地位。

斯大林同志对此表示感谢。

蒋经国说:东三省有苏联希望得到的产品。另一方面,东三省也需要苏联的经济援助。

斯大林同志说:苏联将在东三省购买所需产品。苏联方面也将给予东三省可能的经济援助。

蒋经国说:现在他想就中苏联合公司交换意见。苏军司令部认为:东北的所有企业均为战利品。

斯大林同志指出:只有那些为日本关东军服务的企业属战利品。按照战争的法规,此种企业属战利品。所以,苏联政府并不想得到所有这些企业。

蒋经国说:为避免将属于战利品的企业转给苏联可能给居民留下不好的印象,蒋介石建议以别的根据作为把企业转给苏联的理由。蒋介石提议说:鉴于苏军消灭了东北的日军,同时也遭受了损失,考虑到苏中之间的友好关系,中国政府将把半数的企业转给苏联。

莫洛托夫说:可见,蒋介石不愿把这些企业作为战利品转给苏联。

蒋经国承认确实如此。

斯大林同志说:苏联在波兰也是这样做的,波兰同中国一样也是苏联的盟国。苏联在波兰并未动波兰的企业,但在波兰有德国人建立的企业。当德国西部遭到轰炸时,德国人认为:他们在波兰的企业是安全的,红军离波兰很远。苏联政府宣布这些企业为战利品,但苏联政府并未把全部设备从工厂运走,而是把大约一半的设备留给了波兰人。战争法规就是这样。一些国家不利用这些法规,另一些国家利用这些法规。

斯大林同志答应考虑蒋介石的建议,并做得使中国不感到有任何难堪。

蒋经国说:马利诺夫斯基元帅交给中国代表一份应由苏中联合公司管理的 140 个企业的清单。蒋经国说:斯大林大元帅知道中国没有重工业。因此,蒋介石希望把这些企业的若干部分留给中国管理。

斯大林同志说:这个问题可以研究,他不熟悉这个问题。

蒋经国说:中国政府不想建一个苏中公司,最好建立分属某些工业部门,比如机器制造、金属等部门的若干个苏中公司。当时日本有一个开发东三省资源和经营东三省企业的公司。蒋介石提出此项建议是要竭力避免留下仿效日本体制的印象。

斯大林同志答:可以这样做。

蒋经国表示:蒋介石同意建立苏中联合公司,不过希望在苏军撤走后再签订条约。当时蒋介石同意把现在那些企业中工作的苏联人留下。

斯大林同志说:现在可以继续谈判,协定晚些时候再签署,不过越快越好,因为财产可能被陆续偷走。

斯大林同志说:苏军司令部接收了一些设备。但没收这些设备并不妨碍恢复工厂的生产。

斯大林同志问:中国政府是否还要请求苏联政府延迟撤军。

蒋经国答:延迟到二月一日撤走苏军的请求,是中国政府最后一次请求。

蒋经国说:还有一个问题,即发行钞票问题。①

---

① 指苏军在东三省逗留期间,由东三省苏军司令部发行的特种钞票。根据苏中协定中国政府有责任在居民中发行这种钞票——原编者注。

莫洛托夫说:关于此事已签订协议。

蒋经国说:现在他想谈谈新疆问题。中国政府从苏联大使那里得到消息:叛乱者代表请求苏联驻伊犁领事在解决冲突方面进行调停。[①] 叛乱者代表已来到迪化(乌鲁木齐)。中国政府迫切希望尽快解决新疆问题,因为停止对苏贸易,中国北方地区的经济已陷入困境。叛乱者提出了11项条件,基本上已为政府所接受,已达成了协议:新的新疆政府将由25名成员组成,其中15名成员由新疆居民选举产生,10名成员任命。不过叛乱者代表现在又提出了新的要求:中央政府军在一个月内撤出新疆。当然,中央政府要从新疆撤出自己的军队,但不想在条约中指明在一个月内撤军,因为这与中央政府的威信不相容。

莫洛托夫问:叛乱者代表要求撤走哪些军队?

蒋经国答:他们要求将那些派到新疆镇压叛乱的军队撤走。

斯大林同志问:蒋介石是否希望苏联政府进行调停。

蒋经国答:蒋介石希望苏联政府进行调停。

斯大林同志答:苏联政府将尽力而为。叛乱者不会拒绝苏联政府的调停。斯大林同志答应在接到苏联领事报告以后,再作最后的答复。

蒋经国说:他现在要谈谈中国对美国的态度问题。蒋介石授命他向斯大林大元帅坦率地表示:中国希望中苏美合作,因为中苏美结盟不仅对远东,而且对全世界具有重大意义。凡到过中国,同蒋介石谈过话的美国代表中从来就没有一位对苏联有过不好的评论,尤其是马歇尔将军,他说:他完全信任斯大林大元帅。发表种种评论的不过是那些竭

---

① 指1944年11月新疆北部的伊犁、塔尔巴哈台及阿尔泰地区爆发的中国少数民族(维吾尔族,哈萨克族,乌兹别克族等)起义。这些少数民族在上述地区占绝对多数。这次起义是反对中国新疆当局。起义蔓延到整个新疆。中国政府派兵前往镇压。他们镇压了南疆起义,而在北疆却遭到了失败。到1945年9月,起义者已将上述地区的全部中国政府军赶走。起义者在那里建立了民主革命自治政府。中国政府请求莫斯科进行调停,通过与起义者谈判解决冲突。莫斯科同意承担调解争端的使命。结果于1946年1月,中国政府与起义者签订了和平协议。依照协议,1946年7月在乌鲁木齐(即新疆行政中心迪化)建立了由新疆各族代表参加的新疆联合政府——原编者注。

力为自己赚大钱的人。蒋介石表示:他期望苏中美三国结盟。

斯大从同志指出:蒋介石是对的。

蒋经国说:不过,由于历史和地理原因,中国对苏联更亲近。中国坦率地声明:中国期望美国的经济援助,但在政治上不能失去独立性。①

斯大林同志说:这是正确的。

蒋经国指出:中国不会相信进行挑拨离间的人。

蒋经国说:他现在想就驻华北的美国海军陆战队说几句话。美军驻扎华北是日本投降前签订的协定规定的。计划规定美军7个师登陆。被日军逼到南方的中国中央政府军在日本投降后尚未来到华北,为了解除日军武装,美军才登陆。

斯大林同志问:难道日军还未被解除武装吗?斯大林同志说:在长春25名苏联军人解除了日军两个军的武装。斯大林同志说:日军不会抵抗。东北的全部日军10天内就被苏军解除了武装。应当更大胆地行动。解除日军武装很容易。

蒋经国表示:美军一完成自己的使命就撤走。

斯大林同志表示:苏联政府不希望美军进入东北。这是苏联的地区。好像美军并不想进入东北。无论美军、英军和其他外国军队均不应当允许进入东北。

蒋经国答:美军不会进入东北,并且再次重申:他们一完成自己的

---

① 1945年10月10日,毛泽东与苏联外交官在重庆举行会谈时,彼得罗夫问到:他对蒋介石及其政策有何想法?毛泽东回答说:"目前蒋介石在思想政治方面并没有深远的方针,或正如我们所说的,没有所有其他事物所统绕的中心环节。蒋介石本人也不知道该走哪条路,是走专政之路,还是走民主之路。蒋介石在对外政策方面不知道该依靠谁,是美国,还是苏联。由于苏联的国际影响,他不敢完全依赖美国,而依靠苏联,又感到担心。他对中共的态度是由下列诸因素,即中共的力量、苏联的国际声望、新疆的局势以及苏联军队在东三省的存在决定的。"这是毛泽东对为数不多的几个苏联外交官讲的。本文作者有幸是其中之一,当时作者任使馆一秘。见《1945年10月10日苏联驻华大使 A. A. 彼得罗夫与毛泽东、周恩来和王若飞的谈话记录》——俄罗斯联邦对外政策档案馆,全宗:0100,目录:40,案卷:248——原编者注。

使命,就全部撤出中国。

斯大林同志表示:外国军队在中国将损害蒋介石的威信,反之,如果外国军队不留在中国,蒋介石的威信将会提高。

蒋经国表示:美国政府声明说:将帮助中国建立武装力量,但是,他(蒋经国)应当表示:这不过是宣传而已。

斯大林同志指出:美国人已帮助中国人在华南建立了几个师。这并没有什么坏处。

蒋经国说:关于如何更好地对付日本人,蒋介石想了解斯大林大元帅的意见。

斯大林同志答:现在要在东京设立盟国对日本管制委员会。美国人不想设立。各国也都反对苏联政府坚持设立该委员会的建议。

莫洛托夫指出:王世杰在伦敦对这一建议表示同情,但希望不要在伦敦讨论。

斯大林同志说:现在此事已受到好评。将在东京设立盟国对日管制委员会。蒋介石提出的问题将要在该委员会上解决。谈到苏联政府,苏联政府赞同不仅要解除日本武装,而且要销毁日本国内生产军舰和武器的工业部门。苏联政府的观点就是如此。苏联政府不赞同美国人不俘虏日军。苏联政府俘虏了日军。他(斯大林同志)对美国人说过:麦克阿瑟至少应当下令逮捕8000至12000名日军将军团成员,即陆海空三军将军。现在美国人正逐一对其审讯。

美国人的论断与苏联政府的不同。现在美国人对日本的态度同上次世界大战后对德国的态度一样。当时为德国保留了军官团和将军团。他(斯大林同志)多次对美国人说:要美国人俘虏日军。但美国人回答说:俘虏的日军没有地方安置。无论如何,苏联政府坚持日本不能保留将军团。苏联政府的政策就是如此。

蒋经国指出:中国人民永远不会忘记日本人。

斯大林同志说:中国人民是好样的,然而,领导人也应当是好样的。

蒋经国说:他记得斯大林大元帅说过:日本有可能重新站稳脚跟。

斯大林同志答：当然，这是可能的，日本这个国家人口多，爱报复。日本希望东山再起。为了阻止日本东山再起，应当俘虏五六十万名军官和12000名将军团成员。斯大林同志说：美国人未经受过日本的占领，因此，美国人不是所有的事情都能理解。中国经受过日本占领，苏联经受过德国的占领，也曾经受过日本的占领。因此，中国和苏联理解：应当把敌人置于这样一种境地，使其再也不能打仗。美国人不理解这一点。他（斯大林同志）期望美国人能理解这一点。

蒋经国问：目前日本的警察状况如何？

莫洛托夫答：在日本有日本警察。

蒋经国说：日本人有可能把警察队变成军队。

斯大林同志指出：当然日本人竭力把军官安排在警察队中，不过，当苏联代表来到东京时，他们将竭力把此事安排完毕。

蒋经国表示：他的全部问题已经解决。在结束会谈时，他（蒋经国）要向斯大林同志、莫洛托夫同志转达宋子文的问候。

斯大林同志和莫洛夫同志表示感谢。

莫洛托夫问：中国政府承认外蒙古独立问题是否已经解决？

蒋经国说：中国政府承认外蒙古独立的决定将于元月头几天公布，到那时中国政府将迁往南京。

谈话继续了一小时四十分钟。

B. 帕甫洛夫　记录

《斯大林与中国》，第14—29页

斯大林与蒋经国会谈记录
1946 年 1 月 3 日 23 时

莫洛托夫、帕甫洛夫（外交人员委员部）、中国大使傅秉常在座。

蒋经国向斯大林同志和莫洛托夫同志祝贺新年好，并祝愿他们在新的一年里取得新的胜利。

斯大林同志表示祝贺。

　　莫洛托夫同志向蒋经国表示感谢并祝贺新年好。

　　斯大林同志说：他已打电话给苏联军人，同他们进行了交谈。他们不同意不宣布为日本关东军服务的日本企业为缴获的财产。苏联军人对不想把这些财产看做战利品感到气愤。他们希望像对待德国在波兰、捷克斯洛伐克等被红军解放的欧洲国家的财产那样对待这些财产。中国方面并不会因此而有任何损失。作为战利品的企业将在平等的基础上由中苏双方共同经营。为了经营这些企业，可能成立不同工业部门的几个公司。

　　蒋经国说：中国政府也提出了这样的建议，只不过形式不同。

　　斯大林同志指出：中国方面提出的形式使苏联军人感到气愤。苏联军人说：他们流血牺牲，因此，应当把为关东军服务的日本企业视为红军的战利品。

　　斯大林同志说：应当具体地就地确定哪些企业是日本人建立的和用来为关东军服务的。

　　蒋经国问：斯大林同志对划给中国若干重工业企业一事有何想法。马利诺夫斯基元帅说过，这个问题应由专家们研究。

　　斯大林同志答：当然专家们可以就地解决这一问题。

　　蒋经国表示：他访问莫斯科的使命是使斯大林大元帅与蒋介石取得彼此完全谅解。蒋介石希望斯大林大元帅对中国国民政府采取的措施和奉行的政策开诚布公地、友好地发表自己的意见。蒋介石希望斯大林大元帅谈谈自己有哪些怀疑和不赞同之处。斯大林大元帅的意见对确定蒋介石主持的政府的政策将十分有益。

　　斯大林同志答：他不了解中国国情的基本情况。他（斯大林同志）不了解中国发生的事情。苏联政府不明白，为什么迟迟不解除日军武装，为什么蒋介石与毛泽东不能达成协议。毛泽东是独特的人，独特的共产党人。他在农村活动，避开城市，对城市没有兴趣。他（斯大林同志）不理解这一点。他（斯大林同志）不理解为什么蒋介石与毛泽东不能达成协议。他（斯大林同志）不能表示对谁不满，他不知道是谁的错。他(斯大林同志)不掌握事实,因此,他只是有些疑问。如果他有少量事实,他就能提出一些什么建议。

谈及苏联政府的对日政策,斯大林同志说:正如他所说的,要使日本再也不能打仗。要俘虏日本军事干部,要裁减军事工业和那些可能满足军事需要的工业。

谈及苏联政府的对华政策,这是友好和支持中国国民政府的政策。在发布的公报中已公开指明这一点。

他(斯大林同志)认为蒋介石打算奉行的中美友好政策是正确的。苏联现在不能给予中国大量经济援助。蒋介石可以期望美国援助,因此,他奉行同美国友好的政策是正确的。

他(斯大林同志)坦率地讲了他知道的事情,并且询问了他不知道的事情,即关于解除日军武装和蒋介石与毛泽东之间协议的情况。他(斯大林同志)不知道为什么迟迟不解除日军武装。苏军司令部迅速地解除了日军武装,并希望尽快解除日军武装。

蒋经国答:当初中国政府没有足够兵力解除日军武装。

斯大林同志指出:解除日军武装几乎不需任何兵力。

蒋经国表示:目前中国政府有力量,并将消灭日军。苏中条约是针对日本的,斯大林大元帅可以放心,中国对日本政策的出发点是阻止日本重新站稳脚跟。至于解除在华日军武装,由于地理情况和中国军队当时被日军逼退到南方地区,解决这一问题有些困难。

斯大林同志问:为什么美军不解除日军武装? 日军并没有抵抗。要知道日军已宣布投降。

蒋经国说:他认为中国共产党人与政府未能签订协议,是因为双方领导人互不信任。

斯大林同志指出:需要做些让步,但究竟做那些让步,应由双方自己决定。

蒋经国说:他从无线电广播中听到了国民政府向中国共产党人提出的建议。

莫洛托夫讲述了报界对国民政府的建议和中共建议的报道。莫洛托夫指出:不完全清楚这些建议,但根据中国政府的建议可以得出结论说:在中共和国民政府签订协议应当依照的程序制定出以前,中国政府不同意停止对共产党人的军事行动。

蒋经国说:中国人民迫切希望达成协议,因为内战是可怕的事情。

斯大林同志指出:在苏联人们知道什么是内战。

莫洛托夫说:美国魏德迈将军表示:为保障把中国军队调往东北并维护道路治安起见,美军司令部打算增加美军4000人。

蒋经国说:此项声明是早在杜鲁门发表美国对华政策的声明以前,即早在马歇尔将军到来以前发表的。

蒋经国说:目前主要的困难是北平与南京之间没有铁路交通,因为铁路被共军切断。甚至北平至天津这段长100公里的铁路火车也要走一两天。需要尽快达成协议,恢复铁路交通。

斯大林同志说:共产党人与中央政府达成协议将会改善中国人民的状况,并促进贸易发展。

蒋经国同意这一点,并说:中国人打了多年的仗,深受战争的折磨。

莫洛托夫指出:中国人民对战争已经厌倦。

蒋经国说:中国尤其深受贫困之苦。他(蒋经国)认为:在目前这场战争中苏中两国所遭受的苦难比所有其他国家都多。

蒋经国问:斯大林同志是否可以向他讲一讲对蒋介石的政策有什么怀疑之处。

斯大林同志答:他不了解实际情况,很难说有什么怀疑。他(斯大林同志)没有怀疑。他有一些问题,关于这些问题已对蒋经国谈过了。

蒋经国说:在中国大家都坚持必须使中国实现民主化。

斯大林同志答:这很好。

蒋经国说:关于中国民主化的形式尚未形成意见,他(蒋经国)想了解斯大林大元帅对中国民主化的形式有何想法。

斯大林同志问:目前中国是不是共和国,中国有没有君主制潮流?

蒋经国答:中国是共和国,目前中国没有君主制潮流。

斯大林同志说:共和制更接近民主制。苏联没有敌对阶级,因此,苏联可以实行一党制。在中国,除国民党和共产党外,其他党也应当存在。中国是否还有其他党派。

蒋经国答:很少。

斯大林同志说:需要确定中国的选举原则。政府应当对议会和总统负责。他(斯大林同志)不知道中国打算实行什么样的议会制,是一党制,还是两院制。

斯大林同志问:中国是否还保留各省政府。

蒋经国的回答是肯定的。

斯大林同志问:中国是否还保留各省政府。

蒋经国的回答是肯定的。

斯大林同志说:他不知道中国有什么潮流,是赞同一院制,还是赞成两院制。不过中国应像法国、波兰、南斯拉夫、英国和美国那样确定选举原则。议会应由选举产生,而政府应由议会任命,由总统确认。在美国总统同时也是总理。在法国则是另一种情形。在法国由下院和上院选举总统,总统不兼总理,虽然他可以参加政府的会议,以主持者身份活动。不过法国和美国的体制也均符合民主制原则。

蒋经国问:斯大林同志是否认为中国可以接受南斯拉夫和波兰实行的制度。

斯大林同志说:同法国一样,南斯拉夫和波兰目前也实行两院制。苏联也有两院,两院有平等的权利。比如:联盟院可以否定民族院的决议,反之也一样。在英国则不同。那里也有上下两院,但上院比下院有更多的权利。美国有参议院和众议院,而参议院有更多的权利。他(斯大林同志)不知道中国实行什么制度。

斯大林同志问:什么是院?

蒋经国答:与议院相似。

斯大林同志说:议院可以随便叫什么名称,这取决于国家的特点,但议院都应当是由选举产生的机构。

蒋经国问:在苏联如果两院出现分歧时,那么决议又是怎样通过的呢?

莫洛托夫答:在此种情况下,应召开两院联席会议,决议由多数票通过。

蒋经国问:照斯大林的意见,共产党与国民党在未来的中国政府中应成什么样的比例呢?

斯大林同志答:在欧洲一个政党在政府中所拥有的部长职位通常与该党在议会中的代表数相一致。英美两国政府是由取得多数的政党的党员所组成。比如:工党在英国最近的大选中取得了多数,他们建立了只有工党党员组成的政府。然而英国人和美国人却要求在其他国家,如罗马尼亚、保加利亚和波兰的政府中要有反对党代表。他(斯大林同志)问英国人和美国人,为什么他们不允许反对党代表参加自己的政府,他们耸了耸肩膀。

在法国则是另一种情形。法国现行的组成政府的制度更加民主,参加政府的还有取得少数的政党的代表。如果不允许反对党代表参加政府,那么反对党就会转入地下活动。如果允许反对党参加政府,他们会奉公守法。这是允许反对党代表参加政府的优点。

斯大林同志还举了匈牙利的例子。在匈牙利小农业主党取得了过半数的选票,虽然如此,该党依然允许社会民主党人、共产党人和自由派的代表参加政府,并保持自己多数的部长职位。

蒋经国答:他认为中国不应当采用英国现行的民主制度。他(蒋经国)认为:在现阶段各民主党派均应参加中国政府。

蒋经国问:目前斯大林同志如何评估国共两党的力量对比?

斯大林同志说:这个问题很难回答。在波茨坦会议期间邱吉尔和艾登认为:保守党人将获得多数,然而工党却获得了胜利。中国过去未举行过大选,因此很难弄清楚人民在想什么。大概国民党应当获得多数,但他(斯大林同志)很难说国民党能获得多数。

　　蒋经国问:斯大林同志是否认为国共两党能够共存,在什么条件下才能共存?

　　斯大林同志答:如果举行自由选举,共产党将存在,国民党也将存在。比如,苏联与美英帝国主义者和平共处,并未同他们打仗。国共两党更加应当和平共处。当然两党之间会有竞赛,不过国共两党都将存在。

　　蒋经国问:斯大林同志对国民党有何意见? 有许多人对国民党不满。

　　斯大林同志说:苏联政府对国民党不满。迄今为止,东北仍在散发署名国民党的传单。这些传单号召杀俄国人。当然这激起苏联政府不满。

　　蒋经国说:这可能是日本在东北挑拨离间。

　　斯大林同志回答:当逮捕散发传单的中国人时,他们宣称:他们是国民党部队的。国民党有两种人:一种是公开的,另一种是地下的。在东北进行地下活动的国民党在长春、沈阳、大连散发的传单中号召居民把苏军赶出东北。国民党的这种行动引起苏联政府的不满。苏联政府不允许国内有反蒋介石的言论,因为苏联政府同蒋介石签订了条约,政治路线只有一条。也许在国民党内存在各种派别。

　　蒋经国答:国民党内确实存在各种派别。国民党内有资本家和地主的代表。不过,谈到东北的国民党组织,他(蒋经国)清楚地记得蒋介石下令东北国民党党部主任解散从事反苏宣传的国民党组织,甚至逮捕了这些组织的成员。

　　蒋经国说:应当注意到东北局势十分复杂。

　　斯大林同志说:他了解这一点,也许东北有自称国民党的冒名者在活动。但是国民党已正式表示不同意那些散布反苏传单的组织的活动。

　　蒋经国答:东北的许多国民党组织已被解散,并再次重申:东北形势十分复杂。

蒋经国问：关于国民党斯大林同志可能还有什么要说的？

斯大林同志答：中国需要建立容让的制度，在容让的情况下，其他党才能同国民党共处。

蒋经国答：中国的情况十分特殊。蒋介石没有足够的力量，所以他奉行的是曲线政策。

斯大林同志说：很难长期奉行此种政策。

蒋经国答：蒋介石还没有足够的力量。

斯大林同志问：难道共产党人比蒋介石更强大？ 毛泽东叫嚷：他有150万军队，而美国人认为他只有60万军队。

蒋经国说：当然，这个数字被夸大了。

蒋经国说：许多人认为：蒋介石向着日本，实际上他在准备同日本作战。他（蒋经国）希望斯大林大元帅明白蒋介石在竭力追求新事物。

斯大林同志说：他知道蒋介石很困难，并问：战争期间是否提拔了年轻干部？

蒋经国答：中国新任陆军部长是从年轻干部中提拔的。

蒋经国指出：他认为斯大林同志应当关心国民党，因为国民党是在列宁协助下建立起来的。

斯大林同志答：国民党将作为国民自由党而存在。那些认为共产党人将吃掉国民党的人是错误的。国民党当然是比共产党更广泛，更有影响的党。

蒋经国说：他认为：如果共产党存在，则对国民党有利，因为共产党存在可预防国民党解体。

蒋经国说：需要改造国民党。

斯大林同志说：选举能改善国民党，选举过程中可对人进行选择：好的留下，坏的走开。

蒋经国说：战争期间提拔了许多新的活动家。

斯大林同志说：如果是这样，那很好嘛，因为老活动家仍在发挥作用。

蒋经国说：最后，他希望同斯大林大元帅讨论八年抗战中遭受严重损失的中国经济问题。中国期望摆脱半殖民地国家的状况。

斯大林同志答：为了达到这一目标，需要有属于自己的工业。不要只醉心于贸易。假如苏联没有工业，那么德国就会打败苏联。由于苏联有工业，战争期间才有可能每月生产 3000 架飞机，3000 辆坦克、5000 门大炮、40 万支步枪、20 万支自动步枪。中国需要属于自己的工业。中国有原料和勤劳的人民。

蒋经国说：目前中国正在讨论是否应当更加注意农业和工业。他（蒋经国）认为：苏联在对德战争中取得胜利的主要原因，是没有私有制。

斯大林同志说：虽然美国有私有制，但美国工业很强大。

斯大林同志说：为了发展农业起见，需要建立工业，修筑铁路，建化肥厂，汽车厂等。中国尚未开采石油。不过新疆有石油，南方也应当有。要组织石油勘探和开采。

蒋经国问：斯大林同志是否认为中国有可能借助外资发展自己的工业。

斯大林同志答：中国借助外国资本有可能比较迅速地建立工业。在苏联由于一切掌握在国家手中，建立工业不难。在中国实现工业化比较困难。因此，中国需要得到外国贷款，否则工业化会拖延许多年。

蒋经国说：中国人担心再次陷入半殖民地国家的地位。

斯大林同志说：需要斗争。中国是个大市场，外国将竭力向中国进口自己的货物。货物进口需要解决，但同时不允许外国把某些条件强加给中国。例如，美国人不久前建议给波兰 2 亿美元贷款，但提出的条件是：这些钱应按美国人的意愿花完。波兰人认为这个条件破坏了波兰主权。他们没有接受这个条件并坚决要求斟酌情况，而不是按美国人的要求花完贷款。当然外国会要求中国不要发展自己的重工业。为不沦为奴隶，需要斗争，中国有条件进行这种斗争。

蒋经国问：斯大林同志对门户开放政策有何看法？

斯大林同志答:外国希望苏联门户开放。如果真的那么做,苏联政府就将完蛋。但中国作为弱国只好表面上同意门户开放政策。通常要求半殖民地门户开放。斯大林同志说:美国人就东北采取门户开放政策向苏联政府发出了呼吁。苏联政府答复美国人说:苏联政府不是东三省的主人,关于这个问题应当向中国人呼吁。这一答复使美国人感到十分震惊,但美国人还是容忍了。

蒋经国问:雅尔塔会议是否讨论了门户开放政策问题?

斯大林同志做了肯定的回答,并补充说:苏联政府在雅尔塔会议上表示:这是中国的事情。

蒋经国说:杜鲁门通知中国政府说:苏联政府不反对中国奉行门户开放政策。

斯大林同志说:如果中国同意奉行门户开放政策,苏联政策不会反对,但苏联政府不要求中国开放任何门户。在这个问题上可向中国提什么忠告吗? 在现阶段中国很难拒绝门户开放政策,因为中国在战争期间遭受了沉重的苦难和破坏。为了建立自己的工业也只好晚些时候再关门。

蒋经国说:中国目前经济状况的确十分困难。他(蒋经国)认为:除苏联以外,任何人都不希望中国复兴。

斯大林同志说:他理解这一点。中国遭到日本人的严重破坏。苏联政府知道德国人是怎样进行抢掠的。

蒋经国问:苏中两国可以什么方式互相帮助呢?

斯大林同志答:苏联将帮助中国建立自己的工业,并同中国进行贸易,购买中国的黄豆、大米(如果中国有很多的话),购买棉花、一些原料、少量的钨等。作为交换条件,苏联可向中国提供某些机床、机器,并派专家进行帮助。

东三省有相当发达的工业和发达的铁路网。日本人想把东三省变成自己在大陆的工业基地。

蒋经国说:在东三省的中国居民中没有业务熟悉的干部。

斯大林同志答:中国人是有才能的民族,什么都能学会。

蒋经国说:很多中国青年已被派往美国学习。

斯大林同志说:这不错嘛,并且表示:中国要有自己的工程师、技术员、机械师、财政专家和农业专家。

蒋经国说:长春铁路的运营需要许多业务熟练的中国员工。因此,他(蒋经国)想问斯大林大元帅,他对派中国青年到苏联的学校,尤其是运输学校学习有何看法?

斯大林同志说:虽说有困难,但这可以办到。

蒋经国问:斯大林同志认为中国经济代表团访苏是否合适?

斯大林同志答:中国经济代表团可以来苏联参观轻重工业的工厂。

蒋经国说:他想提请斯大林大元帅注意新疆局势。当时新疆有许多苏联专家。他(蒋经国)认为:需要恢复以前那种状况。

斯大林同志答:盛世才已开始逮捕苏联专家,苏联政府从新疆召回了自己的专家。① 如果能好好对待苏联专家,可以再把他们派回新疆。他(斯大林同志)日内将查明此事。

蒋经国说:盛世才目前已不在新疆。

蒋经国问:中国经济能否在那样基础上发展呢? 蒙古人民共和国的经济情况如何? 与此同时还有集体农庄。

---

① 盛世才——新疆省长。当年曾与莫斯科关系密切,是联共(布)党员。由于他的坚决请求和斯大林的亲自批准被接纳入党。关于此事他曾向斯大林提出热烈的请求。1940 年初,由于中国政府对苏联与中共在新疆产生的强大影响感到极度不安,使苏中两国在新疆的矛盾急剧尖锐化。重庆还对盛世才依靠莫斯科奉行分立主义政策感到不安。蒋介石决心以对自己更可靠的人取代盛世才。盛世才感到自己的地位不稳,竭力要取得中国中央政府的信任,采取各种行动反对中共,同时反对苏联、苏联公民和苏联机构,尤其是反对苏联工商企业。针对这种情况,苏联政府单方面关闭了苏联在新疆的全部工商企业。运走了设备,召回了自己的专家,中断了同新疆的经贸和文化联系。中国政府曾试图改善状况,解决苏中冲突。中国政府从新疆召回了盛世才,以同苏联友好并受到蒋介石和国民党上层领导完全信任的张治中将军代替了他。蒋介石和张治中还建议苏联政府不仅恢复,而且发展苏中两国在新疆更广泛的合作。关于这个问题,详见 A. M. 列多夫斯基著《1942 年—1952 年在中国做外交工作》,载俄国《近现代史》杂志,1993 年第 6 期——原编者注。

斯大林同志说：蒙古人民共和国没有集体农庄。

蒋经国说：人们告诉他：蒙古人民共和国有发达的工业，那里的人民生活得很好。

斯大林同志说：蒙古人民共和国有制革公司，铺设了铁路，并且已采取措施开矿。蒙古人民共和国没有其他工业。当然现在的蒙古人已不是从前那样的野蛮人。不过不能把中国与这个落后的国家相提并论。中国能成为一流强国。谈到经济形式，中国与蒙古不同，不是畜牧业国家。从精耕细作方面看中国农业十分发达。中国珍惜每一块土地。中国有建立自己的工业所需要的一切。蒙古不珍惜土地。蒙古人从事畜牧业，而他们的文化水平不高。蒙古不能保障牲畜过冬的饲料。蒙古是游牧国家，所以，很落后。因此，无论在社会方面，还是在经济方面，均不可能把中国与蒙古相提并论。畜牧业是蒙古人民共和国的基础，而农业是中国的基础。

蒋经国问：斯大林同志对中国政府的东三省政策有何意见？

斯大林同志说：中国需要有自己对东三省，而不是别人对东三省的政策，这种政策不是针对任何人的，也不受其他国家操纵。蒋介石知道这一点。

斯大林同志问：英国人是否打算把香港归还中国人。

蒋经国作了否定的回答。

斯大林同志说：罗斯福热烈拥护香港归还中国，当时曾就此问题同丘吉尔进行过热烈的争论。

蒋经国答：目前英国人不打算把香港交给中国人。

蒋经国说：后天他将乘飞机回国，并问：斯大林同志有什么事是否要他转告蒋介石？

斯大林同志答，他有一封信要转交蒋介石。

会谈进行了 1 小时 30 分钟。

B. 帕甫洛夫　　记录

《斯大林与中国》，第 29—40 页

斯大林致蒋介石函

1946 年 1 月 4 日

重庆　蒋中正大元帅先生

大元帅先生：

一九四五年十二月三十日，贵公子蒋经国先生面交我一封您盛情的来信，谨向您表示谢意。

我与他的会谈涉及到一系列苏中关系问题和其他一些中苏两国感兴趣的问题。我希望我们两国关系将按照苏中条约发展，今后我将经常注意此事。

不久前在莫斯科结束的三国外长会议已取得有益的结果，应当特别指出：此次会议有助于解决对中苏两国均具有如此重要意义的战后远东问题。

大元帅先生，请接受我最崇高的敬意和最良好的祝愿。

约·斯大林

一九四六年一月四日于莫斯科

《斯大林与中国》，第 41 页

（四）苏联延期撤军与中国学生的抗议游行

说明：根据国民政府与苏联签订的《中苏友好同盟条约》的规定，战后东北的主权交给中国政府，苏军在日本投降后三个星期内开始撤军，三个月撤完。然而，在 1945 年 11 月苏联出兵东北三个月时间届满之时，一方面由于苏方希望在撤军前与国民政府就东北经济合作达成协议，另一方面国民政府也需要时间来准备因苏军撤退而留下的政治空间，特别是防范中共军队的进入，双方于 11 月底达成第一次苏军延迟撤军一个月的协议，其后，应苏方请求，国民政府同意苏方再次延期撤军一个月，将撤军最后期限延至 1946 年的 2 月 1 日。在此期间，由于苏联的阻挠,国民政府对东北的接收步履维艰,而中苏经济合作的协议谈判也由于苏联许多无理要求没有进展。在苏军最后撤军期限来临之际,国民政府拒绝苏军再次延期撤军的请求。到 1946 年 2 月,由于苏军迟迟不肯撤军,国民政府与苏联的关系陷于紧张,恰于此时发生了由于苏方拒不配合国民政府接管旅顺煤矿,导致国民政府派出的接收官员张莘夫途中遇害的事件。消息传来,在国民党的操控与鼓动下,全国各地爆发了以学生为主体的反苏大游行,在此背景下,苏联方面从 3 月初开始在未事先通知国民政府的情形下突然撤军,从而彻底打乱了国民政府对东北接收步伐,并将东北大片地区留给了此前已秘密潜往的中共部队。

1. 第一次苏联延期撤军

外交部致苏联驻华大使馆照会

1945 年 11 月 19 日

　　径启者:接准贵大使本年十一月十七日照会,略以长春飞机场现能为中国政府军队使用,中国政府军队能无阻碍的在长春及沈阳降落,且苏军司令部对于中国政府将予应有之协助。又苏军司令部对于东三省之中国共产党部队未曾予以任何帮肋,且现在亦未予以任何帮助;至于在苏军撤退之某些区域内有中国共产党份子活动一节,非由于东三省苏军司令部所致,而系中国政府政权大概尚未控制此些区域内情形之结果。最后,倘中国政府现在希望苏军自东三省撤退延缓若干时间,则苏联政权能将其军队之撤退延缓一个月至两个月等由。本部长对于贵大使在上述照会中所表现之友好精神,殊感欣慰。兹向贵大使声明如次:关于中国政府运兵接收东北诸省之登陆港口等问题,中国政府迭与贵方商洽,初定自大连登陆,双方意见迄未一致。嗣定自营口及葫芦岛登陆,因中国政府军队在未达到各该港口以前,已为中共军队占领,致未便实行。本月十二日复据报有中共军队向距离长春廿华里之大屯圻飞机场附近有集合,且有中共军队开入长春市内,中国政府因亦未便以空运军队前往。中国政府知苏军即将自东北诸省撤退,虽久经派定军队前往接收,但由于上述诸种阻碍,一切办理迄无成就。中国政府认为东北诸省之接收,宜由中苏再行厘订一有效之计划,此种计划,本部拟即另行提出与贵方商订。我方接收办法,以及苏军撤退延期问题,当于商订该项计划时一并确定。为此照请贵大使查照,并请转电苏联政府为荷。本部长顺向贵大使致其敬意。此致

苏维埃社会主义共和国联邦驻华特命全权大使彼得罗夫阁下

《战后中国》第 1 册,第 153 页

中国政府接收东北诸省办法要点

1945 年 11 月 19 日

一、为使中国政府能以飞机安全运输军队至长春、沈阳起见,苏方允负责对于在长春、沈阳市区及其飞机场附近任何未经政府承认之武装人员,解除其武装,并允许中国空军运送飞机场地面工作人员,先至长春、沈阳飞机场,指挥飞机起降等工作。

二、中国政府如须利用北宁铁路及东北港口运输军队时,苏方允予可能之便利。

三、苏方对于中国政府担任接收工作人员,允予以各种道义的及物质的协助;关于该项人员赴各地方编组地方团警之工作,尤愿予协助。

以上办法,经双方同意后,则原定苏军自东北各地点撤退之时间表,延长一月,即以一九四六年一月三日为苏军撤退完成之期。

《战后中国》第 1 册,第 154 页

彼得洛夫覆王世杰照会

1945 年 11 月 24 日

(苏联驻华大使馆参事米克拉舍夫斯基十二时四十分来部见部长面交照会)

径启者:准贵部长十一月十九日照会,本大使兹奉复如下:如本大使业于十一月十七日通知阁下者,苏联政府对于东三省苏军司令部已予指示,采取必要办法,俾便保证中国政府军队无阻碍的在长春及沈阳降落。对于贵部长建议由中国统帅部派中国地面工作人员至长春及沈阳飞机场以便照料载运送中国政府军队至长春及沈阳之往来飞机,苏联政府毫无反对意见。至中国政府关于中国军队在东三省海港营口及葫芦岛登陆,以及由北宁路运送军队事,请予协助一节,因在营口与葫芦岛区域及沈阳以南,现无苏联军队,因苏军依照已经通知中国政府之撤退计划业已撤退,故东三省苏军司令部对于此事,实无可能协助。贵部长关于中国政府因为中共军队已在离长春廿华里之地集中,并已有中共军队开入长春,故未能将其军队空运长春之声明,苏联政府不能同意。此种声明,与实际情形不符,因为中国之任何非政府军队,从未开入长春,故此贵部长所指出之中国军队在长春降落之阻障,过去未曾存在,现在亦不存在。由于贵部长所指出之"办法要点"而可能仍须商讨论之个别问题,苏联政府认为如以前一样,由马元帅与中国政府代表在当地决定,当有裨益。

本大使顺向贵部长重表崇高之敬意。此致
中华民国外交部部长王世杰阁下……

《战后中国》第 1 册,第 154—155 页

外交部致苏联驻华大使馆照会
1945 年 11 月 26 日

径启者:接准贵大使本年十一月二十四日照会,兹奉复如下:苏联政府对于中国政府以飞机输往长春及沈阳之军队应允保证其无阻碍之降落,并可同意中国政府派遣地面工作人员至长春及沈阳飞机场。本部长对于苏联政府以上之表示,殊为欣慰。中国政府现已通知其军事机关,迅速从事于该项空运工作之准备。至于营口、葫芦岛以及沈阳以南区域,苏联政府既如来照所称,因苏军业已依照已经通知中国政府之

撤退计划自该区域撤退,故不能予我方以协助,中国政府于此亦甚谅解,并正依照原经商定撤退计划,派遣部队进入该撤退区域接防,预定日内即可到达锦州一带。此外关于本部长十一月十九日所提出"办法要点"中尚须详细商讨之问题,即我方接收人员所需要之诸种协助事项(尤其关于派员编组地方团警事项)以及苏军撤退延期一个月问题,中国政府现亦决定依照贵大使照会所提议,即派代表往与马林诺夫斯基元帅当地商决。关于我方输运军队至长春沈阳之详细办法,以及其他与我方接收有关之若干事项,当亦令该代表就地磋商,以期迅速确定。

　　本部长顺向贵大使重致崇高之敬意。此致
苏维埃社会主义共和国联邦驻华特命全权大使彼得罗夫阁下。

《战后中国》第 1 册,第 155—156 页

彼得洛夫致王世杰照会

1945 年 11 月 30 日

　　(苏联驻华大使彼得洛夫于十一月三十日下午三时半来部见王世杰部长面递照会)

　　径启者:准贵部长十一月廿六日照会,兹奉复如下:苏联政府接受中国政府所表示之愿望,同意苏联军队自东三省延期一个月撤退,即延期至一九四六年一月三日为止。关于由此而发生之一切实际问题,苏联政府已予马林诺夫斯基元帅以指示与中国政府诸代表商讨矣。本大使顺向贵部长重表崇高之敬意。此致
中华民国外交部部长王世杰博士。

　　苏联驻华特命全权大使彼得罗夫(签名)。

　　一九四五年十一月三十日于重庆。

《战后中国》第 1 册,第 157 页

塔斯社报道根据中国政府请求东北苏军延缓撤退

1945 年 11 月 30 日

（塔斯社长春三十日电）据塔斯社记者获悉：马林诺夫斯基元帅已及时通知中国政府代表熊式辉将军，苏军依照八月十四日中苏条约由满洲撤退苏军的计划。该计划规定全部苏军于一九四五年十二月三日撤离满洲。最近，在马林诺夫斯基元帅与熊式辉将军之间的谈判中，中国代表迭次声称：鉴于有些地方中国非政府军队之出现，中国政府经受到运输其军队至满洲的种种困难。据现有消息称：中国政府考虑了满洲的形势，向苏联政府声称，倘若苏军于原定时间撤离满洲，中国政府将面遇着极端困难的形势。因为到那时候，它不能将其自己的军队运到，或在满洲建立民政。鉴于上述情形，苏联政府允诺中国政府苏军由满洲撤退延缓一些时候，中国政府已以极大满意接受之。苏中双方商定此项谈判将在长春由马林诺夫斯基与中国政府代表进行。消息灵通人士语塔斯社记者称：十月，在长春谈判时，中国方面曾提出中国军队在大连、营口与葫芦岛登陆问题。苏军统率部解释说：由于依照中苏条约，大连是一个商港，指定运输货物。军队不得在大连实行登陆。营口与葫芦岛可由中国政府用以供其军队之登陆。中国政府亦向满洲苏军统帅部提出这样的问题：帮助中国政府军队之登陆营口与葫芦岛两港口及沿北宁路运输军队。关此请求，苏军统帅部答：依照及时通知中国方面的计划，苏军已由营口与葫芦岛以及沈阳以南地区撤退，因此，满洲苏军统帅部不能在这些地区予以所请求的援助。此间消息称：中国统帅部拟于最近空运其军队至长春与沈阳。迎接运输中国军队之飞机的中国机场人员，料不久即将到长春机场。

《解放日报》1945 年 12 月 1 日

史密斯①致贝尔纳斯电

重庆,1945 年 12 月 1 日

今天下午,外交部长王世杰博士交给我一份日期为 12 月 1 日绝密备忘录,上面记述了在外交部 11 月 15 日备忘录谈及的局势之后的满洲事态的发展(使馆 1999 号电,11 月 16 日致国务院,向莫斯科复述)。备忘录要旨如下:

从外交部 11 月 15 日的备忘录中,国务卿已知道苏联和中国政府间的交涉过程,其结果是中国政府人员从长春撤到山海关。(致国务院,向莫斯科复述。)从那时起,苏联政府就表示,空运中国军队到沈阳和长春的路线畅通无阻,而且,如果中国政府愿意,苏联政府方面准备推迟完成苏联军队从满洲撤退的日期,以便中国军队有时间接管已经撤军的地区。相应地,中国政府同意把苏联军队完成撤退的日期从原来双方商定计划的 1945 年 12 月 3 日推迟到 1946 年 1 月 3 日。现在,两名中国高级官员被中国政府派往长春,以便和马林诺夫斯基元帅商议,具体安排空运中国军队及有关事项。同时,中国政府还通知苏联政府,在去沈阳的途中,将通过铁路把中国政府的军队从山海关运到锦州,以便接管苏联军队已经撤出的地区。(王博士口头解释说,苏联军队已经撤离的地区大致在沈阳以南。)

虽然并非不知前面仍有重重困难,中国政府还是接受了苏联的最新变局,因为它迫切希望和苏联政府达成一个解决办法,以缓和满洲的严重局势。(备忘录要旨述完。)

王博士指出,满洲形势仍然难测凶吉,因为对俄国人是否履行诺言并不一定有把握。不过,他说,中国政府打算耐心行事,希望对满洲的合法占领终将实现。

王博士说,他希望让国务卿始终充分了解满洲局势的发展。

---

① 美国驻华使馆参赞。

史密斯

FRUS,1947,Vol.7,*The Far East:China*,pp.1046-1047

东北苏军展期一月撤完

1945年12月2日

(中央社讯)关于苏军自东北撤退一事,兹据官方消息:中苏两国政府经磋商后,业经同意改订以明年一月三日为完成撤退之期(原定本年十二月三日为完成撤退之期)。并闻此种改订,在使中国赴东北接收人员及中国政府军队能于期前依照新定办法到达东北,执行其接收任务。

……

《中央日报》(重庆版)1945年12月2日

2.第二次苏联延期撤军与国民政府初步接收东北

张嘉璈蒋经国等飞长春行前曾与东北各省首长数度会商
徐箴定今飞锦州办理接收工作

1945年12月5日

……

(中央社北平四日电)东北行营经济委员会主任委员张嘉璈,外交特派员蒋经国,上午十一时飞长春,同行者有财政金融人员及外交特派员公署重要职员十馀人。至长春铁路监事裴维莹、高纶瑾,暨该路中级干部多人,则于一小时前乘另机前往。按张、蒋二氏及其同行人员,均系上月中由长春归来者,此次复返长春,当可促致东北各部门接收工作,早日展开,而国军空运技术问题,亦可望于最短时期内获得解决。张、蒋二氏昨与现留此间之东北各省主席市长等数度开会,对将来东北接收工作会作广泛之讨论。

(中央社北平四日电)辽宁省政府主席徐箴,率领省府各厅人员,定五日上午八时专机赴锦州,办理接收工作,正式开始办公,此当为东北各省行政正式接收之开端。

(中央社北平四日电)中央、中国、交通三银行,派赴东北之接收专员韩莅如、李紫东、钱启元,上月由长春来此,今午飞赴锦州,此行系应杜长官聿明之邀,前往该处处理金融问题。锦州市容甚佳,商业亦盛,惟因国军初到,关于国币与伪币之比率及流通使用问题,颇有参差,亟待作合作之调整。

《中央日报》(重庆版)1945 年 12 月 5 日

蒋经国致蒋介石电

长春,1945 年 12 月 5 日

限二小时到重庆。委员长蒋:密。公权先生与儿于微(五)日十三时,与马林斯基会谈,苏方参加会谈者,除马氏外,尚有其经济顾问斯得可夫。及参谋长托拉齐果。马氏对我方所提,关于解除非政府武装、组织地方团队:解散非中央政权,以及空运有关各点,除我方要求苏方派军官陪同我方行政人员到任一事,必须请示外,其余皆同意。并声明其已得莫斯科训令,必须设法切实执行。同时马氏提出以下三点:(一)中苏两国在东北经济合作问题,希即开始商讨,并有所结果。(二)中国军队向沈阳方向推进时,希中国方面,能与苏军取得联络;并通知中国军队所到之地点及日期,以免发生误会。(三)苏军遵命依照中苏新协定,延期一月撤兵。即于一月三日前,必须完全撤离中国国境,如此,则日内即须由沈阳附近开始将兵北撤,否则恐不能如期完成撤兵计划,因目前驻东北之苏军数量甚大,不知中国政府是否能在此短期内建立政权,否则,似可改为苏军自一月三日起,开始自南北撤,在二十天或一月完全撤离中国国境,并至盼与我政府代表商定详细撤兵计划。马氏声明此乃其个人意见,中国政府如同意一月三日开始撤兵一案,希即答复。并由中国政府正式通知苏联政府。马氏再三声明,苏方必将尊重中国政府之意见。对其所提各点,我方除对以上二点,认为可即照办外,其余关于经济及撤兵二事,必须请示政府后方可决定。先电禀,馀情待与公权先生详细商后续禀。儿经国谨禀,亥歌申印。

　　……

《战后中国》第1册,第158—159页

蒋介石致张嘉璈、蒋经国电

1945年12月7日

　　限二小时到长春。张主任委员、蒋特派员:一四二一表密。熊主任转陈微亥电悉。一、空运部队待准备完妥即可开始,机场地面勤务及部队设营人员,日内即可飞长春准备。二、由锦州前进部队,须待铁路交通恢复方能决定日期,向沈阳开拔时,当先饬派员与苏军切实联络。三、苏军撤兵日期如嫌太促,可由外交部与苏大使再商变通办法,即将苏军最后撤完日期改为二月一日,但开始撤兵日期不必规定,此系双方之同意,我方可在口头表示赞同,俟本月底再交换文书,此时不必对外宣布,因前所议定一月三日之期限宣布未久,不宜又即予改期。四、各省市人员,已令准备飞长春候命,董文崎可任为沈阳市长。五、经济合作问题仍照面授方针进行。六、在东北尤其对苏方切不可再提董必武与共党有关事宜。中正,亥阳未机渝。

《战后中国》第1册,第167页

王世杰接见彼得洛夫谈话要点(节录)

1945年12月7日

　　……

　　三、关于苏军自中国东三省撤退问题,据张理事长及蒋特派员报称,以马林诺夫斯基元帅提出意见,如果苏军在一九四六年一月三日以前完全撤离中国国境,则苏军日内即须由沈阳附近北撤,否则恐不能如期完成撤兵计划,但恐中国政府军队不能在此短期内到达苏军撤退之地区,故如中国政府赞同,似可改为苏军自一月三日起自南北撤,在廿天,或至多一个月内,完全撤离中国国境等语。对于马元帅之建议即苏军至迟于明年二月一日以前完全撤离中国国境,中国政府在原则上可予同意,(惟须在二月底左右彼此以书面协定后始可发表,发表时,○○○此如何○同意之决定,不○明为任何一之提议)。(编者注:括弧内一段文字,系于原稿旁加添涂改者,甚难辨认。)至苏军究以自何日起开始撤退为宜,可由中国政府代表与马元帅商定。以上意见请报告贵政府后见复。

《战后中国》第 1 册,第 166—167 页

东北行政接收即可展开长春中苏会谈圆满告一段落
1945 年 12 月 10 日

(中央社记者刘竹舟长春十日电)此间中苏要员关于国军空运来长春,及各部门接收问题之谈话,现已圆满告一段落,张嘉璈、蒋经国两氏返此后,曾两度与马林诺夫斯基元帅长谈,与苏军各部门主管人员亦有数度接触,据蒋经国氏本日告记者,各次会谈均本中苏友好同盟条约之原则进行。蒋氏今日下午一时陪同昨由平来此之李则芬师长访晤苏地区司令卡洛夫将军,作友谊之拜会,李师长于本日午前覆勘所部将来之驻地,此等驻地率系居处要冲之高楼大厦,前日伪所建营房,皆满目荒凉,尚待修葺后始能应用,我空运部队来此日期,虽未经宣布,然当地居民已有预感,刻正积极准备欢迎。据目前所知,空运一经开始,则一周内至多十日内,即可运足一师兵力。街头有刺激性之标语,皆已褪色,欢迎国军及反刺激性之新标语则显明耀眼,本日此间晴空飞雪,雪花纤细如尘沙,映阳发光,行营归来人员于飒飒冷风中御马车得得过市,所遇市民,皆笑面相迎,热情洋溢,顿杀阴冷瑟绪之感。关于行政接收工作,随时即可展开。据确息:我方将先行接收长春、哈尔滨、沈阳等市,闻现留北平之各省市人员,将克日来长。

《中央日报》(重庆版)1945 年 12 月 11 日

董彦平与特洛岑科商订接收东北手续
1945 年 12 月 11 日

（本报北平十二日专电）东北行营主任熊式辉语记者,长春谈判,继续进行。据行营消息,蒋经国定今日飞平,向最高当局报告长春谈判情形。

（中央社记者刘竹舟长春十一日电）我军事代表团长董彦平,今日下午一时与苏军参谋长特洛曾科中将续就我军空运技术问题及行政接收手续问题,会谈一小时又四十分,会谈时,我军事代表团员杨作人、邱南亦在座。本日所谈之空运技术问题,极为具体,即席决定地面之警戒及机场之清扫,全由苏军负责,我方可装设电台,对飞机停放区域亦有规定。张嘉璈、蒋经国、董彦平三氏前与马林诺夫斯基元帅首次会谈时,曾要求于接收行政时,由苏方派联络官陪往,本日会谈此问题,已告解决,将来我方接收各大城市时,或将由苏军总部直接派遣联络官随行,其他举凡有苏军驻扎之城市,则由当地苏军城防司令派联络官,并协助接收。关于处理日俘问题,双方亦已商获协议。又本日会谈时,我方曾要求利用现由苏军使用之长春广播电台,特洛曾科中将谓,俟请示马元帅后,再行通知。

《中央日报》(重庆版)1945 年 12 月 13 日

国民政府决定先接收东北行政
1945 年 12 月 20 日

（本报北平廿日专电）记者顷自权威方面探悉:目前接收东北行政工作将先于国军空运,因国军空运之准备,尚待完成,盖现时东北严寒,国军御寒衣物须整制完善也。沈阳、长春、哈尔滨三市,将为我首先接收之都市,沈阳市长董文琦定二十一日即随张嘉璈氏飞长转沈接收市政、哈市长杨绰庵定二十二日亦即率市府人员飞长转哈办理接收。至宣传已久之东北工矿问题,据悉:苏政府并未向我有何建议,马林诺夫斯基元帅在长曾一度谈及战利品问题,此后即未再谈。

……

《中央日报》(重庆版)1945 年 12 月 22 日

外交部为延期撤兵事致苏联驻华大使馆照会
1945 年 12 月 24 日

径启者:苏联军队自中国东北诸省撤退完成之期,原经双方商定,为一九四六年一月三日。兹依照贵我双方代表在长春会商之结果,中国政府赞同将苏军自中国东北诸省撤退完成之期,改定为一九四六年二月一日。为此通达查照,敬希惠复。并向贵大使重表敬意。此致彼得罗夫大使阁下。外交部长王世杰。

《战后中国》第 1 册,第 168 页

王世杰与彼得洛夫谈话纪录
1945 年 12 月 25 日

(一)关于中国政府派兵赴东三省由大连登陆事,中苏双方意见既尚未能一致,自须继续商讨。本部现已与我军事机关商定,在中苏意见未趋一致前,我军暂不自大连登陆。

(二)现我军事机关决定,依照熊主任式辉与马林诺夫斯基元帅接洽之结果,派船运输军队至营口及葫芦岛。并定自本月二十九日起该项军队陆续由各该地登陆。并定自十月二十九日起派飞机在登陆附近一带察看,因中国缺乏运输工具,故所用运输船舶及侦察飞机系借自盟邦美国。惟登陆军队则纯为中国军队,请贵大使将我方决定转达贵国政府及马林诺夫斯基元帅,并请其通知贵国在各该地军队,藉免误会,并予我登陆军队以协助。

《战后中国》第 1 册,第 125 页

沈阳市政正式接收　热省府人员将随军入热
张嘉璈董彦平抵哈尔滨

1945 年 12 月 27 日

（中央社记者刘竹舟沈阳二十七日电）董文琦市长今日上午十时接收市政时，苏护城正副司令，及由长春苏军总部派来之联络官均到场观礼，市长首向市府全体职员，各区区长，各校校长等训语，勉以自动自觉，守纪律，重秩序，爱惜民族名誉，保全地方元气。并标举废苛政，救贫苦，复兴产业，安定民生诸端，为今后施政之准绳。继由苏军司令高夫堂致词，渠称：本日为沦陷十四年之沈阳市正式归返中国中央政府统治之日，渠能参加此盛典，甚感荣幸。渠并郑重声明，渠在撤退前，决尽最大努力，协助董市长，排除足以妨害市政发展之一切障碍，会后宾主举杯互祝中苏两国领袖健康。又中行开幕时，苏军正副司令亦曾到场。此间银行本日开始营业者，尚有中国银行。

（本报北平二十九日专电）热河省主席刘多荃今午由天津飞抵北平。刘氏日前飞锦州与杜聿明将军商谈热河接收事宜。昨日事毕飞津，今返平准备一切。热河省政府人员由渝抵平者已有十馀人，仅教育厅长刘廉克在绥，未能前来，其馀二十馀人，将由渝赴沪循海路北上。平热路仅石匣一段通车，据一般判断，热省府人员将绕道锦州，随军推进入热。

（中央社哈尔滨二十九日电）此间苏军当局已通知哈尔滨临时市府准备移交。张嘉璈、董彦平、王钟、朱新民等，今日下午四时四十五分于久雪初霁中专车抵此。杨绰庵及各界代表均到站欢迎。

……

《中央日报》（重庆版）1945 年 12 月 31 日

彼得洛夫致王世杰函

1945 年 12 月 29 日

径启者：接准阁下本年十二月廿五日大函，本人认为对于阁下与本人于十二月十四日关于来函所涉问题之谈话,有向阁下回忆之必要,本人当时曾经指出阁下于十二月七日与本人谈话中,于叙述马林诺夫斯基元帅与中国政府代表张嘉璈及蒋经国在长春商谈之过程时,曾有于本质上甚不确定之点,当时本人曾告知阁下,马林诺夫斯基元帅并未提出关于苏军于一九四六年一月三日始自满洲开始撤退之建议,如自阁下声明所得出之结论者然。马林诺夫斯基元帅曾告中国政府诸代表谓,因为苏军至一月三日为止,须自满洲撤退完毕,故彼须于十二月十五日至二十日之间,将苏军自沈阳撤退,继之则自长春撤退。张嘉璈代表对于马元帅之声明,曾表示恐如此将对中国方面造成困难,指明可将问题解释为苏军于一月三日开始自满洲撤退,并声明关于此点,他将请示中国政府。十二月九日张嘉璈和蒋经国二代表再见马元帅,并向其声明谓,中国政府认为适宜将苏军撤退之期延至二月一日,此一声明,阁下于十二月十四日与本人谈话时,亦曾证实。

因此苏军自满洲撤退之再度延期问题,系由中国方面提出,实甚明显,故阁下于十二月廿五日来函谓,依照双方在长春商谈之结果,中国政府赞同将苏军自中国东北诸省撤退完成之期,改定为一九四六年二月一日一节,未反映出事实真相。

本人认为须再向阁下回忆者,即于十二月十四日本人与阁下谈话中,本人曾明白表示苏方意见,即于交换信件及在报上公布时,苏军自满洲撤退之期,再度更改,究由何方发动,必须说明。

同日,即十二月十四日,关于本问题,本人曾代表苏联政府,向阁下作一声明,此声明系反映事实真相者,本人认为必须举出,以为此信之结论。

马林诺夫斯基元帅顷报告苏联政府称:据驻长春中国政府代表张嘉璈先生及蒋经国先生十二月九日向彼声明:中国政府认为宜将苏军自满洲撤退日期,延至一九四六年二月一日。

如中国政府对此项报告予以证实,苏联政府可迎合中国政府之请

求,准备将苏军自满洲撤退日期,延至一九四六年二月一日。顺向阁下重表崇高之敬意。此致
中华民国外交部部长王世杰阁下。

　　苏联驻华特命全权大使彼得罗夫(签名)。

　　一九四五年十二月二十九日于重庆。

《战后中国》第1册,第169—170页

王世杰复彼得洛夫函

1945年12月31日

　　径启者:本年十二月廿九日贵大使来函敬悉。本人对贵大使关于中苏两国政府代表在长春谈话过程之说明,不持异议。贵大使关于苏军撤退问题于本年十二月十四日向本人所作之声明说:"马林诺夫斯基元帅曾报告苏联政府称:据驻长春中国政府代表张嘉璈先生及蒋经国先生十二月九日向彼声明:中国政府认为宜将苏军自满洲撤退日期,延至一九四六年二月一日。""如中国政府对此次报告予以证实,苏联政府可接受中国政府之请求,准备将苏军自满洲撤退日期,延至一九四六年二月一日"等语。本部长兹代表中国政府对是项报告予以证实。因此,本部长认为苏军自我东北诸省撤退完成之期,已改定为一九四六年二月一日。本部长顺向贵大使重表敬意。此致
苏联驻华特命全权大使彼得洛夫阁下。

　　外交部部长王世杰。

　　中国民国三十四年十二月三十一日于重庆。

《战后中国》第1册,第171页

杨绰庵接管哈尔滨市

1946年1月1日

　　(中央社哈尔滨一日电)杨绰庵今日正式接收哈市政府,中央银行

哈分行同日开幕。一元复始,万象更新,此沦陷十三年十个月又廿六天之哈市,已重见天日。按哈市系于民廿一年二月五日为敌侵陷。

……

熊式辉就东北接收情况答记者问

1946 年 1 月 3 日

(中央社天津二日电)熊主任式辉,二日下午五时半接见津市记者,作三十分钟之谈话,此为熊北来后,首次与新闻界人士接触,据谈此行任务,系天津划归东北行营统辖,特来视察,日内返平。关于空运东北之国军,原定三十日启运长春,现以各地大雪,气候不宜于飞行,或须再耽搁两三日。谈及接收情形,熊谓长春、沈阳、哈尔滨三市长已就任,各省人员亦即将由苏方派定之联络官,陪同陆续前往接收,至陆路出关之部队,刻中苏双方所派之联络人员,业已晤面。杜长官之部队,即可抵新民,稍待再开往沈阳。熊氏答覆记者时称,苏军预定于二月一日以前撤出东北,关于东北之善后救济工作,善后救济总署已派员前往调查,当前食粮虽尚足用,惟棉布等则极感缺乏。

《中央日报》(上海版)1946 年 1 月 3 日

苏军自赤峰撤退,民选政府维持地方秩序

1946 年 1 月 22 日

(新华社冀热辽廿三日电)驻赤峰苏军已于今日(二十三日)撤退。现赤峰已由当地人民选举之市政府及当地人民组织之保安队照常维持秩序,地方情形良好,人民安居乐业。

《解放日报》1946 年 1 月 25 日

3. 苏联延宕东北撤军

宋美龄飞长春慰劳苏军官兵
1946 年 1 月下旬

（中央社长春二十一日电）蒋夫人即将来长慰劳,慰劳品三十吨,已于今午分装十一机空运抵此,夫人来此,除慰劳苏军外,并代表蒋主席慰问东北民众,慰问物品之一部,已由沪运抵秦皇岛,即可转运出关。

（中央社长春二十日电）蒋夫人今日下午二时乘美龄号机抵长春,……飞机降落后,夫人于军乐悠扬声中下机与欢迎人员一一握手为礼,当由贾锦生小妹妹献花,马元帅之代表李上将致欢迎词,继检阅仪队,乘苏方预备之花车离机场赴寓邸休息。

《中央日报》(上海版)1946 年 1 月 23 日

张嘉璈致蒋经国电
长春,1946 年 1 月 29 日

限二小时到。重庆主席官邸,请译转蒋特派员经国兄勋鉴:九七七一密(表)。俭电敬悉,顷中苏友好协会友人,谈及与该会联络之苏方人员告彼,撤兵须展缓至开春,其理由为煤缺影响军运,同时国军以御寒设备不齐,未大量开入,一旦苏军全撤,中央军队与行政将受威胁,此外尚有若干问题尚未解决等语,大致上述理由即为缓撤口实。以璈推测,今后彼方在姿态将协助我方接收各地政权,并于沿长春铁路各重要地区,及各省会附近县份,逼令八路军及非法武力撤除,且让国军陆续开入,以示苏军缓撤。至于我方各方情形,中央似宜对于上述推测早筹应付之策。……特罗陈科问杨秘书停战协定如何应用于东北,似彼方在研究此间第二可能方案。续电,乞转陈主座为叩。弟张嘉璈叩,艳印。

《战后中国》第 1 册,第 173 页

张嘉璈致蒋经国电

长春,1946 年 1 月 31 日

限二小时到渝。主席官邸转蒋特派员经国兄:九七七一密(表)。卅电悉,照办。苏方近一再提及奉天以南各工业地点,如抚顺、鞍山、辽阳等处,吾方应派兵前往接收。又长春路沿线之警备,吾方应全力担任。故定以吾方兵队缓到及力薄不足维持治安为缓撤理由,或甚至自下月要求吾方定期接收一点,以证实其理由,我方如何应付,似应先为准备。乞转陈。弟张嘉璈叩,世午长印。

《战后中国》第 1 册,第 174—175 页

熊式辉致王世杰电

北平,1946 年 2 月 21 日

重庆外交部王部长雪艇兄:各电敬悉。苏军未撤退部份,据调查所得如下:(甲)沈阳市迤南至金州、旅顺地区为苏军第五军;(一)驻沈阳苏军约七千馀名,番号为战车第六师二六四团及其他部队。(二)旅顺苏军为海军及陆战队约四千名,其海军司令部驻此。(三)大连苏军有步枪兵约二千名,柳树屯前日军兵营有海军三千名,茅水子飞机场及兵营,有步骑工兵约一万五千馀名。(四)大东沟旅顺港,有海军及炮兵五千名;卅里堡有航空兵及炮兵与战车部队两小队一万八千馀;普兰店附近,有苏军步骑兵约一万五千人。辽南警备司令部为高宇罗夫少将居此。(乙)沈阳迤北至哈尔滨西之苏军为第六军。驻四平街有步兵、城内战车部队约二千馀名,城防司令为魏鹤慎上校。(一)长春苏军约五万五千名,东北苏军总司令为马林诺夫斯基元帅驻此,其城防司令为巴洛夫少将。(二)吉林省城有苏军二千五百名,指挥官兼城防司令为沙曼杯上校。(三)哈尔滨约有苏军二万馀名,北满地区警备司令为万尧西洛夫中将驻此,城防司令为潘札阔夫。(四)龙江省城东大凯机场,约有苏军五千馀名,卫戍为巴连斯基少将。(五)兰西驻有苏蒙军约一万馀名,并有战车一二百辆。(丙)热河省赤峰城、北太庄驻有苏

军三万二千馀名。承德县古北口等处，尚有残馀苏军八百九十馀名。（丁）满洲里、海拉尔、黑河、佳木斯、通江及中苏边境一带兵力不详。（戊）总计全东北省及热河各区，约有四十馀万左右兵力。敬复。平。弟熊式辉。丑齐代参志印。

附注：亚西司冬去电——请详示苏军未撤退部份。（机要室注）

《战后中国》第1册，第176—177页

特洛岑科关于苏军撤离中国东北问题对长春市报界的声明
1946年2月26日

鉴于就苏军延迟撤离满洲一事，中美报刊上出现种种错误的和歪曲事实真相的报道，马林诺夫斯基司令部澄清如下：

早在1945年11月，苏军就已开始撤离，但此后，经中国政府先后两次要求，撤离暂时停止，并推迟到1946年2月1日。1946年1月15日恢复撤军并延续至今，而且大量苏军已撤出满洲。但因中国政府行动极为迟缓，未能按时到达苏军撤出的地区，致使苏军司令部在许多时候不知将撤离后的领土交给谁，因此苏军撤出有些延误。对此还应当注意到这一情况，中国当局在去年秋天曾不止一次地向苏军司令部提出要求，待中国政府军抵达之后，苏军再自行撤离。同时还应考虑到另一情况，满洲的一些铁路和机动车辆已被在红军打击下而退却的日军严重的破坏了。煤炭的缺乏和严冬环境往往给满洲铁路的正常运行造成了各种障碍。最后，日伪残部组成的股匪正活跃在各交通线，特别是铁路线上，在搞种种破坏活动，以阻击苏联军队自由调动。驻满洲苏军司令部期望，苏军撤出满洲结束的期限，将早于，无论如何也不会迟于美军司令部将美军撤出中国的期限。

因此，在某些中外机关的报刊上出现的关于苏军故意拖延撤出满洲的种种报道，都是敌视苏联的、反动的、反民主分子诽谤的结果，他们企图以此破坏中国人民对从日本帝国主义强盗奴役下解放满洲的红军的信任和好感。

《消息报》,1946 年 2 月 27 日。

译自《苏中关系文件集》,莫斯科,1959 年,第 207 页

熊式辉致蒋介石电
北平,1946 年 2 月 28 日

即到渝。委座蒋:九二一七密。据报载丑月宥日长春马林诺夫斯基的参谋部对当地报者申云:"苏军撤退前曾指定一九四五年十一月间,但中国政府第一个请求以及第二个请求去后,曾决定延期到一九四六年二月一日。"又云:"中国政府军队十分缓慢的来到苏军所要退出的地带,因此苏军指挥部无法把苏军所要撤退地带的政权交给所要来接收的人;还有去年秋季中国当局屡向苏军指挥部提出要求,说苏军不等待中国政府军队来到,不能撤退"云云。殊与事实不符,应否由外交部或职在此对记者发表问答式之谈话,藉作声明,恳即电示。职熊式辉,丑俭午平印。

《战后中国》第 1 册,第 184 页

王世杰报告关于苏联撤军问题
1946 年 3 月 6 日

……

(三)关于中苏友好同盟条约之订立,以及东北接收交涉经过,王部长昨向大会提出报告,王部长说:苏军的撤退,原定去年十二月三日以前,此距日本投降之日(九月二日)为三个月,与中苏协定中所规定苏军撤退之限期相合,嗣因我军自大连登陆问题,中苏间未获成立协议,兼之地方不规则武力,在长春、沈阳等地,威胁我接收人员,遂致接收发生顿挫,后来中苏两方经过两度的商议,乃商定以本年二月一日为苏军自东北撤退完成之期,现在期限已过,苏军尚未撤退。

据苏方所表示,苏军撤退之延缓,系因技术上的困难,我政府现正向苏方继续催询中。本年一月间,苏联政府曾向我政府提出一个声明,

谓东北诸省,曾为关东军服务之日本企业,应视为苏军胜利品,我方则认日人在华之公私产业,均应视为日本对华赔偿之一部,已如前述,故中苏两方,对于此一问题之见解,迄未一致,惟苏军之撤退,依照协定,原不附带任何条件,因之此一争议之存在,应不能措成苏军缓撤之原由,中苏亲善,诚如本党总裁所云,不特为中苏两国所需要,抑实为全世界的和平安全所需求,本人深望双方,同本亲善友好精神,使苏军撤退问题迅获解决。

(四)最后王部长就我军自越南撤退问题,详加说明,并就中国最近与中南美诸国、暹罗以及荷兰等国所订保护华侨之新约,提出简括的报告。

《中央日报》(上海版)1946年3月6日

外交部致苏联驻华大使馆照会
1946年3月6日

径启者:关于苏军自中国东北诸省撤退日期,本部长曾于一九四五年十二月二十九日接到贵大使之书面声明一件,并经于同月三十一日函复贵大使在案。依照以上两文件所协定,苏军自东北诸省撤退完成之期限为本年二月一日。嗣于本年一月二十九日、本年二月一日及本年二月十九日本部刘次长及本部部长曾先后面向贵大使询问苏军自东北诸省撤退情形,贵大使均以尚未接获报告为答。现在前项约定苏军撤退完成之期限二月一日已过,而据本部所接报告,苏军尚未自东北诸省完全撤退,相应照请贵大使转请贵国政府令饬现在仍驻中国东北诸省之苏军即行撤退,并将其撤退详情惠予见复为荷!本部长顺向贵大使重表敬意。此致
苏联驻华特命全权大使彼得罗夫阁下。

外交部部长王(世杰),中华民国三十五年三月六日于重庆。

《战后中国》第1册,第187页

4. 莘夫命案与中国学生抗苏游行

张莘夫遇难经过
1946 年 2 月 22 日

（中央社北平二十二日电）经济部东北区接收委员张莘夫等,赴抚顺接收煤矿返沈途中殉难后,此间工程师学会等五团体定二十四日上午十时在中山公园开追悼会。该会筹备委员会发表张氏遇难经过如下:三十五年一月初,东北行营经济委员会张主任委员嘉璈与长春铁路局苏方副理事长加尔金洽定,由马里意助理副理事长陪同张莘夫等,前往抚顺,接收煤矿,于一月七日离长春赴沈,转往抚顺,同行者尚有助理接收人员牛俊章、徐毓吉、刘元春、张立德等五人,均系在长春委用,至沈阳后,该助理副理事长不通知张莘夫,单独先赴抚顺,越二日,张主任委员询问苏副理事长,张莘夫是否不能前往,苏副理事长答尽可前往,恐张莘夫胆怯,不敢前往。张主任委员即电话质问张莘夫,张莘夫回称:该助理副理事长用种种方法不使同去,张主任委员又与苏副理事长交涉,允由其设法往抚顺。十四日下午张莘夫突接沈阳市董市长通知,谓苏方已准备火车,即待开往抚顺,张莘夫偕牛俊章等助理五人及警卫九人上车,尚有许铮等四人,原亦约同往抚顺接收,临时未及赶到随行,此时苏方助理副理事长并未同行,仅面告张莘夫谓:已通知苏方驻军保护,并派汽车到车站候接等语。到达抚顺后,由苏方派人接至矿内俱乐部,随即由非法部队控制下之抚顺公安局,派兵将张莘夫同去警卫缴械,改由苏军守岗,除警卫七人脱逃外,张莘夫等即失去自由,张莘夫即设法请矿内工人与沈阳通电话,由张莘夫在沈阳代表王希接电话,听到"张等一行抵抚顺,苏军仅能保护二十四小时,望设法",言至此电话已被切断。沈阳董市长即电话报告张主任委员,张主任委员与长春苏军司令部接洽,请继续保护,经苏方同意,并问张主任委员仍留张莘夫等在矿,抑令返回沈阳,张主任委员答,最好留矿,但苏方如令其回来,亦可等语。十八日晚八时苏方军官带同当地警察,向张莘夫声述此地不能接收,劝即返回沈阳,于当晚八时四十分带至车站,在车站耽搁近一小时,搭乘原自坐长春送沈阳专车。惟苏方派兵坐在另一车厢,开行前将列车前后门道锁闭,驶至离抚顺二十五公里之李石寨时,非法部队上车,将张莘夫拉下,剥去衣服,用刺刀刺死,尸体七具,现已在该站附近南山坡下雪堆内发现。自十六日张主任委员与苏方长春司令部接洽后,张莘夫等即无正确消息,各方传闻纷纭,我长春军事代表团曾于一月二十九日正式函致苏军参谋长查询张莘夫等情形,迟至二月十日,苏方覆文到达,始悉张莘夫等一行确已被杀害。

《中央日报》(上海版)1946 年 2 月 24 日

董彦平要求苏军彻查张案

1946 年 2 月 26 日

(中央社讯)据官方宣布关于派往抚顺接收工矿特派员张莘夫等被害一案,曾经东北行营副参谋长董彦平,以书面向驻东北苏军司令部参谋长特罗曾科中将交涉,请其派员查办,嗣接该参谋长答复,苏军已采取一切办法,并侦察及逮捕凶犯,现我政府对于此事特别重视,已再电令董副参谋长彦平,连同苏军司令部交涉彼此各派得力人员,至出事地点,澈查被害情形及行凶主犯,以明真相及责任。

《中央日报》(上海版)1946 年 2 月 27 日

东北苏军当局发表张莘夫等被害经过

1946 年 3 月 9 日

(新华社延安九日电)据中央社长春讯:此间苏军当局,今日上午十时,对张莘夫案发表书面新闻稿如下:一九四六年正月十六日,在奉天附近一队匪帮害杀了中国工程师张莘夫及其随员,当苏军司令部得到这个杀害事件的消息以后,马上就派司法中校库尼也夫去详细侦察这个案件的情况。其检查的结果如下:张莘夫工程师和其随员,于一九四六年正月十六日,乘火车由抚顺赴沈阳,当火车在李石寨站停驻的时候,张莘夫一行人等,被闯入火车中的匪帮劫下车去,并被带走。当抚顺卫戍司令得到这个消息之后,即派遣苏军军官并率士兵一队前赴李石寨站。该军官确定的说道:张莘夫和其随员,已于该火车站一公里半远的地方被杀害了。除了一具尸体被运到抚顺市,后来被认为是张莘夫的尸体外,其馀的都被匪帮烧毁了。在发生事件的地方,马上就派去了增援队,以便搜索该站附近地带,但是匪帮并没有被发现,后来捉获了认为有参加杀害张莘夫及其随员嫌疑的两名中国人唐托明和张春魁;但是检查的结果,证明这些人并未参加杀害张莘夫,所以他们都被释放了。对于凶犯的搜索尚在进行中。可以很有根据的设想到,这是活动在东北的匪帮之一预先准备的一个挑拨事件,其目的在使中苏关系恶化起来。

《解放日报》1946 年 3 月 10 日

陪都两万学生大游行促苏联遵约立即撤兵

1946 年 2 月 22 日

(中央社讯)陪都学生两万余人,今晨举行爱国大游行,情绪激昂,秩序良好,沿途散发《告全国同胞书》、《质问中共书》、《对苏抗议书》等,并高呼"东北是我们的生命线","苏联应尊重我国的主权与领土的完整","苏军应立即退出东北","中共应彻底实行停战协定中对东北之协议","各党派速即放弃私利,团结一致,共赴国难"等口号,参加游行者,计有中大,重大,南开,中央工校,川教学院,市立中学,中正中学等二十余单位,各校教授及工友均参加游行。

重庆市学生今晨举行爱国游行时,散发下列七种宣言:(一)告全国同胞书。(二)告全市人士书。(三)质中共书。(四)慰问东北同胞书。(五)告东北同胞书。(六)对苏联抗议书。(七)致苏联史达林委员长抗议书。及中大致教授会暨助教会发表之(一)致苏联政府电,(二)致英美苏政府电,抗议雅尔达秘密协定,(三)上国民政府电,

（四）为东北事件告各党各派书。中大救国运动游行会，发表质雅尔达秘密协定书宣言，重大教授会暨助教会发表之（一）致苏联政府电，（二）致英美苏政府抗议电。（三）上国民政府主席电。

《中央日报》(上海版)1946年2月23日

各地继续组织要求苏联撤兵游行

1946年2月24日

（中央社成都二十四日电）蓉市各级学校暨人民团体，为维护国权，今晨举行盛大集会……大会于九时在华西坝广场开始，到……数万人，华西大学及齐鲁大学校长等均发表演说，呼吁全国民众团结奋起，誓为政府后盾，激昂达于沸点，十时半出发游行，秩序异常良好，呼声响彻云霄，经过陕西街燕大时不幸发生误会，经新华日报时，有数人突冲该处，将货柜推翻，抛掷书报后，经警察力加阻止，游行继续进行，午后一时许至省府请愿后解散，大会发表文件，计有为东北问题告全国同胞书，慰问东北同胞，致史达林书等，口号计有"反对东北特殊化"，"苏军退出东北去"等。

（中央社南京二十四日电）南京临大补习班，临大先修班及各中小学校，市商会等二十馀单位，因东北问题日益严重，为唤起国人注意起见，顷已联合组织首都大中小学师生及民众团体联合爱国示威游行大会，并决定于二十六日晨集合于金陵中学，然后绕行全市，该会定二十五日晨举行筹备会，商讨一切进行事宜，又临大先修班同学，已于廿四日晨起，与教职员工友共同节食，以所省金额，全部供给示威运动大会之费用。

（中央社北平二十四日电）东北旅平学生联合请愿团，为东北苏军延不撤退及张莘夫等死难事，于二十四日十时许游行，并发表《告全国同胞书》，及《东北旅平学生联合请愿团宣言》，情绪至为激昂。

《中央日报》(上海版)1946年2月25日

蒋介石在国府纪念周发表对苏政策谈话

1946 年 2 月 25 日

（中央社讯）蒋主席昨晨九时出席国民政府纪念周,对参加人员讲话要点如次:(一)此次离渝两周,赴京沪杭视察,并在南京主持军事复员会议,开会五天,与会各将领,对于中央之整编方案,并即将国军步兵由二五〇师缩编为九十师,均一致竭诚拥护,并已讨论具体办法,即付施行,各将领深明大义,皆以国家利益力为重,殊堪嘉慰。

（二）在上海所见,最重要之一事即为金融经济之不安定,以致物价高涨,经详察其原因,由于市场上对管理外汇多所推测,以及国外输出入贸易未恢复之故,兹已拟定具体解决方案。今日提出,国防会议通过后,即可付之实施。

（三）昨天到渝后,获悉前昨两日,陪都学生游行情形,知其为对于东北接收问题,关切所致,青年学生游行之举,固出于爱国热诚,但关于此等国家大事,应注重理智,切不可有偏激之情感,更不可越出其固有之范围,否则即将损及我国家民族整个的荣誉,徒增国家的困难,因此我希望全国民众,注意下列三点:

第一,我盼望全国民众,信任政府对于东北问题必能有合理的解决,切不可轻听外间无根据之传闻,而有激昂过分之言动,我国民政府二十年来,对于保护国家主权与求得行政完整的经过和一切措施,应为我全国人民所共同认识,至于对苏联商谈合作之原则,政府所授予东北行营者,一、必须遵守我国之法令;二、尊重中苏友好同盟条约;三、不抵触我国所签订之一般国际协定,此为政府对东北问题之方针,今特明告我全国同胞,望勿必顾虑。

第二,大家须知中苏两国之友谊,不仅于中国于苏联均为必要,且对于战后世界和平亦为必要,故我中苏两国之友谊,必须保持,异须继续增进,我两国上下,断不可因一时一事之现象,而动摇此种信心或怠忽其努力。

第三,战时限制人民自由之各种法令,现在已经取消,一般人民之言论行动,更须自爱自重,随时检点,勿使逾越法律的正当范围,余深望我全国民众,咸以负责任,守纪律之精神,善用其自由,此实为吾人实行民主必要之前提也。

《中央日报》(上海版)1946 年 2 月 26 日

成都燕大学生拒绝参加游行,以绝食抗议校门被毁事件
1946 年 2 月 27 日

(新华社延安廿七日电)本社记者称:从最近重庆传来的电讯中,更可证明这次全国各地的反苏反共游行示威事件,完全是国民党内法西斯分子所一手制造,他们以手枪和金钱威胁利诱学生群众,强迫学生走向街头。绝大多数学生参加示威是非自愿的,被利用的,也有一部分学生是上了法西斯反动分子的当,以致犯了政治上的错误,但更有很大一批真正爱国的青年学生,他们的觉悟程度很高,自始即坚决拒绝参加这一反动的、反民族的、反民主的、法西斯的游行示威。据合众社渝廿六日电:据报界消息:成都燕京大学学生,即不为威武所屈,坚决拒绝参加星期日(廿四日)的反苏游行。法西斯分子,虽用尽种种欺骗恫吓手段,燕大学生,仍予正义的抵抗,以表示他们独立的人格,此种明确的坚定的酷爱和平民主的态度,实为全国学生的表率,引起各阶层人士的广大同情与尊敬。不料法西斯特务分子,以黔驴技穷,竟恼羞成怒,群集该校门首,以大打出手,将该校校门捣毁。可见法西斯特务之穷凶极恶,横行不法。他们过去禁止学生和人民举行抗日爱国的示威游行以及庆祝政协成功大会等正当的民主集会,今日自己发动反动的反苏反共违反民意的游行,而又以种种恐吓手段,逼迫不愿参加此种活动的群众参加,而政府对此种暴行竟不加阻止,不知何谓自由? 何谓民主? 何谓法治? 此事发生后,燕大学生群情愤激,已于星期一绝食,以示抗议。

《解放日报》1946 年 2 月 27 日

旅渝东北名流反对反动游行
主张敦睦中苏邦交、和平解决东北问题
1946 年 3 月 6 日

（新华社重庆六日电）本社记者近走访东北名流征询关于东北问题及各地反革命游行的意见。据东北政治协会徐筹挽称："吾人应先明了东北真象，万勿轻信无根据之谣传，即冒然有游行等举动，如前传苏军永占东北，今苏已正式声明，表示已开始撤退。吾人应强调中苏友谊，苏联绝非侵略国。整军方案中已解决东北驻军问题，亟愿其迅速实行。"前沈阳市商会会长卢乃赓认为阴谋分子所操纵之反苏游行，其目的在于离间国共两党及中苏与苏美关系，阴谋制造内战与第三次世界大战。周鲸文认为：爱国主义必须在对内为民主化进步化，对外推进民族团结，吾人决不能以夷制夷，以外交解决内争。如政府早日发表对苏谈判实情，也不致传说纷纷。重庆学生亦不致根据此不负责方面的报导而参与游行。他并称："东北的民主联合政府，可安定地方，亦有助于外交上的商谈。"阎宝航就东蒙问题对记者称：东蒙问题系兴安省的十三个蒙旗要求自治，绝非外传所称的共和国。现东蒙代表琪尼巴藤提等已抵北平，当可真象大白。关于中苏谈判问题，阎氏称："闻中苏经济谈判范围是沿长春铁路的两煤矿，一炼铁厂，一电力厂，一民营航空公司，由中苏合办。我国目前是应该欢迎外资与技术的合作。"最后他表示希望政府立即放弃武力接收，必须和平解决东北问题。

《解放日报》1946 年 3 月 6 日

莫斯科中国问题广播评论员马西努谈话
——《已被揭穿的阴谋挑拨》
1946 年 3 月 3 日

（莫斯科三日广播）评论员马西努时事谈话，题为：《已被揭穿的阴谋挑拨》。

最近时期在中国与美国的报纸上，出现了各种不正确的消息，曲解

苏军由满洲撤退的真象。中国某些报纸利用这种不正确的消息,展开疯狂的反苏联运动。同时,中国某些报纸的造谣诽谤运动,成了反动的反苏宣传运动。这些事实证明什么呢?

首先,是证明了反苏的游行示威是经过中国当局的同意与组织的。参加游行的流氓们,都有后台老板——反动派撑腰,这些后台老板不仅供给游行者印刷机,不仅替他们在街道上设立讲台,准备会餐食品,这些有势力的反动派并派遣特务暗探机关领导游行,保证他们不受任何干涉阻扰。

至于讲到在阴谋挑拨浪潮中的报纸,大家都知道,这些报纸都是受相当机关的监督,而且不经过许可是不能登载任何东西的。

最近时期,中国当局并没有采取任何办法阻挡这种阴谋挑拨,恰恰相反,某些官方要人的言论,反而是火上加油。然而实际情况,关于撤退满洲苏军的实际情况,中国当局早就知道了。中国当局不能不知道,还是在去年十一月苏军就已开始撤退,苏联政府遵守自己的义务,按照中苏协定规定的期限,甚至早于这一期限就开始撤退了。直到现在没有完成撤退苏军,那末,总会是有原因的,这在中国当局是深切知道的。大家知道,去年十一月,苏军即开始自满洲撤退,由于中国政府的两次请求而延期。虽然按照中国政府第二次请求,应当从二月一日重新开始撤退。可是,苏军指挥部早于二月一日两星期,即是在一月十五日就重新开始撤退了。直到现在还在继续撤退。

马林诺夫斯基元帅的参谋长特罗雅科中将,二月二十六日招待长春各报主笔会议上指出:很大一部分苏军已从满洲撤退了。他继续说:但是撤退苏军是在某些迟缓的情况下进行的。苏军撤退迟缓的原因不仅是苏联当局深切知道,实际上还是去年秋季中国当局即向苏军指挥部提出抗议,苏军没有等到中国政府军队到来,就撤退了。当时中国当局所提出的不是说苏军撤的太慢,而是说苏军撤退的太快了。

苏军指挥部不能不估计到这种情况。特罗雅科中将指出:某些撤退苏军迟缓的原因,就是中国政府军队来的太慢,来不及开到苏军撤出的地区。时常发生下述的情形,即是苏军指挥部没有办法转交退出的防区。特罗雅科中将声明还指出影响苏军撤退迟缓的其他原因:局部的指出日寇将铁路与列车破坏了,交通非常糟糕,列车缺乏煤炭与冬日天气,都妨碍了苏军的撤退工作。最后,特罗雅科中将指出日寇及其傀儡日夜袭扰,造成严重的状态,这些武装匪徒时常干破坏勾当,因此妨碍了苏军的撤退。

　　这一些事实,都是中国当局所深知的。但是在中国方面却有相反的说法,力图掩盖真实情况,用种种造谣诽谤干阴谋挑拨勾当,掀起反苏运动。在反苏浪潮中,中国某些报纸忘记了美军驻在中国的情况。特罗雅科中将指出这些事实以后说:驻满洲苏军指挥部打算在美军指挥部有可能从中国撤退美军之前,或者不属于这一时期撤退苏军。

　　特罗雅科中将二月二十六日在长春所发表的声明,揭穿了中国反动分子此次反苏阴谋的挑拨勾当。这一声明,打破了反苏运动的发起者的下贱勾当。特罗雅科中将在结语中说:在中国某些报纸与外国报纸刊登了苏军故意延迟撤退满洲苏军的消息,是反动的反民主分子造谣诽谤仇视苏联的结果。他们企图用种种方法破坏中国居民相信红军的善意,相信在日寇压迫下解放满洲的红军的善意。

《解放日报》1946 年 3 月 3 日

5. 苏军撤离东北

驻沈阳苏军开始撤退

1946 年 3 月 7 日

　　(中央社沈阳八日电)交通界息,此间西车站,自七日晨三时五十三分至八日上午十一时,先后向北开出列车廿二列,共挂车厢三百八十一节,合载苏军一千一百馀名,其馀皆为轻重武器及物品。

　　(中央社长春八日电)此间于闻悉沈阳苏军开始移动消息,一般市民,亦皆注意此间苏军之动态,但至今晚为止,驻长苏军作息如常,尚无移动迹象。

《中央日报》(上海版)1946 年 3 月 9 日

《解放日报》报道苏军继续撤离沈阳

1946 年 3 月 13 日

　　(新华社延安十三日电)据合众社等报导,东北苏军自二月一日开始撤退以来,本月九日起,又有大批苏军自沈阳向大连、旅顺、长春方向继续撤退,军行秩序甚佳,事前苏方曾通知国民政府当局。沈阳原有苏军一万九千人,九、十两日,即有八千馀人分乘廿二列火车撤离沈阳市。浑河北岸之苏军汽车连队营房五处,已于十一日下午二时,交由国民党军队接收。该地营房建筑宏伟,接收时苏方特派代表欧罗诺夫少校及沙巴斯烈基中尉,会同国民党方面代表刘金山中校及罗旭东副官勘查后,一一接收,双方并交换文件,清昭陵(北陵),飞机场,也由苏军交与国民党军接防。同时沈阳市原敌伪工厂,由苏方交与国民党沈阳市政府接收者,先后已达六处。苏方在沈阳的各商业机关,已由苏方派员请董市长文崎予以照顾。现国民党新六军第五十二军、第十三军、新一军部队陆续开入沈阳地区。原由苏军俘虏而拘禁于集中营之伪满军七千名,在苏军撤退后,已于十一日被全部释放。沈阳市内秩序安定。重庆国民党军界人士称:“反共派传播毫无根据之谣言谓:国民党军队与中共军队于苏军撤退后,正在沈阳巷战,显系企图破坏中共之信誉。”中央社前昨报导沈阳发生大火,亦证明纯属子虚。

《解放日报》1946 年 3 月 13 日

苏军撤出沈阳,国军入城接防

1946 年 3 月中旬

　　……

　　(中央社沈阳十二日下午十时电)苏城防司令高夫堂,定今夜十二时率其司令部人员离沈,自七日晨苏军开始移动以来,已先后开出军车四十列,高夫堂将军所乘者,当为最后一列,高氏原定十五日离此,临时通知彭主任璧生、董市长文琦,改今晚起程,市郊防务本日已由国军全部接收,国军第二十五师定十三日入城接防,五十二军军部亦将迁城内办公,此间刻正筹组警备司令部,由五十二军军长赵公武任司令。

《中央日报》1946 年 3 月 16 日

合黑两省在哈人员奉令撤退长春
1946 年 3 月 12 日

（中央社长春十二日电）据悉:滞留哈尔滨之合江、黑龙江二省接收人员,即将奉命撤回长春,此因该二省人员迟迟未能赴佳木斯及北安进行接收省政之故,按合江省主席吴翰涛、黑龙江省主席韩骏杰,系于一月二十三日在苏方同意协商下率属赴哈者,今已一个月又十七天。

《中央日报》(上海版)1946 年 3 月 14 日

四平街苏军亦撤退
1946 年 3 月 15 日

（新华社延安十五日电）据中央社讯,继沈阳苏军全部撤退后,驻于辽北省省府四平街之苏军,亦于九日全部撤退。行前并曾正式通知国民党辽北省政府接防。现该地防务,已由国务党省保安队等接管。

《解放日报》1946 年 3 月 15 日

沈阳撤退苏军大部返国
1946 年 3 月 16 日

（新华社延安十六日电）中央社讯,沈阳等地撤退之苏军十三列车,十四日午经过哈尔滨,除一小部份在哈站下车外,馀均东去返国,哈市附近各地苏军,亦有向哈市集中准备撤退模样,现每日均有苏军列车分向绥芬河及扎兰屯方面开返苏境。

《解放日报》1946 年 3 月 16 日

苏军从长春以南撤出

1946 年 3 月 18 日

（中央社长春十八日电）苏军总部参谋长特洛曾科中将,今发表声明称:除少数苏军,于撤出长春之时在外购物,失却联络外,长春以南已无苏军。特氏此言,其答覆我军事代表团长董彦平中将之询问,董特两氏今举行第十五次会议,董氏除作此询问外,并曾要求苏方对松江、哈尔滨、齐齐哈尔等省市政府人员之安全,加以保障,据特洛曾科曾称,各该地苏军驻扎,彼等之安全,自应由苏军负责,但无苏军驻扎之地,则不能负责。……

《中央日报》(上海版)1946 年 3 月 19 日

外交部为接收东北人员安全问题致苏联驻华大使馆照会

1946 年 3 月 19 日

中国政府根据所得报告,在长春、哈尔滨及其他苏军未撤退地区,均有大批非法武装部队集结,以致在各该地区之中国政府接收人员之安全,感受威胁,特请苏联大使馆转达苏联政府电饬东北苏军总司令部,对于东北长春、哈尔滨及其他苏军未撤退各地区之中国政府接收人员,切实予以保护,以免发生意外为荷。

《战后中国》第 1 册,第 187—188 页

军委会发言人指责苏军未承担护路责任

1946 年 3 月 20 日

（中央社讯）军事委员会发言人声称,苏军参谋长特洛曾科中将所提,中长路沈阳旅顺间及沈阳长春间,曾有多处遭受破坏或埋置地雷等事,因该路秩序由中国路警维持,故中国政府应负责一节,查长春路沿线,各地均有甚多之非法军队,非有足数武力,无法维持沿线治安,此次苏军自沈撤退至长,事先并未通知我方,更未与我方预先洽商沿线接防手续,及苏军撤退后一二日,沈长间交通已为非法武力阻碍,我不及派

兵警卫,故中长路之交通破坏,在我军未能到达该路线以前,我方不能
负维持交通之责。

《中央日报》(上海版)1946 年 3 月 20 日

苏方原则同意中长路运送国军
1946 年 3 月 22 日

……

　　(中央社长春二十一日电)我军事代表团,昨曾正式照会苏方,准
备即行利用中长路铁路由沈阳方面运输军队北来接防。苏方立即覆
照,表示原则同意,惟谓四平鼠疫流行,车辆不能通过,此外,并将破坏
渤河铁桥之责任,归咎国军,谓由于该桥之破坏,致使抚顺之煤不能运
入。又称:中长铁路路员曾遭我方虐待,并有机车十二辆为我方拘留,
在此等情况未消除前,利用该路运输中国军队,实不可能云。

《中央日报》(上海版)1946 年 3 月 22 日

王世杰致彼得洛夫照会
1946 年 3 月 21 日

　　径启者:关于中国政府请苏联政府将驻留中国东北之苏军撤退,并
将撤退详情见复一事,本人曾于本年三月六日照会阁下,但迄未接到复
示。中国政府近接报告,苏军自东北某地区撤退时,事前并未通知我
方。我预定担任接防之军事人员,遂感受重大困难。非法武装部队,因
得乘机骚扰,破坏地方之秩序与交通。中国政府特请苏联政府本中苏
友好同盟条约之精神电令东北苏军司令部,于苏军自每一地区撤退时,
将日期预先通知我驻在苏军总部之军事代表团,并于撤退之时,对中国
接防军队予以便利与协助,俾获维持秩序与交通,及保护我在长春、哈
尔滨及其他苏军尚未撤退地区接收人员之安全。为此照请阁下转电苏
联政府,并请惠予迅复为荷。本部长顺向贵大使重表崇高之敬意,此致
苏联驻华特命全权大使彼得罗夫阁下。

外交部长王(世杰)。

《战后中国》第 1 册,第 188 页

彼得洛夫致王世杰照会
1946 年 3 月 22 日

(苏大使彼得罗夫三月二十二日上午十一时半来部见部长面递照会)

径启者:中国政府本年三月六日之照会,苏联政府业已收到。满洲苏军,如中国政府未两次提出其驻留延期问题,原可于十二月完成撤退。其后,因冬季条件及气候不佳,使苏军撤退受了阻碍。三月间,气候条件已经转佳,苏军司令部即决定恢复苏军之撤退,且苏军已经自沈阳、抚顺及其他地方撤退。现在已甚明显,苏军司令部有可能继续撤退,以便将军队自满洲至迟于四月底撤退完毕。苏联政府兹通知中国政府,苏军依照政府之决定,本年四月底将自满洲撤退完毕。本大使顺向贵部长重表崇高之敬意。此致

中华民国外交部部长王世杰博士阁下。

苏联驻华特命全权大使彼得罗夫,一九四六年三月廿二日。

《战后中国》第 1 册,第 188—189 页

塔斯社关于苏军撤出中国东北结束期限的报道
1946 年 3 月 24 日

日内,为答复中国政府对苏军延迟撤离东北的原因和撤军结束期限的质询,苏联政府已通知中国政府,到 4 月底苏军司令部将结束东北撤军。苏联政府在复文中还指出,如果不是中国政府两次请求延期撤军,苏军撤出东北早在去年 12 月就能结束。嗣后,由于严冬环境和天气恶劣,苏军撤退受阻。而现在天气好转,苏军司令部有可能加紧撤离并在 4 月底撤离完毕。

《消息报》,1946 年 3 月 24 日,第 72 号。

译自《中苏关系文件集》,莫斯科,1959 年,第 207—208 页

长春苏军开始撤退

1946 年 3 月 25 日

（新华社延安廿五日电）据中央社报导，东北苏军在继续撤退中，连日长春苏军已开始撤退，军乐队、宪兵队等纷纷离去，军用电话，亦已拆除，现该地苏军已显著减少。

《解放日报》1946 年 3 月 26 日

熊式辉致蒋介石电

锦州，1946 年 3 月 26 日

SD 渝，委员长蒋：五〇〇八（表）。（甲）董副参谋长与特鲁曾科中将十六次会谈，择呈如下：（1）董提：苏军撤退，希先期正式通知我方，以便办理接交防务手续，否则发生非法武装潜入，双方俱受损失。特答：长春苏军确已开始撤退，但因燃料缺乏，不能确定何时撤完，且长春、哈市均经贵方接收，无须再办交接手续。董称：交接手续系指双方军队交接防务而言，为维持地方治安，必须举行。特称：长春苏军，尚不拟遽行撤完，贵军到达公主岭，停留十日，经双方医师证明无疫染时，再行进军。董称：当请示政府。（2）董提：苏军在东北发行之钞票，请通知我方。特答：非余主管，俟请示后再告。（3）特提：长春机场，贵方所占有之房屋，希即让出。董称：我方正驻用，如他迁则执行勤务诸不方便。（4）董提：迩来长春市内潜入非法武装甚多，其一部且乘火车来长，登车时穿着军衣，佩符号，下车后均换便衣，似此将影响市内治安，我方将检举讯办。特称可。（乙）职指示如下：（1）正式交接防务应交涉举行。（2）机场地勤人员不能撤出。（3）我军停止公主岭，须视情况再定。并已饬部队注射防疫针。四平街伪主席栗又文电董副参谋长称：希望与中央合作，为求留刘主席主持省政，并请董副参谋长去四。职指示必须先将刘主席送回长春，不能在暴力胁迫下作何商谈。以上各项，谨电呈察。职熊式辉，寅宥戌参锦印。

《战后中国》第 1 册，第 191 页

董彦平致蒋介石电

1946 年 3 月 27 日

张主任委员公权先生，并转呈委员长，寅宥（廿五）职与特罗增科中将晤谈，就东北各地接防问题，郑重提出交涉，渠先则多方闪避，不作正面答复，继经往复质询，渠始表露真意，谓既奉令于卯卅（四月卅日）以前撤完，则仅知遵奉命令完成任务，不遑顾及其他。并声明苏军在长春以北所警备之区域，不能株待中国国军接防，而只能将防务交付地方现存之武力，如华军不及开到，则苏军不能因此停止撤退等语。关于长春撤退期限，渠称最迟卯宥（四月廿五日），最早卯删（四月十五日）至卯号（四月二十日），可以撤完。国军可在苏军撤尽前，进入长春市区。华军进入长春附近时，仍须停留检疫，但不限定在公主岭，移至该岭以北地区施行亦可。职继提出满洲里至绥芬河之铁道，已改成宽轨，我军在该段所需用之车辆，亦即接防部队之运输问题，应如何办理。渠称车辆系苏政府供给，管理权则属于中长路当局。嗣经商定，双方报告政府，速谋解决等情。综观苏方意向，对东北北部五省，以别具怀抱。事机甚急，谨报请鉴核。职董彦平，寅感子秘印。

拟办：原件呈阅。拟饬速即拟具预计苏军如期撤退时，国军接防方案呈核。职俞济时谨鉴，三月廿九日。

蒋委员长批示：如拟。

《战后中国》第 1 册，第 191—192 页

外交部致苏联驻华大使馆照会

1946 年 4 月 1 日

径启者：中国政府接获报告：（一）驻在长春法政大学校舍内之苏军，于三月廿一日撤退时，将校舍纵火焚毁；（二）长春飞机场附近之大仓库于三月廿五日被苏军爆炸加以破坏。中国政府认为苏军上开行为实与中苏友好同盟之精神不相符合，特请贵大使转电苏联政府电知东北苏军司令部迅予有效制止此类行为，并于苏军自东北各地区撤退以

前,对于各该地区内之公私财产及建筑物予以切实保护,并希见复为何。本部长顺向贵大使重表崇高之敬意。

此致

苏维埃社会主义共和国联邦驻华特命全权大使彼得洛夫阁下。

外交部部长王世杰。

《战后中国》第 1 册,第 192—193 页

白崇禧有关东北接收情形报告
——在国防最高委员会第 186 次常务会议上的报告

1946 年 4 月 1 日

白副总长崇禧:今天报告东北接收情形:

甲、接收交涉经过:卅四年十月十五日东北行营熊主任式辉与苏联马林诺夫斯基元帅协商接收东北问题,马元帅答复如左:

"苏军已开始撤退,并分三期撤完,第一期预定至十月二十日撤至沈阳线,第二期十一月廿五日撤至哈尔滨线,第三期十二月一日全部撤回苏联国境。"

我接收人员到达长春后,遭受当地共军扰乱威胁,无法行使职权,同时苏方撤兵,亦未按期实施,乃于十二月中旬决定留一部分人员于长春,与苏联保持联络,其余人员撤退,嗣苏方通知愿延期撤兵,予我接收之方便,经我政府允苏军于卅五年二月一日以前,全部撤出东北,一切政权交由政府派员接收。

卅五年一月,苏军尚无撤退迹象,我方迭向苏军询问,苏方一再表示,因交通困难关系,不能如期撤退。迄一月三十一日我东北行营董副参谋长彦平,向苏联特洛增科中将询问苏军撤退情形。特中将答:苏军已开始自沈阳撤退,因受交通限制不能直接撤至国境,须在长春、哈尔滨暂驻。至三月十三日沈阳、四平街及长春以南之苏军始实行撤退至长春、哈尔滨附近。

卅五年三月廿六日董副参谋长彦平向苏联特洛增科中将提询苏联

撤退问题。特中将答：既奉命于四月卅日以前撤完，则仅知遵令完成任务，不遑顾及其他；并称长春撤退期限，最迟四月廿五日，最早四月十五日至廿日可以撤完。

乙、国军准备接收东北之兵力：国军接收东北所用兵力，原计划使用五个军（即十三、五十二、九十四、三十、四十军），除十三、五十二、九十四三个军已到达东北，大部担任交通掩护外，其三十、四十两军被共军阻于豫北，迄今未能前进。复以苏军延缓撤退，东北情形日趋复杂，乃续派七个军（即新一、新六、七十一、六十、九十三、五十四、九十九军）增加东北接收兵力，现新一、新六、七十一三个军已到达外，余在陆续运输中。

丙、实施接收情形：卅四年十月十三日国军第十三、五十二军在秦皇岛登陆完毕，其先头部队于十五日进抵榆关附近。此时榆关一带，各隘口及营口、葫芦岛各港口，均为共军先行进占，阻止国军前进。此时锦州以西苏军业已撤退，国军为迅速接防，于十一月十五日强行进出榆关，廿六日进入锦州。熊主任式辉即依据前与马元帅之协商，苏军应于十一月廿五日撤至哈尔滨之线，向苏军交涉接防沈阳，未获协议。

卅五年一月九日国军与苏方商妥，派队接收营口完毕，十四日忽遭受新式武器装备并有坦克大炮之共军万馀人攻击，国军守兵一营牺牲惨重，被迫撤退。

一月中旬国军与苏方商妥进驻沈阳，乃于十五、十六两日由打虎山车运国军第廿五师至沈阳，在沈阳西郊遭受射击，伤士兵数名。

三月十三日国军五十二军、新一军、新六军跟随苏军之撤退，接收沈阳防务完毕，廿二日分别接收抚顺、辽阳、铁岭一带防务，廿七日接收开原防务，正准备接收营口、海城、鞍山、本溪湖、昌图、四平街一带防务中，彰武以北至通辽方面，未接苏军撤退通知，国军尚未前往接收。

空运国军至长春问题，自卅四年十月中旬即开始与苏方谈判，至十二月底，始与苏方商妥，乃于卅五年一月五日开始空运东北保安第二总队三千余人至长春,于一月廿八日运毕。

（略）

苏联《真理报》辟谣
1946 年 4 月 1 日

（莫斯科一日广播）真理报国际评论:最近出版的民语报发表了一篇造谣挑拨的消息,该报说苏联与中国共产党似乎订有所谓秘密条约。挑拨离间手段本来是国际反动派爱用的手段,也是中国反动派爱用的手段。民语报企图使中苏友好关系趋于恶化。为了方便自己捏造的谣言很像真有其事,它不仅捏造了所谓缔订条约的时间,而且捏造了这一条约的十一条内容。

该报说:按照这一条约,苏军将在满洲留驻很久,成为满洲完全的主人,该报完全不愿意知道:苏联已通知中国政府,苏军将在四月底以前完全撤出满洲。并且指出,如果不是中国政府一再要求延期撤退,早在去年十二月即已撤退完毕。

该报向自己的读者捏造了另一条约,所谓苏联与中共订有共同管理满洲铁路的条约。一九四五年八月十四日订立中苏友好互助条约时,同时签订两国共同经营南满与中东两条铁路的协定,按照这一协定,将南满与中东两条铁路改为长春铁路,建立中苏长春铁路管理局。这一事实也驳斥了民语报所捏造的谣言,因为它同样是荒谬无稽。

民语报所捏造的谣言,如果不是明显的挑拨离间,那末现在会发出这样的问题:谁需要这样的挑拨离间呢? 其目的究竟何在? 其目的是在那些不应该出现外国军队的地方,出现了外国军队,自然不是苏联军队,这种谣言不是在替他们作辩护吗?

彼得洛夫覆王世杰照会

1946 年 4 月 3 日

径启者:准贵部长三月二十七日关于苏军自满洲撤退事来照,兹奉复如下:苏联政府应中国政府之要求,业对满洲之苏军司令部重申前令,即苏军自满洲之个别地点撤退时,应事前通知驻长春之中国军事代表团。至对于在满洲之中国政府军队予以协助一节,于实际上可能之诸场合下,苏军司令部对中国政府军队执行其所负接收领土之任务时,以后自当仍将予以协助。本大使顺向贵部长重表崇高之敬意。此致中华民国外交部部长王世杰博士阁下。

苏联驻华特命全权大使彼得罗夫。一九四六年四月三日

《战后中国》第 1 册,第 193 页

王世杰部长接见苏联驻华大使彼得洛夫

有关协助接防等问题谈话要点

1946 年 4 月 4 日下午 6 时

王部长谓:

一、贵大使三月廿七日面告本人谓:关于东北之中苏经济合作问题,苏联政府愿意移至重庆与我中央政府谈判,本人兹答复阁下:关于此项问题,中国政府决定将与阁下谈判。

二、我方主管机关已在准备关于此问题我方拟提之意见,一俟准备就绪,本人当即通知阁下开始商谈。

三、苏方所拟东北合作事业,分散在东北各地,我方尚未接收,自不明白其现状,将来商谈如有结果,其最后及正式之决定,须在苏军撤退完毕与我政府接收东北各省市之后。

苏大使谓:本人将立即报告苏联政府。

苏大使又问:贵政府已否指定负责商谈之人,及何时可以谈商。

王部长谓:人选正在我政府考虑中,我方准备不久即可完成,商谈不久即可开始。

×　　　×　　　×

王部又谓：今日尚有附带提者，即近据报，长春、哈尔滨、齐齐哈尔及其他地方附近均有非法武力威胁，颇有重演四平街状况之可能。果真如此，则将发生极不良影响。昨接阁下照会谓：东北苏军司令部将予我政府接防军队以实际可能之协助，我政府切望在贵军协助下，上述各地不致重有类似四平街之情形发生。

苏大使答：本人当即电达苏军司令部，以期能实现贵部长之愿望。

×　　　×　　　×

王部长谓：关于溥仪解交事，我政府已电东北行营及董彦平团长，如长春能安全配置飞机，解运溥仪至锦城，则可能交董团长办理。

苏大使答：本人已将尊意电马元帅。

《战后中国》第 1 册，第 193—194 页

东北苏军正式宣布各地撤兵日期

1946 年 4 月 7 日

（中央社锦州五日电）东北苏军正式宣布撤退日期，四月三十日前可全部撤至苏联国境，本月三日，董彦平中将与特鲁曾科中将会谈时，特中将奉命宣布苏军撤退日期。（一）马元帅总部之所有僚属，四月五日离长春返国，长春苏军将于十四日、十五日两日撤完，卡洛夫城防司令最后离长，市郊防御岗哨将于十日撤离，（二）哈尔滨苏军二十五日撤完，（三）吉林市三日至十六日撤完，（四）齐齐哈尔二十六日或二十七日撤完，（五）牡丹江二十六日或二十九日撤完，（六）北安佳木斯、勃利及其以北地区，十日以前亦可撤完，根据以上计划，本月三十日前，苏军全部可以撤至苏联国境。

（中央社长春六日电）马林诺夫斯基元帅，于今午离长之顷，曾与军事代表团长董彦平畅谈四十分钟，谈话内容，官方未发表，马氏声言，渠在哈尔滨，将有两周勾留，在苏军最后撤出东北前，仍将与我军事代表团保持联系。据悉马氏今午一再强调中苏友好相处之重要及必然

性,本日之谈话,系在车站临时自由举行,马氏专车于十时四十分开行,同行者有参谋长特洛曾科中将等。

(中央社长春六日电)马林诺夫斯基元帅,今日上午十一时四十分,乘车赴哈返国,我军事代表团长董彦平,率邱楠等全体团员到站欢送,该团团员张培哲、杨作人并随车陪送马氏至哈尔滨。

又哈尔滨六日电,马元帅及其总部人员,今日下午五时四十分专车抵哈,我军事代表团员张培哲、杨作人同来。

《中央日报》(上海版)1946 年 4 月 7 日

中国军事代表团在长春设宴欢送苏军将领
1946 年 4 月 6 日

......

(中央社长春五日电)军事代表团今下午五时,在中央银行大楼,设宴欢送苏军将领,苏方出席者有马林诺夫斯基元帅、列昂诺夫上将、特夫陈科中将、特洛曾科中将、喀尔根中将、卡洛夫少将及塔斯社记者彼诺夫等三十人,我方到有董彦平、朱新民、刘哲、刘德溥、赵君迈、甘雨沛等三十人,席间董彦平致欢送词,马元帅致谢词,至七时许尽欢而散。

《中央日报》(上海版)1946 年 4 月 6 日

新华社报道董彦平要求苏军暂缓撤离部分城市被拒
1946 年 4 月 7 日

(新华社延安六日电)莫斯科六日广播塔斯社长春电:中国政府接收满洲之代表董彦平,三日谒见马林诺夫斯基元帅的参谋长特罗琴科将军,要求苏军在满洲某些城市的驻军延期撤退。他说中国政府军队来不及接收这些苏军将要撤退的城市。特罗琴科将军在答覆这一请求时称:"我们奉政府命令在四月底以前完全撤退在满之驻军,无权改变政府之命令,因此苏军指挥部不能同意董彦平之愿望。"

按苏联在满驻军按照中苏友好条约的规定,原拟于去年底全部撤走,后经中国当局两度请求延迟撤兵,苏军曾允其所请暂缓撤兵,但国民党内法西斯竟藉端挑起反苏反共运动,诬蔑"苏联企图占领满洲",但当苏军目前宣布四月底以前从满洲撤兵并已开始陆续撤退时,国民党当局忽然又厚颜无耻地要求红军在某些城市延期撤退,出尔反尔,其存心制造事件进行反苏之阴谋再度暴露。

《解放日报》1946 年 4 月 7 日

长春举行欢送苏军大会
1946 年 4 月 8 日

(中央社长春七日电)此间各界,今午举行之欢送苏军大会,到有我军事代表团团员朱新民、邱楠、市长赵君迈及各界代表等,苏方到马林诺夫斯基元帅代表斯科夫上将、城防司令卡洛夫少将、驻哈尔滨总领事巴宁洛夫斯基等,会间邱楠致词中,谓苏军之战友及身经八年大战之中国精锐陆军,即将进驻此地,吾人愿为盟友祝贺,因渠等即将返国,与家人欢聚,以渠等战时击溃敌人之手重建其繁荣安乐之生活秩序,此种秩序,亦即吾人曾以艰苦之战斗所保卫争取之目标。词毕,并由朱新民译成俄语,在场苏军均报以热烈掌声,继由斯科夫上将致答词,略谓:苏联无领土野心,故解放东北后,必须撤退,中苏无论在历史、地理、经济、文化上,均有合作之需要,会后举行开拔式,苏军一团于市民夹道欢送中,开往车站。

......

《中央日报》(上海版)1946 年 4 月 8 日

苏军开始撤离哈尔滨
1946 年 4 月 9 日

(中央社讯)关于苏军自我国东北撤退日期,顷据外部发言人见告谓:苏方前将苏军自长春、吉林市、哈尔滨、齐齐哈尔、牡丹江等地撤退日期,通知吾方,声明于四月三十以前,全部撤至苏国境,外交部接到通知后,即已正式向苏方表示同意,确定该项日期为撤退日期。

……

（中央社哈尔滨八日电）此间苏军,现分向三方面撤退,一为北方之黑河,一为东方之俀芬河,一为四方之满洲里①。据悉,苏军将于四月二十六日以前全部撤出哈市。

（又电）本日又有共军三千人,由双城县进驻市区西方半拉城子,哈市情势益形严重,惟迄今为止,市内尚未发生事端。杨市长绰庵正冷静应付一切,昨日曾与共军负责人晤谈,双方表示决依政府指示,以和平原则解决一切问题。

《中央日报》(上海版)1946 年 4 月 9 日

廿五万人集会热烈欢送离长红军　要求巩固中苏友好关系
1946 年 4 月 11 日

（新华社延安十一日电）莫斯科今日广播:四月七日在长春举行欢送红军部队大会,此次欢送变成广大居民感谢自己的解放者红军的强大示威。参加红军欢送大会的人共有廿五万人,在城市公园举行露天大会。大会上发表演说的有长春市长,中国军事代表团代表,职工会,宗教团体及各学校的代表。在讲演中都向红军表示感谢,并要求继续巩固中苏友好关系。在露天大会上通过了向斯大林大元帅致敬信,该信是用三百五十公尺长的绸缎写的,有十三万人签名,长春市长赠与马林诺夫斯基元帅,长春卫戍司令,长春城防司令三面锦旗与三只银杯。大会结束时曾通过致斯大林之贺电。继露天大会之后举行欢送行将离开长春的红军部队的巨大游行,从公园直至火车站,沿途人山人海。游行群众高举标语旗帜与斯大林像。红军经过大街时,居民欢呼,并向红军抛掷鲜花。此次欢送成为中苏友好关系的强大示威。据各社会组织与地方当局的人士说,这是长春从来没有过的强大示威游行。这次人

---

① 满洲里在中东铁路西端,此误。

民的示威游行,给予力图破坏中苏友谊关系的中国反动派以严厉打击。

《解放日报》1946 年 4 月 11 日

苏军开始撤离长春市郊

1946 年 4 月 12 日

(中央社长春十三日下午十二时电)二十四小时后,苏军将撤离长春,新任防守司令陈家珍氏,已与即将卸除城防责任之卡洛夫少将约定,于十四日晨九时作第一次亦即最后一次晤谈,届时卡氏或将对城防问题有所交代,至是否将举行一简单仪式,据陈氏对记者表示目前尚未决定。

(中央社长春十三日下午九时急电)刻已判明,进攻宋家洼子者为共军,该地业被占领。宋家洼子距市中心区约六七公里,该地并无保安队驻扎,仅有少数民间武力,战争发生后,苏坦克车前往弹压,阻止共军进行该市,因苏军现仍负城防之责也。

(中央社长春十三日电)今据中长路长春站内幕人士调查,该站共存大小车头系八十八辆,现已被某方运走四十四辆。其运走之方法,系将车头连结与普通列车相同,据闻此项车头,或将有三辆留在长春,馀数将继续北运。又长春站之重要铁路器材,亦被装箱运走。

(中央社长春十三日电)第十四地区空军司令金恩心氏,昨由沈飞返此,竟日偕其科长曹志瑚氏,视察苏军退出后之两处机场,其中一处,为伪满时代之日本军用机场,设备已荡然无存,房舍亦破烂不堪,惟滑行道尚可用。另一处为民航机场,亦即现所用者,场内大体完好,仅房舍中之家具,被搬运一空,该场经我接收后,已三次有我机降落。……

(中央社沈阳十三日电)沿沈长路北上接收之政府军队,于八日进至距四平街约三十公里之地带后,续遭共产军五个旅以上兵力之猛烈攻击,至九日晨,政府军队排除共产军之阻挠,进至距四平街二十五公里之地带,至向抚顺以南政府军队攻击之共产军,因政府军队防卫严密,卒未获逞,现其攻势已挫,九日共产军另一部,攻击辽阳东北大英守屯之政府军队,迄未停止。

《中央日报》(上海版)1946 年 4 月 14 日

熊式辉辟谣
1946 年 4 月 13 日

（中央社沈阳十三日电）近来关于苏军自东北撤退事,外间谣传甚多,记者为明了真相,特晋访东北行营熊式辉主任,当承答覆如次:问:据闻马林诺夫斯基元帅,近有广播云,中国方面对苏军于四月底以前完全撤出东北一节,要求延缓,熊主任有所闻否? 答:毫无所闻,对于苏军于四月底以前撤出东北之期限,我政府并无修改之意。问:外传政府曾与苏方成立协定,允其拆走沈阳兵工厂及其设备,有无其事? 答:绝无其事,如有此项谣传,则从头至尾,均系出于捏造。

《中央日报》(上海版)1946 年 4 月 14 日

苏军撤出长春
1946 年 4 月 11 日

（中央社长春十四日上午十时三十分电）苏城防司令卡洛夫少将,今日上午十时二十分,率其司令部人员及最后一批苏军,登车北撤,苏军所加于长春之战时统治,至昨已完全消除,自本日起,长春已获得真正解放,我军已正式接管市防务,市政亦不再受外力干涉。按苏军系于去岁八月十九日进驻长春,迄本日最后撤退,前后历时共二百三十八天。

《中央日报》(上海版)1946 年 4 月 15 日

苏军全部撤出东北
1946 年 5 月 23 日

（中央社南京二十四日电）据外交部情报司发言人称,关于东北诸省苏军已撤退事,外交部曾于五月四日照会苏联驻华大使查明见复,该大使于二十三日复照称："苏军自满洲之撤退,业于一九四六年五月三日全部完成"。

《中央日报》(上海版)1946 年 5 月 25 日

蒋介石视察沈阳,国民政府军进驻长春、四平等市
1946 年 5 月 23 日

(中央社沈阳二十三日电)蒋主席偕夫人,于今日下午四时飞抵沈阳,白副总长崇禧、张主任委员嘉璈同来,随行者有国府军务局长俞济时、政务局长陈希曾、励志社总干事黄仁霖等。东北行营主任熊主任式辉、东北保安司令部杜长官聿明、辽宁省政府徐主席箴等,均在机场迎候,主席着戎装,夫人御黑色大衣,含笑下机,向欢迎者一一点首答礼,精神至为愉快。东北自民国二十年九一八沦陷迄今凡十五年,此十五年中,我东北同胞所遭的牛马之生活,主席时在痛念之中,今兹敌寇投降,国土重光,故特来东北视察地方情形,并示慰问东北父老同胞疾苦之至念。

(中央社记者二十三日上午十一时长春南郊电)今日上午十时,国军进入长春。

……

(中央社沈阳二十三日电)国军于今午十二时进入辽源县,共军保十三团及独立旅向西北方面退走。又国军接收部队,于今午进入东丰县,市民数万夹道欢呼。

(中央社北平二十三日电)军息,关外国军,已于二十一日上午将公主岭完全接收,长春南方三十公里之伊通,亦经同时进入。

……

(中央社沈阳二十二日电)四平街电话,本社记者二十日清晨,随军入四平城,巡视此曾为共军滋扰之城市,沿途市街冷落,景象凄惨,各大建筑物门窗均破坏,室内什物,已搬运一空,各处墙壁上弹痕累累,据闻多系上次共军进攻四平时所击中者,电灯及车站内之跨线桥及水塔,

亦均被破坏,四平收复后,市内家家户户悬挂国旗,民众多立路旁门口,笑迎国军,彼等两月来,备受共军骚扰,现得重获得自由,其欢欣感激之情可知,共军占领四平期间,市内存储之粮食,搜劫殆尽,现在市民之食粮,已成严重问题,四平街市长杨祝孙,已于本日随军入城,当即召集市府职员开始办公,着手整理市容,推行市政,四平北十五公里之黎树,亦于十九日午后七时收复,四平南之铁路,于昨日修复,北上列车,即可直达四平。

《中央日报》(上海版)1946 年 5 月 24 日

6. 国民政府接收东北工作报告

董彦平报告书

1946 年 7 月 12 日

彦平自民国三十四年十月初旬奉行营主任熊之命,参与对苏东北交涉,至同年十一月十七日行营撤至关内,彦平受任驻苏军军事代表团团长,留驻长春,与苏军当局继续保持联络,以迄苏军宣告自东北撤退完竣,军事代表团绕道苏境返国,前后历时六阅月。其间苏方态度,曾屡有变化,东北交涉亦随之叠经转折,综述其衍变历程,约可分为四个时期:

(一)自民国三十四年十月初旬行营进驻长春至同年十一月十七日行营撤至关内为止,可称为初步交涉时期。

(二)自民国三十四年十一月十七日苏军宣告暂缓撤退,以便协助我方建之政权,至民国三十五年一月十六日苏方突将我方保安队一千人缴械,并指责我方在东北秘密组军为止,可称为行政接收展开时期。

(三)自民国三十五年一月十六日至同年三月十一日沈阳苏军撤退为止,可称为苏军延宕撤退及行政接收停滞时期。

(四)自民国三十五年三月十一日至同年五月三日苏军宣布已自东北撤退完竣为止,可称为苏军撤退及我方行政机构被迫撤退时期。

兹依次略述其经过如下：

（一）初步交涉时期

彦平于民国三十四年十月九日到达长春，与苏军当局谋取初步联络，十月十二日，主任熊偕张主任委员嘉璈、蒋特派员经国续达。十月十三日与苏军总司令马林诺夫斯基元帅作首次会谈，十月十七日双方洽定苏军撤退程序，同意至十二月三日，苏军应自东北撤完。此时我方之着重点，为求确保苏军撤退后之地方治安，必须及时运送军队至各地接防，并授权省市政府就地编组保安团队。熊主任与马林诺夫斯基元帅曾就此商讨四次。彦平与苏军副参谋长巴佛洛夫斯基中将亦前后会谈计十四次。但苏方始终坚持若干不利我方之观点。例如：我方海运部队计划在大连港登陆，苏方则称该港为自由港，拒绝军队由此登陆。我方计划空运军队至长春、沈阳，苏方则规定必须在苏军撤退前四日始能开始。我方计划自山海关陆运军队前进，苏方则表示不愿负协助交通工具及安全行军之责任。我方提出省市政府编组保安团队，苏方则称在苏军驻区内无此必要。我方为委曲求全，复表示将利用大连港问题暂作保留，改由营口港登陆，原定十一月十日实施，但至十一月三日苏方突又通告营口已有来历不明之武装部队前往布防，苏方不负安全登陆之责任。凡此种种，均表示苏军当局之态度，与中苏友好同盟条约之精神不相符合。东北接收问题由现地交涉而获得圆满解决之途径已告阻塞，故我政府决定自十一月十七日开始，将行营及其他各部门之接收人员，撤至关内，另组军事代表团，与苏军当局保持联络。

（二）行政接收展开时期

行营开始撤退时，苏军当局向彦平通告称：奉莫斯科电，今苏军暂时未得其他命令以前，缓行撤军，并加强数处城防，以便协助中国政府在东北树立政权，并稳固其基础。自此以后，苏方态度浸趋好转，表示希望行营早返长春，一切均可商谈。十二月四日张主任委员嘉璈、蒋特派员经国返抵长春，十二月五日与马林诺夫斯基元帅会商苏军撤退日期及接收行政编组保安团队等项问题。十二月九日再度会商，洽定苏军可延期至二月一日自东北撤退完竣,并就我方空运部队及行政接收有关诸项问题,成立谅解。十二月十日彦平与苏军参谋长特罗增科中将会谈,复就苏军派遣联络官协助我方接收行政一节,商获具体协议。根据上项交涉结果及苏军当局之诺言,我方即开始展开行政接收工作。十二月二十二日接收长春市,十二月二十七日接收沈阳市。民国三十五年元旦接收哈尔滨市。一月八日接收辽北省,一月十二日接收松江省,一月二十四日接收嫩江省,沈、长、哈三市之中央银行分行,并于接收市政府同日开业。苏军当局尚能履行诺言,予以必要之协助。我方建立政权之工作亦因之逐渐推进。在军事方面,我进驻锦州部队亦于一月十二日接防新民,一月十五日进驻沈阳铁道以西地区。

另一方面苏方于宣告暂缓撤退协助我方建立政权之后,曾向张主任委员嘉璈提出东北经济合作之要求,揆其范围至为广泛,东北百分之八十以上之重工业,殆均包括在内。苏方前此阻挠我军进驻,嗣复宣告暂缓撤退之意图表露甚明,我方于此曾做严正表示,愿以我国工矿投资条例及技术贸易等合作为范围,俟苏军全部撤退后再行开议,但苏方仍坚持在撤退前先事研讨。乃经由张主任委员嘉璈与苏军经济顾问斯拉德考夫斯基往复折冲,卒以双方观点距离过远,迄未获任何谅解。

（三）苏军延宕撤退及行政接收停滞时期

自一月中旬以后,苏方态度突转恶化。推厥原因,不外以下数点:一、东北经济谈判无结果,二、美国派遣马歇尔特使调处中国共产党纠纷获有进展,三、美苏关系对立尖锐化。在此时期内苏军当局在军事方面,则藉口交通技术上之困难,延宕撤退日期。又于一月十六日,将我收编之保安总队一千余人,藉端缴械,复诬称行营及军事代表团于苏军驻区内秘密组军。我军于一月十五日进驻沈阳时,苏军步哨并在中途射击。在行政方面,则对我已接收之各省市政府多方牵掣,并放任非法武装部队攻占已接收之县城。又于一月十六日制造张莘夫遇害事件,嗣后对多方接收黑龙江、合江两省,及长春附近之九台、农安等县,即明白表示不能协助,致令我全面接收工作,陷入艰困停滞之状态中。其间主席夫人曾于一月二十二日到达长春,代表政府向苏军有功收复东北之各将士授勋,并向苏军阐明中苏友好同盟之真谛,获致热烈反响。但苏方并未因此改变其预定计划,届至二月一日即原定苏军撤完之日期,马林诺夫斯基元帅复向张主任委员嘉璈暗示,谓苏联要求经济合作之目的不在经济而在国防。在此一问题未获商决以前,不能预料撤退之确实日期。

(四)苏军撤退及我方行政机构被迫撤退时期

我政府因苏军久延不撤,曾由外交部向苏大使提出照会。彦平转奉主席谕示,亦经于三月八日向马林诺夫斯基元帅声明,我军可随时接防沈阳并进驻长春、哈尔滨等地。苏军乃突于三月十一日开始自沈阳撤退,至三月十四日全部撤出沈阳,事先并未通告我方,事后复将沈阳以北铁道交通破坏。同时即支持共产党在开原、昌图一线布防,阻止我军北上。共产军并于三月十六日苏军撤退后立即围攻四平街,我守军于三月十八日被迫撤离,省府刘主席翰东及大部行政人员被俘,经彦平数度与特罗增科中将及中长路苏方当局交涉,始于三月二十六日将刘主席翰东徐秘书长鼐等一行十四员接运返抵长春。嗣于三月二十九日彦平奉主席训电,获悉苏大使照会我外交部称:苏军将在四月三十日以前,自东北撤完。即于四月一日向苏军当局商订各地接防程序及日期,惟苏方仅允通告各地苏军撤退日期,对接防一节,则明白表示不能等待国军到达而仅能将防务交付地方现有武力。换言之,即将防务径交共产军,而不待国军之接防。彦平复向中长路苏方当局交涉恢复沈长间交通及运输国军北上办法,几经磋商,始获致协议。但苏军当局复藉口鼠疫蔓延,限制国军到达公主岭时须受防疫检查。九日愈益证明苏方意向,显在将长春以北各地交付其培育指导之共产党势力。我方为策万全,即采取最后步骤,先将留驻长春之各部门接收人员,陆续运返锦、沈各地。一面即准备将哈尔滨、松江、嫩江等省市行政人员,相机撤退至安全地带,或随苏军撤至苏境后绕道返国。四月九日,彦平率军事代表团随苏军总司令部撤至哈尔滨,此时共产军已对长春采包围态势,并开始攻击市外我军据点。迨至四月十四日长春苏军撤退完了，共产军即乘机大举进攻，于四月十八日攻陷。彦平以时机亟迫，到达哈尔滨后，首与苏方洽定，在哈尔滨设置我方航空站。自四月二十一日起，陆续用飞机将哈尔滨市及松江省大部行政人员运返沈阳。其余人员及嫩江省行政人员，即俟四月二十五日与军事代表团同车，随苏军撤入苏境。省市行政人员径赴海参崴，于五月十九日搭船返国。军事代表团则奉令暂留驻伯力。俟至五月二十三日苏大使正式照会我国外交部称，苏军已于五月三日自东北撤退完竣，乃奉主席训电离苏，于六月十五日经由海参崴，搭船返国。

以上为东北交涉衍变之概略经过。其间苏方态度虽屡生变化，使交涉进行遭遇若干意料以外之困难，但我方自始至终，秉承中央即定决策，确保国家主权，严守中苏友好同盟条约之立场。苏军当局虽企图以延宕撤退及其他各种方式，要挟取得东北之特殊权益，卒由于我政府应付得宜，迄未获任何承诺而宣告撤退。同时，我方交涉原则与行政人员之施政方针，均以地方治安与人民利益为首要。是以东北人民对中央政府乃无不竭诚拥戴，而益坚其内向仰望之心，对托庇外力之共产军，则无不深恶而痛绝，实为我方于苏军撤退后建立政权之工作，奠定一广大坚固之基础。惟是苏方经此次东北交涉后，对我方疑忌之心理，已日益加深，殆非我政府缔结中苏友好同盟条约之本意所在。东北能否获得长期安定，与我国家建设能否在"不受恐怖"之自由中顺序推展，方今对苏外交之成败利钝，当为一重要之关键。就管见所及，苏方对东北确持有过度之安全感，总是猜忌不安，而种种特殊权益之要求，悉由此发生。但察其初意，对东北经济利益，或未必有垄断独占之野心。马林诺夫斯基元帅暗示苏联对东北之经济合作要求目的不在经济而在国防，或可代表苏方一部份之真意。窃认我政府俟东北大局底定之后，似可自动提出一合作互惠之方案，与苏方推诚交换意见，祛除其过度之疑忌。同时，在中苏友好同盟条约既定合作范围之内，充分表现合作精神，互敬互信，庶几消弭嫌隙，而达我睦邻友好和平建设之目的。现详

细报告书正在撰拟中,除呈主席外,谨先将其概略,简陈如上,送请监察。谨致

外交部部长王

驻苏军军事代表团团长董彦平。

《战后中国》第 1 册,第 218—223 页

熊式辉在长春与马林诺夫斯基交涉接收东北报告
——在国防最高委员会第 117 次常务委员会议上的报告
1946 年 11 月 26 日

主席:今天举行联席会议,因东北情形与当时预想办法略有变更,本来行营已经到了长春,可是到了长春,接收就发生各种阻碍,因此行营又移回山海关,再向东北进行,今天由熊主任、王部长分别把长春重庆两地交涉情形报告。

熊主任式辉:今天报告的可分两个阶段,第一个阶段是从十月十二日起到十一月十日止,完全是在长春和马林诺夫斯基元帅交涉的情形,由本人报告。第二个阶段是十一月十二日到现在止,是在这边与苏大使交涉的,由王部长报告。

本人自十月十二日至十一月十日在长春二十九天中与马元帅见面八次,正式会谈五次,现在将内容分别报告:

第一次:时间是十月十三日。我提出八点询问,所答复的大体是不满意的。八点是:(一)问撤兵计划如何,他说可以告诉我们。(二)大连、营口、葫芦岛、安东登陆请掩护和协助运输。他说大连登陆做不到,营口等地要请示。铁路运输要商量。(三)请他帮助船舶飞机接收,他说船舶没有,飞机也没有。(四)请将客车恢复常态,他说车子很少,有几个地方还要断绝交通。(五)请他告诉热河山海关状态,他说那里有些乱七八糟的军队,详细情形也不很清楚。(六)长春、沈阳、哈尔滨设飞机站,要派地面人员去。他说要请示。(七)行政要我们接收,地方团队要我们装备,他说行政接收原则上赞成,但要请示,地方团队装备

是可以，原则上没有甚么反对，他说是没有枪，有枪已经发给警察了。（八）我们希望接收中央中国和其他银行并开业，交通通信邮电要接收，印刷所要接收。他说银行接收开业没有什么反对，要请示决定，邮电接收要请示，印刷厂接收也要请示。我们请他发还钞票，他说这不是他范围内之事，是经济范围内之事。这一次讲了三点多钟，我约他第二次谈话，他说要一个礼拜以后，我说太长了，后来是约定了十七日。

第二次：时间是十月十七日，内容是（一）撤兵计划如何？撤兵是否包括热察在内？他把撤兵计划详细告诉我们，并说撤兵包括热察在内。（二）为行政接收便利，我们要把伪军改编保安团队，因为他们曾经帮助过苏联，曾把日本军官杀了，他们是反正的部队，我们应该收容，组织为保安团队，他反对，说是满洲国官和兵与苏联作过战，我说也曾帮过苏联，他说反对。（三）我们要空运一部分搜索部队到长春维持治安。他说等我们走了再来，在走之前一、二天是可以的，三、四天要请示。（四）热河山海关到锦州两条路请给我们修，在关内我们自己修，关外请他修，我们部队由陆路来时请他掩护，给我们运输和安全保障。修路他很爽快答应了，运输和其他问题否认了。又说修好了路要我们在北平调车来，说是车子都被日本人调到关内和朝鲜了，甚至于说要从苏联调车来，所以自己说出满洲里一段已改了宽轨。（五）各地未经行营承认之部队请他取缔不准成立，他说有此种部队当然解散，立刻缴械。（六）告诉他行营组织和九省划分地域，他无甚表示。（七）各省市政府负责人已到东北请协助接收与告诉接收手续。他说没有甚么交代，不消派人同去，又说原则上没有问题，还没有接到莫斯科电报。（八）邮电交通请先协助接收，长春铁路由张理事长派中国人同去工作。他说邮电交通不关他管，张理事长带人去工作，他说和副理事长接洽，张公权先生接洽，副理事长说是我知道你是理事长，但你们没有通知苏联不能来办公。张先生说你来办公也没有通知我们，他说来时已到中国大使馆登记了。里面都是日本人，一个中国人也没有。（九）请维持各省公用事业设备，意思就是要他电线电话电灯机器不要再拆了。

东北发电厂共有八架机器,合于工业用的四架,早已拆走了。其余四架只合电灯用的,也有二架共产党已给他拆了包装预备运走。他说这是他的主权是他的战利品,所以他要拆,公用事业设备回答说是给我保护。(十)请他告诉各种特种工厂工事情形和接收手续,因为他甚么东西都拆走了,所以试探他怎样回答。他说这是他的战利品,应当没收,又说这是他个人的意见,不是政府的指示。(十一)我要派人到各省去视察,和派人视察铁路,因为各省纷纷派人来接洽,只要重庆派人去就可交出来,又有伪军来接洽有几千人几千枝枪,只要重庆派一个人去就可以带出来。视察铁路是沈阳到锦州铁路情形,他们始终不告诉我们,所以要派人去看看。他说要请示,意思即是不答应。

第三次:十七日谈话后,十八日奉委员长命令,山海关到锦州铁路要催他赶快修,排除障碍,大连登陆也要告诉他们,我看时机迫切,我告诉他还有事情商量,就在十九日第三次和他谈话,最重要的有两点:(一)山海关锦州间路要修,非政府部队枪要缴。(二)国军本月底要在大连登陆。因为我们预定在十月廿三日由海防上船,一星期内即可抵达大连。他对两点答覆都否定了,第一点说是修路在驻防期内是可以的,现在锦州以南没有兵不能修,我说可以派兵,他说无兵可派,并说有土匪,但不说是八路军。我说土匪可以缴械,他说没有兵,又说不是防区。我问万一国军出关发生冲突,你态度如何?他说不干涉内政。这次谈话,对放纵共产党的态度相当明朗。第二点在大连登陆,他立刻板起面孔,说不行,莫斯科反对。我讲了一篇道理,说条约规定是自由港,只规定租一部分码头,设港务局,不收税的特别待遇,其他主权是我们的。他说不行,是违反条约。我说那么在旅顺也可以登陆,他说不行,这件事由两国政府交涉。我说先派人去视察准备,他说不行,我说你向莫斯科请示。十九日回来一想,时机太匆促了,非回来请示一下不可,廿一日仍无回信,廿二日就回来报告,廿三日抵重庆。在回渝的时间中,有一段经过,廿三日长春一家党部办的报纸登了一节消息,说是斯大林病了,军权政权已让了一部份出来,我看了这段消息知道要出乱子,果然行营的人被搜查了,手枪也搜去了,电话也割断了,党部被封,说党部是反苏集团,因此预定要派到各省去和派去接收部队,派去视察铁路的人都不许去了。

第四次:廿六日到长春,约他谈话,司令部人说沈阳有很多国民党反苏力量,元帅已经出巡,就地剿匪,不在长春。直至廿九日方说已经回来了,就在这天作第四次谈话,内容大概是(一)大连登陆问题,他说有一位少将登陆测探,何以这条航线有第三国船只,后来讲讲就了事了。(二)廿九日起要在营口葫芦岛登陆,将用美国飞机测探,并已通知苏联政府。他答葫芦岛登陆有问题,那里他只有一排人,可以帮助登陆,不能保障安全。又说营口没有问题,用美国船也没有问题。这天杜聿明也到了长春,去看他,也讲得很好,请他协助掩护登陆以及运输等等,他说无问题。杜聿明说先组织联络团,他说可以。(三)告诉他陆军在十月底以后十一月十日前出山海关,向锦州进发,有什么方法可以帮忙,我词意很坚决,说必须排除障碍,他说不行,出山海关免不了有冲突,我们不能负责。我说我们通过发生阻碍必须自卫,你们态度如何?他说这是你们自己的事,不干涉。(四)营口葫芦岛登陆驻在何处是安全区域,他在地图上营口附近划了一块,说不要出这块以外,葫芦岛不肯划,并说锦州以西不能保障安全。(五)营口葫芦岛车辆准备事宜,他说营口车辆没有,锦州有少数,不够用。(六)营口葫芦岛一定要登陆,先派军人去设营。他说不行,派人设营,须向莫斯科请示。我说那不行,时间来不及,今天已经廿九号了,十一月十日前我军登陆要吃饭,他说要请示。(七)反正伪军决定要收编为保安团队,办法和接收地区接收人姓名可以告诉你们,绝对保证没有反苏分子。他说绝对反对,我说非编不可,他说要请示,我说赶快办。(八)现在我们已在空运上着想,在你撤退前七天要着陆,并派地面工作人员来。他说不行,地面工作人员不能来,苏联可以代办,早二三天是可以的,早七天要请示。(九)以前曾讲过撤兵,包括热察在内,现在知道外蒙军队在那边,是否同撤?他说同时撤退。(十)派人视察既不许可,现在各省主席自己前去，请派人送去。他说从来不做这些事，我说安东共产党市长就是你们送的，他说不是他送的。后来他说可以打电报给各地司令，你们自己去联络，意思还是不让我们去。（十一）说明行营与党部关系，这是针对他封闭党部而言。廿四日他封了党部，蒋经国在二十五日就对他们说，中国是国民党执政的，封闭国民党党部很严重。他说这些党部不是你们派的，是地下工作者，后来他说再考虑。廿五、廿六都是私人谈话，我们没有提抗议，因为我们没有去时，党部已经开了门。他说你们党部有两个，真假不辨。我说党部是你们解放出来的，他们做了很多帮助你们的事，招牌是你们帮他挂出来的，你们封了是不聪明。本来廿七日那天他们通知党部要去立案，因为没有立案，所以要封闭，如果立案后，就可以启封。也有人去立了案，我告诉他不能去立案，今天立案，明天就可以取消立案，我们不是报馆不能去立案。我又告诉他中央没有任命是我们接收手续还没有办好，我保证他们没有反苏分子，是日本人反动分子从中挑拨。讲到这里，他火起来了，说他们有武器，有中心组织，你来了更加活动，我就说是否我行营支持他们反苏，他说不是的，支持反苏没有，在精神上有予援助，这笔烂帐，不仅堆在党部身上，还堆在行营身上了。

第五次：这是最后一次会谈，时间是十一月五日，我问他的第一点是昨天你们告诉蒋特派员，营口已经到了大批共产党军队，情形很严重，但十七、十九两次讲十一月十日前我们部队可以在营口登陆，为甚昨天才四日就有共产党军队到了。他说你们廿九日讲了，到一号二号都不来，所以共产党部队来了。我又问你不是说过非政府承认的部队，你都要缴械吗？现在他们是从那里来的，他说从山海关来，是曾经和日本作过战的部队，很厉害，我们不能和他打，被迫撤退，不仅营口撤退，连葫芦岛的一排也撤退了。我问他营口登陆怎样，他答不能负责。要他遵守诺言，他说没有办法。第二点问的是收编部队，我说收编团队是我们的权利，不能禁止，他说可以编搜索部队。

五次谈话，至此为止，七日是他们国庆，约他九日吃饭，八日奉命回来报告，因为九日已约了，决定十日回来，也许他已得到消息，九日来时笑嘻嘻的，说你要求接收的邮电和编保安团队，邮电可以交给你，还有许多枪也可交给你编保安团队，结果是交来了二千八百枝枪、十五万发子弹和五百把刀。十日我就动身回来，十三日我们在这里和苏大使交涉。十五日长春就发生变化，那天共产（党）把行营两连警察缴了枪，把行营包围了，自来水电话都断了，有两次派代表要进来，都被我们阻止，来的人都是流氓样子。我们就通知苏联司令部，他们来了一个少将，问他他说不知道，不久电话通了，自来水也通了。十七日来电报说是我们政权没有去，军队也没有去，所以他们军队不撤了。长春市长和公安局长，都是很年轻的共产党，廿三日又把共产党市长撤了，找旧市长回来。昨天（廿五日）又把共产党公安局长换了，同时把共产党的两连警察带到郊外缴械了，听说缴械时，共产党警察说是你们要我们来的，怎么缴械。有四个人跑了，苏军就打死了他们。共产党警察回到了城里游行，说是行营缴了我们枪，打死了警察，苏军说是我们缴械的，我们打死的，所以共产党在长春也是头晕眼花。

　　以上报告是大概情形，本来东北几省不但没有共产党军队，就是共产党也很少，这是斯大林也讲过的。日本刚投降时，我们知道也没有共产党。现在东北有两种力量，一是日伪军，一是共产军，前者逃散日军约有十万人，伪军有十万人，后者也有十万人。东北社会人士很热望中央去，日本人的奴化教育根本是失败了的。东北无论是老年人、是妇孺，处处可以表现他们的爱国心，中央人员一到街上就被包围起来，到街上买东西也要便宜点。现在不能接收要撤回来，人民非常悲愤，有许多来接洽收编军队，我们本来送他十五万元叫他回去，后来告诉他要回山海关，他们马上把钱送回，说这是国家整个问题。我看起来，东北人民，拥护中央的热忱，比起重庆上海广州的人民来，也毫无逊色。

《战后中国》第1册，第206—212页

王世杰在重庆与彼得洛夫交涉接收东北报告
——在国防最高委员会第 117 次常务会议报告
1946 年 11 月 26 日

王部长世杰简单报告十三日以来交涉经过：

十三日找苏大使谈话，告诉他接收种种阻碍，政府将决定一个办法，办法决定时再通知他，十五日给他一个照会，内容除了说明种种阻碍外，现在决定三点：（一）东北行营移到山海关。（二）十七日至二十三日间将派机至长春接运接收人员。（三）留军事代表一人在马林诺夫斯基元帅司令部作联系。十七日苏联大使送回答复，说明（一）长春沈阳机场保证可以无障碍，可以运输军队。并否认长春有共产党军队。（二）如中国方面认为有必要，他可以把撤兵期延长一个月，再有必要，可延长至两个月。以便中国军队接收完成。（三）声明过去没有帮助中共，现在也没有帮助。十九日我们给苏联正式照会，内容是对帮助我们到长春沈阳接收和没有帮助中共表现友好精神表示欣慰。其次说明大连没有让我们登陆，营口葫芦岛有共产党，长春市内有共产党，长春飞机场有共产党集中，所以我们要另定新的办法。办法是（一）长春沈阳机场要使我们毫无障碍的运军队去，必须有两个条件：（1）附近政府所不承认的部队要解除武装；（2）飞机场地面人员须由我们派人去照料指挥。（二）北宁路和东北港口运送军队给予一切可能的便利。（三）给予东北接收人员一切便利与协助，尤其到各地编保安团队人员给予帮助。这三点如果同意，那么撤兵期由十二月一日延到一月一日。

照会去后，十一月廿四日中午莫斯科回照会表示：长春沈阳如运军队去，可以无障碍，如须派地面人员去，亦不反对。其次说长春机场附近有共产党与事实不符。第三点说明北宁路葫芦岛等地协助运兵，这些地方已照马林诺夫斯基商定的撤兵计划撤退，沈阳以南没有军队。要协助也无从协助。最后说原照会所提各点已通知马林诺夫斯基和我们代表详细商量。我问有什么要商量，说是派人收编部队还要商量。当时我并说向政府报告考虑以后再答复。

十九日撤退行营以后的东北情形不很清楚,蒋特派员报告这几天来态度似乎好一点了,共产党警察公安局长都换了,现在由苏联军队在维持治安。情形也许一天一天在变化,将来如何尚不可测。撤兵计划原未规定廿五日长春是要完全撤退的,现在因照会他们在与马林诺夫斯基商谈期中暂时不撤,须待交涉完毕再撤。

行营熊主任已曾谈到东北敌伪产业问题,敌伪产业苏联搬运去的很多,外面传说苏联还要得到重工业优惠利益,不过苏大使一直没有提这件事。十九日交照会给苏大使时,我说明接收人员职权是限于接收中苏协定规定事项,协定以外无权讨论,这是要他报告政府的。本人九月十日到伦敦前二三天,有个电报给莫斯科,节略里说,敌人在中国境内产业是要作为敌人赔偿的一部份,其他赔偿将来再商量。并包括台湾东北在内,台湾要请美国保护,东北要请苏联保护,不要摧毁。到了伦敦见莫洛托夫时问他见到这个节略没有,因为他和我差不多时间离国,说未见。我说这是赔偿问题很重要,并问他对这意思是否同情,并希望和美国一样帮助我们实现。在和他谈话前,我已见过了美国国务卿,他打电报给总统,我说要他回个书面给我们,我们深信台湾,你们会给我们保护,希望苏联在东北一样给我们保护。给美国国务卿节略说明三点:(一)台湾东三省敌伪产业作中国赔偿的一部分;(二)中国军队……;(三)中国对大部分赔偿有优越比例与优先取得权。这是给美国国务卿的节略,美国政府完全赞同。后来以同样节略给苏联,并告以美国态度,他们对原则没有提异议,后来说提四国管制委员会去通过。话虽如此说了,现在许多机器,他们已经搬去,所以不能不提出报告。

我们对苏联的态度,我以为先要看他们所采的政策如何,我以为苏联培植中共一个强大势力,没有不愿意。其次在东三省于条约外取得若干经济利益,也是他的态度。不过我们要看清楚,这个条约放在那里,他也不能漠视,何以呢?他漠视条约,不仅中苏关系要恶化,美苏关系也要更为恶化,所以他是不愿意如此的。当然,我们今天听了熊主任报告,已等于在显微镜下,很小一点点多看得很清楚,不过在显微镜下看清了以后,还要用望远镜望一望,把这些困难解除。这困难并非订协定时没有想到,我们要想想假使现在没有这个协定,我们凭甚么去交涉,没有这个协定而今日形势依然存在,那么交涉一定更为困难。其次,无论中苏协定有无,困难都很多,不过订协定以后,想不到国际局势变化如此快,美苏僵化如此快,美苏关系使得我们更增加许多困难,使我们交涉丝毫不能得第三者协助。最近美国总统代表向顾大使说,你们的困难是不可避免的,苏联以为日本在美国手里,管理日本我们不能来,现在东北在我手里我也不放松。所以美苏僵持是增加我们困难。至于美苏关系,如果斯大林改变作风,我想他走一里,美国会走两里去迎接,又如果苏联对欧洲对巴尔干诸问题绝对的固执的或强硬的,美国也不会完全去迁就他。所以局面如何演变还不知道。我以为今天常会以法律的地位来说,一定要坚持:(一)开罗会议中苏协定承认的东北法律地位,领土主权不能有丝毫动摇。(二)苏联必须撤兵。(三)苏联在未撤兵前要负协助的义务。所以我以为接收还是要继续,兵也还是要派去,能空运还是要空运去。

《战后中国》第 1 册,第 212—215 页

国民政府主席东北行辕接收报告(节录)
1947 年 3 月

东北政务接收报告

第一,接收准备

壹、中央指示

关于东北建设之方针,主席提示:第一、必须发挥自己之力量,以奠定建设之基础;第二、要获得盟邦之援助,以完成建设之全功。并指示第一方面须革新政治,发展经济与重建文化。第二方面要加强中苏友谊。

……

第二,接收经过

卅四年十月,本行营之接收准备工作告一段落,奉命进驻长春,但以当时苏方态度一再演变,情势日非,大连、营口之进兵,既遭拒于前,保安团队之编组,又受挫于后,而地方上之非法武装,乃得于此时随地滋长,作有计划之全面骚动。于是行营乃秉承中央命令,率全体接收人员撤回北平,部署军事,自山海关方面逐步推进,期间虽亦曾获取苏军同意派遣行政人员接收长春、哈尔滨两市,及松江、嫩江、辽北省会,但均如幻影昙花,匪特毫无实际收获,而优秀干部且有因此牺牲者,言之弥觉痛心。最后我松江、嫩江及哈尔滨市之高级负责干部,且不得不随我军事代表团经过苏联、日本而绕道撤回。行营于卅四年十一月十七日由长春撤回北平,至卅四年三月五日进驻锦州。其间经过三月有余,因鉴于内地各处接收之前辙,并审度东北当前之局势,乃创"统一接收、候令分配"之办法,纳各部门接收人员于一炉,齐一步骤,共同迈进。到锦后,即首先组织"统一接收委员会",各部会署之特派员兼任该会各部门接收组之组长,该会五月间随行营进至沈阳,各省市均设分会,十月以来,所有收复地区接收工作均已大致完成,其尚在非法武装割据之区域,则遵守中央和平原则,非必不得已绝不以武力推进,兹将接收经过之梗概分述如次:

壹、交涉接收概要

一、初步交涉时期

自国民卅四年十月初旬行营进驻长春,至同年十一月十七日行营撤至关内为止,可称为初步交涉时期,十月初旬行营进驻长春,十月十七日我方与苏方洽定苏军撤退程序,准备十二月三日苏军自东北撤完,此时我方之着重点,在求确保苏军撤退后之地方治安,必须即时运送军队至各地接防,并授权省、市政府就地编组保安团队,迭经交涉,但因苏方先后拒绝我军在大连、葫芦岛、营口登陆,不愿协助山海关我方陆运军队,不负协助交通工具及安全行车之责任,拒绝在苏军驻区内编组保安团队等等,使东北接收由现地交涉而获解决之希望已告断绝,于是政府决定十一月十七日将行营及各部门接收人员撤至关内,另组军事代表团与苏军保持联络。

二、行政接受展开时期

自民国卅四年十一月十七日苏军宣告暂缓撤退,以便协助我方建设政权,至卅五年一月十六日,可称为行政接收展开时期。行营开始撤退时苏军向我方宣告缓行撤军,并加强数处城防,以便协助我方在东北树立政权,并稳固其基础,十一月十九日我外交部向苏方表示如苏方对中国军队之运输及行政接收,予以协助与便利,则我可同意苏军之撤退延期一月(即延至一九四六年一月三日)嗣又经往复磋议,我方由张主任委员嘉璈、蒋特派员经国与苏方驻军当局就地商洽,苏方以苏军大部队方始调回,因只延期一月,又须即时准备调去,盖大军行动必须在事前若干时日开始也以此理由又请更延一月,乃予十二月九日复同意苏军延期至二月一日自东北撤退完竣。并就我方空运部队及行政接收有关诸项问题成立谅解,苏军并同意派遣联络官协助我方接收行政,根据以上协议及诺言,我方于十二月二十二日接收长春,二十七日接收沈阳,卅五年元旦接收哈尔滨,一月八日接收辽北省,十二日接收松江省,二十四日接收嫩江省;在军事方面,我进驻锦州部队于一月十二日接防新民,一月十五日进驻沈阳铁西地区,在此时期,苏方曾提出东北经济合作要求,未获协议。

三、行政接收停滞时期

自卅五年一月十六日至三月十一日沈阳苏军撤退为止,可称为苏军延宕撤退及行政接收停滞时期,自一月以后苏方态度突然转变;在军事方面,藉口交通技术上之困难,无期延宕撤退,并于一月十六日将我方收编之保安总队一千余人,藉端缴械;行政方面,对已接收之各省、市,多方牵掣,一月十六日发生杀害张莘夫事件,非法武装部队攻城夺地,此一时期,可谓为行政接收停滞时期。

四、行政机构被迫撤退时期

自卅五年三月十一日于五月三日苏军宣布已自东北撤退完竣为止,可称为苏军撤退及我方行政机构被迫撤退时期,苏军突于三月十一日自沈阳撤退,于十四日全部撤出,非法武装于三月十六日苏军撤退之后,围攻四平,我军于十八日被迫后撤,省府人员被俘,旋苏方通知四月卅日以前将自东北撤完,但表示不能等待国军到达,而仅能将防务交付地方现在武力,换言之,即将防务径交于非法武装,而不待国军之接收。我方为策万全,乃采最后步骤,先将留长人员运返锦沈,继将哈市、松江、嫩江各省人员撤至安全地带,或随苏军撤至苏境返国。四月十八日长春为共军攻陷,我军事代表团于四月二十五日随苏军撤退返国,苏军于五月二日撤退完毕,我军事代表团亦于六月十五日离苏返国。

自此以后,东北与苏军之交涉接收即趋停顿。

贰、军事收复概要

一、辽宁省之接收

自卅四年十月中旬,本行营迭与苏军交涉接收事宜,其能获得苏军谅解于其撤退之前,迅速由大连海运国军到达东北,以接替其防务,而确保地方治安。但格于苏军无理之拒绝,其后由营口、葫芦岛之登陆与山海关铁路之运输,亦均未获得同意之协助,而非法武装乃得潜滋暗长。于是我国军第十三军及第五十二军乃于卅四年十一月初经海运到达秦皇岛,十一月十六日克复山海关,十二月二十五日克复锦州,十二月卅日接收阜新。嗣复由于苏军之谅解于卅五年一月十二日进驻新民,一月十五日进驻沈阳铁西地区,至三月十四日苏军突然自沈阳撤退,我军乃扫除市外非法武力之威胁,立即进入市内,恢复秩序。是为辽宁省收复之经过。

二、辽北吉林及长春市之接收

四平、长春两地在苏军未撤之先,已由我方行政人员接收,建立少数保安警察,负维持地方秩序之责。苏军撤退之后,当即遭受非法武装部队袭击,地方受害甚重,于卅五年三月十八日及四月十八日相继告陷,我军不得已乃北上应援。于五月十九日收复四平,二十一日收复公主岭,二十三日收复长春,二十八日越长春而进抵德惠。另一路越长春而东,于二十六日收复九台,二十八日收复永吉。是为辽北、吉林两省及长春市收复之经过。

三、热河省之接收

热河方面原不属于九省范围,因交通之关系,军事受命暂归东北行营区处,我军进入锦州时,热境非法武装即由朝阳方面来相阻扰,乃先后予以击溃,于卅五年二月三日收复平泉。卅五年七月间非法武装复以数万之众,于辽热边区活动,并以盘踞承德之大部主力西调,围攻大同,我军应当地人民之请求,乃自八月十五日起至九月二十一日止,先后进入承德、隆化、滦平、丰宁、古北口、喜峰口、遵化、建平、宁城等城镇,是为热河省收复之经过。

四、安东省之接收

安东方面,三十五年十月初非法武装以大部兵力袭击我东丰、西丰、西安等县城,西丰县城被陷,县长被掳,守城官兵几全部殉职,我方乃予以还击。自十月中旬起,至月底止,先后收复岫岩、凤城、安东、通化、桓仁、宽甸等县城,是为安东省收复之经过。

……

《战后中国》第 1 册,第 78—85 页

(五)东北经济合作谈判

说明:中苏东北经济合作谈判从 1945 年 10 月开始。双方的主要分歧是:1. 东北日本资产的归属问题。苏联坚持所有日本资产均为苏军战利品,应归苏联所有;中国认为应作为日本赔偿,归中国所有。2. 关于合作范围。苏联要求将日伪时期满洲重工业株式会社和满洲电业株式会社经营的各项企业全部纳入中苏经济合作范围;国民政府只愿意拿出其中一部分,苏联不允。3. 达成协议的时间。苏联主张将经济合作协议与撤军问题合并解决,实际上是以经济合作作为撤军条件;国民政府主张先撤军,后达成协议。1946 年 1 月蒋介石将苏联的上述条

件告诉了正在中国调处的马歇尔,马歇尔随即表示,任何情况下都不能答应苏联要求,即使苏联推迟撤军也在所不惜。1946年2月26日,美国政府又分别照会中苏两国政府,指出,中苏关于满洲工业组织之任何谈判都是对美国商业利益的歧视,将被认为是违反门户开放政策之原则。照会还驳斥了东北日资产业为苏军战利品的说法。这样,美国公开介入中苏谈判,国民政府立场更趋势强硬。3月末,中苏经济合作谈判宣告失败。

1. 中苏关于"战利品"问题的争议及苏联撤军条件

张嘉璈致蒋介石函

长春,1945年10月20日

查与苏方讨论接收工厂时,马帅表示日方所办工业应为苏方战利品。又询其抚顺煤矿如何。渠云可归入长春铁路经营范围之内。照上述口气,东北所有工厂势必均归苏有,视同战利品。即或将来苏联让步,允与我方共同合办,则几等全体工业与苏合办,我方丧失经济自立。

查东北工矿分为二种:(1)满铁附属事业;(2)满洲国政府特许公司之事业。满铁事业当然为日人产业,而满洲国政府特许公司事业,有完全为日股,有参加一部分日股。故若苏方认日产为战利品,则几全部重要工业归入在内。据经国兄谈及当莫斯科会议时,主座曾有电令注意及此。史大林曾答复凡属于日人私人之财产,可同意(以之)赔偿中国战时损失,凡属于公司组织者,应视作战利品。嗣我方仅将史语载入会议纪录,未再讨论。今若照史语,则东北工矿几无一不属公司组织,不过仅日本公司与满洲特许公司之分而已。

同时苏军已将各工厂及电厂机器拆卸迁走。

建议政府迅速由外交部向苏方提出下列各点:(1)满洲之繁荣有利于中苏两国之经济,有利于中苏两国合办之长春铁路。故满洲已有之工矿事业不可破坏或减少之。(2)满洲所有敌产,应以抵偿所负人民债务,如有剩余,应以之赔偿中国八年战争之损失。故一切敌产,应归中国没收。(查满洲国中央银行发行钞票约一百三十馀亿元,其他发行公债票、邮政储金、人民存款,尚有二三十亿元。是中央政府对于东北人民将负有一百五六十亿之债务。而东北全部工矿如数保存其现有财产,不过百亿。)(3)若苏联为出兵帮助我方收复满洲,只能由中国政府偿以出兵费用,不便予以工矿股份。因一经合办,不特我无由发展主权,且他日无法招致他国技术资本。(4)满铁附属事业最重要者为抚顺煤矿。今中央政府已(对长春路)担保煤之供应,不能再以矿产归入长春路,其他矿产情形亦复相同。(5)请苏联政府通知前方军队,从速停止拆卸机器。(6)苏联所谓战利品,只能以已拆卸之机器为限。其他产业不能再认为战利品。……

《战后中国》第 1 册,第 371—373 页

张嘉璈与斯拉特科夫斯基(Sladkovsky)谈话记录
长春,1945 年 10 月 27 日

张:此来拟致力于中苏两国在满洲经济上之合作。

斯:对于东北未来之经济政策如何。

张:我之目标在将以东北之有馀产品,供给中国与苏联之不足。东北所需要之物品亦将由中苏两国供给,使东北成为中苏两国之共同良好市场。故第一步拟与苏联缔结一以货易货协定,互通有无。

斯:对于东北之工业政策如何。

张:东北重工业已由日本因军事关系,加速发展。此后只须维持现状,应多发展轻工业,以提高人民生活程度;所需机器可向苏联购置。

斯:对日人在东北所建之工业如何处置。

张:日本建设之工业应以之赔偿中国抗战之损失,所谓日本建设之工业,即由日人投资者。若为满洲国政府投资者,应以之清理满洲政府所欠人民之债务。

斯：照此办法，苏联将无可分润以赔偿苏联之战争损失。

张：此点在协定中并无规定。且中国八年抗战，人民损失不知凡几，理应有所补偿。

斯：苏联之战争损失，等于其他协约国损失之总额。

张：苏联在东北已拆迁之机器资财，是否将视作赔偿苏联损失之一部。

斯：此事甚为复杂，原应由两国政府解决，不过今日顺便提及而已。同时，当知东北工业，大部分已为敌人破坏。

张：此事重大，应由政府解决。再则不知苏方对于东北何种工业愿意合作，故对于工业问题，恕未提及。惟既谈合作，我方极愿使苏方之希望得以满足。但亦愿苏方对于吾方不能为力之处，予以谅解。

斯：东北工业是否可让苏联专家参加；不知中国专家是否敷用。

张：极愿借用苏联技术人才，不知苏方供给何种人才。

斯：冶金、电机、建筑等，均有人才可以供给。

张：苏联在战后亟须复兴，西伯利亚亦须开辟，恐人才供不应求。我方希望能得优良专家来东北协助。

斯：当告工业部。

张：有无其他意见。

斯：苏方确需要东北粮食，例如大豆即所需要。乌苏里省亦需大豆。至东北需要之消费品，苏方可以供给。要之在工业方面，姑不论赔偿问题如何解决，苏联必能尽其帮忙之义务。以上所谈问题，愿进一步作具体之讨论。

张：双方既愿意合作，希望苏方开诚以意见相告。至赔偿问题，并非与苏方斤斤计较。实以中国工业毫无基础，与苏联相较，不啻天壤之别，故欲多多保留，归中国所有而已。

《战后中国》第1册，第372—373页

张嘉璈与斯拉特科夫斯基谈话记录

长春,1945 年 11 月 16 日

斯:承派员转告关于苏联粮食公司飞机三架飞行事,已得圆满解决,至为感谢。但关于工业合作问题,阁下有无正式建议。

张:余已将上次谈话及个人意见,陈明政府,请政府设法觅求对此问题,双方充分合作之途径。

斯:根据何种条件合作。

张:余请政府对此问题研究一方案,备作谈判根据。惟未悉阁下有无方案。

斯:余已接到指示,关于工业合作最紧要者,为求得一合理组织之办法。

张:请将大概意见见告。

斯:在多种前归日人所有之工厂,而现已派有苏联经理者,现苏方希望由中国方面参加,按照平均原则参加各该工厂之经营。

张:上次余已谈过,此间工业有两种:(1)为属于南满铁道者;(2)为属于重工业株式会社者。后者系遵照伪满政府法律而组成者,内包含数十单位。阁下所指究属于何种之工业,抑属于上述两种工业以外者,亦包含在内。

斯:关于满铁经营之工业,因与长春路有关,系属另一问题,当另行协商。今日拟谈者,乃指满铁所属工业以外之各种工厂。

张:究竟所指为属于重工业株式会社者,抑连各项轻工业工厂在内,请具体说明。

斯:所指之工业乃系前曾属于日本人所有者,约计全体工业资本,日本人占七成,满洲占三成。现苏方愿与中国依两国平均原则经营上项工业。

张:重工业会社内包含数十单位,余曾加以调查。计日本所投资本仅三分之一,而满洲实占三分之二。在此种情形之下,是否满洲股本应归诸中国。

斯:余所得情报与阁下所述,略有不同。重工业会社所营各种企业,占满洲全部工业百分之八十以上,此外百分之十属于满铁,另百分之十属于他方面之投资。至重工业会社之企业,百分之七十以上属于日方投资,而满洲资本仅占百分之三十以下。

张:日人异常精明,自己出资不多,而利用中央银行、兴业银行以贷款方式,取得资金投入工厂。如将此类贷款及发行之公司债券统计在内,即足证明余所述重工业会社资本,满洲占百分之七十,而日本仅占百分之三十之说,确有根据。

斯:在上次谈话中,阁下曾提出中苏合办工业具有可能性。

张:余愿先明了合办之范围如何。余主张轻工业应移归人民经营,可将其让渡于私人。一则使私人有经营企业之机会,次则可以让渡所得价款,清偿银行债务。此系余个人意见,未悉尊意见如何。

斯:但关于轻工业以外之其他工业,应如何办理。

张:依照余个人意见,在中国政府愿与苏方合办重工业之条件下,应先将日人经营之二百六十馀种轻工业单位移归私人经营。因人民受战祸甚深,应使其有恢复私人经济之机会。

斯:然则重工业如何。

张:须待吾政府有指示后,再行讨论。但阁下如能以较详细之办法见示,余当一并报告政府,似更易觅得解决途径。

斯:余已表示意见,即组织公司,依平均分配原则经营之。

张:余前次会谈,曾询苏方愿意参加何种工业,即苏方愿意参加者以苏方为主体,而其他工业以华方为主体,分别经营。

斯:此系细则问题。而现在之问题为苏方已派人管理之各工厂问题,应如何解决。

张:如厂主已为苏方,吾方即使加入,其地位等于一普通股东,有何合作之可言。

斯:亦即因此,愿与阁下讨论,依新原则、新的管理办法,共同合作经营之办法。

张:在阁下认为细则,而余则认为原则。因如每一工厂悉由苏方主持,则中国技术专家将无发展技能之机会。故余主张有的工厂,华方资本占多数,以华方为主体,苏方副之。反之则以苏方为主体,华方副之。此种办法,其目的在予中国人以负有发展其技能之机会。苏联工业性质,与中国不同,悉集中于国家之手。中国则私人企业得以自由发展。此间有许多工厂,本为华人资本,而为日人强迫收买,或没收;故现在理应还诸人民。

斯:关于此节,虽阁下认为原则,而我仍认为细则。

张:何不将原则与细则一并讨论。

斯:余认为阁下所提某种企业由华方主办,某种企业由苏方主办,乃极饶兴趣之问题。

张:可否请阁下提出苏方拟予合办之企业单位名称。

斯:余目下尚无此项名单,但现在我方欲对此问题,谋求迅速解决之方法。因若干工厂已派有苏联经理。

张:恕余在无具体方案前,无法笼统作答。

斯:余当于下次谈话时,作详细报告。

张:尚有一法,即将此间原有企业作成一表,指出究系何者应归合办。

斯:但余仍欲对于现在已派有苏联经理之工厂,究应如何办理,作一解决。

张:须予一并解决方可,未便此时草率从事。仍盼有一整个方案之解决。

斯:余意在未得整个解决以前,以使所派苏联经理仍留在各工厂为妥。

张:当予以考虑,并郑重研究之。俟接到政府复示后,一并解决。

斯:下次晤面时,可以企业各单位名单,交换阅看。

张:此来目的,原为觅求中苏诚意之合作。凡为达此目的的可能为力之处,当尽力以赴之。

斯:阁下所拟各项意见,确可为双方诚意经济合作之基础。

张:但政治环境可以妨碍此种经济合作发展。

斯:诚然,但余所主管者,仅为经济事项,故所谈仅限于此。

张:阁下似可将此意转达主管当局。

斯:是否关于政治与经济有密切关系之意。

张:然。

斯:阁下之意思是否指政治问题与经济问题须同时解决。

张:即是此意。试作譬喻:如余仅将经济情势报告,而忽略政治问题,政府必将责我观察不周。

斯:余当遵命转达。

张:尚请转达下列数语:余曾数度参加我政府代表与马元帅之谈话。凡马元帅意中不欲之事,余每从旁建议政府,不勉强为之,致拂苏方之意。即可证明余对中苏合作,实具十分诚意。

斯:俟下次相见时,当互相交换阅看企业清单。

张:甚善。

斯:(出门时,复提及)阁下看来是否经济合作有成功希望。

张:此次行营撤退,完全表示我方友让态度,为转换空气之最好机会。希望转告马元帅善用之。

斯:已十分了解尊意。

《战后中国》第 1 册,第 374—375 页

张嘉璈与斯拉特科夫斯基谈话记录

长春,1945 年 11 月 20 日

张:关于上次所谈经济合作问题,余已接到本国政府回答,谓中国政府极愿与苏联在经济上密切合作。惟所谈之事,其中包含战事赔偿问题,成为所谈问题之中心,应由两国政府间交涉解决。因此请贵方将尊处之意见通知贵国驻华大使,与敝国政府商讨。

斯:当遵命转达。惟关于经济合作是否贵方已在原则上同意承认。

且所谓经济合作,是否指上次所谈工业合作而言。

张;以鄙人解释命令文字,似所谓经济合作,具有广泛性质,而尤其关于战事赔偿问题,及一切合作问题,均与此攸关。

斯:目前工厂管理问题如何解决。

张:因其与一切问题有连带关系,自应一并解决。

斯:余亦知此事可由中央解决。但目前有切迫问题,亟待解决。因许多工厂全被破坏,无人管理,急须设法保护。

张:当再电重庆,请示详细办法。

斯:可否由本人与留在各工厂之苏联人员联络,使彼等设法保护工厂财产,并保持厂内正常秩序。

张:尊意是否谓在两政府未解决以前,由阁下设法照管维持。

斯:在两国政府未解决以前,余当令留在工厂内之少数苏联人员,努力维持各厂一切财产。

张:阁下所述一节,容转陈政府。此外尚有其他问题否。

斯:过去与阁下数次谈话,均系私人谈话性质。现鄙人当将苏联政府关于工业合作之正式意见向阁下转达如下:"苏方认为须组织一中苏合办之股份公司,以经营以前属于满洲重工业开发株式会社,及满洲电业株式会社之各项事业为目的。上述两会社原为日本关东军所有,但苏联政府基于对华亲善之关系,愿使上述两会社之事业,由中苏两方代表依平等所有权之原则,共同经营之。其财产应由双方平均分配。即苏方占有百分之五十,华方占有百分之五十。为管理上项事业起见,组织一中苏合办之公司,其条件如下:(1)公司依平等原则组织之,公司资本各半,此项比例,在公司存在期内,不予变更。(2)苏方由若干经济组织,如伯利煤业公司、远东动力公司、远东银行等为该公司之参加人,预料华方亦得由自然人与法人参加。(3)苏方以上述两会社日本人所有之资产之百分之五十,缴作该公司股本。华方所缴股本,应与苏方相等,自日本人所有及其他方面所有之资金馀剩部份缴纳之。(4)参加该公司之苏方,将供给相当之专家,并予该公司以技术上之援助,以恢复并发展该公司所属之各项事业。(5)上述两会社所属事业,应用之地面土地,及其地下之一切权利,均应移转于新组织之公司。(6)中苏两方参加者,将共同参加管理公司事务。该公司上级干部,双方各有平等之表决权。华方代表为该公司总裁,苏方代表为该公司副总裁。(7)执行公司业务,由苏方指定之总经理,及华指定之副总经理负责办理。"

张:当即转呈政府,谅贵方亦将此事由驻华大使转向吾政府协商。鄙人希望在重庆对此一问题作有原则之解决。再贵方所提出合作办法,是否仅指此两会社所有事业而言,抑对于其他公司如满铁所属各事业,有何意见。

斯:目下仅提出关于上述两会社之事业。

张:南满铁路所属企业问题,最好亦同时一并由中央商讨解决。

斯:余当予以注意。阁下是否将离此间。

张:余至现在为止,无离此之意。如此间环境不予妨碍,余当勉力留此工作。

斯:环境可藉丰满之工作克复之。

张:在佳良环境下,余当尽力谋取双方合作之基础。

《战后中国》第 1 册,第 379—381 页

张嘉璈与马林诺夫斯基谈话记录

长春,1945 年 11 月 23 日

张:自就职长春路理事长以来,一切工作正在开始。余拟不日赴重庆一行,特来辞行。同时拟向阁下略表个人意见。

马:阁下是否完全离此?

张:仅短期间赴重庆报告而已。余从铁路观点与经济观点,极盼政治环境改善。目下中苏两国间似有一层雾障,盼能消除之。

马:以余看来,并无障雾,苏方绝对遵守中苏条约。

张:余拟以私人意见,奉询上次苏方通告中,提及暂缓撤兵,帮助中

央建立政权,具何意义?

马:沈阳以南,因中央军未到,故有十八集团军。如苏军撤退一地,而中央不予接防,十八集团军势必乘虚而入。故苏军只好暂不撤退,一俟中央军队开到后,认为足以维持秩序后,苏军再行引退。贵方何以有二十余架飞机来长接撤退人员,而不将军队运来?

张:请允许我说老实话,山海关有八路军,营口不能登陆;长春、沈阳用飞机运送队伍,数目不能多运。且当时又有非法军队,降落后,难免不有冲突。

马:不能发生冲突。

张:又如沈阳有地方政府,且有军队,同时利用东北实业银行发行钞票。

马:沈阳现仅有苏联军队,关于发行钞票一节,确有其事,且以十与一之比例通用。此种非法钞票,余已下令停止行使。

张:各省主席无丝毫武力,虽贵元帅一再催促前往接收,但彼等如何敢去接收。

马:亦即因此,苏军暂留此间。

张:鄙人不明军事,假使能运五万军队,在苏军协助之下,当可足敷前往各地接收。

马:不答。

张:余曾与经济顾问谈过数次,最近复提出接到莫斯科训令关于工业合作条件,余已电重庆报告。此次回渝,自当听取政府意见。

马:此间日人工业内日本资本超过百分之五十以上,但苏联政府愿依平均原则,与中国合作,即苏方所占资本不超过百分之五十,此足证苏方友好精神。

张:余深愿政治问题早日解决,经济工作可以早日开始。

马:阁下拟何日返长?

张:不久即返,但望到重庆时,政治情况业已好转。

马:一定即能好转。

张：首先应注意者为使山海关与沈阳之铁路交通，早日恢复。因从经济立场，十分重要。最好使八路军退出铁路线以外。

马：此点确极重要。

《战后中国》第1册，第382—384页

张嘉璈、蒋经国致蒋介石电

长春，1945年12月5日

主席钧鉴：东北行营熊主任勋鉴：○密。今日下午一时职嘉璈、经国访马元帅，先将指示各点，逐项提出，马元帅答复如下：（一）空运部队技术问题，凡以前董副参谋长与巴中将所商定者，一律有效；关于部队驻扎地点，由董副参谋长再与苏方参谋长商量指定。（二）撤兵日期，奉政府令定于一月三日前撤完，自当遵办。惟军队进退异常繁重，此次因延缓撤兵，撤而复运，喘息未定，若须一月三日前撤完，则必需即日开始，自南北撤，恐与我方建立政权反形不便，是否可自一月三日起开始，并规定撤退程序，若我方坚持一月三日前撤完，亦可照办。（三）苏军在驻扎地区内，继续不断解除非法武装，发现大部队非法武力均自称为国民党党员，只有极少次数为共产党，苏军现仍继续照旧解除非法武力中。（四）各省市派员前往新九省市编组警察，及携带宪兵随同赴任，原则上并无异议。惟以我方希望派联络官同行一节，未能作主，故拟一并请示政府，再行答复。（五）关于派军队至长春沈阳一节，嘉璈以个人资格，非正式告以目前拟运数目，并嘉璈本与董必武君在重庆之谈话。马元帅答云：当将此项情形报告政府，对于董必武君谈话一节，认为适宜之举动。希望我方军队自锦州前进时，随时将进展程度通知苏军，以便我军逼近沈阳时，派员与我军联络。至军队多寡，乃中国主权，非苏方所欲过问。（六）最后谈经济问题，嘉璈告以处理敌产属于赔偿范围，非中苏两国所能解决，并将王部长与莫洛托夫交换函件告之，同时表示一俟苏军撤退行政接收后，可商谈经济合作，例如以货易货协定、技术合作、资金合作等办法。至工矿方面，苏方如认有亟愿合作之事业,可将种类开出,中国政府当予考虑等语。马元帅答云:处理东北敌产乃中苏两国间事,且四国管制日本委员会并未成立,莫洛托夫复函语,似不适用。希望仍继续与经济顾问作原则上之商谈,俟撤兵完竣再行正式最后决定,以免枉费时间。嘉璈经国研究今日会谈所得印象如次:(1)空运部队绝无问题,转瞬降雪,降落不便,希望自十一号起开始运送,望饬令照办,并已向马元帅声明运送日期不加限制。(2)我军自锦州前进,苏方并无不良反应,且含有当然之意,杜部一俟在锦州立脚,稳固后,即可逐步推进,亦望饬令照办。(3)撤兵日期,马元帅能坦率以意见见告,较之表面照办,暗中策动延缓,反为有益,且其所述困难不无理由,似可允以自一月三日起开始撤退,并与规定程序,至迟不得过二月一日。马曾声明如我方同意,应由我政府与苏政府接洽决定,当请钧裁。(4)各省主席一俟苏方可派联络员一节答复后,应即迅速赴任。各市并无非法武力,嘉璈经国告以沿长春路各市如大连、奉天、长春、哈尔滨各市长,宜早接事。马元帅答云:极为赞成。故已转熊主任催促各市长即来长春,奉天市长尚未派人,嘉璈愚见,水利特派员董文琦,吉林人,极为干练,可否即发表,以便即嘱在我军到达前接事,便于筹备军队住宿给养等事,请核夺。(5)经济问题马极为重视,在接收前拟与经济顾问作广泛之讨论,一俟接收完竣,即由中央派员来长作进一步之协商,并请指示方针。职张嘉璈、蒋经国同叩,微亥印。

《战后中国》第 1 册,第 385—387 页

张嘉璈致蒋介石电

长春,1945 年 11 月 20 日

限一小时到重庆委座官邸。蒋特派员经国兄转熊主任天翼兄并呈主席钧鉴:苏经济顾问第三次谈话记录已寄天翼兄转呈。今日答复,告以中国政府极愿与苏方密切经济合作。惟苏方所提一节,牵涉没收敌人在南满财产,充作苏方战利品问题,故政府意见,认为应由两国政府间解决,请由苏大使径与中央政府直接交涉。当时经济顾问声明,以前

所谈，均为私人意见。今日正式奉到莫斯科命令，其要旨如下：苏方认为须组织一中苏合办之股份公司，以经营以前属于满洲重工业开发株式会社及满洲电业株式会社之各项事业为目的。上述两会社，原为应日本关东军之需要而设立，系属红军之战利品，应认为苏联所有。但苏联政府基于对华亲善之关系，愿使上述之两会社之事业，由中苏两方代表依平等所有权之原则共同经营之，其财产应由双方平均分配，即苏方占百分之五十，华方占百分之五十。为管理上项事业起见，组织一中苏合办之公司，其条件如下：

（一）公司依平等原则组织之，公司资本双方各半，此项比例在该公司存在期间不予变更。

（二）苏方有若干经济组织，如伯利煤业公司、远东动力公司、远东银行等，为该公司之参加人，预料华方亦将有自（发）〔然〕人与法人参加。

（三）苏方以上述两会社日本人所有之资产以百分之五十缴作该公司股份，华方所缴股本应与苏方相同，自日本所有及其他方面所有之资产馀剩部份缴纳之。

（四）参加该公司之苏方将供给相当之专家，并予该公司以技术上之援助，以恢复并发展该公司所属之各项事业。

（五）上述两会社所属事业应用地面土地及其地下之一切权利均应移转于新组织之公司。

（六）中苏两方参加者，将共同参加管理公司事务，该公司上级干部，双方各有平等之表决权，华方代表为该公司总裁，苏方代表为该公司之副总裁。

（七）执行公司事务由苏方指定之总经理及华方指定之副总经理负责办理。

当即告以应由转达政府，惟兹事体大，请径由苏大使与政府接洽。彼允照办，特先电陈，余函陈。职张嘉璈叩，戌哿亥印。

张嘉璈与斯拉特科夫斯基谈话记录

长春,1945 年 12 月 7 日

（在座者斯顾问拉姆扎意且夫,朱新民、耿匡两位秘书传译）

张:余本欲来奉访,适阁下相约,故前来一谈。关于苏联粮食出口公司、远东国外运输公司、苏联旅行社及国际书籍等四公司,拟在东北设立分公司立案一节,已代向经济部备案。惟正式立案应请备正式公文,其公文程式余当派员予以协助。

斯:阁下拟派何人前来接洽?

张:改日由耿秘书前来接洽。

斯:甚善。

张:关于苏方所提出之经济合作方案,余赴重庆时向政府详细报告,但其时空气不佳,其原因有二:(一)东北行政机构接收事宜发生问题,(二)谣传苏联已夺取东北工矿。故余与政府商谈时,政府认为经济合作在原则上为可能的,故上次曾与马元帅谈及此点。其时阁下亦在座,谅已聆到。余始终认为经济合作,须出自双方意愿并合乎双方之愿望,否则此项合作之基础恐不能坚固永久,故中苏之经济合作须使双方舆论,均认为公平,且使世界人士视此项合作于中国体面与利益并无损害。贵国上次所提出之方案,使中国政府及在野名流得一感觉,即如仍照日本重工业会社前例,将一切重工业之工厂包括于一个机构内,即无异日本帝国主义之故伎,余个人意见:我人应尽量避免不使一般舆论认为此系与日本帝国主义之行大同小异。

斯:请举例言之。

张:中国舆论始终不能明了,何以须将以前日人集中重工业于一处之办法,仍予继续。

斯:阁下将苏方所提之方案与日本帝国主义之手段相提并论,余甚为惊讶。阁下须知日本在东北所办工业纯具反苏作用,并非反对中国,完全为军事需要而举办各项工业。

张:但煤矿为和平时代绝对需要之工业,又如肥料工业工场及电厂亦无军事关系。

斯：余着重于阁下平行看法之一点。余若以阁下之言报告政府，则非但苏联政府，即苏联舆论，均将认为莫大侮辱。

张：阁下认为侮辱，余亦无法，并深为惋惜。但余系实告中国舆论方面之反应情形。此之证明余诚意欲使双方取得了解。

斯：平行之看法，余颇不赞同。以前日本所办之工业，完全握于日人掌中。所谓满方投资，仅系表面文章，岂能与苏方所提之经济合作方案相提并论？中国舆论十分庞杂，议论毫不一致。但中国人士均悉东北之工业完全与军事有关，且此项军事工业并非对华，乃系反对苏联。

张：余之本意乃欲将中国方面之舆论与意见向阁下明告，余上次与马元帅谈话时，亦曾提及中国方面此类议论。

斯：从阁下与马元帅之谈话及以前各次谈话中，余明了中国政府已在原则上赞成经济合作，余现愿知其细则。

张：余曾向马元帅表示四项。

斯：余乃欲知详细之内容。

张：余上次所谈阁下既在座，谅必为阁下所深悉。阁下须知中国人士之反响及心理，亦须予以顾及。前次所谈四项如下：（一）苏联在重工业会社所辖各工厂内已派有苏籍工程师者，该工程师可继续留驻各厂，且于必要时可再添聘。（二）在将来缔结货物交换协定中，我方不特可将农产品供给苏方，即除我方自行需要者外，亦可将剩馀工矿产品供给苏联。（三）将来我方倡办新工业，如愿与外国资本合作，亦可尽量与苏联洽商。（四）现有之工矿事业，如苏联对其有特别兴趣愿与中国合作者，请开单指出，以便报告政府，予以考虑。余现将此点向阁下复述一遍。

斯：阁下之意，是否提在工业合作问题双方未得解决以前现已在苏联掌握中之各项工业，中国方面无意参加？

张：苏军未撤退前，贵方人员可留厂代为维持。

斯：苏方所提方案之基本理由，乃因苏方认此类工业为苏方之战利品,但苏政府基于对华友谊关系向中国政府作合办之提议,其意即请华方加入已在苏联掌握中之工业。

张:余在渝时,我方经济专家曾表示意见谓,煤矿及电厂决非军需工业。且所谓战利品问题,与赔偿问题有关。但赔偿问题,非仅属于两国政府讨论之范围,且须在数国政府间提出讨论。此外,对于我国人民之愿望亦不能忽视。中国人士希望将来中国人民能用自力办理重工业,设于苏方协助中国收回失地以后,如中国仍无自办重工业之机会,将视为极大之失望。阁下毋以此为空谈,须知数千万东北人民自愿发挥之劳力,将较十数工厂之生产力为大也。苏联之方案,仅注重现实,余则以远大合作前途为目标。余愿使双方之出发点,取得相互之调和。

斯:余不能赞同阁下之论点:(一)贵方经济专家谓煤电与军事无关,余有证件可证明此类工业乃系适应军需。(二)战利品由各国共同参加讨论一节,亦不能赞成。须知此项战利品即在红军手中,中国方面,惟有两途可择,一为设法合作,继续经营。一为任使其被尽数破坏。中国方面日后自能明了。保留现有工厂,实为东北人民之利益。(三)工业一经恢复,民众取得工作,则民众间之恶感自可消泯。余不愿作政治谈判,此非余之权限。余感觉阁下所谈,前后缺乏逻辑,因中国一面请求苏方派联络员协助接收政治机构,一面又拒绝参加已在苏军手中之工厂。实际上经济合作反更可帮助中国政治机构之巩固,故经济问题如能解决,政治问题亦随而解决。余愿向阁下实告,余对中国之立场,不能完全明了。

拉姆扎意且夫:请允许余表示意见,胜利品与赔偿系两个不同之问题。胜利品乃指所有现在或将来有助于战事进行之一切财产,其所有权属诸拿获之一方。

张:按我人之意见,战利品仅指动产而言。

拉:并不限于动产,此次欧洲作战已有先例。

斯:日方厂长已签有书面证据,证明此类工厂为供应军需而设。

张:以煤矿为例,有战前已开办者,亦有方行开采者,岂能一概视作日人军需工业？

斯：尽人皆知，此两三年东北所有工业，悉为军备而进行。以煤而论，仅将煤末供给民用，其余悉供军需。

张：煤一部份输出境外，一部份亦供铁路应用。

斯：抚顺煤矿并未列入重工业会社之机构以内，其铁路运输几全部供给军用。

张：本溪湖煤矿，本由中国创办，其后被日人强占。

斯：现在本溪湖煤矿之规模不能与以前相比，现在设备悉系日方所置。

张：余认为战利品问题须归两国政府间谈判解决。至余本人有两点希望：（一）请将证件交余，作为参考资料。（二）请开列贵方认为最有兴趣之工矿名单，以便转呈政府考虑。此次提议，可作对于贵方原提案之修改答案。我愿与苏联实行诚意合作，故余之意见业已顾及苏联之利益，同时希望阁下亦顾及中国人民之愿望。我初次到东北时，东北人民告余，苏军将工厂机器拆运，余当时答以毋公然加以指责，因苏方之行动或另有其理由，或出于仇恨日人而起，亦未可知。

斯：余极信阁下之诚意，故苏方上次之提议亦基于友谊精神而发。

张：阁下须顾及两国国情之殊异，中国人民对土地最为重视，故对矿产深为爱惜。且中国现无重工业，而苏联已备极大之重工业，请对此重加考虑。

斯：此事本须依双方之意愿始能予以解决。但实际上，中国方面应明了中国须赖苏方帮助，始能恢复东北之重工业。苏联爰对日本及日本之同盟德国作战，损失极大，故须予以补偿。如从此点观察，愈可明了苏方此举之善意，苏方现愿将其所得之一半给与中国，实系基于对华友谊之精神。

张：无论何国人民均欲得独立经营其工业之机会，此层须请予以重视。

斯：综据上述各节，余明了华方暂无意参加共营苏方所掌握工业。

张:根本问题,即承认战利品之问题既尚未取得解决,故不能谈到参加与否之问题。但苏军未撤退前,可准贵方工程人员继续留厂代为照料,即已解决问题之一半。

斯:但撤退后又如何?

张:余所欲讨论者即此点也。

斯:余始终不明了阁下之观点。

张:阁下不明了,因阁下对于根本之点抱不同之见解。

斯:如此苏方当自行管理工厂。

张:余今日谈话之目的,即欲使阁下明了余所表示之观点之来源。

斯:苏方所提者为具体方案,故须得贵国具体之答复。

张:因战利品之定义具有不同看法,故暂不能有具体之答复。

斯:余明了在问题未解决以前,现在之状况,应予继续。我方认为此类工业系属苏联之战利品,亦即苏联之所有物。照提议合办一层,完全出于友谊精神。

张:将战利品与经济合作放在一处,其意味不佳。

斯:事后可不再提及战利品之名称,而即视作合作品。

张:最好贵方将方式予以修改,或可使双方接近。

斯:余再重复一遍,苏方已提出具体方案,故须由华方作具体之答复。阁下与马元帅谈话时表示,具体谈判须俟苏军撤退后完成。余认为此层并无根据。

张:余不愿使人民取得印象,关于经济合作之协定,系在苏联武力高压下成立。

斯:问题乃在于现在可先得具体结论,俟苏军撤退后,再行公布。

张:余并不反对暂时仍可交换意见,但希望阁下将允予供给之资料早日赐下,以备参考。

斯:余愿先知中国政府已于原则上赞成经济合作,至协定之缔结,可在苏军撤退以前商妥。至宣布一层,可予展缓,不使外间先行获悉。

张:余当将尊意转陈政府。

斯：余日内即将工厂名单与军事有关证据送交阁下。

张：尚有数语当顺便谈讲：东北汽车与飞机制造工业，规模极小，如何亦要开入名单内，因此与苏方并无出入，而于中国人民心理上将获得好感。

斯：余当慎重考虑及之。

张：个人意见：一部份工厂可移归中国独办，一部份由中苏合办。至战利品问题，目前暂不牵涉，或易入于接近之途。此为余之苦心，欲诚意促成此两国之合作。

斯：以前双方交换意见极为接近，阁下与余谈话时亦屡次表示赞成双方合作之意，适苏联政府对此问题所表示之意见与我人商谈者相适合。故苏方正式提出方案，为从速顺利解决此问题起见，务请华方即作具体答复。

张：余当转陈政府，但同时亦请阁下考虑余所述之意见。上次余送与阁下之东北工业表册，阁下可发现日本所办会社，实际上其资金大部均属伪满供给。

斯：自法律观点上言之并不尽然，所谓满洲资本仅为烟幕作用，此间大部份之工业概属三井、安田等公司所倡办。至机器制造工业，完全系自日迁至东北。

张：余送与阁下之表册系余费去三星期日夜工作之结晶，请阁下予以仔细研究，以明真相。

斯：余将开列之证据，可于日内送与阁下。为便利造成此项文件起见，余不拟以工厂为单位，而以公司为单位。

张：尚须补充一点，电气工业应归各市政府办理。

斯：小电厂数处确系应市民需要而设，但吉林与鸭绿两水力电厂，并非地方性质。

张：一俟阁下将材料送来，余即转达政府。在未得政府答复以前，如余等有何意见，亦可随后交换。

斯：尚有一问题，拟向阁下请教：在贵国各省市，如上海、汉口、天津、广州等处,存有不少外人经营事业,现在是否仍归外人经营? 阁下谓苏方提出合办方案,使华人不快,然则何以允许外人在各省市经营企业?

张:以前租界内已办之事业,现在须依法登记。至创办新事业,则应先得政府之许可。若矿业与电力事业,则另有法令,须依据法令办理。租界外虽亦有外人经营之事业,但现居极少数。至中苏合办事业,在原则上,余固不反对也。

《战后中国》第 1 册,第 387—394 页

张嘉璈、蒋经国致蒋介石电

长春,1945 年 12 月 8 日

主席蒋钧鉴:前日电陈经济问题马谈话中异常重视一节之外,经济顾问要求与璈谈大致谓:(一)战利品与赔偿问题为二事,凡现在或将来有助于战事进行之一切财产,不论动产与不动产,其所有权属于取得者之一方,在欧洲战场已有先例。璈对于此点力辩中国方面不能同意。(二)表示苏方为顾全友谊,愿将所得战利品之一半,让于中国,并问吾方愿否参加,璈答以战利品问题未解决,无法谈起,至于参加问题,彼云我方若不参加,惟有二途,一则继续占有,由苏方独办,一则如数拆毁。(三)对于吾方希望于政权接收苏军撤退后再谈经济合作一节,表示苏方希望先将具体方案议妥,俟苏军撤退后,再行宣布。璈答以不妨继续交换意见,彼云吾方要求苏军派联络员随同主席赴任,不知工矿合作须派联络员为更有力,经济问题解决,则政治问题亦随而解决等语。双方热烈辩论至两小时,对璈躲闪态度颇形不满。璈恐影响接收大局,最后告以容璈一面报告政府请示具体对案,一面隔日再从容讨论而散。照今日谈论,知工矿合作问题与政权能否顺利行使,乃撤兵后是否不生枝节,有密切关系。若苏方继续占有工矿,势必藉口保护留驻军队,现适值紧要关头,迎拒之间,十分微妙。璈实不敢负此重任,务请中央早日定一原则,是否愿于经济上稍作让步,以求接收撤兵之顺利。次则究以

何种工矿可让其参加，原则确定后，即请翁副院长钱乙黎主任来此主持交涉。时机急促，不胜迫切待命之至。职张嘉璈、蒋经国同叩，齐午印。

《战后中国》第1册，第394—395页

蒋经国致蒋介石电
1945年12月9日

限二小时到渝。委员长蒋：一二七三（表）。顷见马林斯基，除将我政府赞同苏军撤兵期延至二月一日一节，在口头上向其作声明外，对空运部队及接收行政亦详加商讨，马氏对经济合作问题作以下之说明：（一）苏联认为日本在东三省所经营之军事工业动产部门应为红军战利品。（二）苏联本可将战利品撤运回国，但为对中国表示友好关系，故愿将战利品（工矿）财产权之一半分让中国，并由双方共同经营。（三）中国如有认为某种工矿必须单独经营，不愿与苏方共管者，则亦可提出讨论，苏方愿将战利品之一部份无代价的整个让中国单独经营。（四）无论何种矿产之产权（地下物）归于中国，惟有矿场机器部份视为战利品。（五）东北经济合作问题希能采用简单与迅速之办法解决，并不愿第三者参加其中。（六）苏联不愿东三省再成为反苏之军事根据地，此乃苏联对于东北政府之要点，此乃马氏个人所发表之意见。双方讨论约二小时以上，各点先呈参考，详细意见待与公权先生商讨后再另电禀。……

《战后中国》第1册，第395—396页

张嘉璈、蒋经国致蒋介石电
长春，1945年12月9日

限即刻到重庆。主席蒋：〇密。昨电计呈经济合作原则，谅必已交主管机关核议中。璈等再四研究，以为下列各点似可加入合作原则之中：（一）苏方战利品之定议，不能同意，在我方认为系一种战争赔偿，必须由两国视作赔偿问题解决之。（二）但我方为顾全中苏友谊起见,愿酌量指定若干工矿单位与苏方合作,希望苏方指明其最感兴趣之事业种类,中国政府当诚意考虑之。(三)双方同意合作之事业,苏方应交资本,如将来赔偿问题解决时,决定其中敌人投资之一部归于苏方,则苏方即以之抵缴资本,否则缴纳现金,关系苏方资本不得超过半数。(四)双方同意合作以外之事业,归我方独自经营者,将来赔偿问题解决时,如其中有一部份抵充苏方赔偿之敌人投资,则中国政府应以现金或产品偿于苏方。(五)所有敌满合办矿山之矿业权,一律收归中国政府所有。此后无论中苏合办或中国独办之矿,均向政府租借,开采只有租借权,租矿年限由中国政府规定之。(六)电气事业应归市有,水力发电归政府经营,不在合办之列。以上各点,谨供参考。是否有当,尚祈钧裁。其馀与苏合作事业种类,亦望主管机关早日核定,再如对苏方再予让步,究以何种方式许其获得日本投资之一部,似亦宜有一腹案,一面再盼迅派大员来长主持,以免延时太久,恐生枝节也。职张嘉璈、蒋经国同叩,亥青酉印。

《战后中国》第 1 册,第 396—397 页

2. 中苏东北经济合作项目谈判

张嘉璈与斯拉特科夫斯基谈话记录
长春,1945 年 12 月 11 日

十二月十一日下午五时,苏军总司令部经济顾问斯拉特科夫斯基,偕其帮办拉姆扎意且夫来访张主任委员嘉璈,由朱新民、耿匡两秘书任传译,谈话如下:

张:上次谈话时,阁下允予供给之资料,已否备齐?

斯:今日可将此项资料奉告。苏方提议中苏合办之股份公司内,除属于满洲重工业开发株式会社及满洲电业株式会社之各项事业以外,尚拟加入其他属于关东军经营之工业,如一九四三年及一九四四年建成之大连造船厂(建筑年份待查)、四平街炼煤厂、锦州炼油厂。此外

尚有本溪湖、大连、哈尔滨与抚顺四处之洋灰厂。凡各该事业所属房屋，自亦应划归新组织之公司。至其馀日本人所办之事业，与伪满政府所办之公司，虽亦曾为关东军所利用，但苏方愿放弃参加此项事业之权利，仍交与中国政府处理。惟在东北各地，俄人所办之事业，即非属于苏联国家所有，而为俄人私人经营者，自亦不在放弃之列。例如哈尔滨之啤酒厂，长春之面粉厂，其为数不多，规模亦不大，鄙人以为应归入新组织之合办公司。至于满洲重工业开发株式会社及满洲电业株式会社所属事业之名单，可由中苏专家双方会同研究后，加以确定。惟据我个人预作统计，以合办所属工矿产量，与全部同类工矿产量比较，计煤矿合办公司所属煤矿产量占全部产量百分之十八，机器制造工业占全部事业百分之三十三，金属矿产量占全部产量百分之八十一，洋灰工业占全部事业百分之三十七，电气工业占全部事业百分之八十九。

张：请问有几个煤矿拟加入此公司？

斯：阜新、鹤冈、密山、西安、北票、本溪湖、溪城、城子河、鸡西、麻山、扎赉诺尔、穆林、珲春、老黑山及其他二三处煤矿，其名称现尚未知。余希望双方派专家予以确定。

张：机器制造工业有几厂？

斯：尚未确定。

张：抚顺煤矿未列入名单，是否亦不属长春路？

斯：长春路所属事业问题，不在余职权之内。

张：有色金属工业如何？

斯：凡重工业株式会社所属有色金属工业，均加入在内。

张：最好能将煤矿、有色金属工业各矿厂及其他各工矿之名称，用中文书写。开一详细名单见示。

斯：黑色金属工业，非依产量而依其工厂价值而言，应加入之事业，将占百分之九十四。

张：电业会社，除直辖工厂外，尚有附属事业，如吉林省电气化学工厂，由电业会社加入资本，是否亦加入合办之公司？

斯：吉林省之企业，未加入在内。

张：余愿得一精确之名单。

斯：明日下午。可将此名单送上。

张：余与马元帅谈话时，曾表示个人意见：从前日本人在东北所办之重工业会社，将一切关于重工业之全部事业，悉予网罗，实际上此种组织，并非公司性质，而等于变相之政府机关。余亦向马元帅表示，须任华方有独办一部分重工业之机会，故愿得一名单，藉知苏方认为有兴趣之工矿为何，已否尽行开列在内。中国人民均认日人此种事业组织，乃欲借此占取满洲之全部资源，故对之颇不表示同情。

斯：阁下所见甚是。重工业之会社之成立，其用意确欲统制满洲之全部工业。不仅统制其直属之事业，抑且欲管辖其他公司所办之事业。故该会社不啻成为机关。但吾人现拟组成之公司，并不将该会社之整个计划予以继续，且非苏联独办，而系为中苏合办，此其一。合办公司内，将任华人为董事长，此其二。苏方并无统制全东北工业之意。该合办公司系为纯粹商业机关，此其三。故将昔时日人作风，与现时所拟合作办法，相提并列，似嫌不当。

张：余曾告马元帅，在中国人眼光中看来，尽管中苏双方依平等原则合办工业，但合办究与独办不同。华人现极愿得有独立经营其重工业之机会，类如独办一钢铁厂，故其愿望为合理的，有根据的，吾人须予以重视。

斯：阁下曾表示食品工业、纺织工业，一切属于轻工业范围者，应留于华人手内。苏联业已尊重华方之愿望，未将此类工业加入在内。虽其中有大多数属于三井、三菱所有，而其产品之大部分，或全部，供作日军之用者，苏方均愿予放弃。即拟加入合办之工业，亦非全部，而仅为一部，至其成数，前已提及。

张：如以钢铁而论，假使鞍山与本溪湖均加入在内，即无异包括全部钢铁工业。

再东边道开发公司系一种开发公司，包括甚广，如以之列入，则等于将东边道所有矿山、实业全行加入。又满洲矿山公司为一行政机关，凡欲承领矿山开采者，须得其允许，实等于一矿业部。

斯：个人意见，现拟组织之公司，将与以前不同，不致超越其所办事业范围之外。

张：但如将上述各机关列入，则世人何能认为有所分别。

斯：一经仔细研究以后，自知有不同之点。未知华方究竟有何具体提议？

张：上次谈话各节，余因须待阁下送交详细名单，故尚未报告政府，惟据余私人意见，未尝不可酌分若干事业归中苏合办。例如设有煤矿四所，或酌选二所归中苏合办，二所归华方独办。又假如有钢铁厂二所，一所由中苏合办，一所归华方独办。又如鸭绿江与松花江各有水电厂一所，如鸭绿江一厂或可合办，松花江一厂即归华方独办。余深愿于此种办法中，寻求一双方妥协之途径。

斯：余已将苏方之见解详细言明，与阁下讨论数次，而阁下始终谈原则，从未提出具体答案，现请阁下即提出具体办法。

张：余极愿尊重贵方之意见，屡次谈话，均在探明贵方意向，欲贵方先作确切之表示。

斯：阁下所处之地位，较余为有利。余已奉有政府之指令，而阁下则无之。余之行动，须受政府指令之约束，而阁下之行动较为自由。故盼阁下提出具体办法，俾得报告政府。

张：余已电陈政府速予指示。余亦极盼吾政府能予我以具体答案。惟总希望贵方开诚见示，使双方意见接近至六七分，则一经提出正式答案，即可谈妥。

斯：请阁下明了余所处之地位，截至现在为止，余仅能将阁下个人之表示，报告政府，此层实使我为难。现苏方已明白表示其意见，现须由华方表示具体意见，以便确实报告吾政府。

张：俟明日接到名单，当即报告政府。

斯：明日下午当将名单送交尊处。余认为苏方提议，已顾及阁下初次所表示之意见,一则仅将两会社归入中苏合办事业之内;二则完全未涉及轻工业。

张:余始终不赞成将两大会社笼统包括在内,余且屡次主张应留出一部分归华方独办。

斯:极大部分事业,已不包括在内。

张:重工业关系较重,华方愿得一部分可归自办。

斯:即以重工业而言,其中有多数工厂,属于南满铁路经营者,如制造特殊钢铁公司,即未列在内,可归华人自办。

张:容纳中国人民愿望一点,为将来长久计,希望阁下予以尊重。

斯:合办公司即为谋中国人民福利,开发东北经济而设。

张:如华人能有一部分自办之重工业,此亦人情之常。余与阁下初次晤谈,即曾直觉的指明,若将重工业包括在一个组织之内,不合我政府与人民之愿望。

斯:余仅能再行复述一次,东北一切工业悉系苏军之战利品。现既未将其全部加入,即以表示苏方极大之让步。须知日人在东北所办之工业,其目的非为对华,乃系反苏联。现苏方仅欲划出全部工业之一部分,即此一部分,亦系双方合作。

张:余亦承认此点。日人一切设施,诚如阁下所言,目的在于反苏。但四千万东北人民之血汗,不能不承认其对于东北工业之贡献。

斯:余亦承认此点。故苏军对于华人表示善感。但实际上日人所办工业,实为准备对苏战争。故苏联有绝对的权利将此项工业,认为战利品。现苏联并不欲全部据为己有,而所求者仅为合办。

张:余对苏联友善之意,深为感谢。在一般中国人民看来,中国政府之愿将长春路由中苏合办,亦即对苏友好之表示。惟合办工矿问题,较为重大,值得双方多费时间与唇舌。

斯:解决此一问题,确需要相当之时间。

张:余为此事,头发几已苍白。

斯:但在完成后,阁下将重返青年。

张:办理此事,责任极为重大,须顾及政府之意旨,与人民之舆论。不特顾及现在,且须顾及后世之批评。

斯:将来合办成功后,所得结果,可予中国政府与人民以现在合办,并非错误之印象。

张:将来或能得到良好结果,但现在应避免足以引起一切舆论反感。不论此反感有无理由,均应顾及之。

《战后中国》第1册,第397—402页

张嘉璈对于苏方提议加入中苏合办工矿事业之分析意见
1945年12月14日

(壹)煤矿——(1)苏方开列希望合办之矿:苏方所开之煤矿属于重工业会社者计三十五矿,分隶于十二附属公司,其位于北部者,为瑷珲、鹤冈、三姓、札赉诺尔四矿。位于东部者,为密山五矿及东宁、老黑山、珲春、和龙等九矿。位于中部者,为本溪湖、五道、石人、湾沟、松树镇、铁厂、营城子、西安、长安、田师村、牛心台十一矿。位于西部者,为阜新、八道壕、兴隆、北票、南票、锦西六矿。(2)较有重要性之矿:以上三十五矿,于一般用煤有较大关系;质量较好,地位便利者,为阜新、八道壕、三姓、鹤冈、西安五矿。于制钢用煤有较大价值者,为本溪湖、北票、湾沟、松树镇四矿,及密山五矿。(甲)吾方应保持之矿:在一般用煤方面,为阜新、八道壕、鹤冈三矿。阜新、八道壕近在一处,一九四四年产额为四百四十万吨,埋藏量至少为十四亿吨,产量虽不及西安,而埋藏量甚富,鹤冈煤质不差,一九四四年产额为二百七十万吨,埋藏量至少为十七亿吨。在制铁方面,为北票、湾沟、松树镇三矿,北票原为中国人自办之矿,煤质为强粘结性沥青炭,一九四四年产额为一百二十三万吨,埋藏量为二亿八千万吨。湾沟、松树镇,以铁道尚未筑通,故尚未大量出煤,埋藏量为二亿吨。(乙)可与苏方合作之矿:(a)瑷珲:近黑河边境,与长春路东边,用煤尚属必要。一九四四年产额为十万吨,埋藏量为八百万吨。(b)三姓:沿松花江,与长春路用煤,松花江航行用煤,较有关系。一九四四年产量为十八万吨,埋藏量为二亿吨。(c)西安:中部产量较大之煤矿为抚顺、阜新、西安三矿。今吾方保持抚顺、阜新,则西安不妨与苏方合作,一九四四年产额为一百二十六万吨,埋藏量为二亿七千万吨。(d)本溪湖:东北重要制铁厂为本溪湖与鞍山,二者中,拟以本溪湖一厂与苏方合作,其理由详下述,故本溪湖煤矿当然亦与苏方合作,一九四四年产额为九十五万吨,埋藏量为三亿五千万吨。(e)密山东接苏属沿海州,从经济地理观点,可与苏联合作。一九四四年产额为二百九十万吨,埋藏量为十五亿吨。照上述计算,中国方面自办之矿,年产额为八百三十三万吨,埋藏量为三十四亿八千万吨。中苏合办之矿,年产额为六百三十九万吨,埋藏量为二十四亿一千八百万吨。(3)次要之矿:(甲)吾方应保持之矿:(a)田师村与牛心台煤矿原属本溪湖,现分离独立,规模不大。一九四四年产额为七十七万吨,埋藏量为二亿六千万吨。(b)营城子煤质不佳,规模亦不大,惟接近长春,关系长春市民用煤。一九四四年产额为三十六万吨,埋藏量一亿五千万吨。(c)铁厂、五道、石人、湾沟、杉松岗五矿在东边,与将来开发有关。其中铁厂、杉松岗、湾沟(接连松树镇)均宜于制铁之用。一九四四年产额为二十万吨,埋藏量二亿六千万吨。石人、五道煤,系一般用煤。一九四四年产额为七十二万吨,埋藏量为一亿七千万吨。(d)东宁在牡丹江东宁县,并不完全适于制铁,质非上等。一九四四年产额为十八万吨,埋藏量为五千万吨。(e)老黑山在关岛省,近于边境,质非上等。一九四四年产额为九万吨,埋藏量为一亿五千吨。(f)兴隆在热河省,靠近长城,煤质宜于制铁。一九四四年产额为七万吨,埋藏量为一亿吨。(g)南票在锦西附近,煤质尚佳。一九四四年产额为八万吨,埋藏量为一千二百万吨。(乙)可与苏方合作之矿:(a)珲春靠近边界,煤质不佳。一九四四年产额为三十五万吨,埋藏量五千万吨。(b);札赍诺尔靠近西北部边界,矿质不佳,专为制铁之用。一九四四年产额为二十六万吨,埋藏量三十亿吨。(c)和龙靠近朝鲜边境,范围不大,质品不佳。一九四四年产额三十五万吨,埋藏量五千万吨。(d)

瑷珲近黑河,新开之矿供长春路,及附近人民之用。一九四四年产额为十万吨,埋藏量为八百万吨。照上述计算,中国保持之矿,年产额为二百五十一万吨,埋藏量十亿九千二百万吨。与苏方合作之矿,年产额为一百零五万吨,埋藏量为三十一亿零八百万吨。

（贰）制铁制钢——（1）东北制铁事业,原来集中于本溪湖、鞍山两厂,最近在东边道设立分厂。本溪湖铁在一九四四年生产二百六十五万吨,内中富铁矿五十万吨,贫铁矿二百一十五万吨,由贫铁矿制成富铁矿六十二万吨。埋藏量八亿三千七百四十六万吨,内富铁矿九百八十一万吨。制铁厂装有高炉四台,生产能力年为五十五万吨。新建宫原工场制造特殊钢二万六千七百一十吨,设备已为苏军取去。（2）鞍山所属天长岭、樱桃园、大孤山、东西两鞍山等,生产能力为四百九十九万五千吨,内富矿一百四十九万五千吨,贫铁矿三百五十万吨,内人造富铁矿一百四十一万吨。埋藏量二十八亿五千三百五十一万六千吨,内富铁矿五千零三十三万七千吨。制铁厂制铁生产能力为一百九十六万吨,制钢块一百三十三万吨,钢料五十六万吨。置有制铁炉九台,已被苏军取去六台。（3）本溪湖矿石不特贫铁矿成分多,埋藏量亦少。制铁厂机器已旧,新建之宫原工场已为苏军取去。鞍山富铁矿多,埋藏量亦丰,制铁设备虽为苏军取去,惟地面易于扩充,故如与苏方合作,可择本溪湖矿。（4）东边道铁矿生产能力,年为一百万吨,埋藏量一亿一千一百九十万六千吨。内富铁矿九千万吨。制铁工厂只有二十吨电气炉二台,生产能力年为一万四千吨。将来利用水平丰满电力制造特殊钢,故东边道制铁矿应归中国方面保持。

（叁）采金与铜矿——金与铜同时开采,产金本来不多。战争以来,更不采金。计夹皮沟年产铜二千吨,合纯铜一百五十吨,老金厂年产铜二千吨,合纯铜一百十吨,王龙金矿尚未开采。芙蓉、华铜两矿,量多而质不佳,计年产铜九千吨,合纯铜八百十吨。全部铜矿埋藏量一百万吨,合纯铜不到十万吨。中国产铜不多,应归中国自办。

（肆）铅、锌——（1）安东青城子铅矿,年可产铅九千吨,合纯铅五千五百吨。岫岩年可产铅二千四百吨,合纯铅二千三百五十吨。桓仁年产铅四千吨,合纯铅二千六百吨,埋藏量三百七十万吨。(2)青城子锌矿,年可产锌六百吨,合纯锌三百吨。岫岩锌矿年可产锌三千吨,合纯锌一千四百吨。桓仁锌矿年可产锌八千吨,合纯锌四千四百吨,埋藏量一千二百二十万吨。中国产铅、锌均不多,应归自办。

(伍)钼、钡——(1)钼为制特殊钢必需品,锦州杨家杖子钼矿,号称为东方第一,年产额为一千二百吨,以六十八折计,合纯钼八百十六吨,埋藏量五十万吨。(2)钡为制铁必需品,热河省滦平矿山生产能力为十二万吨,埋藏量三百万吨。钼与钡,中国内地亦无出产,必须保持,归中国自行开采。

(陆)铀——奉天海城附近,新发现铀矿,尚未开采。此为制造原子弹原料之一,自应归中国保持。

(柒)铝——(1)本溪县牛心台、小市泉水之矿共产矾土铝十四万吨,由抚顺满洲轻工业金属会社炼铝。其生产能力年为一万吨。安东轻金属矿会社正在建筑工厂中,预计生产能力每年四百万吨,尚未生产。(2)锦西榆树沟矾土矿只造耐火粘土,尚未开采。铝原料中国华北所产者,较此为佳。将来中国各省如有充分电力,不难发展。故与苏联合办,或分一地与之合办,均无不可。

(捌)镁——(1)营口满洲制镁会社向由海水用电力制镁,年产八百吨。现已发明由菱苦土制镁。大石桥有菱苦土矿,可以利用,较之用海水作原料者需用地面较小,生产费亦可减轻,故或须另建新厂。如苏方愿意合作,似无不可。(2)奉天满洲轻合金制造会社系造轻合金板及块条,正在完成中,生产能力为四千五百吨。机器已被苏军取去,合作与否,无关重要。

(玖)炸药工业——满洲炸药制造工业会社在奉天、辽阳、阜新及安东共有十四厂。奉天生产能力三千吨,辽阳三千吨,阜新一千二百吨,安东二千吨,内计硝酸炸药一万二千二百吨,引火线三万基罗,工业需管四千八百万件。在和平时代,若造工业用之炸药,以运送危险,不如在煤矿附近设立制造厂。此次苏方提出二厂,拟以一厂与之合作。辽阳一厂有山洞地下设备,故拟保持。

(拾)化学工业——(1)鞍山南满化成工业会社用煤制沥青炭电极、石炭酸。工厂甫完,尚未出货。生产能力,沥青炭一万二千吨,石炭酸五百吨。(2)本溪湖大陆化学工业会社有生产沥青炭一千五百吨设备,工厂正在完成中,尚未出货。工厂机器闻已为苏军取去。如苏方欲合作,拟以本溪湖工厂与之合作。因本溪湖铁路工厂或将与之合作。(3)葫芦岛硫酸制造工厂原备蒸馏杨杖子矿所产铅锌。其设备生产能力,蒸馏锌年可得四千五百吨。现建筑尚未完成,先出硫酸年可一千五百吨。

(拾壹)人造石油——(1)四平街炼煤厂原由八幡制铁所技师,拟用低温蒸油法以煤炼油。嗣试验失败,由军部接收,继续研究,尚未出货。(2)锦西炼油厂系由军部设立,乃用南方运来原油,精炼汽油而设。规模较大,尚未出油。战事结束后,汽油可以向国外输入,人造汽油成本太大,殊不合算。故四平街一厂,苏方如欲合作,亦无不可。锦西以接近关内,且将来用原油精炼,势将发展,故拟由吾方保持。

(拾贰)洋灰工业——东北洋灰工业有九个公司、十四工厂。哈尔滨、牡丹江、吉林、锦州、泉头、鞍山、小屯、抚顺、辽阳、本溪湖、宫原、庙岭、安东、大连等处各有一厂。全部生产能力为一百八十二万吨。苏方提出本溪湖、大连、哈尔滨、抚顺四厂,生产能力共八十二万五千吨。此项工业,无甚重要,拟允其合作。

(拾叁)机器制造——(1)飞机制造:满洲机器制造会社先在奉天设厂,月出高等练习机七十架,均系将自日本运来"部分品"装配而成。又出产发动机一百台。及去年美机轰炸后,将全厂分散至公主岭及哈尔滨。公主岭厂生产能力,月计高等练习机三十架,发动机一百台。哈尔滨厂生产高等能力战斗机,月计十架,发动机一百台,略造部分配备品。三厂机件均为苏军取去。(2)汽车制造:汽车制造会社在奉天、安东各设一厂。安东工厂规模较大,惟只有一部分厂房设备完成。其他主要都市设有修理厂,年可装配汽车八千辆,修理一万二千辆,制造配件不计其数。现则所有机器悉被苏军取去。(3)重机器制造:满洲重机器会社系制造铁质之机器。其设备购自美国;大小机器八十三件。电气炉三个,制造炉三个,最近始完成。年可出产价值五千万元之货品,但尚未正式生产。所有机器亦被苏军取去。(4)工作机制造:满洲机械会社系制造旋盘精密机械。近数年改造军械及炮弹。有工作机六百台,年可产价值二千万元之货品。所有机械亦被苏军取去。(5)满洲工厂:满洲工厂系制造矿山机械、搬运机、起重机等。其工作机计有一百六十二台,电气炉十台。年可出价值四千万元之货品。其机器据闻亦被苏军取去。以上各项制造工业,全赖完善之设备,熟练优秀之技师。东北熟练工人缺乏,机器又为苏军取去。与其恢复旧有,不如向美输入新机器,比较经济简捷。故上项工厂,一时实无恢复必要,若苏方欲合作,不妨同意。(6)大连造船厂:大连船厂仅造铁筋洋灰船,设备简陋,并不重要。苏方如欲合作,似无不可。

(拾肆)电气事业——满洲电业会社原有水力发电者六十一万六千基罗瓦特,火力经送电网者计七十二万零八百五十基罗瓦特,单独发电者计十七万四千七百四十九基罗瓦特,共合一百五十一万一千五百九十九基罗瓦特。在电业会社以外者,只十五万八千七百四十基罗瓦特。现在大部机器已为苏军搬去;所馀仅有八十三万一千五百九十基罗瓦特。电气为公用事业,发电、送电、卖电应分别办理。发电分为三种:(a)矿山所有之电力,仍归各矿。(b)其馀之火力发电应统一于一个公司,归政府与地方合资经营。(C)水力发电之吉林丰满、镜泊湖(桓仁)三水力电应归同一公司自办。鸭绿江丰满可与苏方合作。送电归上述之公司集中办理。卖电归各省市县自行办理。苏方欲将电业公司继承经营,极不合理。

按张氏对于苏方提议中苏合办工矿事业之分析意见,十分详尽,兹特作提要如下:

(1)煤矿——(a)苏方开列合办之煤矿计三十五处,年产量计三五七万吨,埋藏量计四二亿吨。(b)中国拟保持之年产量计二五七万吨,埋藏量计一一〇亿吨。(c)拟与苏方合作之年产量一〇六万吨,埋藏量三一亿吨。

(2)钢铁——(a)本溪湖铁矿新建宫原厂,已被苏军取去,不妨合作。(b)鞍山制钢厂设备已为苏军取去,惟地面易于扩充,宜保持。(C)东边道制钢厂应归中国自办。

(3)金与铜——中国产金与铜不多,应由中国保存自办。

(4)铅与锌——中国产铅与锌不多,应由中国保存自办。

(5)钼与钡——中国产钼与钡不多,应由中国保存自办。

(6)铝——中国北方所产铝原料较东北者为佳,在东北不妨与之合办。或分一地与之合办。

(7)铀——中国必须保持,不能合办。

(8)镁——合办与否,不关重要。

(9)炸药——拟以一厂合办,辽阳厂应保持自办。

(10)化学工业——本溪湖大陆化学工业会社机器悉为苏军取去,可以合作。

(11)人造石油——成本太大,可以合作。锦西厂应保持自办。

(12)机器制造——飞机厂、汽车厂、重机器、工作机、满洲工厂等,一切机器均被苏军取去,不妨合作。大连船厂设备简陋,不妨合作。

(13)洋灰——可以合作。

(14)电力事业——(a)矿山所有电力厂应归自办。(b)水力发电之吉林、丰满、镜泊湖等三水力电厂,应归同一公司自办。(c)鸭绿江丰满电厂可以合办。

《战后中国》第 1 册,第 402—409 页

张嘉璈与斯拉特科夫斯基谈话记录

长春,1945 年 12 月 24 日

十二月二十四日下午四时,张主任委员嘉璈往晤苏军部经济顾问

斯拉特科夫斯基,告以已得中央指示。谈话如次:

张:此次赴宁,已将尊处开单,及谈话经过报告蒋委员长,及主管长官。现政府已决定交由经济部考虑,派员来长讨论。

斯:为何仍须派员另行讨论?

张:前次阁下曾提及何种事业应加入合办,可由专家讨论。

斯:此为苏方未开送事业种类名单前之意。现既开送详单,自无再派专家讨论之必要。

张:记忆马元帅曾提议中国方面,对于何种事业愿抽出自办,可以讨论,阁下亦有此语。故政府有此决定。

斯:既然如此,鄙人不再持异议。请问所派何员,及何时可来。是否不因此拖延?

张:当然不致太久,今拟将政府指示之若干合作原则奉告:(1)贵国若提出战利品问题,以后中国国民必多误会。即使将来合作成功,中国国民将认为苏方所占股份,乃从战利品得来,永久有一不良印象。故中国政府提议对于苏军偿以一笔兵费,其名义为苏军延期撤兵费,其数目拟定为东北流通券十亿元。将来合办事业种类确定后,苏方即以此十亿元充作苏方资本。苏方不再提出战利品问题。所有苏方开列拟合办之事业,如工矿之类,在撤兵时,先移交于中国政府接收。所以希望如此办理,完全为欲使中国国民对于苏联存一敬爱之心。(2)将来合办之事业,希望分为若干单位,不要将一切事业并入一大公司。因中国人民对于英国侵略印度时之东印度公司,日本侵略满洲时之南满铁路公司,以及伪满时代之重工业公司,认为都带有一种经济侵略性质。此次中苏两国在撤兵后,若成立一个大公司,中国人民将同样视之。故希望成立数个单位。将来时机成熟,可于各公司之上,设一联合办事处,可得同样效果。但在中国人民看来,觉得苏联愿与中国多方面经济合作,不含有经济侵略之企图。(3)电力事业,中国向认为系一种公用事业,应归中国政府,或市政府经营。现在中国政府已决定除租界内,已有之中外合办电力事业,不再允许有新的中外合办之电力事业。即使租界内之中外合办电力事业,其营业期限届满后,亦不再继续许可。故盼望对于电力事业勿加入合办之内。(4)在撤兵以前,经济部派员到达后,即可讨论,并决定合作事业之种类,同时讨论合办公司之如何组织。(5)有一草案后,一俟苏方撤兵完竣,即公开由双方派正式代表,俾世界各国及中国人民知悉并未有何秘密撤兵交换条件。如是则合作基础,可格外光明而稳固。

斯:将来合作事业资产如何作价,照原价,抑照目下所存财产实价?

张:鄙意照以前原价减去折旧,及此次损失。

斯:假定一事业几全部破坏,如何办法?

张:假定值百万元之事业,破坏后,只值五万元,则需添资本九十五万元方可恢复原状,当由中苏各半分任。

斯:假定苏方不愿意斥资恢复,是否苏方可预先表示不愿之意?

张:既是中苏合办公司,一切须经双方同意,似可不必预先决定。

斯:最好预先决定。

张:不妨由专家讨论。

斯:中国提议各节,当转达政府。惟派员讨论,是否手续过于繁重,再是否形成一种会议性质?

张:草案决定后,公开讨论时,当不致有何困难。

斯:现在各工厂日有破坏,最好贵方迅速派员前往主持,姑暂不论是否正式接收。因如此可增加人民良好印象。

张:当予考虑。

斯:关于电力事业,大部分电力用于工业,并非完全市用电力,尚请考虑。

张:电力事业中包括(甲)火水力电厂,(乙)市内电厂,(丙)煤矿附属电力厂,性质复杂,可由专家从长讨论。

斯:甚好。

张:鄙人日内拟赴沈阳、哈尔滨一行。返长春时,如尊处已得有政府覆电,可再讨论。

蒋介石致张嘉璈函

重庆,1946年1月20日

公权先生:十七日函奉悉。长春交涉,此时只有兄折冲协商。好在非正式,故未有主管之责任。若由经济部正式派员负责办理,更为不便也。馀详经国函中,请照此原则进行。至于具体办法,则待明日经济部方案到后,再派员送来。但大概当亦不出此原则范围之内,以此为最大限度也。中正,一月二十日,十时。

王世杰致蒋经国电

1946年1月20日

二十日电悉:(1)关于东北经济合作事,主席已就苏方备忘录详加考虑,并已以一切实方案致张主任委员,谅能获致协议。(2)苏大使昨日面陈主席,声明谓行营经济委员会公布关于东北诸省敌产,收归中国政府所有一节,事关投资,且牵涉曾为关东军服务,现为苏军战利品之日本企业,故苏政府认为无效。又谓苏政府为顾及中苏间现存友好关系,已向我提议组织中苏合股公司,以经营曾为关东军服务之日本企业。并以一半价值让予我方。更以一部份日本企业,划归我政府所有。望我对此问题,迅速处理等语。(3)我方对经济合作事业处理,就实际项目磋商。对战利品问题,我方不可故弄理论的立场(即日人在满洲经营之事业,应视为对华赔偿品),否则将来此事如提出远东委员会,或其他国际机构时,我将失去立场,务望注意,并转达张主任委员。

蒋介石致张嘉璈电

1946 年 1 月 21 日

长春蒋特派员经国,密转公权先生:关于苏联所提东北合办事业新方案如下:

一、苏联备忘录所提东北日本事业资产,皆为红军战利品,归苏联所有一节,吾国不便承认,应不予提及,仅与商谈合办事业及具体办法。

二、前南满铁道株式会社之附属事业以及抚顺煤矿,决不在合办之列,以前在莫斯科商订协定时业经言明,应自中国收回。

三、前南满铁路路线以西之事业皆不合办,因此远在热河境内之北票煤矿,自不在合办之列。

四、东北航空及松花江航运并非工矿事业,不应列入合办案内。

五、各种工矿合办公司,吾国因法律及成例关系,吾国股份不在百分五十以下(一律应占百分之五十一)。董事长及总经理皆由中国人担任。此为吾国重要期望,苏联对此期望能加尊重,则协商较易成功,事业亦较易推进,应向苏方代表切实说明。

六、对于合办之具体事业注意要点如下:

甲、鞍山钢铁厂应由中国经营。

乙、非铁金属矿产此时不谈。

丙、本粕工厂及一部分之化学肥料工厂应归中国经营。

七、上次提示之"中苏合办工矿办法大纲"内第二条及第六至第九条仍应对苏方提出。

八、凡应由吾国际接管之事业,应向苏方提请为事实上之协助,使可顺利接收,而不为非正式组织或武力所盘踞。

九、此项商谈之结果,应俟东北接收完竣后,始行成立正式协议。中正,子马酉府机电。

《战后中国》第 1 册,第 417—418 页

斯拉特科夫斯基致张嘉璈函

长春,1946 年 1 月 22 日

径启者:兹谨将中苏合办各股份公司,苏方参加人(?)之完全名称附后,请查照为荷。此致经济委员会主任委员张。计开:(1)伯利煤矿组合、(2)远东区电气管理局、(3)远东银行、(4)机车制造总管理局、(5)焦煤化学总管理局、(6)石灰工业总管理局、(7)炼钢机器制造总管理局、(8)人造液质燃料总管理局、(9)民用航空总管理局、(10)南黑龙江航运公司、(11)远东对外运输公司、(12)乌拉尔钢铁工业总管理局、(13)铅矿总管理局。(一九四六年一月二十二日)。

《战后中国》第 1 册,第 419 页

张嘉璈致蒋介石函

长春,1946 年 1 月 23 日

两奉手谕,敬悉种切。嗣奉到酉电指示应付方案大纲,现正候经济部详细方案到即行提出,一面正与越崎兄①参照指示大纲商拟对策。璈以国际交涉利害得失,不易衡量,而毫厘千里,关系太重,既奉钧谕,谨当遵命继续作非正式之谈判,将来正式议订,仍由中央派专员办理。苏方对于中央之猜疑,及对于共方之偏向,此根本病态,非短期所可解消。故前禀陈三点:一、不愿吾方有强大武力,足以昂烈独步,不顾苏方,不顾共方。二、充分经济合作,使第三者不易渗入。三、保留一部分共方势力,以备遇有必要时可以操纵。关于第一点,我方若运沈二师,运长一师,各省照原提数目编保安队,一面再提运哈兵数,彼方当无问题。唯目下彼方最注意最觅我漏洞者,为有无秘密编练部队,最近在各地搜到或自称中央军或有片纸只字与中央军事机关有关者,即指摘备至。今日接哈尔滨电话,知苏方通知一切地下部队、秘密武力,限于二

---

① 孙越崎,国民政府资源委员会副委员长。

十五日一律缴械，似对我方而发，故望电令行营及杜长官，严禁任何机关或个人私自在各处接洽或组织武力。关于第二点，苏方自决定坚持战利品名义后，如工矿即派兵看守或派苏人管理，不许我方前往，以待合办问题之解决。最近张莘夫接收抚顺矿后，即被八路软禁，与苏方交涉，经苏军救出，即予我方暗示之一种。故若不解决，彼即驻兵保护战利品。关于第三点，一半关系于军队、政权及经济三者，是否与其友好，一半关系于国际形势及政治协商随之消长，要之苏军撤退，本属勉强，唯有竭力避免与彼以口实。现所顾虑者，共方不顾大局，制造与国军冲突，或藉其地方非法武装势力，排斥中央官吏，于是苏方藉口巩固中央政权，在冲突之处延期撤兵。姑俟经济问题谈判进展时，看其能否不生此企图。唯共方既盘据大部县份，将来必提出参加政权，究竟苏方是否暗中支持及究竟在撤兵前或撤兵后发动，不久当可窥出模样。今日东北交涉，唯有走一步，算一步，尽最大之努力，成败未敢逆料。

《战后中国》第 1 册，第 420—421 页

蒋介石致张嘉璈函

1946 年 1 月 26 日

公权吾兄勋鉴：经儿回来，所有在苏经过情形，当能面详，不赘。关于经济合作方针，此时只可缩紧，不宜太宽。此事已考慎再三，不能不如此。惟兄独当其难，自受苦痛，此乃中正无时不在体会与想念之中。请兄勿加过虑，总要使我主权与法理不发生影响，不为他人引以为例则得矣。顺颂时祺。中正手启，一月二十六日。

《战后中国》第 1 册，第 421 页

张嘉璈与斯拉特科夫斯基谈话记录

长春，1946 年 1 月 26 日

一月二十六日下午五时，经济委员会主任委员张嘉璈往访苏军经济顾问斯拉特科夫斯基，交换对中国方面所提经济合作方案之意见。

谈话记录如下：

张：昨日送上经济合作办法及内容，谅已见过。阁下感想如何？

斯：因时间短促，尚未与莫斯科通讯，故今日所表示者，完全为个人意见。（1）苏联政府对于敌人在东北之工矿事业，用以帮助关东军者，均视为战利品。惟为顾全中苏友好起见，愿将一部份工矿交还中国，另有一部份，作为中苏合办。今中国所开来之合办种类，有多数苏联所开列之合办事业，均未列入。苏联不能不认为所有未列入之事业，即中国方面不愿与苏联合办。因此苏方不能不认为所有剔出之事业，均归苏方所有。（2）贵方所提与资源有关之字样，不知作何解释。因一切企业，无一不与资源有关。（3）蒸气电厂，贵方提及或为工厂附属事业，或为公用事业，是否工厂附属事业，将为应归工厂管理？（4）贵方所谓水电厂、水闸地区、淹没田地，人民受到损失一节，是否对于损失之人民，给予赔偿，以后此项损失，可以消灭，即可合办？（5）贵方谓民用航空公司，及松花江船运公司，目前不宜讨论，是否将来由交通部出面讨论？

除以上各点之外，对于贵方提案，一般的感想，不能不为阁下奉告如下：

苏方战胜日本，对于日本敌人所办之各项工矿事业，此项事业十馀年来，完全用作反苏之用。今苏联战胜敌人，得到此项战利品，一部份交还中国，一部份照平等原则，与中国合办。今中国方面对于此项根本精神，抹杀不理，深为惋惜。照此情形，深恐无法达到同意之途。如中国方面所提出合办之煤矿，大部含有灰质，产量不多，设备不充，估计全部产量，只有百分之十点五（10.5%）。若苏方接受此项提议，将来所办之公司，完全无商业基础，等于在沙漠地带种红萝卜，势将中苏合作精神，完全牺牲。此种事业组织，若为科学试验，固未尝不可，若从商业立场，则根本不易成立。又贵方提案，将鞍山铁矿剔出，无异拒绝与苏联合办钢铁事业。又将电气事业剔出，将最要之丰满水电不加入在内，则将来各重要工业之用电如何分配？再将非金属各矿剔出，试问各工厂所需之资源,将向何处取得? 至于贵方提议航空公司不宜讨论,是否永久拒绝讨论? 尚有许多较为次要之点,将来若与专家讨论。可指出许多不合理之点,如洋灰工厂,中国方面只提出两个,如何值得组织一公司? 又关于组织方面,中国提出分为两类:一类中国方面须占股份百分之五十一,董事长及总经理均为华人。是否不合平均用人之原则?

　　昨晚研究中国方面之提议,觉得中国所提之事业,无法使每一公司有发展之基础,实在不敢报告政府。希望中国政府再加考虑,并予修正。要之此项讨论,拖延已久。若再拖延,势必影响军事政治一切问题。为双方利益计,实须迅速觅到解决途径之必要。鄙人极愿与阁下讨论,但希望必须有一可得协议之根据,然后讨论,方有结果。鄙人不能不坦白的奉告阁下,凡一切交涉,最后不能不拿出若干真理来。

　　张:对于阁下所提各点,兹拟简单答覆:(1)苏方所提战利品问题,中国方面无法同意。但不愿因对于此点之争执,而阻碍讨论。故拟将此点暂不讨论,而先讨论合办事业。(2)我方所提,所谓资源有关之意义,系指矿产而言。(3)蒸气电厂如为工矿之附属电厂,可归入该工矿所营。(4)水电厂水闸,人民所受之田地淹没损失,不可以金钱计算。盖人民观念,以为既受损失,当取偿于事业之光荣。且水力发电,与水及土地发生关系,中国人民对于土地观念甚重,鄙人已一再奉告。(5)关于民航公司及松花江轮船公司,因苏方向未提及,中国方面向未加以考虑,故目前无法讨论,并非拒绝而永远不予讨论。(6)至于非金属矿之剔出,实系此项矿产数量不多,故中国方面甚需此项矿产。但将来工业方面,如有需要,此项矿产仍可供给。(7)有关资源之公司,中国方面应占股份百分之五十一,此系《中国矿产法》所规定。中国内地与美人合办之矿,大都如此。(8)中国方面之提议,实已煞费苦心,亦已表示极大之热忱。在阁下认为不甚满意,但据鄙人所知,我政府方面已尽最大之努力。

　　顷阁下提到此事,若再拖延,恐将对于政治及军事均有影响。鄙人亦有极大苦痛的感觉。兹因阁下提到此点,故我亦愿一提。即我方在各省接收政权,因无充分武力,处处为八路军所阻碍。若带充分武力,又恐苏方当地军队发生猜疑。因此目下在各地接收政权,等于虚饰。望阁下与贵军事长官一提。关于阁下所提矿产工业,何种为何不列入,事关技术,拟明日约孙特派员越崎与阁下一谈。

（谈话至此,已告结束,各人起立时,斯顾问又有所述。）

斯:苏方所以欲与华方密切经济合作,实系苏方不愿见有第三国再卷入,并非苏方欲一手霸占利益。

张:中国方面拟以自力建设东北,苏方如能交还东北,使我方顺利接收,自由建设,鄙人敢担保一年之内,可不藉外力而能恢复经济,请阁下放心。

《战后中国》第 1 册,第 421—424 页

张嘉璈与斯拉特科夫斯基谈话记录

长春,1946 年 1 月 28 日

一月二十八日午后五时,张嘉璈往晤苏经济顾问,请其将苏方原提案加以修改,作最大之让步,吾方亦再考虑,作最后之让步。因已届撤兵之期,不能不用快刀斩乱麻之手段。渠谈话中提及由经济合作,消除满洲予苏联之威胁一语,乃苏方之今后对东北与新疆之基本方针,不可不注意及之,谈话记录如下:

张:今日鄙人来访阁下,拟将个人感想非正式的,与阁下交换意见。关于中国方面提案,其精神在于不使国民失望。盖以东北光复以后,人民以为可以恢复权利。若所有重要工矿事业一律合办,人民不免感觉虽然光复,仍一无所得。其次中国技术界,希望光复以后,中国人自己亦可经营若干重工业,若一律合办,则将使彼等失望,故必须以一部份重工业交由中国人自办。鄙意苏方果欲与中国方面经济合作,无妨多用几种方式,不必样样合办。譬如某种事业,可用苏方技术人员;某种事业,可以用信用方式,购买苏方机器;某种事业,可以出产品供给苏方。虽方式不同,但可达到苏方愿望。主要者,无论任何国际问题,国

内舆论,不能不予顾及。今尚拟请问鸭绿江水电厂何以未列入? 再松花江轮船公司究系造船,抑系船运公司? 若船运公司,则与中国取消内河航运权原则相背。

斯:鸭绿江水电厂因在朝鲜境内,故不列入。松花江轮船公司系经营船运。松花江联接黑龙江,直达苏境,与内河似有区别。至于阁下所表示之意见,似乎对战利品之观点,始终不同。在中国人民看法,好似苏联要求种种事业,由苏方参加,此实错误。实则苏方愿分出若干事业,让华方参加。阁下提到人民感想,鄙人不能不说明苏联人民之感想。在苏联边境上,最多事之地,莫过于中苏边境,十年来,满洲之军队及工业,对于苏联予以极大的威胁。结果造成战争,苏联人民受到莫大牺牲。故苏联心目中认为满洲问题不解决,远东无和平可言。故为苏联计,最重要之问题,即如何消除满洲之威胁。故必须切实经济合作,以期将来满洲不再发生不愉快之事件。前次曾提及经济合作,不但应建筑在政治上,更应建筑在商业上。假使某种事业之合作,仅作政治上之相互让步,而无商业基础,此种事业则不能永久生存,例如合办公司,不能加入鞍山铁矿,丰满水电及重要煤矿,以及若干非铁金属,有综合的配合,则根基不固,不能发展。即如以本溪湖煤矿而论,鄙人并不否认该矿是一好矿,但其产量只能供给本矿之用。又如贵方提议密山、珲春、札赉诺尔;假定以此三矿组织公司,如何能与鹤岗煤矿公司相竞争?所以鄙人认为中国方面提议,无法成立有商业性质之企业。故无法接受贵方之提议。对于阁下所提议之方式中,所谓以产品供给苏联,在苏联并不希望独占各种产品,愿将一部份产品供给中国之用。故苏并不欢迎此种方式。

为中国人民利益计,当然以发展轻工业,提高人民生活程度为上策。与国防有关之重工业,并不能予人民以直接之利益。今苏方愿予参加者,乃为与军事有关之重工业。如鞍山铁矿,完全为军事制造之用,丰满水力发电,完全用以扩充军需工业。至轻工业方面,苏联不但不欲染指,且极愿帮助其发展。例如食品工业、纺织工业,苏联在任何条件之下，准备协助。最后愿告阁下：满洲有关军事之工业，苏联决不能放松。

张：阁下所提不受满洲威胁一节，据鄙人看来，方法甚多，并非必须事事合办，方可解除威胁。至每一事业，应使配合适当，具备商业基础，鄙人并非不赞成。不过满洲重要的工矿事业，为数不多，中国方面必须得一部份，可以独立经营。例如钢铁厂，只有两所，中国必须占有一所。如北满煤矿大者不过两所，中国必须亦占一所。至非铁金属产品，将来工业方面，如有需要，尽可供给。中国方面之观念，对于地下资源矿产，十分重视；对于制造事业，尚可放松。故鄙人深盼阁下报告政府，将提议加以修改，作最大之让步。鄙人亦当将阁下意见报告政府，请求政府作最大之让步。双方如能具此精神，或有达到解决之希望。

斯：鄙人亦极愿早日得以解决。当将尊意报告政府。盼望阁下再加努力。（散会）

《战后中国》第 1 册，第 424—426 页

王世杰致张嘉璈、董彦平电
1946 年 1 月 30 日

二月一日，为苏军撤退完成之期，请兄转告董副参谋长彦平，于二月一日，向苏军询明苏军撤退情形电示。董君询问时，可力持友好态度，但必需询明。如苏方有所表示，可告以当转陈政府，不必径复。除已面陈蒋主席外，特先电达。

《战后中国》第 1 册，第 426—427 页

中央对张嘉璈指示对苏谈话要点暨翁文灏分析意见
1946 年 1 月

（甲）中央指示张主任委员对苏联谈话要点：（1）中国东北领土内，日伪所设工矿资产皆为中国所有。中国政府为敦睦中苏友谊起见，愿提出具体工厂，与苏联政府商订合办办法。（2）俟苏联军队在东北撤

退后,中国政府即与苏联政府商订此项合办办法。(3)在苏联军队尚未撤退完竣以前,中国方面先由东北行营经济委员会,预作初步谈话,交换意见。(4)谈话时,应注意东北电力联贯已广,须由中国自行经办,不在合办之内。(5)东北矿业宜避免合办,如因苏联坚持,可合办少数煤矿。但应规定华股成份较高,黄事长、总经理皆由中国方面选用中国人充任。(6)可允合办者,为本溪湖钢铁厂及一部份机械制造厂,所有合办公司之董事长皆由中国人担任,总经理应保留由中国人充任之机会。

　　(乙)翁部长分条陈明意见如下:(1)合办工矿之意义——苏方代表历次主张,其在本理由,谓东北工业为苏方之战利品,但基于苏方对华友谊关系,向中国政府提议,请中国加入已入苏联掌中之工业。中国如不参加,则此项工业必被尽数破坏。且谓日本厂长已签有书面证据,证明此类工厂专供军需,专为反对苏联。苏方愿将所得之一半,给予中国,实出好意云云。其提出应行合办之事业,种类极多,范围尤广,连热河省煤矿,皆开列在内。此种主张,张主任委员始终不予接受。且主张:(a)如果合办,双方协定之若干工矿,系出于两国合作之诚意。(b)合办并非独办,仍须予中国人民以经营重工业之机会。苏联不能独占满洲全部资源。(c)具体合办事业,不能以从前满洲重工业开发会社、满洲电业会社等组织为标准,只能实际商定若干工矿事业。依张主任委员此项态度,极为合理,自应继续主张,以维持吾国之根本立场。(2)合办工矿之方式——苏方提议以从前满洲重工业开发会社为基础,中苏两国各半合办东北(热河在内)之重要工矿电多种事业。此类办法,系承袭以前日本侵略办法,于理不合。吾国自难接受。吾国认东北完全为吾国领土,但基于善邻之友谊,愿与苏联合办若干重要工矿事业。并参考苏方所看重之事业种类,愿提议设立三个合办公司,其组织取因事制宜之方针,俾中国国民可以安心合办事业,亦可以安定此三个公司之制度。分列如右:(a)中苏合办钢铁公司,此公司之事业为本溪湖所属各铁矿,及其钢铁制炼事业。此为东北铁产较佳,经营最为现成,成效可以立见之事。故愿提供两国合办。公司组织,中苏资本各占半数,董事长为中国人,总经理两国人皆得充任。但初办时期,如有才力优长之苏联人,中国亦愿接受。此外如鞍山、大孤山、樱桃园等地,以及东边道等钢铁事业,皆纯由中国自为经营。(b)中苏合办煤矿公司——近代各国对于有关煤权之组织,皆特重本国股权。此意张主任委员已向苏方代表明白言之,因此此类公司应明定中国股额六成,苏联四成,其董事长及总经理两职,皆当由中国人充任。此为吾国必须坚持之条件。如果苏允为照办,则可允许此公司经营①本溪湖煤矿,此为东北钢铁业最需要之煤矿,以此合办,苏方应可安心。②珲春煤矿及札赉诺尔煤矿,此二煤矿,皆在中苏两国边界。居中东铁路之两端,两国合办,自于双方有益。(c)中苏合办机械制造公司——苏方提案亦重视机器制造,中国亦愿合办若干事业。但重件机器之制造,与其工业,具有重要之关系。故组织办法,亦宜酌为审慎。兹拟股份华方占五成半,苏方占四成半。董事长、总经理亦皆为中国人。其制造技师自可任用苏联专家,以增效率。其实际任务,拟以制造汽车及重件机器为中心。以上事业,已具有较重份量,足为吾国对苏友谊之实证。但极重要之抚顺、西安、鹤冈等煤矿,鞍山、东边道等铁矿,有关各种事业之电力,关系农业基本之化学肥料事业等,皆完全保留,足为吾国在东北自力生存之基础。热河省各事业,自应划出,不列入合办范围以内。又与石油有关之事业,亦均一律划出。(3)合办工矿之协定——东北九省中苏两国关系,关于铁路及海港者,前已正式订立协定。经济范围内,可分为工矿与贸易二项。关于两国贸易者,遇有必要,可商订一年或少数年份之协定。关于工矿者,苏联方面欲望较多。为两国友谊长久安定起见,似可与彼方订立协定,俾各项主要原则范围及事业制度,皆可有明文依据,以为实地推进之标准。如能双方同意,可俟苏军在东北撤退时,即将协议签订。兹本此意,拟具草案,即所附之办法大纲。

"中苏合办东北工矿事业办法大纲草案:(1)中国政府为促进中国东北九省经济之发展,愿将一部份重要工矿事业,与苏联政府联合经营。(2)中苏合办重要工矿事业,应尊重右列原则:(a)尊重中国有关法规。(b)尊重中苏两国实际需要。(c)事业目的,在促进经济发展及人民利益,切实扫除从前日本军事侵略之意义。(d)各合办事业,不取专营方式,亦不投资于其他事业。(3)中苏合办工矿事业,当按事业性质,分别组织公司,以纯粹商业方式经营之。(4)中苏合办公司之股东、董事长及经理之国籍分配,列举如下:(a)中苏合办钢铁公司——股东中苏各半,董事长应为华籍,总经理及协理以适当人材为标准,不以国籍为限,由董事会选任。但总经理如为华籍人员充任时,应以苏籍人员为协理。如总经理为苏籍人员时,协理应以华籍人员充任。(b)中苏合办煤矿公司——股东中国六成,苏联四成。董事长、总经理均由华籍人员充任,但得设副董事长、及协理,由苏籍人员充任。(c)中苏合办机械制造公司——股东中国五成半,苏联四成半。董事长由华籍人员充任,总经理亦由华籍人员充任,协理由苏籍人员充任,并得设副董事长,由苏籍人员充任。(5)上列合办公司接办事业、协定如右:(a)中苏合办钢铁公司接办:①本溪湖金属综合工厂(即前满洲制铁株式会社之满洲制铁金属综合工厂)。②本溪湖制铁工厂(即前满洲制铁株式会社之本溪湖制铁工厂)。③本溪制铁矿(即前满洲制铁株式会社之本溪湖铁矿)。(b)中苏合办煤矿公司接办:①本溪湖煤矿(即满洲制铁株式会社本溪湖支社经营之煤矿)。②珲春煤矿(即前珲春炭矿株式会社经营之煤矿)。③札赉诺尔煤矿(即前札赉诺尔炭矿株式会社所经营之煤矿)。(c)中苏合办机械制造公司接办:①沈阳、安东、哈尔滨汽车修配制造厂(即前满洲自动车制造株式会社)。各厂均应以制造民用汽车为目标,不造战车。②金州重机械制造工厂(即前满洲机械制造株式会社)。(6)中苏合办公司购用苏联器材,或以所出产品运销苏联,均应依照中国政府所定之一般出口货物通常办法办理。(7)中苏合办公司在中国境内,所有开支,均应用中国东北通用之货币。(8)中苏合办公司均为股份有限公司,每年所获纯利应归苏联部份,中国政府允其汇往苏联。(9)中苏合办公司合办期限三十年,期满时所有事业、全部资产均无偿作为中国所有。"

《战后中国》第 1 册,第 413—416 页

苏联提出之东北经济合作问题备忘录
1946 年 1 月

一、凡曾供应日关东军之东三省(满洲)一切日本事业,概认为红军战利品,归苏联所有。

二、清单第二号所开东三省日本事业之一部份,其资产价值约计二十二亿元,让交中国,完全归其所有。

三、清单第一号所开东三省日本事业,其价值均三十八亿元,归入中苏合办之各股份公司之组织内,苏联将各该事业资本总额之半数让与中国,作为中国应付与各中苏合办公司之股本。

四、组织下列中苏合办股份公司:

(一)北方煤矿公司;

(二)南方煤矿公司;

(三)钢铁公司;

(四)非铁金属公司;

(五)机器制造公司;

(六)水电厂公司;

(七)火力发电厂公司;

(八)化学工业公司;

(九)洋灰工业公司

(十)民用航空公司;

(十一)松花江轮船公司。

五、钢铁公司、非铁金属公司、水电厂公司、民用航空公司及北方煤矿公司内、苏联机关应得股票百分之五十一,中国法人及自然人应得百分之四十九。

火力发电厂公司、机器制造公司、化学工业公司、洋灰工业公司、松

花江轮船公司及南方煤矿公司内,中国法人及自然人应得股票百分之五十一,苏联机关应得百分之四十九。

在各该公司存在之全部时期内,须保持上述之资本比例,各该公司仅于中苏两国政府间协议后,得予清算。

六、关于使用地区开发地心之一切权利,前曾属于日本"满洲重工业开发株式会社",日本"满洲电业株式会社"及其他将归入各中苏合办股份公司之日本会社与事业者,应移归第四节所列之各股份公司享有之。

七、苏方参加各股份公司之机关,为伯利煤矿公司(Khabarovugol)、乌拉尔金属公司(Uralmet)、焦煤总局(Urtaukolcd)、远东电力公司(Dalenergo)、远东银行(Dalbanh)、机车总局(Ylavparovoz)、机器制造总局(Yummach)、铁路运输总局(Yuijt)、铅矿总局(Ylarcsinkosuinets)、洋灰工业总局(Ylavtsement)、民用航空总局(Civil Aeronautical Administsation)、黑龙江下游轮船公司及远东对外运输公司(Daloneshtrons)等。

八、股票数百分之五十一属于苏方之各股份公司董事会内,董事长由苏方代表中选任之,副董事长由华方代表中选任之,各该公司之执行职权将交与苏方指派之总经理及华方指派之副经理,股票数百分之五十一属于华方之各股份公司董事会内,董事长由华方代表中选任之,副董事长由苏方代表中选任之,其执行职权将交与华方指派之总经理与苏方指派副经理。

吴鼎昌呈,一、三十。

《战后中国》第 1 册,第 427—429 页

张嘉璈与马林诺夫斯基谈话记录

长春,1946 年 2 月 1 日

(斯顾问在座)

马:蒋夫人此次来长,鄙人未得亲行谒见,极为遗憾。对于蒋夫人之访问,鄙人深表谢意。

张:夫人莅长,承贵军参谋长代表接待,深感怅惜,阁下适不在长。

马：闻阁下拟返渝一行。

张：拟乘春节放假时期前往，因有许多问题，须向政府报告并获解决。

马：阁下抵渝时，请问蒋主席及夫人代致鄙人谢忱。

张：当转陈。顷适在斯顾问处，渠谈及阁下愿与鄙人一谈。

马：久未见面极想一谈。在阁下离长之日愿与阁下交换关于中苏经济合作问题之意见，此问题阁下与斯顾问业已作长时间之谈判，苏联政府委托鄙人与斯顾问全权办理此事，现为时甚久，所谈极多，但并无进展，兹先请斯顾问报告此案谈判状况。

斯：谈判自上年十一月即行开始，十一月二十日苏方提出清单，除满洲重工会社及满洲电业会社所属各事业外，尚有若干前曾供应关东军具有为军事性质之大工厂列入，列内归为中苏两国合办，在谈判时张君表示华方欲独办若干工厂，本人当将此意报告政府。故在第二次所提清单内，应归合办事业之总数，已大为减少。余曾告张君此类事业既为反苏军需工业，故苏方认为战利品，但有多数工厂虽曾充作军需之用，惟苏方仍愿交还与中国。张君表示华方不愿成立形如独占性质之大公司，故苏方提议组织十一个公司。第二次清单中煤矿自二十处减为九处，电厂自五十四处减为十六处，机器制造工厂自十四处减为六处，钢铁工业自三个综合（东边道、鞍山及本溪湖）减为两个（鞍山与本溪湖）。但华方答案根本对战利品之观点予以抹杀，实际上华方将苏方清单内重要事业均予剔出，如依华方提议，决不能造成具有商业价值之公司。余与张君曾会谈多次，敝处专家亦与孙越崎君会谈一次，张君亦谓华方所提单内煤矿当可酌量略为增加，至华方对于电厂完全剔出，其理由谓电厂系公用事业，水电厂因水闸区域有淹没之私人田地，故未列入。其实毫无根据。又清单内有许多未列入之事业，据称因以前属于私人产业之故，更如重要之鞍山铁矿未予列入，此无异于拒绝钢铁工业之合作。其他门类亦均将多数工厂剔出，且华方提案将公司组织改变为第二种方式，对于与资源有关之事业，中苏不能平等，余对此提议应下一结论,即华方提议不能作为可使谈判成功之基础。

张:讨论开始以后对于战利品之解释,我方不能同意。转辗磋商,耽延若干时日。嗣由宁返长时,曾向斯顾问表示,须改为他种方式,嗣斯顾问谓苏方坚持战利品一点,因向贵方提议,暂且撇开战利品不谈,而讨论具体合作之事业种类。因由经济部仔细研究结果,始有华方对案送达贵方,而此案之精神,大致华方认为中国人民重视地下资源,而地下资源不能认为战利品。故如矿山大部份交与中苏合办,在人民眼光中,将认为将矿权悉数送于外人。故孙越崎君表示愿将一部分较优良之工矿交与中苏合办,其他归为自办。其详细理由已由孙越崎君详告斯顾问。至由华方自办之矿,将来仍可将产品供给贵方,且可聘苏籍工程师。至关于钢铁工业,华方意见两铁厂之中,必须自办一处。水电厂可用他种方式合作。即将来如须补充机器,可向苏方进购,即聘用苏籍工程师亦未尝不可。总之,中国方面不能不顾及青年工程家之愿望及中国人民之舆论。因此吾方在可能条件下,可用多种方式与苏方合作。但不可专用一合办方式。鄙人若返渝与各方面谈及此问题,除应付经济方面意见外,尚有政治方面之人。故关于政治问题,鄙人欲顺便一谈,因政治与经济有密切关系,中国方面现陷于极困难之地位,因一般人士责难政府,数月内仅得接收数市,至接收省份则名存实无,因除省城以外,其他区域内八路军异常猖獗,因此中央仅负条约之义务,而不享其应得之权利,故今如重订经济合作办法,恐仍是只有义务,而他人享其权利,此系华方一般人士之见解,我今直言之。再撤兵问题,今已届月底,约定应行撤退期,不知苏方最近撤兵计划如何。

马问:各县接收在上月十三日以前,似并无困难。

张:最近九古县曾被拒绝。

马:当代为解决。余本人并不愿久留此地,深愿早日回国。关于战利品问题我方可暂予抛开不谈,而欲使经济协定从速解决。凡一切在中国领土上之物无论地上地下早晚终属中国,苏方并无拥为己有之意。但为造成有生命之经济合作机构,必须有健全而合理之组织,如煤矿中将鹤岗剔出,铁矿将鞍山剔出,则根本不必谈经济合作,水电厂不能认为公用事业,而为主要发动力之基础,故亦不能剔出。华方愿将独办工业之机会,此种心理余极明了,但合办并非归苏方所有之意,合办事业出产品仍将供给华方之需要。关于产品之进出口问题,当另订协定。须知苏联不愿使东北九省再成为反苏之根据地,并非对东北含有经济侵略之野心,此种合作计划,仅为对自身安全之一种戒备手段。满洲工业为纯粹供给军用之工业。且满洲地形与苏境衔接,插入苏境极深,故必须藉经济合作,使满洲不再对苏联有所威胁。余深悉中苏决不至作战,但余惧有狼披上羊皮侵入东北,将来仍不免有外国势力侵入,且日本虽已战败,但日本数年后仍能为作战之因素,日本仍有天皇政府及人民,不如德国之击败不能再成为一国家,故苏方急欲与华方成立经济合作机构,其间毫无野心,此问题解决愈早,经济基础愈可早见巩固,于中国愈有利益。

至关于政治问题,阁下所述贵方接收各省市困难情形,余极明了。但苏方并不妨碍中国运输军队,亦不阻挠华方接收各地,且反作多方之援助。苏军留此,亦即为帮助华方完成此项工作。贵方自空中运来之军队三四千人,奉天开入之两师,决不能巩固中国在满洲之势力,因八路军及其他武力号称五十万人,华方应自行设法予以解决,如欲使苏联代为解决,则我人无权干涉中国内政。对于东北政治情形之复杂,苏方不能任其咎。至苏军撤退一层,苏军现正在实行撤退之中,在铁道线以外之驻军,如新民、彰武、赤峰、多伦等地业已撤尽,仅铁路线上为保持交通起见不能全撤。

总之关于经济合作问题,如仍拖延不决,作赌牌勾心斗角之种种举动,则工业停顿,且继续遭受破坏,东北秩序始终不能恢复,故应对此问题谋诚恳的实现的解决,而华方所提对案,决不能使此问题获得解决。

张:华方无意与苏方赌牌,极欲对经济合作谋双方同意之解决途径。关于政治问题因华军一时不能开到,故无法解决各地非法武力,即以接收省政而言,至苏方应在每省内协助接收省城周围三四县城。

马:苏军并不阻碍华军开进,尽可由奉天开入各地,数量上并无任何限制。

张:此间以前本无八路军,故各省武力应认为非法武力。

马:据我方消息,奉天以南及热河方面,有正式之八路军,至奉天以北均系杂牌军队,甚至有自称为中国中央政府所属之军队,此类军队据闻与中央政府代表暗中均有联络。有郭查升(译音),其人自称为东北军总司令,后经苏方查明,彼为杜聿明将军之参谋长,此类军队每与苏军为难,杀害苏军将士,华方应设法取缔。

张;如何取缔。

马:可下令解散,谅华方与彼等终可觅得妥协途径,苏方不能干涉中国内政。实际上苏军不多,不能派许多队伍向各县帮助中国接收,故接收困难,不能全归咎于苏方,贵方目下除迅速运入大军外,接收人员应大胆些。

张;苏军拟于何日离奉天。

马:尚未有确期。

张:余回渝后可向政府报告,在铁路线以外者已撤退,其他正在撤退中,仅铁路线上因确保交通原因暂缓撤退,是否如是说法。

马:然。总之我方希望从速解决一切问题,俾苏军可从速撤退。

又如民航公司及松花江轮船公司,何以拒绝不谈。

张:并非永久拒绝,因事关交通,尚未经交通部研究,故不能即以讨论,且民航中央政策拟逐渐归为自办,水航有内河航权关系。

马:民航可照新疆中苏航空公司办法。至松花江航运,系以与苏联黑龙江下游乌苏里通航之河流,不能完全作为内河看待。

散,起立。

马:希望早日解决,使鄙人及军队可即离此。

继询马元帅苏方最大让步,譬如苏方坚持鞍山,是否鞍山合作,本溪湖可自办。马先不答,嗣谓最好由吾方再拟一代表中央之方案,犹如苏方方案系苏联政府之方案,再来讨论,目前吾方提出方案只能认为经济部之方案。

《战后中国》第 1 册,第 429—434 页

附(一):关于苏联提出合办事业之意见

一、基本条件

第一、合办事业不妨在撤兵前商谈,并求获得协议,惟正式决定必须在苏军完全撤退,中央接收省市政权之后。

第二、合办事业完全基于普通经济合作,一切均遵照中国法令及法律手续,不订立任何协定。

第三、合办事业已由苏方拆卸之机器,应交还恢复原状。

第四、合办事业之资产,应按实际现状,由专家估计确实价格。

二、经济条件

第一、合办事业不能享有任何专营权利,亦不投资于其他事业。

第二、合办事业之产品,应平均尊重中苏两国之需要,但同时须尽量顾及中国之利益。

第三、合办事业购用苏联器材或以所产品运销苏联,均应依照中国政府所定一般进出口货物通常办法办理。

第四、合办事业在中国境内所有开支,均应用当地通用之中国法定通货。

第五、合办事业均为股份有限公司,每年所获纯利应归苏联部分,中国政府允其汇往苏联。

第六、合办事业之一切文件及款项出入,董事会方面由董事长与副董事长、经理部方面由总经理与副总经理共同签字。

第七、合办事业之经营期限定为二十年,期满前一年如双方同意得延长十年,期满后中国政府得无代价收回。

三、关于合办事业

第一、煤矿方面苏方提出密山(包括恒山、鸡西)、札赉诺尔、鹤岗、抚顺四矿,抚顺一矿必须交还归中国独办,中国当遵照协定,保证中长路用煤之充分供给。

第二、鞍山钢铁事业包含鞍山炼钢厂、辽阳铁矿,鞍山火砖厂、鞍山神户机械厂、在中国钢铁事业尚未发展以前,鞍山钢铁事业应由中国政府占股份百分之五十一,苏联政府占股份百分之四十九,董事长由华方代表选任,经理由华方指派之,副董事长由苏方代表选任,副经理由苏方指派之。炼钢厂厂长及铁矿场厂长得用苏联人充任之。

第三、大连炼油厂与中国将来整个汽油政策有关,应约定该厂须遵从中国政府将来所颁布之关于汽油之一切法令。

关于辽东盐场及民用航空另详。

附(二):关于民航公司之组织

关于民航问题,关系中国整个民航政策,其最要者有两点:一、与中国对于现有之中外合办航空公司所采取之政策必须一致。二、不能违反中国政府对于已签字之国际协定。因此中国政府提议下列办法:

(一)在东北九省境内设立东北民航公司,经营东北九省境内之民航事业,其线路由交通部规定之。

(二)资本总额定为东北九省流通券五千万元,其中百分之八十为中国政府所有,百分之二十为苏联民航局所有。

(三)公司设立董事会,定为董事九人,其中七人由中国政府选任,二人由苏联民航局选任。

(四)董事会议由董事五人出席方足法定人数,其中至少一人须为苏方所选任之董事。

(五)董事会选任董事长一人、总经理一人及副董事长二人、协理一人。董事长总经理及副董事长一人由中国政府提出,另一副董事长及协理由苏联民航局提出。

(六)公司应设置监察二人,由中国政府任命一人,余一人由苏联民航局任命之。

(七)公司在其所经营航线范围内,所使用之民航空站及民用机场,均归中国政府设置,并归中国政府所有,公司应缴纳相当租金。

(八)中国设立之航空公司及凡与中国政府订立互惠民航协定之

各国民航公司,均得驶入东北九省降落,于中国政府所指定之民用航站及国际航站并载卸货客。

(九)公司得雇用苏籍驾驶员及技术人员,最初一年不得超过半数,一年后须逐年增用华籍人员,至华籍人员占百分之八十以上。

(十)公司飞机之航行应遵守中国之法律及规章与一切有关国防之法规。

(十一)其他详细办法另订之。

(十二)公司营业期限以五年为期,期满时若任何一方未以书面通知得再继续五年。

附(三):关于辽东盐场合办之意见

查辽东半岛盐场

(一)安东附近为庄河,有安东盐业公会庄河支部,所经营面积二九二九百方尺;满洲盐业公司,所经营面积九九六百方尺。为大孤山有安东盐业公会大孤山支部,面积二九二九百方尺;满洲轻金属公司,面积四六九百方尺。

(二)营口附近为营口,有营盖盐业股份公司,所经营面积六三三七百方尺。盖平复县有盖平复县盐业公司,面积六八四〇百方尺,有满洲盐业公司,面积六一六八百方尺。

(三)锦州附近为锦州,有满洲盐业公司锦州分公司,面积四五四八百方尺;为兴城有锦州盐业公会兴城支部,面积一〇七七百方尺;为锦西有锦州盐业公会锦西支部,面积一〇〇〇百方尺;为盘山有锦州盐业公会盘山支部,面积三八五百方尺。

(四)关东州日本盐田,计有一七三七〇百方尺。

日本人所有盐公司有两家,一为满洲盐业株式会社,缴入资本三千二百万元,固定资产四千三百万元,流动资产一千二百万元;二为大日本盐业株式会社,缴入资本三千二百万元,固定资产一千七百万元,流动资产一千七百万元。

以上两公司营业占辽东半岛盐业百分之八十。

产盐用途：

食用	七百八十万零八千担
化学工业	三十万零五担
硬水软化	四万五千担
原皮用	六万六千担
渔业用	十六万担
军用	六十七万六千担
食料加工	五十一万担
共	九百五十七万担
输出日本	三百五十九万担
共计	一千三百十六万担

查中国盐政有统一之盐制，向无与外人合办先例，自宜拒绝。若苏方沿海州一带需用盐斤，当由财政部按照苏方实际需要，准予每年售于苏方相当数量，万不得已时，可允合办，制造工业用盐之制盐公司与盐场截然两事。

附（四）：归入中苏合办工矿事业内容

兹中国政府提议将下列各项事业由中苏两国合办，并分别加入各组织之公司：

一、札珲鹤岗煤矿公司：

该公司经营之煤矿为下列各矿：

甲、鹤岗煤矿；

乙、札赉诺尔煤矿；

丙、珲春煤矿。

一、鞍山制铁公司：

该公司经营下列各项事业：

甲、鞍山制铁综合工厂；

乙、原属该厂之辽阳铁矿；

丙、鞍山砖厂；

丁、鞍山炼炭汇厂。

一、机器制造公司：

该公司经营下列各项事业：

甲、大连机车制造厂；

乙、金州重机制造厂；

丙、奉天汽车制造厂；

丁、哈尔滨公主岭汽车修理厂；

戊、鞍山机械工厂。

一、洋灰公司：

该公司经营下列各洋灰厂：

甲、大连洋灰厂；

乙、哈尔滨洋灰厂；

丙、鞍山洋灰厂。

关于公司组织拟分二类

甲类　其有关资源之事业，如札珲鹤岗煤矿公司、鞍山制铁公司，中国股份应占百分之五十一，董事长总经理应为中国人，副董事长及协理为苏籍人。

乙类　机器制造及洋灰事业，中苏股份各占半数，董事长为中国人，总经理为苏籍人，中国方面派总代表与总经理会同签字。

附带声明　凡苏方单内所列各项工矿事业，除归入中苏合办者外，当由苏方一律移交吾方顺利接收。

前项合办事业合作办法须俟苏方撤兵完竣后，方能成立正式协议。

附注：拟先照上列事业提出，如苏方尚未能满意，拟作下列最后让步之准备。

一、煤矿方面，拟再加入密山煤矿。

二、非铁金属矿产，凡炼钢所必需之原料，如为东北九省地区内所产者，当于可能范围内酌量供给。

三、松花江丰满水电可酌购苏制机器，规定还款期限，在款未还清以前,应聘用苏籍工程师,并在添购设备时,尽先向苏联订购。

附(五):中苏合办东北工矿事业办法原则

一、中国政府为促进中国东北九省经济之发展,愿将一部份重要工矿事业与苏联政府联合经营。

二、中苏合办重要工矿事业,应遵重下列原则及中国人民旧有之权利。

(一)尊重中国有关法规;

(二)尊重中苏两国实际需要;

(三)事业目的在促进经济发展及人民利益,切实扫除从前日本军事侵略之意义;

(四)各合办事业不取专营方式,亦不投资于其他事业。

三、中苏合办工矿事业当按事业性质分别组织公司,以纯粹商业方式经营之。

四、中苏合办公司其事业有关国家资源者,股份成数中国应占百分之五十一,董事长总经理应用中国人,苏方为副董事长及协理。其他合办工厂董事长应用中国人,苏方为副董事长及协理。其他合办工厂董事长应为中国人,副董事长为苏籍人员,总经理得由苏籍人员担任,保留中国人有充任之机会,股份各占半数。

五、中苏合办公司之一切文件及款项出入,董事会方面由董事长与副董事长、经理部方面由总经理与协理共同签字。

六、中苏合办公司购用苏联器材或以所出产品运销苏联,均应依照中国政府所定一般进出口货物通常办法办理。

七、中苏合办公司在中国境内所有开支,均应用中国东北九省流通券。

八、中苏合办公司均为股份有限公司,每年所获纯利应归苏联部份,中国政府允其汇往苏联。

九、中苏合办公司期限为二十年,期满前一年如双方同意得延长十年,期满后中国政府得无价收回。

附(六):原则的声明及合办条件范围

1946 年 5 月 8 日奉交

机密

(甲)原则的声明

一、现时商谈在拟议中苏在东北合办若干企业之计划草案,此项计划草案于苏军自东北完全撤退暨国民政府接收东北各省市政权后,再由双方协议作最后之决定。

二、本计划草案所列合办企业,其中日人公私股份,系日本对华赔偿之一部分,将来仍归入日本对华赔偿总额内计算。

三、本计划草案所列合办企业中,苏方所占之股份视为中国政府之让予。

四、本计划草案所列合办企业,由中苏双方指定企业机构,分别订立合同,组织公司,依照中国法令登记及营业。

(乙)合办条件

一、本计划草案所列合办企业中,已由苏方拆卸之各项设备,由苏方负责恢复原状。

二、本计划草案所列合办企业,不享有专营权利,并不投资于其他企业。

三、本计划草案所列合办企业,依其性质分为(甲)(乙)两类:(甲)类企业中国占总股百分之五十一、苏方占百分之四十九,董事长总经理由华方人员充任,副董事长及协理由苏方人员充任。(乙)类企业中苏各占总股百分之五十,董事长由华方人员充任,副董事长由苏方人员充任,总经理协理均得由苏方或华方人员充任。

四、本计划草案所列合办企业之经营期限定为二十年,期满后苏方股份由中国政府无偿收回。

五、其他合办条款于立合同时详订之。

(丙)合办范围

一、(甲)类企业

　　(1)煤矿　密山(包括恒山、鸡西)、札赉诺尔、鹤冈。

　　(2)钢铁　鞍山制铁金属综合工厂,包括炼钢厂、辽阳铁厂、鞍山火砖厂、鞍山神户机械厂。

　　二、(乙)类企业

　　(1)大连及哈尔滨洋灰厂。

　　(2)大连天之川发电厂。

　　(3)大连炼油厂　该厂业务如系专为精炼国外输入之原油,则可考虑合办。

　　说明:苏方原提议中所列抚顺煤矿,其不能列入合办之理由,我方已一再声明,兹不赘述。盐场关系中国整个盐政,且向无中外合办之例,故不能讨论。又原提案中所拟议之民用航空合办事业,因我国战后整个民航政策,尚在审议之中,须俟政策确定后,再行提出计划。

《战后中国》第1册,第434—443页

3. 中苏经济合作谈判终止

施麦斯[①]致王世杰照会
1946年2月11日

　　机密。美代办转致本部部长之美国务卿来文。

　　部长阁下:本人奉本国国务卿之命,向中国政府转述下列之意见:"近来中苏两国政府官方对于满洲工业组织的处置及管理之商讨的报告,引起美国政府之关怀。一九四五年八月十四日签订之中苏条约及协定,规定满洲之某几条铁路干线由中苏双方共管,但此项协定对于满洲的工业组织之任何同样之谈判,将被认为违反门户开放之原则,明显的歧视美国企望获得参加满洲工业发展机会之人民,并可能对于树立未来满洲贸易关系上,置美国商业利益于显著的不利地位。与满洲工

---

　　①　时任美国驻华大使馆参事。

业组织直接有关之另一问题,即关于日本之赔偿政策。因在日本未被击败以前,满洲工业之最重要部份均为日人所有。美国政府认为,日本的国外财产(如满洲的工业)之处置,系有关曾荷负击败日本任务的各主要同盟国家共同利益,并为各该国所共同管理则未置议。美国政府,因曾获悉一九四五年八月协定谈判期中之经过,并曾接受此项协定,认为完全由中苏两国政府管理之满洲企业,应只限于前项协定所规定之铁路,因此美国政府于接获中苏双方已在进行商讨,其结果或将使满洲工业成为绝对的中苏共管之报告后,甚为烦虑,在现时之情况下,鉴于其他国家人民之不能自由进入满洲,美国及其他同盟国人民之未能获得参加满洲经济发展之均等机会,中苏两国所进行关于满洲工业组织关怀之一问题,美国政府现已准备提出一关于日本赔偿问题之一般政策,以供有关各国政府考虑。美国政府正拟建议由同盟国组织一日本赔偿委员会,其主要任务之一即对各声请国家关于日本国外财产作最后之分配决定。因此,在此时将日本在满洲之国外财产作最后之处置,或以'战利品'之方式而迁移此项财产,或由中苏两国政府订立关于此项财产所有权的管理之协定,均将视为最不适宜。对于上述问题之解决,美国政府愿与中苏两国政府合作,并企盼中苏两国政府亦具有同样之合作精神。对于中苏双方现已有或在计划中之商讨,以及或将采取关于处置或管理满洲工业组织之行动,美国政府深愿获悉,并欢迎一般问题之详尽的、坦率的商讨。"国务卿并告知本人,已向苏联政府进行同样之接洽。本人顺向贵部长致崇高之敬意。

美国驻华大使馆参事施麦斯一九四六年二月二十一日

《战后中国》第 1 册,第 453—454 页

张嘉璈致蒋介石电

1946 年 2 月 25 日

主席钧鉴:顷接长春来电,报告红军纪念日马元帅与斯顾问演词大意,抄呈钧鉴。交涉由长移至中央办理一节,自是正办,唯恐有伤长春

苏方军政当局情感,可否改为:关于经济问题当根据上述原则连同撤兵问题由中央政府与苏联政府径行继续交涉。仍请钧裁,敬请崇安。职张嘉璈叩。二月廿五日。

附抄件:

昨晚红军纪念节马元帅演词:(一)中国系患难朋友,切勿受第三者之挑拨离间。(二)苏联在满之红军系保卫苏联领土之先锋力量,断不可侵犯。(三)中苏应并肩前进,并将取历史上之友谊争取胜利。(四)中苏经济合作不为金钱如资本银行之利益,系为思想与主义而奋斗。斯顾问继述近有外国报纸攻击苏方欲夺取东北工业纯属虚妄,苏方固有要求,但内容仍系中苏平等合作。

《战后中国》第1册,第183页

张嘉璈致蒋介石函
重庆,1946年3月11日

主席钧鉴:日前苏方撤出沈阳,企图不明,为试探对方真意起见,曾电嘱长春俄文秘书往晤经济顾问,兹将来往电抄呈钧览。照此看来,苏方先撤退沈阳以稳和空气,同时或表示须照以前撤退程序需相当时日,由长撤至哈尔滨,再由哈撤至国境,在此期间解决经济问题,其根本方针仍始终维持。吾方似应早定对策,又董副参谋长电一并奉上,尚祈鉴核,敬请崇安。职张嘉璈叩,三、十一。

《战后中国》第1册,第443—444页

彼得洛夫面交王世杰之"中苏经济合作提议草案"①
重庆,1946年3月27日

机密

苏大使彼得罗夫来部见部长面交提议案之译文。三十五年三月廿

---

① 彼得洛夫此"草案"未得中方反应,谈判遂自行终止——原注。

七日下午五时半。

甲、中苏两国政府曾经协议共同经营前日人在满洲各企业如下：

一、煤矿企业：密山、抚顺、鸡西、恒山、札赍诺尔、鹤岗。

二、鞍山制铁金属综合工厂：包括炼钢厂、辽阳铁矿、鞍山火砖厂、鞍山神户机械厂。

三、大连炼油厂（原文系用复数）。

四、大连及哈尔滨洋灰厂。

五、大连"阿曼诺果瓦"（天之川）发电厂（原文系用复数）。

六、辽东半岛盐场（原文系用复数）。

七、大连、沈阳、长春、哈尔滨、齐齐哈尔、海拉尔、牡丹江及佳木斯各地飞机场，上开飞机场将由中苏民航公司经营。

乙、为经营上开各企业，依照平等原则，组织中苏合办股份公司（原文系用复数）。中苏合办股份公司董事长由华方代表中选任之，副董事长由苏方代表中选任之。

各该公司之执行职权，将交由苏方指派之经理及华方派之副经理担任之。

中苏合办股份公司经营期限定为三十年，期限届满时，所有上开企业无代价交还中国政府。

一九四六年三月廿七日于重庆

《战后中国》第 1 册，第 445—446 页

（六）中苏关于旅大行政权的交涉

说明：苏联从东北全面撤军后，只留下少数海军和空军驻守旅大地区，面对美国日益卷入中国内战和华北地区美军人数的增多，苏联方面将大连宣布为军事区，并将旅大地区的行政权交给了中共。此后，国民政府在美国的支持下，先后向苏联提出了派军至旅大地区以及收回旅大行政权的交涉，但是在当时美苏在华竞争影响力的大背景下，加上国共两党

在东北争夺控制权对政局的影响,交涉最终以国民政府的失败而告终。

1. 美国干预与国民政府筹收旅大行政权

徐永昌致蒋介石电
1946年2月5日

　　徐永昌丑微代电:查中苏友好同盟条约中,附有关于旅顺口之协定九条,经本部就其极有关我主权之第二条,及其附件第三条之后段,与第五条之第三段等条文,(附附件)细加研究,意见具申如下:一、应尽速设立中苏军事委员会,并决定我方派任人选,参加工作,藉悉苏方措施,与该港防卫机宜,相机保卫我主权。二、该项委员会成立,与该地民政机构健全组成后,迅即着手该地区勘划水陆地区混合委员会之组织,俾得明确规划,加以限制。上二项当否? 乞核示。

　　……

《战后中国》第1册,第462页

何应钦参谋总长开列拟派往旅顺口中苏军事委员会我方代表候圈人名单

职别	姓名	简历	考评	备考
委员兼副委员长	刘祖舜	陆大特一期,曾任参谋长主任,现任本会办公厅中将组长。	头脑缜密,一般业务处理有方。	该员自称对于此项任务不甚适宜,谨注。
	郑洞国	军校一期,曾任参谋长,军长,副总指挥,现任京沪总司令部副总司令。		
	韩汉英	保定六期,曾任参谋长,代师长,军分校主任。		
	杨正治	日本士官十二期,曾任师长,军长,教育长,高参等,现任军训步兵监。		

职别	姓名	简历	考评	备考
委员	秋宗鼎	东北讲武堂，陆大十六期，曾任处长，现任军务局高参。	精明干练，虑事周到。	蒋委员长批示:先召见。
	党必刚	留俄学习军事，陆大特七期，现任少将参议。	历管对苏情报有年，娴熟俄文、俄语。	蒋委员长批示:先召见。
	宋茂榛	留俄习军事，曾任军政部军务司炮兵组长，第五军炮兵团长，现任少将参议。	头脑清晰。	蒋委员长批示:先召见。
	刘效齐	军令部参议，兼代二厅二处科长。	俄事较熟。	蒋委员长批示:先召见。

《战后中国》第1册,第465页

巴德华致王世杰照会

1947 年 1 月 6 日

径启者:兹本国政府对于大连港之地位及管理,不适意之现状,认为实应由贵国及苏联两国政府迅予考虑,以期履行一九四五年八月十四日之中苏协定有关大连之条款。按本国政府不能理解,有何理由再行稽延上述协定内所预计在贵国之管理下,重行开放大连港之国际贸易一举? 美国政府虽完全体会此事为中苏两国政府直接交涉者,然深觉其对本国之一般利益,实有向该直接有关之两国政府,提出此项问题之责任,以期将大连目前不正常之状态,早日予以终止,而奠定正常状态,俾美籍公民前往或居留大连者,得以从事于其合法之活动。关于上述一节,本国政府并拟表示,希望长春铁路恢复交通一事,不久能获致协议,相信迅速履行有关大连及铁路之协定,当在重行奠定远东之正常状态,及复兴一般有利之商业活动两方面成为一主要之贡献,故本国政府当乐于获得贵国及苏联两国政府之诺言,在最近之将来,采取一切必要之措置,以完成此项目的。复查美国驻莫斯科大使爱亦奉令,以同样

照会送致苏联外交部长,合并照达查照为荷。本公使顺向贵部长重表敬意。此致

中华民国外交部长王阁下

　　巴德华　一九四七年一月六日

中国外交部对美致中苏照会表示欢迎

1947年1月6日

　　(中央社华盛顿六日专电)美国刻请中苏两国,按照二国一九四五年八月十四日所订之条约,从速考虑重开大连港为中国政府管辖下之国际贸易港,美政府于本月三日咨送中苏二国外交部相同之照会中,并表示希望二国能迅速成立协议,使中长路恢复交通,照会中并称,美政府认为大连情形,"不能满意"。且"不正常",故希望此种情形,能早日停止,且建立正常之情况,俾使美民得游历,并在该地,以从事其合法之活动,美政府并认为关于大连管制权及该地目前令人不能满意之情况,应由中苏两国政府迅速加之考虑,并应履行中苏条约中关于大连之条款,该照会并称,美国深知此事应由中苏直接谈判。问美政府认为就美国之一般利益而言,美国有提出此一问题之责任,美国并请中苏二政府,保证其关于大连及东北铁路条约之各项必要步骤,即可于最近将来付诸实施,此对重建远东之正常情况,及恢复有益之商务活动,将有重大贡献。

　　……

外交部致苏联驻华大使馆照会

1947年1月27日

　　径启者:查日本投降,业已年馀,中国政府对于大连,以种种原因,迄未能加以接收。中国政府顷已派定接收人员,并令饬率同地方保安

团队前往接收大连行政,俾早日恢复大连之正常状态。该项接收人员,
现已到达普兰店,即将进入,并通过中苏协定所规定之旅顺军港防区,
以便前往大连。中国政府以该防区治安,现尚在苏军独自负责维持中,
自不虑对我接收人员于通过该防区内时将发生任何意外。万一如有非
法份子在该区以内,乘机扰乱地方秩序,以图阻挠接收人员之通过,深
信苏军当局,为实践《中苏友好同盟条约》之义务,亦必能迅予制压。
中国政府当电令接收人员,与旅顺军港防区苏军当局,密取联系,为此
特照请贵大使转电贵国政府,即行令知该区苏军当局,于我方所派接收
人员暨所率领之保安团队进入及通过旅顺军港防区时,勿发生误会,并
请该区苏军当局,对我接收人员及保安团队,惠予交通通讯及其他便
利。倘蒙贵大使将该区苏军当局负责人之姓名,及与其取得连络之办
法,首先迅予告知,本人尤深感激。

　　至关于大连港务各项问题,中国政府俟大连接收完竣,及行政机构
建立后,即将依约与贵国政府开始商谈解决。相应一并照请查照,并希
惠予见复为荷。此致
苏维埃社会主义共和国联邦驻华特命全权大使彼得罗夫阁下。
　　外交部长王世杰

《战后中国》第 1 册,第 494 页

外交部覆美驻华大使馆关于大连等问题节略

1947 年 2 月 1 日

　　外交部部长兹向美国大使馆致意,并就美国大使馆一九四七年一
月六日关于大连问题之来照有所声述:

　　依照一九四五年八月十四日,关于大连之中苏协定,中国政府同意
宣布大连为自由港,对各国贸易,一律开放,该项协定明白规定大连之
行政权属于中国;及除在对日本作战之场合外,大连不受旅顺军事机关
之监督或管制。

　　自日本投降以来,中国政府即拟使上述协定之条款,迅速付诸实

施,并使大连对国际商务开放,但由于若干事实上障碍之存在。中国政府虽经竭力设法克服此种困难,迄今尚未能接收大连之行政权。由于同样原因,恢复中国长春铁路交通之努力,迄至目前,亦归无效。

关于大连及中国长春铁路之中苏协定,如见诸实施,其于远东正常状态之重建,裨益殊大。中国政府对于此点,与美国政府,具有同感;并愿向美国政府郑重声明,中国政府业经努力,并愿继续努力,以期达成此项目的。

《战后中国》第 1 册,第 495 页

彼得洛夫致王世杰照会
1946 年 2 月 16 日

敬启者:依据一九四五年八月十四日中苏《关于大连之协定》,及《关于大连协定之议定书》之规定,关于以大连港口之相当工事及设备,租与苏联,及大连港口之管理诸问题,苏联政府认为宜开始签订协定之谈判。

为进行此项谈判起见,苏联政府建议每方各派代表三人,即于最近在大连开始工作。

对于阁下关于苏联政府上开建议之迅速回答,本大使将十分感谢。

本大使顺向贵部长重表崇高之敬意。此致
中华民国外交部部长王世杰博士

彼得洛夫(签字)

一九四六年二月十六日于重庆

《战后中国》第 1 册,第 467 页

苏联外交部覆美驻莫斯科大使馆关于大连等问题节略
1947 年 2 月 27 日

苏联外交部长向美国大使馆致意并声述:本年一月三日关于大连港及中长铁路问题大使馆第三号照会业已阅悉,外交部兹答复如下:吾人皆知,大连与中国长春铁路之地位,终于一九四五年八月十四日中苏关于大连暨关于中国长春铁路两协定中明白规定,是以有关该两协定之各种问题,均属苏联与中国两政府之职权范围。苏联政府方面一向表示准备采取适当步骤,并经尽一切可能,以求各该协定得以确实履行。

大使馆照会内提及远东不正常之状态,显系指中国状态而言,不能认为系使苏联政府对此种状态担负任何责任之理由。

至关于《中苏协定》中所规定之旅顺海军根据地区域暨大连一节,苏联政府于其有关者,在已往及现在均采取可能办法,以便该区域暨大连市得有正常状态。

对一九四五年十二月莫斯科三国外长会议关于苏联与美国军队由中国撤退问题所签订之协议,在此当无详述之必要。苏联政府认为苏美同样确实履行该协议,暨莫斯科协议所规定之其他各条件,对于树立中国境内之正常状态,实有极重大之意义;自去岁春季苏联军队出满洲撤退完毕之后,凡上述协议所要求于苏联者,苏联政府均已实行矣。

《战后中国》第 1 册,第 495—496 页

苏联复照美国,同意中国接受大连

1947 年 2 月 27 日

(本报南京二十六日专电)熊式辉电促在京之大连市长龚学遂,尽速赴沈,办理接收大连准备工作。

(合众社华盛顿二十五日电)国务院顷透露称:美国要求大连开放,辟为国际商港,及长春铁路恢复其通车之后,苏联已于二月二十七日以照会答复美国,告以苏军准备退出大连及中国共同恢复长春铁路通车,并表示苏联当采取适当措置,以履行一九四五年之中苏协定,即规定中国管理大连港及由中苏二国代表组织十人委员会管理通车事宜。据国务院官员称:美国曾于一月三日照会中苏二国。询其为何迟迟不将大连开放,辟为国际商港,中国于二月一日即表示同意,愿作

"诚意之努力",以履行一九四五年与苏联所订之协定,美国业于数日前对中苏二国政府此项声明表示"欢迎",美国官员继谓:至苏军至今已否离开大连,则尚不得知:

(合众社南京廿六日电)中立军事方面传称:政府军或将自海面登陆大连,与北面陆军会合肃清大连区之中共军,大连市长龚学遂告合众社记者称:接收大连准备正在南京与东北两地同时进行中,渠本人一俟准备工作完毕后即赴东北,渠拒绝说明何时接收大连,接收准备足否系军事性质,以及政府是否计划自海道登陆大连。

《中央日报》(上海版)1947 年 2 月 27 日

彼得洛夫致王世杰备忘录
1947 年 3 月 7 日

一九四六年十二月二日,本大使曾向次长甘乃光先生申述本大使奉苏联政府之命,声明苏联政府向主张且现仍主张严格履行中苏协定之义务。在此声明中,本大使曾提出在旅顺海军根据地区域及大连市建立中国行政权之问题,并曾声明苏联政府固自然准备履行其本身对于中苏协定所负之义务,但同时愿中国政府方面,亦履行其对该协定所负之义务。

本大使现奉命通知中华民国政府,为补充上述一九四六年十二月二日之声明,苏联政府再请中国政府从速依据一九四五年八月十四日中苏所订之协定,在旅顺海军根据地区域及大连市建立中国行政机关,并请中国政府对中国长春铁路现时可能实现中苏共同管理之部份,迅速采取措施,以恢复中苏共同之管理。

《战后中国》第 1 册,第 496—497 页

有关接收旅大行政问题初步研究会议记录
1947 年 3 月 23 日

陈诚寅敬代电称:查接收旅大行政问题,经于三月廿三日召请王部

长及有关人员,作初步研究。谨随呈会议记录一份,恭请核备,呈阅。

一、状况研究:

(1)苏方还我旅大之动机,似为避免国际责难,但其同时又唆使奸匪,对我吉北辽南连续发动窜犯,故意增加我之困难,可知还我动机,似非友善。

(2)松花江尚未解冻,奸匪随时有南犯可能。辽东半岛南端,据国防部情报有奸匪约四万,其中在石河驲东西之线者约有三万,我军南进接收,必有战斗(或由正面抵抗,或诱我南进而侧击)。同时苏联再配合以外交上之滞碍,我接收似难期顺利,斯时吉北奸匪若再越江进犯,有陷我南北两面作战之可能。

(3)按我全般剿匪部署,目前弱点,似为津浦北段,尤其天津。刻鲁南我会战准备完成,但陈匪是否即与我决战,似为疑问。然因我逐步进迫,且无弱点为其所乘,陈匪主力终至在鲁南无法盘据。斯时其逃避方向,不外东去胶东,或北窜河北,果如北窜,鲁南我军因受其留置残匪之窜扰,不能急起北追,关外我军又可能陷于两面作战,则天津危矣。因之接收旅大,似应与全般军事形势配合。

二、拟办意见:接收旅大似应有极充分之准备与计划,接收时机,以在苏京外长会议期间行之为有利。但为军事上之顾虑,以松花江开冻后行之,为更适宜。

职俞济时(印)谨签,三月廿七日

附:接收旅大会议记录

时间:三十六年三月二十三日下午四时。

地点:总长官邸。

出席:本部总长陈　　　　本部第三厅郭厅长

　　　次长刘　　　　　　本部第二厅侯副厅长

　　　　　　　　　　　　本部第三厅许处长

　　　外交部王部长

　　　卜司长道明

内政部汪参议

军务局杨高参振兴

主席:总长陈　　　　　　　　记录:许朗轩

一、裁决事项:

(一)接收时机:四月三日至十日开始,限四月二十日前接收完毕。

(二)接收兵力:由东北保安司令长官部现有兵力中抽调,并准备由关内抽出一部增援东北。

(三)接收路线:陆军由陆正面向南接收,以一部海军及行政人员由海上分别进入旅大,必须南北配合。

(四)军事上应注意事项:

(1)对此四万联军,必须有充分作战之准备与胜算。

(2)不动则已,一动要快,即接收一旦开始,务必迅速控制接收区域。

(3)与党政外交密切配合。

(4)迅速派员赴东北见杜长官,拟定接收计划。

(五)外交方面应注意事项:

(1)我对苏方必须说明左列各项:

(A)苏方应将旅顺大连行政权、军警权,完全交付中国政府,并保证在中国政府接收大连时期,不受任何地方武力之阻挠。

(B)对于旅大辖区内之非法武装团体部队等,苏在移交前,应由苏方饬其完全退出市区或予缴械。

(C)在接收期内,苏方应保证不得有非法人员在市区内暗藏武器及工兵通信器材,尤禁作谍报宣传或密用无线电。

(D)一切建设(包括交通、通信、工商机关、卫生设备等)不得有丝毫破坏或迁动,并须正式移交给中国政府。

(2)俟旅大接收后,再与之谈中长路合作有关问题。

(3)必须与军事密切配合。

(六)宣传方面应注意事项:判断甲方与我公开冲突或转而支援乙

方,阻挠接收之公算不大,我方不可预作过分之宣传,使甲方无法回避。须注意搜得甲方支援乙方阻挠接收之确实证据后,再以外交方式交涉。

(七)其他:

(1)中苏军事委员会与港口人员及勘界之混合委员会等,中方应派出人选,请速决定。

(2)指示中苏军事委员会我方委员,遇有重要问题,仍由外交途径解决,少用会议形式解决重要问题,因会议时我方将为少数也。

三、总长指示:

(一)对旅顺要塞区详细区域,应速查日本租借时之旧界研究。

(二)决定在四月十五日接收完毕。

(三)须有对联军三万人作战之实力。

(四)其馀问题,由郭厅长、侯副厅长与卜司长继续研究。

《战后中国》第 1 册,第 467—471 页

外交部致苏联驻华大使馆备忘录

1947 年 3 月 31 日

外交部准苏联大使本月七日面递备忘录,略以奉苏联政府命令声明,苏联政府主张严格履行中苏条约之义务,请中国政府从速依据一九四五年八月十四日中苏所订之协定,在旅顺海军根据地区域及大连市建立行政权,并请中国政府对中国长春铁路现时可能实现中苏共同管理路段,迅速采取措施,以恢复中苏共同管理等语。

中国政府对于上开苏联政府主张严格履行中苏条约义务之声明,至表欣慰。中国政府向主张缔约双方严格履行中苏条约之义务。中国政府对于旅顺海军根据地区域及大连市行政权迟延恢复之原因,已由外交部王部长于本月七日向苏联大使说明。

中国政府兹决定于最短期间,派遣行政人员与军警,前往旅顺海军根据地区域及大连,恢复中国行政权。该被派往旅大之中国行政人员及军警,一部份将由陆地经过中苏共同使用之海军根据地区前往,一部

份将取海道由旅顺及大连登陆。外交部特请苏联大使,关于此事,转电苏联政府,通知旅顺军区苏军当局。

关于中国长春铁路中苏共同管理问题,外交部并请苏联政府,依照中苏条约,迅饬所派拟订该路章则代表及资产议定委员会代表,于最短期内来南京开会,以便早日完成制定该路章则,确定该路资产之工作。至中国政府参加拟订该路章则及议定该路资产之代表名单。当于日内将其重行派定之名单通知苏联政府。中国政府并准备于旅大行政权恢复后,先就该路安全情形所许可之路段,实施共同管理。

《战后中国》第1册,第499页

接收旅大第二次会议记录
1947年4月1日

时间:三十六年四月一日上午九时。

地点:总长办公室会客室。

出席人员:本部参谋次长刘①

第二厅侯代厅长

第三厅郭厅长　许处长　李处长

第四厅杨代厅长

外交部卜司长道明

内政部汪参议奕林　　　　　　　　　警察总署汪弼

大连市龚市长学遂

空军部王副总司令

海军部桂代总司令

联勤部黄总司令

军务局杨高参振兴

东北长官部赵参谋长家骧

---

① 刘斐。

主席:参谋次长刘　　　　　记录　赵飞昆

一、赵参谋长[①]报告

(一)关于接收旅大,长官部已订有计划呈部,惟昨承总长面示四点:1. 须争取时间。2. 以东北现有兵力运用。3. 部队以新六军为主,以免分割建制。4. 希望外交上得到解决,但须有军事解决之积极准备,故原计划尚需略为修改。

(二)长官部计划,大要以利用外交交涉成果,迅速接收大连之目的,决即集结有力之一部,先肃清普兰店以南、苏军警戒线以北之匪,迅向金州挺进,一举接收大连旅顺。行动开始日期,应与苏方外交上取得具体协议后一周内开始。

(三)在军事上之要求:

1. 陆军方面:请增派部队。

2. 海军方面:直接协同陆军作战并巡逻黄海渤海海面。

3. 空军方面:彻底集中空军主力,以应需要。

(四)外交上希望得知及要求事项如下:

1. 苏联在石河驿以南驻军兵力位置及主管官姓名。

2. 我方连络组与苏方连络人员姓名,及双方负责交接之主官姓名及交涉地点。

我方:前方部队连络小组组长。

前方指挥官廖军长驻普兰店。

苏方:前方部队连络小组组长。

前方指挥官姓名及位置。

3. 在苏军警戒线以内,依照中苏友好条约,应由苏方负责解除非法武装,及保证国军接收之安全。

4. 如苏方不能履行第(三)项任务时,国军得以武力接收。苏军应事先撤退至旅顺区域营城子、房口以西地区,否则国军解除非法武装,

---

① 赵家骧。

引起不幸事件，及苏军生命财产之损失，应由苏方负责。自石河驿以南及旅大地区之居民，国军及地方政府自接收日起，应由国军协助地方政府执行职务，清查户口，以防不法分子之捣乱。苏军不得藉口掩护留难。

6. 在以上协议未经双方签字成立前，国军认为苏军无诚意交还中国之领土主权，国军不能决定接收日期。

7. 依条约之解释，我海空军可否使用于旅大地区。

（五）建议——接收旅大，为中苏今后外交上百年之大计，请外交部部长约同苏方人员，亲赴实地考察并交涉。

二、外交部卜司长道明报告。

（一）接收旅大备忘录已送苏大使馆，现尚未得答覆。

（二）代达王部长意见：

1. 苏方对我备忘录答覆如何，现尚未知，惟判断不至过久不复。

2. 军事方面，请按计划准备。

（二）答赵参谋长询问两点：

1. 依中苏友好条约，我海空军可使用于旅大地区。

2. 其余须待我致苏备忘录得其答覆时再告。

三、内政部警察总署汪弼：

总署已订有接收工作纲领，其内容：

1. 决定旅大警局长，负筹备责任。

2. 各配备干部二百名。

3. 各配备长警各三百名。

4. 分别在天津、青岛集中，拟由水道前进。

5. 依编制不足人员惟就原有人员甄试暂用。

6. 所需武器，拟请国防部或东北行辕拨发。

四、海军桂代总司令

（一）细察中苏友好协定之条文自第二条以下之规定，我主权几损失殆尽，接收旅大未可乐观。

（二）北巡舰队系以青岛为根据地,现辽东半岛无基地,补给困难,以先收复长山岛后则赴大连较便。

五、空军干副司令

（一）如我陆军有充分力量,空军以不参加为妥。

（二）空军现仍积极准备,待外交交涉成功再行实施。

六、第二厅侯代厅长

（一）苏军及匪军在旅大兵力,苏约四万至五万,匪约四万一千人。

（二）接收意见:

1.依条约解释,诸受限制,接收未可乐观。

2.苏向我照会接收旅大,判断系一种外交上欺骗阴谋,有意藉外交上交涉,往返需时,旷日持久,以延至四外长会议后,再避而不谈。

3.苏现正试探我方及英、美对于接收旅大之观感,故我应针对此点提出宣传。

4.加强装备交警总队,以备苏方向我要求以警察接收时使用。

七、第三厅郭厅长

（一）第一次会议决定接收日期,应在四月十五日外长会议结束前。

（二）希望外交上能得解决,一面仍就东北部队准备接收。

（三）旅大地区苏军可能之行为:1.拒绝我军进入或允许我一部武装警察入市区。2.准我进出一部兵力,但不保证非法武力之袭击。3.苏方以武力参加,引起地方事件,再依条约向我交涉。

（四）在外交上除赵参谋长六项请求外,尚补充两点:

1.向苏方提出可能之要求,如借用飞机场及码头,请其对海军给水给油等,观察其答覆如何。

2.说明我方可能之行动。

（五）以后外交部给苏备忘录,请先与本部会稿。

（六）各部接收人员名册,希能分送国防部。

八、第四厅杨代厅长

若依中苏友好条约之解释,则港口及铁路运输上使用,当无问题。

九、大连市龚市长

(一)依本席推测,苏方答覆或允我警察开入,此刻应将国军一部,改装警察,按时开入,以免普通警察无力。一旦奸匪暴动,反受其累。

(二)依中苏友好协定,应与苏方迅速成立军事委员会,以保持联络。

(三)大连粮食甚缺,请联勤部应预为准备。

(四)进入大连时,国军驻地,应请长官部预为谋图。

十、主席指示

(一)接收方式分下列两种:

甲、政治方式接收时,要求苏方解除奸匪武装,保证我行政人员之安全。

乙、军事方式接收时,须要求苏方给我扫除奸匪之便利。以上甲乙两种接收方式,均以外交为先,军事则积极准备。何时实施,听候外交部之通知。

(二)对外宣扬我有充分兵力,随时可接收大连。

(三)本日开会内容,应绝对严守秘密,不得泄漏。

《战后中国》第 1 册,第 471—477 页

外交部关于接收大连问题会议意见

1947 年 4 月 1 日

一、本日召集开会目的

根据中苏友好同盟条约关于大连之协定第三条称,大连之行政权属于中国一节,大连当由我国迅速接收,惟前奸匪兴兵内乱,东北地区先后四度窜犯。苏方交还大连,适在莫斯科三外长会议开会时期,表面上示意对中国友好和平,实际上接收大连,需一师以上兵力。松花江在四月中旬即将解冻。东北方面,如将一部兵力防守辽东,则减少机动兵力,益增作战困难。力求接收顺利起见,在军事外交内政上,应齐头并

进,尤希望外交上能减少军事上困难,特召请各位有关主管商讨,以作本部策定接收计划之参考。

二、对接收大连本部之意见

甲、接收步骤

1. 先由两国从外交作具体明确之洽商,并请将商讨情形随时通知本部。

2. 市政接收人员应在国军驻大连之同时,能执行政务,须与军事密切配合。

3. 希望外交部:

A 苏方应将大连行政权、军警权完全交付中国政府,并保证在中国政府接收大连时期,不受任何地方武力之阻挠。

B 对于大连市辖区内之非法武装团体部队等,苏方在移交前,应由苏方饬其完全退出市区或予缴械。

C 要求苏方在大连市区内之军警,须照常维护秩序,俟待中国国民政府接收之军警到达后,经两国代表磋商决定后,则苏方军警方得撤退。

D 在接收期内,苏方应保证不得有非法人员在市区暗藏武器及工兵通信器材,尤禁作谍报宣传或密用无线电。

E 大连市内之一切建设(包括交通、通信、工商、机关、卫生设备等),不得有丝毫破坏或迁动,并须正式移交给中国政府。

F 对在大连市区内之外侨(美、英、法人除外)及俘虏,应由苏方适时集结某一地区。

4. 希望内政部者:

派遣大连之治安警察,似应由东北保安部队内选派。内政部应派高级警政人员前往,妥为指导部署。对大连市政府行政及专门人员之选派,请先行准备。

乙、接收时机:

国军有力进入大连市即开始。

丙、接收人员：

由外交部东北特派员主持，东北行辕及长官部各派一员协助之。再本部及内政部各派一员前往指导。

《战后中国》第 1 册，第 477—479 页

2. 国民政府旅大派军交涉失败

外交部拟"中苏友好条约在军事上应注意之点"

A　中长铁路

1. 中长铁路由中国组织铁路警察保护之，仅限于对日作战时期供运输苏联军队之用。军需品之保护工作，由铁路警察担任，苏联不得派武装护送人员——中长铁路协定第九、十两条。

2. 中长铁路在旅顺海军根据地区域以内，各段不受该区域内所设定任何军事监督管制——大连协定议定书二项。

B　大连在平时不包括旅顺海军根据地章程效用范围以内，仅于对日作战时受该区域所设定之军事统制——大连协定书第四项。

C　旅顺口

1. 旅顺口为中苏两国共同使用之海军根据地，该海军根据地之正确界限，如附图（缺），但大连市除外——旅顺协定第一条、第二条及旅顺协定附件第二条。

2. 旅顺口为纯粹海军根据地，仅由中苏两国军舰及商船使用。关于共同使用事项，设立中苏军事委员会处理之，委员会中苏两国代表三人组织之，委员长由苏方派，副委员长由中国派。

3. 苏联有权在旅顺海军根据地内驻扎海陆空军并决定其驻扎地点。

4. 旅顺海军根据地之防护，中国政府委托苏联政府办理之。苏联政府得建置为防卫旅顺海军根据地必要之设置。

《战后中国》第 1 册，第 489 页

中苏前方部队长普兰店会谈记录

1947 年 4 月 6 日

我方出席人员：

周团长璞、詹处长实之、朱参谋朴章（以前方部队参谋名义出席）、汪参谋哲。

苏方出席人员：

查列斯基少将、谢苗诺夫中尉、多洛夫准尉、斯米诺夫少尉、米特末交中尉、沙果洛夫少尉、阿列（光）〔克〕谢也夫上尉、诺沙夫少尉。

谈话记录

周问：贵师长来此有何贵干？

查答：为答覆贵方前次要求接防洼子店事，该地现仅有少数苏军负保护旅大水源之责，如贵方保证该水源不被破坏，则甚愿交出。

周问：为确保水源之安全，必进至协定线最前线，贵方以为何如？

查答：洼子店仅有我方保护水源之军队少许，以南至协定线全无苏军。贵方如给予我方以水源安全之书面保证，自可接收，并靠近至协定线。

周最后答称，关于此问题，俟请示后再谈。

周问：关于金州、大连交我接防事，贵师长有何意见？

查答：此一问题甚大，本人未奉上峰指示，不能答覆。

周问：南京方面，我外交部与贵大使谈话情形有无所闻？

查答：并无所闻。

周问：长山列岛有无贵方部队及非法武装？

查答：该地在海军根据地界线以内，敝方设有防守司令（脱字），指挥少数部队维持治安，并无其他非法武装部队。

周问：我方拟解除石河以南地区之非法部队武装，贵方有何意见？

查答：本人防区内，仅有地方政府之武装警察，其他并无任何中国军队。

周问：为我军解除非法部队武装时，贵方军队可否撤至营城子至房口之线以西地区,以免遭受损害?

　　查答:条约载明,必须由双方合组之混合委员会勘察界线,决定双方驻地。但该委员会之组成,应由双方政府决定之。

　　周问:我军进至石河以南地区后,对于一般居民需要举行户口清查,以免匪徒潜迹,请勿阻碍以上所询各点。如贵方不能同意成立协议,则我方认为贵方无交还诚意?

　　查答:敝方对于履行条约确有诚意。惟此事,须在混合军事委员会成立以后,再行谈及。

　　周问:石河以东以迄邹咀子之线,贵方警戒部队之位置有无异动?

　　查答:并未变更。

　　周问:我方有意前往贵地回拜,阁下有何意见?

　　查答:甚为欢迎。经请示后,再为答覆。惟安全问题,不能负责。因吾等此次前来,途中亦曾遭受不明部队之射击。

《战后中国》第 1 册,第 479—481 页

周朴致苏军部队长查列斯基函
1947 年 4 月

　　查列斯基少将阁下:本月六日前线晤谈,充分表现中苏双方友好精神,引为欣慰。阁下允将本指挥官关于接收旅大之提议,转达贵国政府,深为感激。

　　一、苏联应将由日本手中接收之旅大金一带,完整交还于中国民政府及国军。

　　1. 苏联警戒线以内之非法武装(伪警察及大连人民自卫军在内),应一律缴械。伪地方政权,应一律解散。中国军队及行政人员前往旅顺、大连、金州一带接收时,不能受到任何袭击或射击,务由苏方确实保证。

　　2. 苏联如不能履行第一项之义务,则由中国军队自行剿灭旅大金一带之土匪。苏联军队应暂时撤退至旅顺区营城子、房口以西地区,以

便利我军之进剿。然在战斗中,苏联军民如遭遇不可能避免之损害,中国军队不能负责。

3. 石河驿以南及旅大金地区内之居民,应在中国政府及军警管辖下,维护地方治安,肃清奸匪馀孽,苏联军民不得借口庇护留难。

二、为便利旅大金之交接起见,中苏双方各组织连络组,专任中苏双方之接洽连络,并须互换连络组人员之名单。

三、关于洼子店问题,并与旅大金同时接收之。

以上三项,敬希即时转达贵政府,并祈先行函覆为荷。

顺致

敬意

中国国民政府驻普前方部队指挥官周朴(签名盖章)①

《战后中国》第 1 册,第 481—482 页

彼得洛夫覆外交部备忘录

1947 年 4 月 10 日

接准贵部长三月三十一日关于旅顺海军根据地区,大连及中国长春铁路等项问题之声明,兹答复如下:

苏联政府对于中国政府拟派中国行政人员前往大连及旅顺海军根据地区域之声明,业已知悉。中国政府之此项决定,符合一九四六年十二月三日,及一九四七年三月七日本大使声明中所述苏联政府之愿望。海军根据地区苏军指挥当局已奉到训令,于中国民事行政人员之执行职务,予以协助。

至于贵部长所称在大连及旅顺建立中国行政权之迟延,系因在各该城市近郊有中国非政府军队存在一节,本大使应予声明,在大连及旅顺近郊,以及在海军根据地全部区域境内,过去及现在,均无此项军队。因之,贵部长所称之情况,不能成为依照中苏关于大连及旅顺口协定之

---

① 此函系档案抄件,未抄发信时间——原注。

规定,在上述区域内建立中国民事行政权迟延之理由。

关于旅顺口之协定第五条规定,中国政府对于海军根据地区域主要民政人员之委派,应顾及苏联在该区内之利益,而旅顺市民事行政人员之任免,由中国政府征得苏联军事指挥当局之同意为之。

根据此点,苏联政府企待中国政府依照此项协定,予以进行。

苏联政府不反对派遣为实施民事行政所必需数量之中国警察往大连及旅顺海军根据地区域。但苏联政府认为关于开入海军根据地区域之中国警察之数量及其驻扎地点问题,必须预先征得苏军指挥当局同意,因依照关于旅顺口之协定第五条规定,苏联军事指挥当局关于保障安全问题所作之建议,应由中国行政当局予以实行。中国政府派遣中国军队往旅顺海军根据地区域之意图,与中苏关于旅顺口之协定不合,因依照该协定,海军根据地之防护已由中国政府委托苏联政府办理之。至于大连港,则按照中苏协定,于对日作战时,大连受海军根据地区域之军事统制。因现时尚无对日和约,对日战争状态既尚未终止,旅顺海军根据地之统制,仍及于大连。

根据以上所述,苏联政府对于派遣中国军队前往旅顺海军根据地区域及大连不能同意,因其与中苏协定相抵触。

苏联政府对于恢复拟订中国长春铁路章程,及议定该路资产委员会之工作,重表同意。苏联政府准备派遣上述委员会中之苏方代表前往南京。

苏联政府并依照其本年三月七日之提议,认为对于现时已经可能实施中苏共同管理之中国长春铁路诸路段,尤其沈阳至大连一段,必须恢复中苏共同管理,不容再事延缓。

一九四七年四月十日于南京。

王世杰接见彼得洛夫谈话纪要

1947 年 4 月 10 日上午 10 时半

卜司长道明在座

大使:将书面声明(备忘录)逐段向部长诵读,由苏使馆一秘伊三克译成中文。(声明书中文译稿另附)

部长:本人谢大使之声明,容俟研究及与政府商量后,再详细以书面答复大使,兹先声明数点如下:

(一)中国政府迟延恢复旅大行政权之原因,大使在声明中只指出我前次所指出之一个原因,本人前与大使谈话时曾说明此事有两个原因:其一,为一九四五年十月中国政府决定首先接收大连,因苏联政府不同意我军在大连登陆,致未接收大连。其二,为大使声明中所指出者,即自日本投降以后,旅大附近逐渐有反政府武力之发生与发展,此种武力在陆地阻挠中国政府接收旅大。

(二)至于限制中国政府军队进入旅大一节,此事甚为严重,本人前此曾向大使声明过,从中苏条约的文字讲,条约中并无明文禁止中国军队进入旅大,从中苏条约的精神讲,中苏条约的精神是对日的,是防止日本侵略之再起,或于日本侵略再起时,中苏两国共同抗拒日本之侵略。因此之故,中国军队之进入旅大,即在战时,亦应不受限制。

(三)依照中苏条约,大连在战时固然可受旅顺军区之节制,至于说现在对日和约尚未签订,因两国对日作战状态尚继续存在,大连尚应受旅顺军区管制云云,中国政府不能同意此种见解。

总之,本人希望,在接收旅大及恢复旅大行政权问题上,应使中苏友谊更为加强,不可对于条约采取某种解释,使旅大接收问题影响中苏两国之友谊,此为本人应请苏联政府特别注意的。

(四)中国政府派往旅顺口之市长,其人选正在考虑中,一俟决定,自当依照条约提向贵方之军事指挥当局征取同意。

大使:对于贵部长刚才之声明,亦拟想说明几点:

贵部长表示在接收旅大问题上应更增进中苏友谊,苏联政府亦如此希望,本人去年十二月及今年三月七日之声明,其目的与部长刚才所表示者一样,本人今天声明的精神亦在于此。

本人对于贵部长关于中国政府将迅速在旅大建立行政机构之声明,十分满意。旅顺之苏联军事当局不仅将充分的协助中国行政人员执行职务,并且愿保证其安全。本人兹声明旅顺军区内在过去与现在均无反抗中国政府的军队存在。

关于中国军队进入旅顺军区事,中苏条约并无中国军队可进驻旅顺军区之规定。

《关于旅顺口之协定》第三条规定旅顺口共同使用之办法,即旅顺口仅由中苏两国军舰及商船使用。关于旅顺海军根据地共同使用之事项,设立中苏军事委员会办理之。现在似应即设立中苏军事委员会,以处理共同使用事项。

该协定第四条规定,旅顺海军根据地之防护,中国政府委托苏联政府办理之。故本人在声明中表示之态度,系根据中苏条约,并与中苏条约之精神相符合。

部长:贵大使声明谓,苏联政府已命令旅顺海军根据地苏军指挥当局对于中国行政人员予以一切必需之协助一节,本人表示感谢。

关于旅顺口协定之条文,本人已详细研究。要言之,中苏两国既为盟邦,双方均应严格履行条约所规定之义务,而不应责令他方履行条约所未规定的或条约以外的义务。此问题当甚严重。本人希望大使与本人共同努力,使接收旅大事,能加强中苏间之友谊,而不使接收旅大事发生阻碍,转致损害两国现存的友谊。

大使:本人完全同意贵部长最后所说的一点。我们如果努力解决实际上系技术性质之诸问题,即可在旅大接收一事造成加强中苏友谊合作之基础。本人上次声明过,苏联政府主张严格履行中苏条约的义务,而不作条约以外之任何要求。

部长:本人暂不准备说别的话,问题相当严重。本人当于最短期间再约大使详谈。

《战后中国》第 1 册,第 501—503 页

叶公超关于接收大连与驻军问题答记者问
1947 年 4 月 17 日

(本报讯)中宣部十六日记者招待会,外部叶司长公超答复各记者询问如次。

问:"最近中国提交苏联有关接收大连之备忘录,苏政府有无书面或口头之答覆?据大刚报消息,谓苏联当局虽允许中国政府立刻接收大连之民政,惟除警察外,不允中国军队开入旅大区域,能对此说加以证实或否认否?苏方当局曾否要求在旅大交回中国政府之前先行撤退中共及其同情分子。"

叶司长答:"关于接收大连及旅顺口海军根据地区之行政权,外交部曾于本年三月三十一日致苏联政府节略,现已接获复文,对于派送行政人员至大连及该地区,苏联政府允予协助。但关于中国军队驻扎该地区一节,双方意见,尚不一致,现仍在继续商讨中。"

······

《中央日报》(上海版)1947 年 4 月 17 日

3. 国民政府接收旅大行政失败

外交部致彼得洛夫备忘录
1947 年 4 月 16 日

准贵大使本年四月十日关于旅顺、大连及中国长春铁路等问题备忘录,本部长兹奉复如下:

贵大使声明称:苏联政府已令饬旅顺海军根据地区域苏军指挥当局,对中国行政人员予以协助,并称在旅大两区域内无反对中国政府之军队存在。中国政府对此声明,表示欣慰。

中国政府决定派董彦平中将、张剑非特派员及其随员数人即往旅顺大连视察地方情形。本部长希请贵大使转电苏联政府，通知旅顺苏军指挥当局，予该员等以一切必要之协助，俾彼等能作安全之视察。

关于拟订中国长春铁路章程及议定该路资产事，一俟苏方所派拟订该路章程，及议定该路资产委员会之代表到达南京，该二委员会即可在南京开会。

中国政府并同意，在旅顺大连中国行政权恢复后，开始实行中国长春铁路沈阳至大连一段之共同管理，其实施详细办法，当交由中国长春铁路理事会议定。

关于旅顺海军根据地区域主要民政人员，及旅顺市主要民事行政人员之人选事，中国政府自当依照中苏《关于旅顺口之协定》第五条之规定办理。

依照中苏条约，大连在对日作战时期，固可受旅顺海军根据地区之管制；但日本投降已一年有馀，对日战事已不复存在。中国政府派遣军队进驻大连，当然应不受任何限制。即在战时，中苏条约中亦无限制中国军队进入大连之条文。中国政府兹决定，除派武装警察外，同时并拟派陆军约二旅进驻大连。倘有需要当随时加强其兵力。

依照中苏条约，旅顺海军根据地区域为中苏共同使用之军事区域，在原则上，中国政府有派遣军队进驻该海军根据地区域之权。至于派往军队之数量及其驻扎地点问题，可由中苏军事委员会视为共同使用该海军根据地区域之事项，商讨决定。

中国政府派往旅顺海军根据地区域武装警察之数量，当视该区域行政机构之安全及其行使职权如何而定。无论如何，该项警察之数量，须足够维持该海军根据地区域行政机构之安全，并保证其行使职权。在此种条件下，派往旅顺海军根据地区域之中国警察数量及其驻扎地点问题，中国政府不反对由中苏双方代表就地协商决定。至派往大连之中国武装警察及军队，其数量及驻扎地点问题，应由中国政府自行决定。

王世杰接见彼得洛夫谈话纪要

1947 年 4 月 17 日

卜司长道明在座

部长:将备忘录逐段向苏使诵读,由卜司长译成俄文。

部长并口头说明:

(一)关于旅顺口之协定第一、二条规定,旅顺军区为中苏两国共同使用之海军之根据地。此项共同使用,自不限于第三条之规定"旅顺口仅由中苏两国军舰及商船使用"。

(二)关于大连:只有在对日作战时受旅顺军区之管制,现在对日作战状态既已不存在,大连自不受旅顺军区之管制。即在战时,大连所受旅顺军区之限制,亦应以作战之需要为限。

(三)中国政府拟令派孙桂籍君为旅顺市市长,关于此事之文件及孙君之简历,即可送达大使馆。

大使:本人当即将部长备忘录之内容,及部长之声明报告苏联政府。

本人四月十日之声明,系以关于旅顺及大连之协定为根据,系自条约规定之义务而产生,故此种声明不能变更。本人今日不预备多争论,只拟说明如下:

(一)关于中国军队进入旅顺军区事,本人不能同意部长关于旅顺口之协定第一、二条之解释。应请部长注意者,即该协定第三条系规定中苏两国共同使用旅顺海军根据地之办法。又该协定第四条系规定该海军根据地之防卫,中国政府委托苏联政府办理之。

(二)至于大连,现时对日战事虽不存在,但对日和约尚未签订。依照普通国际习惯,和约尚未签订,即战争状态尚未结束,故旅顺军区之军事管制尚及于大连。

(三)关于部长所说的行政安全问题,本人上次已经说过。现在本人再次表示,苏军指挥当局对于前往旅顺海军根据地区域之中国行政人员,不仅将予协助而且将保证其安全。

部长:关于中国军队进入旅顺海军根据地事,在莫斯科签订中苏条约时,大家的精神是很明白的,即条约本身,亦限制中国军队进入旅顺军区之条文。关于旅顺口之协定第三条规定,旅顺口仅由中苏两国军舰及商船使用,此系排除第三者对旅顺口之规定。最后,本人希望中苏双方严格依照条约之规定履行其权利义务,根据此种精神来解决旅大问题,当可增进中苏两国间之友谊,而不使此种友谊遭受损害。

大使:本人同意部长的话。要顺利的解决旅大问题,不仅须严格履行条约之义务,而且须履行条约的精神。苏联政府希望在旅大从速建立中国行政机构,并予以协助,即系根据以此种精神为基础之条约。

部长:此外,关于维克多尔事,本人最近二、三日内未予查询,据闻,法院方面将予维克多尔以不起诉之处分。

大使:谢谢部长对于此事之协助。

《战后中国》第1册,第505—507页

叶公超谈接收旅大问题

1947年4月24日

(本报讯)外交部欧洲司长叶公超,于二十三日中宣部中外记者招待会上,答复有关外交之询问如下:

问:中国政府何时接收大连地方行政权? 接收之前,是否须与苏方先行谈判。

答:中国政府接收大连及旅顺口地方行政权,当于各种筹备就绪后即可实现,中苏现仍在作必要之商讨,我或无需再向诸君声明,中国政府必使中苏条约之规定,得以严格履行。中国政府现正考虑在正式接收以前,派遣若干官员前往旅大,预先视察当地情形。

问:新民报载中国政府对驻日盟军总部极力维持日本工业水准一事,拟行抗议,此项登载,若系实情,可否请道其详。

答:对此消息,本人并无所闻。

《中央日报》(上海版)1947年4月24日

彼得洛夫覆外交部备忘录

1947 年 5 月 4 日

对于贵部长本年四月十七日关于旅顺海军根据地、大连及中国长春铁路港问题之声明，本人使敬奉复如下：

苏联政府已悉：中国政府声明，中国政府任命旅顺海军根据地区域及旅顺市之主要民政人员，将依照中苏关于旅顺口协定第五条之规定办理，暨派往旅顺海军根据地区域中国警察之数量及驻扎地点问题，将由中苏双方代表就地协商决定。

同时苏联政府已悉：中国政府决定派遣董彦平中将及东北外交特派员张剑非为代表，前往大连及旅顺。苏联政府业已训令旅顺海军根据地苏军当局，对于上述人员予以必要之协助。

关于恢复中国长春铁路拟订章则及议定资产委员会之工作事，本大使能奉告者，即上述两委员会之苏方代表，将于可能之最短期内前来南京。

苏联政府不反对中国政府之建议：关于中国长春铁路沈阳至大连路段实施共同管理之详细办法，由中国长春铁路理事会依照中苏关于中国长春铁路之协定议定之。惟苏联政府认为没有再迟延恢复上述路段共同管理之理由。

关于中国军队进入旅顺海军根据地区及大连问题，本大使应补充本大使四月十日之声明，即关于旅顺口之协定第四条及第六条明白规定，海军根据地之防护，中国政府委托苏联政府办理之。苏联政府得建置防护上必要之设备，有权驻扎陆海空军并决定其驻扎地点。至于共同使用旅顺口为海军根据地一节，关于旅顺口协定第一条及第三条规定，旅顺口为纯粹海军根据地，由中苏两国军舰及商船使用。关于大连，本大使于前此声明中业已说明，对日战争状态，尚未终止。因尚无对日和约。按照中苏关于大连之协定，海军根据地之军事统制，仍及于大连。

由此观之，本大使于四月十日声明中所叙述苏联政府关于以上诸问题之立场,全部与一九四五年中苏各协定之条款相符合。苏联政府继续保持此立场。

关于派往大连中国警察之数量及其驻扎地点,因大连在现时受海军根据地之军事统制,此等问题应与苏联军事当局协商。

依照中苏关于旅顺口之协定第三条,并为易于解决由该协定所发生之诸实际问题起见,苏联政府提议,迅即设立中苏军事委员会,该委员会之苏方代表,将于最近期间派定。

一九四七年五月四日。

《战后中国》第 1 册,第 508—509 页

王世杰接见彼得洛夫谈话纪要

1947 年 5 月 5 日

卜司长道明在座

大使:(将备忘录向王部长诵读,由大使馆一秘伊三克逐段译成中文,译文见前。)

部长:本人今日无新的意见提出,本人上次所提出的几点意见,不知苏联政府已予考虑否,兹再重说一遍,并请大使促请苏联政府予以注意。

(一)依照关于旅顺口之协定,旅顺海军根据地区全部区域系属中苏共同使用地区。至于旅顺口仅由中苏双方军舰及商船共同使用,其意义在限制第三者,而非限制中国政府对旅顺军区之使用权。

(二)关于大连,固然现在尚无对日和约,似对日战事实际已经结束,中国军队之进入大连,应不受任何限制,即在对日作战时期,大连受旅顺之军事管制,其意义亦仅在适应对日作战之需要,中国军警进入大连于对日作战并无妨碍,自不应受旅顺军区之限制。总之,中苏条约所规定的义务,我们一定履行,条约未规定的限制,中国不能接受。

现在中国军警进入旅大,第一无条约的限制;第二中国人民的心理,以为自己的行政机构,应由自己的军警保护。中国刚从外国压迫下

解放出来,如中国行政机构仍在外国力量保护下工作,则必将反对。关于成立中苏军事委员会一事,我方自然同意,因本人上次声明过,中国军队进驻旅顺军区事,如苏方在原则上同意,则其数量与驻扎地区,可由中苏军事委员会商定。

大使:部长上次所说的话,经本人报告苏联政府,苏联政府已予以深刻的考虑。苏方认为一九四五年的中苏条约及其内容,须由双方严格履行。苏联政府的立场,完全符合于条约的规定,苏联政府对于现在与中国政府所商谈的问题,具有依照条约密切与中国政府合作的决心。

旅顺海军根据地区之防护,已由中国政府委托苏联政府办理。条约未规定该地区之防护由双方办理。而旅顺口系由双方共同使用。

至于大连,本人不能同意部长的解释。同盟国对日作战固已结束,但战争的状态尚存在,直至对日签订和约时为止。这是一种国际惯例,如同盟国对德和约尚未签订,则对德的战争状态尚存在,又如对五个附庸国之和约第一条,即宣布对该五附庸国之战争状态之终止。

所以对日战争状态尚存在一点,是无疑义的。因而大连仍受旅顺军区统制之限制。

苏方现在希望,而且愿意迅速成立中苏军事委员会,以便解决共同使用海军根据地诸实际问题。希望中国警察快点进入旅顺海军根据地区,并希望两国在旅大有良好而密切的合作。故本人不能同意旅大中国行政机构将在外力保护下而工作。

部长:我们承认旅顺海军根据地区之防护系委托苏联办理。但本人所说的是保护行政机构的安全,及行政机构自由行使职权。我们派军警往旅大为的是保障行政之安全,及其自由行使职权,并希望苏方对此予以协助。该区之安全愈有保障,则中国之军警可愈少派。

大使:安全是有保障的,本人上次已经说过。

部长:谢谢大使,但有不能不坦白说明者,倘非法武力从大连海面方面威胁中国行政机构,那时我们将不能请苏方帮助。协助尽管协助,但我们有不能请苏方协助者。现在一方面,苏方请我们迅速接收旅大,恢复旅大之中国行政权；另方面，我们接收旅大，则旅大之中国行政机构不能获得保证。

大使：本人有信心，安全可以获得保证。旅顺军区全部区域内无非法武力之存在。

部长：本人现在不拟多予讨论，想将今天的话归纳为三点：

（一）中国政府有派军队进驻旅顺军区之权，派往大连之军警数目，由中国政府自行决定。

（二）派往旅顺军区之中国军警数目，可由双方代表就地商定。

（三）中长铁路由沈阳至大连一段可在旅大中国行政权恢复后，开始共同管理。

本人将尽力根据合作精神，使此问题获得解决，此事不宜久拖，本人当于最短时期内答复阁下。

大使：本人今天除已作之声明外，无别话补充。本人今天所作之声明，系以合作的精神为根据，并希望旅大问题解决，愈快愈好。

大使：本人还有一问题，拟顺便向部长提出者，即近来在天津及上海开始出版一种白俄的法西斯式的报纸。该项报纸与旧俄份子有关，其目的在以恶言攻击斯大林，及挑拨中苏关系。因此种报纸在中国出版，系获得中国政府之许可，本人兹特表示抗议，并请贵部长设法停止此项刊物，处罚其负责人，并请以后不准此种报纸出版。

部长：本人还不知此事，当予调查。

《战后中国》第1册，第509—512页

彼得洛夫晤王世杰答复关于接收旅大问题
1947年5月5日

（本报讯）五日晨十一时半，苏联大使彼得罗夫，请见我外交部王部长，据闻彼得罗夫大使所陈，系苏方对于我方所提接收旅大办法之答覆。

（中央社沈阳五日电）大连市长龚学遂四日搭车由京来沈，今日上午十一时到达,即谒熊式辉主任,龚氏定明日招待报界,记者询龚学遂接收大连事,龚称刻无可奉告,询渠是否奉电促来沈,曰"否"。

《中央日报》(上海版)1947年5月6日

叶公超就接收旅大问题答记者问
1947年5月8日

(中央社南京七日电)外交部次长叶公超于新闻局昨(七)日之记者招待会中,答覆有关外交之询问如下:

问:五月五日苏联驻华彼得罗夫大使,对中国政府提议接收旅大之答覆内容如何?

答:对彼得罗夫大使之答覆内容,本人不拟宣布,四月十七日我国致苏联之照会,其内容叙述中国对于接收旅大所拟采取之程序,并涉及中长路依照中苏条约之未来中苏共同经营问题,照会中并申述中国将于实行接收以前,派一视察团赴旅大视察,关于视察问题,虽双方意见一致,然关于军警随同进入旅大之问题,则尚未解决。视察团之人选业经决定,董彦平、张剑非二氏将随同前往。

问:关于中法航空协定有效期间之延长问题,闻法方曾向我接洽,其情形如何?

答:关于去年十二月所订中法航空协定之增订及有效期限之延长,法国方面曾非正式向我方接洽,此事我政府有关部门现正作适当之考虑。

《中央日报》(上海版)1947年5月8日

卜道明接见费德林谈话要点
1947年5月10日

一、阁下四月三十日口头答复本人关于旅顺海军根据地区内苏军数目及其驻扎地点之询问谓:关于根据旅顺口之协定,并无通知此种材料之规定等语。本人兹奉复阁下如下:

"旅顺海军根据地为中国领土之一部份,苏联政府系依条约受中国政府之委托而防护该区域。苏联政府在该区域内有关防护之各事项,包括驻扎地点之一切情形,自有通知中国政府之义务,兹再请苏联政府将前次本人所询之事见告。"

二、苏联大使彼得罗夫先生于五月五日与本部长谈话时称:近在天津及上海出版之俄文报纸,有挑拨中苏情感之言论等语。外交部对于此事,正不断予以注意。

但依照中国现行法律,人民有言论出版之自由。中国政府业已取销在报纸出版前预先施行检查之办法。倘报纸有触法律之言论,我政府自当依法处理,但政府不能作法外之干涉。

同时,本人有不能不向阁下声明者,近数月来,实际上代表苏联政府之苏联报纸,不断刊载关于中国情形的片面报导,并时著论反对中国国民政府。此种情形,与中苏条约之精神不符,极可损害中苏间现存之友好关系。希望苏联政府对于苏联报纸之此种态度,能切实纠正。

三、本年四月三十日晚,我驻新西比利亚总领事馆之代表张结珊君曾被该处地方当局邀请参加五一劳动节庆祝大会。在庆祝大会上,该地方当局之代表尼基青在演辞中称:"蒋介石得美帝国主义之支持,而与中国民主势力进行战争。"等语。此种言辞,显然含有侮辱蒋主席之意义,且于邀请我总领事馆之代表出席之集会中,由苏联之官员发表,尤使吾人诧异。本部尚正去电续查此事,请阁下转达贵大使予以注意。

《战后中国》第 1 册,第 512—513 页

外交部致彼得洛夫备忘录
1947 年 5 月 12 日

准贵大使本年五月五日关于旅顺海军根据地区、大连及中国长春铁路诸问题之备忘录,本部长兹再就该备忘录声明各点,奉复如下:

关于苏联政府业已训令旅顺苏军当局,对中国政府派往旅大视察之董彦平中将、张剑非特派员及其随员等予以必要协助之一节,中国政

府业经阅悉。董张二君及其随员约十人定于最近期内，乘中国军舰前往旅顺海军根据地及大连市，视察该两地区一般情形，以为中国政府在该两地区恢复行政权之准备。关于彼等启程日期，外交部将再行通知苏联大使馆。

关于中国长春铁路由沈阳至大连一段实行共同经营一事，苏联政府同意中国政府之建议，将其实施详细办法由中国长春铁路理事会议定，中国政府业已阅悉。中国政府于恢复旅大行政权后，亦不愿此事实现之延迟。

关于中国军队进驻旅顺海军根据地区事，中国政府仍保持本部长于四月十七日备忘录中所申述之立场。中苏关于旅顺口之协定第一条既明白规定"两缔约国共同使用旅顺口，为海军根据地。"该协定第二条复明白规定"海军根据地区之正确界限，应依所附之说明及地图之规定。"足见中苏共同使用之区域为旅顺海军根据地全部区域，并非限于该区域内之旅顺港口。该协定第三条规定旅顺口"仅由中苏两国军舰商船使用"。意在限制任何第三国船舶使用该港，并非谓中苏共同使用之范围限于该港，中国政府自有在该海军根据地区驻扎军队之权。至此项中国军队在该海军根据地区之数量及驻扎地点问题，本部长业经声明，可由中苏军事委员会商讨决定。

关于中国军队及警察进驻大连事，本部长兹对本部长四月十七日之声明，特再郑重补充说明，以期迅获苏联政府之完满了解。依照中苏条约，大连在"仅于对日作战时"受旅顺海军根据地所设定之军事统制。但对日战事，实际上业已结束，实为无可否认之事实，因之任何军事统制之设定，实际之决非必要。且即在对日作战时期，旅顺海军根据地对大连虽可设定统制，惟此种统制既因战事而设定，自亦应以适应中苏共同对日作战之需要为限。中国军警进驻大连，以维护其行政之自由与安全，不论在任何时期显然不能视为妨碍对日作战之需要。中国政府认为中苏条约之根本精神，在使缔约之双方，一本互助合作之精神，以共同抵制日本侵略之再起。依此精神，则缔约之任何一方，实不可就条约中任何未及详定之事项,故作牵制他方之解释。中国政府对于派军警进驻大连一事,仍维持本部长前次备忘录所声述之决定。

中国政府对于苏方所提从早成立中苏军事委员会之议,愿表同意。同时,中国政府认为中苏政府,如对上述基本问题有一致之了解,该委员会之组织始有顺利推进其工作之可能。

中华民国三十六年五月十二日于南京。

《战后中国》第1册,第513—515页

王世杰接见彼得洛夫谈话纪要

1947年5月12日

卜司长道明在座

部长:(将答复苏使之备忘录逐段向大使说明,由卜司长译成俄文,备忘录稿见前。)

大使:关于董、张二君等赴旅大视察事,苏政府已训令旅顺苏军当局,予彼等以必要之协助,并保证彼等执行视察任务。

关于中长铁路沈阳至大连一段之共管事,苏方认为无延迟实行之理由,现在贵方表示亦不愿此事实现之延迟。本人并不见有延迟成立旅顺中苏军事委员会之理由。本人认为此委员会成立越快越好,越有利于现已成熟之诸实际问题之解决。

至中国军队进驻旅顺海军根据地区事,本人无新的意见奉告。苏联政府认为该区防护由中国政府委托苏联政府办理,已有条约规定,无变更之理由。至于大连,因现时对日战争状态尚存在,大连尚受旅顺海军根据地区之统制。可惜对上述二问题,双方意见尚未一致。但此情形,不妨碍中国政府在旅大建立其行政机构,且不妨碍从速成立旅顺中苏军事委员,以解决实际问题。

其他的话,上次已说过,今天不重复。

总之,双方应依照一九四五年之中苏协定解决问题,不脱离此协定,此点很重要。

至于部长今天的声明,本人当即报告苏联政府。

部长:关于旅大问题,我们已经商谈过相当长的时间了。关于我军进入旅顺海军根据地区事,本人以为双方的意见相差不太远。

我以为我的立场,不仅未超过条约,而且如果欲作于自己有利之解释,则我之立场将非如此。

关于大连,我上次向大使说过,我们只派二个旅及若干警察,如安全有保障,不拟增加。

撇开一切争辩,即就情理而言,苏方不同意我方之意见,使我方很难了解其不同意之理由。如中国军警不能自由入驻大连,使我们很难接收大连。

董彦平、张剑非二君及其随员赴旅大之任务系视察一般情形,报呈政府,以作恢复旅大行政权之准备。如双方对基本问题有一致之了解,彼等可在当地就恢复中国行政权及完成接收之诸具体问题,与苏方交换意见。请大使报告苏联政府,促其对本人所申述之意见予以充份之考虑,以便旅大接收问题,不再遭受波折。

大使:最重要的一点,即本人并不见有恢复旅大中国行政权之阻碍之存在。本人希望迅速成立旅顺中苏军事委员会,迅速开始共同管理中长铁路,迅速将中国警察开入旅大,至于别的问题可以逐步解决。

部长:阻碍是有的,本人上次已向大使说过:

第一、旅大情形特殊。

第二、我们恢复旅大行政权,一方面希望苏方帮助,同时希望以中国自己军警的力量保护自己的行政权。苏方对于此点,不应有异议。

《战后中国》第 1 册,第 515—517 页

外交部致傅秉常电

1947 年 5 月 13 日

莫斯科傅大使:第二九二号电计达。我复文已于辰文交苏使。其要点如次;

（一）董、张二君及其随员定于最近期内乘中国军舰前往旅大视察一般情形,以为恢复行政之准备。（二）关于中长路沈阳大连段实行共同经营事,我声明于恢复旅大行政权后,亦不愿此事实现之延迟。（三）关于我军进驻旅顺军区事,我仍保持四月十七日备忘录所申述之立场,并引申旅顺口协定第一、第二两条之意义,说明中苏共同使用之区域为旅顺海军根据地全部区域,该协定第三条之规定,意在限制任何第三国船舶使用该港,并非谓中苏共同使用之范围限于该港。（四）关于我军警进入大连事对苏方所持异议之理由,经予驳复,仍维持前次备忘录我所声述之决定。并补充说明,对日战事实际业已结束,任何军事统制之设定,实际上决非必要,且即在对日作战时期,旅顺海军根据地对大连虽可设定统制,自亦应以适应对日作战之需要为限。我军警进驻大连,以维护我行政之自由安全,不论在何时期,显不能视为妨碍对日作战之需要。（五）我同意苏方所提从早成立中苏军事委员会之议,但认为中苏政府如对上述基本问题有一致之了解,该委员会始有顺利推进其工作之可能。特达。外交部（西）。

《战后中国》第1册,第517—518页

傅秉常致外交部电

莫斯科,1947年5月18日

第四○二号　十八日

急。南京外交部次长:二九九号电敬悉。十六日晚往晤苏联外部次长玛利克,向其说明关于接收旅大事,苏方如对我派军警仍持异议,我将视为无法接收,势必引起中国人民之反感,情势必极严重,希望苏联政府能充分了解对我军警自由进入大连事,取消反对之意。玛答称:华方派警察赴大连,苏方已予同意。彼得洛夫大使已将此事面告王部长。常谓:苏方虽同意华方派警察赴大连,惟其数目仍须苏方同意,大连为我领土,我应有自由派军警之权。玛答对日和约未缔结前,大连仍受旅顺军区之统制,民事行政须俟苏方同意。关于华军进入旅顺海军根据地,彼得洛夫对王部长已详细谈过。按条约规定,该海军根据地由中国政府委托苏军担任防卫,华军进入该地,在条约内未有规定。苏军担任防御事宜,如果不归其指挥之军队进入该地,自难完成其任务。华军施行进入该地任务,系在民事行政方面,故防区警察已可完成其任务。常谓:大连为自由港,条约未规定不准华方派军队前往,同时区内有反政府军,我方行政人员前往,如赖苏方担任保护之责,将引起国人不满,对日和约虽未缔结,惟战争停止已一年,请转达苏联政府对此重加考虑。玛答:该区内有反政府军队之说,与事实不符,该区除驻苏军外,并无任何军队。对日和约未缔结前,按法律尚未结束战事状态。常谓:对敌战事早已停止,友邦间应无战事状态。玛答:友邦间本无战事状态,惟大连现为自由港,派军有何目的。常谓:该区附近地点仍有反政府军队。玛答:该区附近为政府军,苏方军人与政府军军人间彼此亦有接洽。常谓:反政府军时易集合,各地均曾发生此事。玛答:在大连无此可能。常最后请其将我方军警自由进入大连事转达苏联政府再加考虑。玛答:苏联政府答复已由彼得洛夫转达。彼允将常意所述各节转达莫外交部长。傅秉常。

《战后中国》第 1 册,第 518—519 页

董彦平致蒋介石电

1947 年 6 月 5 日

　　昨(四)日赴旅顺苏军指挥部,访晤其司令贝洛彼托夫上将,告以奉政府命令,视察旅大各地,以为恢复行政权之准备,贝洛彼托夫上将表示,希望我方提出视察细目,俾便洽定开始实施,归后即拟定细目单提交苏方。

《战后中国》第 1 册,第 519 页

旅大视察团董彦平、张剑非视察报告

1947 年 6 月 17 日

甲、视察经过

本团于六月二日上午八时自沈阳乘车出发,下午三时抵达葫芦岛,即晚登长治军舰,六月三日上午四时启碇,当日下午五时靠达旅顺港,该区苏军指挥部派陆军少将柴成科、海军中校特黎波里斯基代表欢迎,随同苏方迎候者并有当地临时行政机构之负责人迟子祥等。上岸后即由苏军派遣之联络官陪往黄金台招待所安顿。

六月四日上午,彦平偕同张剑非、叶南、朱新民、邱楠四员赴苏军指挥部拜会其司令官贝洛波洛托夫上将,另有苏方副司令俾勒克列斯托夫中将、政治部主任卡诺诺夫中将、政治顾问克拉斯基等在座。双方略事酬酢后,彦平说明本团系奉政府命令视察旅大一般情形,视察范围着重在人民生活状况、公共事业、交通事业,及一切直接间接与人民生活有关之措施,预定视察期间为十日左右,希望苏军指挥部给予必要之协助,俾如期达成任务。至本团视察项目,拟请苏方拟订,我方认有必要时,再另作补充。贝司令官表示愿尽量协助,但视察项目则仍请我方先提出愿望,俾下次会谈时洽定实施。谈毕,即由我方拟订视察细目单,于当晚提交苏方,内容如次:

一、旅顺海军根据地各地执行行政职务之机构及其设施。

二、大连市执行行政职务之机构及其设施。

三、担任维持地方治安之华籍武装。

四、团体:

(1)中苏友好协会

(2)中华青年会

(3)职工总会

五、教育文化团体:

(1)各级学校 关东学院、医专、工专、电专、市立中学男中部、女中部、完全小学

（2）图书馆、书店

（3）报社大连日报、关东日报、实话报

六、公用事业

（1）发电厂电力局

（2）自来水厂及水源地

七、金融机构及商工业：

（1）普通商场市场

（2）公营市场

（3）重要工厂设备及其生产状况。

（4）金融机关

八、港务

（1）旅顺码头仓库及交通状况。

（2）大连港口全般工事及设备。

（3）大连港水道测量仪器及图案。

（4）大连港有关之水运陆运工具及设备。

（5）现有管理大连港务之组织概况。

（6）渔业水产概况及试验场。

九、铁路及公路：

（1）铁路(铁)〔路〕务——沙河口机车厂、设备出产量。

（2）铁路车库、车站、材料厂、仓库。

（3）现有管理铁路之组织概况。

（4）由旅顺大连至石河及杏树屯站沿途一般情形。

（5）由大连至旅顺及金县之公路及公路附近农村之情形。

并为便于视察工作之进行,决定分为下列三组:

第一组　执行行政职务之机构及其设施、团体、教育文化团体、金融机关及商工业。

召集人　　王洽民

第二组　　港务。

召集人　　　徐祖善

第三组　　　公用事业、铁路公路。

召集人　　　王竹亭

是日下午,曾由苏方联络官陪同在旅顺市内巡视,并参观红军俱乐部及旅顺博物馆。六月五日,苏军副司令俾勒克列斯托夫中将偕同政治顾问克拉斯让斯基代表贝司令官至招待所答拜。六月六日下午一时,与贝司令官作第二次会议,渠根据我方提出之视察细目单逐项答覆,归纳其重要点为:

一、执行行政职务之机构及其措施,包括学校、报社、工商业及金融机构等,苏方建议均向该项机构直接查询。

二、公用事业方面,发电厂系由中苏合办之大连电力局办理,自来水厂则由中苏混合委员会管理。

三、协定线以南十二公里地区,因系苏军警戒线,不便出入。

彦平除对苏方协助表示谢意外,曾作以下之声明:

一、本团工作系通过苏军协助视察旅、大、金全区域一般状况,视察地区,尊重苏军当局之意见,现存旅、大、金各地执行行政职务之机构,系在苏军占领之环境下所产生,故本团视察其工作情形,亦必须通过苏军之协助,始克办理。

二、本团任务仅限于视察,至中苏合办工商业问题,不因本团之视察发生法律上之影响。

三、为旅大问题顺利解决,并充分表现中苏友好精神,本团视察工作之成果,将有助于贵我两方解决问题之进行。

贝司令官表示接受上项声明,并洽定本团派人视察现有机构时,由苏方派科然诺夫少将陪往,其政治部主任卡诺诺夫中将复强调声称:"关于各地执行行政职务之机构,不论贵国政府将来持何种态度,作如何处置,为应查询之实际需要,希望贵国仍与渠等直接接触,至法律问题,当由两国中央政府解决。换言之,即贵国之视察不牵制贵国政府将来之决定也。"彦平当答称:"直接洽谈,诸感不便,因恐易生枝节,影响工作进行也。"嗣仍维持原议,由苏方派员陪往视察。至视察日程,则双方同意由张特派员剑非与科然诺夫少将商订,会谈后,经即洽订日程如下:

日期	组	地区	上午	下午
六月七日	第一组 第二组 第三组	旅顺 大连 大连	关东公署、旅顺市府 决定日程 中长分局	警察总局、重要工业 沙河口机厂
六月八日	第一组 第三组	旅顺 大连	学校 中小学、 报社书店 码头车站及其设备船渠	银行、商店市场、 戏剧、电影 满洲车辆
六月九日	第一组 第二组	大连 大连	大连市府 各局、 人民团体 中长业务机构	医院、戏剧电影、 广播 大连货站、仓库、 机车场
六月十日	第一组 第二组	大连 大连	学校 专门学校、 中学 中长各业务机构	银行、市场商场、 报社、书店、重要工业 大连油厂
六月十一日	第一组 第二组 第三组		电灯厂、水源地	
六月十二日	第一组 第二组 第三组	金州		

    第一组 王洽民

    第二组 徐祖善

    第三组 王竹亭

    当日下午,本团由苏方引导参观旅顺日俄战争遗迹,王团员洽民曾令联络官陪同赴旅顺市访问一二亲友,对当地情形,曾略事查询。(此后,王团员拟借返家扫墓为理由,屡次要求陪同下乡,均未得要领)下午六时,贝司令官宴请本团全体团员,当地现有机构之负责人迟子祥、徐宪斋、周光等亦被邀赴宴,但贝司令官并未向本团介绍。席间贝司令官致简短之演词,欢迎本团莅此视察,祝各团员健康等语。彦平起立致答,略述中苏友好在史地上之必然性,并强调忠实履行中苏友好同盟条约为吾人行动之最高准则。继迟子祥亦自称代表该区一百五十万人民起立致词,略称:地方过去受日人压迫,被苏军解放后始获自由,地方行政组织,先有维持会,嗣改组为市政府,又因统辖便利,成立全区性之"关东公署",由于苏军协助,行政已上轨道,工商业发达,物价稳定,皆前任苏军司令官律德尼科夫上将之所赐,兹新司令官贝洛波洛托夫上将莅任,特代表人民表示衷心欢迎,并望继续援助,最后高呼斯太林大元帅万岁。该项演词内容已充分反映渠等受苏军控制之程度。彦平当即起立致答,略称:自同盟国击溃日本后,本区即由苏联盟军占领,政府因种种关系未克即速恢复行政权,但对本区人民实无时不在关念之中,故派本团来此视察旅、大、金一般的状况,本人对维持会在此过渡时期所担负之工作表示慰劳,最后并高呼蒋主席万岁。

按照双方洽定之日程,六月七日为开始视察之第一日,原定上午出发,但以苏方联络官托词延宕,至午后一时,第二三两组始获启行。第一组则因科然诺夫少将酌派之代表格列果夫上校迟迟未到,仍在招待所守候,延至下午二时半,苏方联络官克雷佐夫上尉忽报称格上校邀王团员洽民赴红军俱乐部谈要事。王团员即偕同朱团员新民赴约,苏方除格上校外,并有克拉斯让斯基顾问在座,格上校首称第一组工作现已遭受阻碍,即迟子祥表示必须视察团董团长赴"关东公署"答拜,始能接受视察,视察团抵旅顺时,渠曾至埠头迎接,迄未见回拜,渠甚觉遗憾云云。王团员即答称:"该项机构系在苏军占领之环境下,由苏军领导产生,并未经本国政府承认,本团认为已答拜贵军当局,即无须再答拜该项机构之负责人,因渠等实包括在贵军统帅范围之内也。"格上校又称:"渠等认为该项机构系出于民选,轻侮渠等即系轻侮本区一百五十万人民,本军不便对渠等有所强迫,盖本军之立场为不干涉中国内政。"王团员答称:"董彦平将军已于晚宴会上代表本团对维持地方之人士致意并说明政府关切本区人民之意,足证对渠等及本区人民实无丝毫轻侮之意,但因该项机构未取得合法地位,故在法律关系上不能答拜"。渠仍坚持必须彦平前往答拜,否则第一组之工作必致障碍重重。

王团员归报后,彦平认为兹事干系重要,本团六月三日抵旅顺,视察项目日程均经双方洽定,迨开始实施时,苏方忽又提出答拜伪组织之负责人问题,并首次作该项机构系出于民选及苏军不干涉中国内政之声明,其意图似在(一)压迫本团与地方伪组织发生直接接触,俾在形式上承认其合法地位,增强其非法行使政权之立场。(二)如彦平拒绝答拜,则将第一组不能执行任务之责任嫁诸本团,而苏方则置身事外,不负不协助之责任。(三)藉口不干涉中国内政并表现不能压迫现有机构接受之姿态,掩饰其制造伪组织及实行军事统制之内幕。经慎重考虑后,即通知克雷佐夫上尉转告格上校,对苏方协助斡旋表示谢意,但迟子祥等之愿望,实不克满足,至与此项愿望无关之地区,本团当仍照预定计划前往视察,本团之视察范围仍视苏军当局之意而定。凡认为不能视察或另有阻碍者,本团并无勉强之意。下午四时半,克上尉报告上项答覆经转告格上校,渠已再度与迟子祥联络,但因时间已晚,各部负责人均已退公,明日星期例假,故视察工作须待星期一方能开始,彦平当即答覆视察日程既经决定,不便更改,星期一本团当仍照预定日程前往大连,俟观察其他各处时间有馀裕,再向在旅顺之行政机关查询。并请克上尉向贝司令官转达下列之口头声明:

"本团奉政府命令视察旅、大、金一般状况,系得苏联政府之谅解,以苏军当局为接洽之对手,本团提出之视察细目单,贵军指挥部如认为有不足之处,可随时补充,本团视察范围当视贵方之意见而定,所谓关东公署之意见,不在余考虑范围之内,现所发生之枝节问题,实出余意外,因昨日会谈时一切均已谈定也。"

是时,长治舰在停泊期间所需鲜菜等给养,苏方多方托词延宕,迄未供应,至购置零细物品所需费用,则因该区通用货币仅限于伪关东银行发行之盖印红军券,曾通过苏军联络官携带红军券前往伪银行接洽兑换,亦遭拒绝,苏方态度至此已显趋恶化。

六月八日下午二时,苏方联络官顾金上尉忽通知称:"根据政府命令,视察团给养已由苏军指挥部移交关东公署办理。"此项通知显为昨日我方拒绝答拜后之进一步压迫，通知后十分钟，位在招待所附近之要塞炮即开始发弹演习，同时，大队空军起飞，意在示威。本团集议研讨对策，金认事态已渐趋严重，吾人即决定坚守立场，即不能再继续工作，当即由彦平通知苏方凡六月九日预定之视察工作，均暂缓一日实施，并约贝司令官于最短期间内会晤，预计苏方态度如不能改善，即将声明中止视察工作，即日登舰归航。入晚，苏方态度似形缓和，六月九日晨，苏军总联络官托诺夫少校复曲辞解释称昨日之通知系指军舰上之给养而言。

六月九日下午一时，彦平等赴苏军指挥部与贝司令官会晤，彦平首先以委婉之措辞剖述答拜及给养问题发生之经过，并声明本团来此视察，系经苏联政府同意并下令驻军当局予以一切协助，因此本团仅能以苏军指挥部为唯一之接洽对手，亦仅愿接受苏军指挥部之直接援助，兹所遭遇者虽属枝节问题，不足重视，但使本团感觉困难，甚难按照预定日程完成视察工作，而不得不临时中止，吾人相信在贵司令官友好协助之下，必须使本团工作顺利进行。此次本团视察期间全部过程以及其成就，本人衷心期望能给予中国全体人民就中苏友好关系上获得一正确之新认识与新评价，并有助于中苏两国政府就中苏两国有关问题之圆满解决，同时，本团计划利用六月九日下午及十日、十一日两日，在可能范围内加速完成应行视察项目，并希望能于十二日离开旅顺。贝司令官答称："现在贵团所遭遇之困难，非余力所能协助，凡可协助者，余已竭尽所能，贵团给养系奉命交由地方机构办理，现问题已趋尖锐化，当俟请示后答覆。"其政治顾问克拉斯让斯基随即作补充说明称："此事早经决定，因给养交由地方机构办理较为妥便，惟适于答拜问题发生之后一日通告，恐使贵团误会系有意压迫贵团顺从地方机构之意见，实则绝无此意也。"贝司令官复表示歉意，并称地方机构所提出之愿望，亦使苏方感觉诧异，但因此项政权系出于民选，苏军亦不便有所压迫。彦平为避免双方就此项问题继续僵持，当亦表示视察系一般性质，本人亦愿获得适当机会听取地方人士之陈述，如有盟邦友人陪同在其他第三者之场所会见，本人不表示反对。嗣又洽定先由王团员洽民赴苏军指挥部与迟会见后，偕返招待所与彦平会晤。张特派员并补充说明吾人愿视迟子祥为地方贤达之地位予以接谈。上项问题之折冲告一段落后，彦平提出要求视察旅顺港口，贝司令官仍称旅顺港码头仓库甚少，且正在使用，可不必视察，张特派员当答称，港口既为两国共同使用，我方实有获得概括观念之必要。渠未作表示。嗣我方通知于六月十日长治舰须赴大连一行，当日驶返旅顺，渠称海上事甚复杂，建议可改乘汽车或轻油火车，本日晚间接我海军总司令部通报大连港外大（小）山岛迤带已布雷，所谓海上事甚复杂，意或即指此也。

会谈毕，第二、三两组出发至大连继续视察，因苏方以便于保护为理由，限制须在日落前返抵招待所，仓卒毕事，收获甚少。当晚格上校来谒，称日间所商定与迟子样会晤之办法，对方表示恐有困难，当又洽定由彦平偕王团员洽民赴贝司令官处与迟子祥会见，即席由彦平介绍王团员洽民偕同迟子祥赴既有机构视察。

六月十日上午十一时，彦平偕全体团员乘汽车赴大连，由苏军大连城防司令科然诺夫少将陪同巡视市区并视察船坞，张特派员曾便道赴美国领事馆拜会，下午三时，由苏司令及铁路分局长等陪同乘专车至金州，拟离站巡视附近地区，为武装伪警所阻，声色甚厉，向苏司令索阅出差护照，其用意似仍在掩饰苏军与伪组织之关系，全使吾人获致一相反之印象。嗣要求归程在营城子下车访问农村，苏司令以该地现为驻扎苏军地区，不便前往为辞，婉加拒绝。遂径前进至二十里台站，换轨折回旅顺。王团员洽民自下午三时起留在大连市内视察，亦因伪组织阻挠，仅视察一二商店而返。其间，因苏方语称在大连不能保证供给安全性之给养，全体团员均未进午餐。归后，彦平为避免与迟某正式晤面，乃托病提前就寝，格上校复于当晚十一时来访，由叶团员南、朱团员新民代见，渠称贝司令官同意明日上午十一时董将军在苏军指挥部接见迟子祥，特询董将军意见，叶团员当答称：现时间已晚，且董将军身体不适，不便请示，俟明日再谈。翌晨，彦平获悉是项通知，当以伪组织昨日在金县所表现之态度甚为恶劣,且视察日程即将结束,更无与迟某会晤之必要,乃继续称病,届时即派令王、叶、朱三团员代表在贝上将斡旋之下与迟某会晤于红军俱乐部,渠对中央视察,口头表示欢迎,并自称:"关东公署"系应人民要求、经选举手续产生,地方事应仍由地方人办等语。略谈后由王、朱二员赴其办公地址查询,渠曾对地方一般情形作简略报告,并提出该区在渤海往返之商船多被政府军舰"拖劫",恐有误会,请求政府注意改善,渠继表示欢迎实地考察一般地方情形,本团以时间仓卒,未予考虑。

是日下午六时本团宴请贝司令官以下苏军官佐三十馀人,席间曾交换演说,彦平致词强调中苏友好之必要,并强调两国政府及人民均有友好之决心,所引为惋惜之不可讳言之事实,即另有破坏挑拨中苏感情分子之存在,使两国应有之友好精神,蒙受污点,如吾人在此项工作中所感觉者,吾人相信此种破坏份子必须彻底觉悟中苏友好关系,始能因此愈趋巩固等语。六月十二日九时,彦平偕朱团员新民赴贝司令官处辞行,顺对渠协助招待表示谢意,嗣即登舰归航,于下午八时返抵葫芦岛,十三日晨八时乘专车出发,下午五时到达沈阳。

以上为本团之视察经过详情,其间苏方曾以各种方式,压迫本团与伪组织发生直接关系,一面即利用伪组织阻碍我方视察工作进行,本团严守立场,妥慎应付,期于一面避免僵化,一面仍使我视察任务得于可能范围内完成,所幸,双方表面上尚能保持友好态度,第二三组亦尚能在极端困难之情形下进行视察,第一组自间接之观察及推断上,亦不无收获,兹谨将视察所得,分类胪陈于后,呈备鉴察。

(中略)

己、甲军驻屯情形

兹就目击所获印象,推断甲军配置及要塞,海军空军概要如次。

(一)陆军配置概要

1. 旅大公路沿线

旅顺市东部 辎重兵约一营

白玉山附近	防空部队约一营
郭家甸附近	步工兵各一营
南北沙河附近	步兵约一团
	汽车百余辆

2. 大连至旅顺铁道沿线

夏家河子	设有战车驱逐炮数门
	车站以南可能有战车一个营
营城子附近	帐幕甚多,可能有步兵两个团
长岭子附近	驻有工兵汽车及防空部队
水师营	旧卡车约二百辆
三里桥	

3. 大连至金州铁路沿线

南关岭附近	十五生的加农炮卅馀门
金县附近	步兵约一团

综合以上情形研究,判断甲军在旅大金三角地之总兵力约为步兵两个师。

(二)要塞配置概要

黄金山附近	设有指挥所、观察所、炮位及阵地通讯设备
白银山	设有炮兵阵地及重炮四门(口径不详),其反斜面有掩蔽所多处。
老虎尾	有信号所设备
鸡冠山	
城头山	设有炮兵阵地观测所、掩蔽所,炮种及口径不详
老铁山	

(三)空军配置情形

周水子飞机场、西端有格纳库八所,单翼驱逐机约卅架,双翼轻轰炸机、俯冲机及运输机约七十架。此外尚有澄沙河、土城子、三涧堡、侯家屯、金州、老爷庙、林家屯等飞机场，估计空军实力约在五百架左右。

（四）旅顺海军配置情形

炮舰	六	潜水艇	五
巡防艇	一九	鱼雷快艇	一一
运输舰	二	水上飞机	六

此外，伪警约一万人左右，一般装备多为日械，并有轻武器如冲锋机枪等，训练均由苏军军官主持。

庚、结语

根据本团此次视察过程中，苏方态度之表露，以及吾人在实际体验中所获得之印象，苏联在该区域内之暴力统治体系，殆已形成，且已准备各种计划及布置，巩固其发展基础，使我在接收行政权之后，仍能继续维持其实际统治之地位。其在军事方面，则以未签对日和约、战争状态仍然存在之藉口，置大连于其卵翼之下，大连港口有关重要设备亦均交由军事当局管理，使旅、大、金全区成为统一的苏联军事基地。其在政治方面，则利用少数地方士绅及众多之共产党员，制造傀儡政权，最初为维持会，继改组为市县政府，最近复假借民意，以苏联式的选举方法，产生所谓"关东公署"之全区性组织。观其与我方谈话，一则曰"关东公署出于民选"，再则曰"苏联不干涉中国内政"，其用意显在造成既成事实，迫使我承认其"出于民选"之有利地位，其在金县时既已运用"伪警"阻止本团入境视察，将来何不可以同样方式拒绝我方接收行政，一如民国卅五年二月我方在接收九台县时所遭遇之困难。

综是以观，我方在接收旅大行政之进行中不无顾虑之点：第一、苏方可能运用傀儡使我无法建立名实相符之政权，而一面则以该项权系出于"民选"，苏军在不干涉内政之立场，不便压迫为理由，逃避其应负之责任。第二、在双方僵持之局面下，苏方可能伪充第三者斡旋之姿态，运用条约内"主要行政人员之任免须顾及苏联之利益"之规定，促令我方在若干于苏方有利之条件下，形式上接收行政主权，而在事实上失却意义。总之,苏方为巩固其在该区域之暴力统治,必运用一切可能之方法促成该区之行政组织,必须为绝对附苏之政权。是则我方处境必极感困难,宜如何妥慎应付,似值预先考虑。嗣就军事意义观察,我方接收旅大行政后,对苏、方接济山东半莒匪军,似亦不能作有效制止,且因我接收旅大而引起之沈大线中苏共同管理问题,对我军事上反加深困难,似亦不无顾虑。谨将刍见直陈如上。呈候鉴察

　　董彦平(印)

　　张剑非(印)

　　呈

　　中华民国三十六年六月十七日

王世杰致费德林照会

1947 年 6 月 25 日

径启者:中国政府派遣视察旅大情形之董彦平中将、张剑非特派员等,于本年六月三日抵达旅顺,曾就视察项目、视察日程等,于六月四日、六月六日与旅顺海军根据地区苏军当局会商两次,于六月七日始开始一部份视察工作。但因该员等旋遇诸种障碍,未能获得苏方所预允给予之协助,其视察任务,遂未能完成。该视察团全体人员,已于六月十二日离开旅顺。兹将董彦平中将等报告中之要点略述如下:

一、六月七日在旅顺苏军当局监督下建立之地方行政机构"关东公署",以董彦平中将未拜会该公署为藉口,拒绝董中将所派人员关于视察之要求。同时苏军当局声明因该公署为民选机构,苏军当局不便强令以其接受视察。六月十一日该"关东公署"虽表示可接受彼等视察,但仍多方拖延,使彼等终究未得视察北方现有行政机构。

二、六月十日董彦平中将所派视察人员,由苏方所派联络官陪同前往"大连市政府"接洽视察时,该"市政府"代表又以未奉"关东公署"

命令为藉口,拒绝视察。大连苏军当局且以大连无"安全饮食"为词,致使赴大连之全体视察人员,几至整日未获供给饮食。又六月十日董彦平中将等原定乘中国"长治"军舰赴大连,因苏军当局拦阻,该军舰遂未获前往大连。视察人员乃改由陆路前往大连。当彼等自大连乘火车抵金州,由大连苏军司令等陪同巡视车站附近地区时,复为服警制服之华籍武装人员所阻止。

三、旅顺海军根据地区内有若干地区如东港、石河驿以南十二公里地区,及营城子附近地带,均因苏军当局之阻止,未获视察。

根据以上所述董彦平中将等之报告中国政府认为苏联政府所声明允对中国政府所派视察旅大人员予以充分协助,俾彼等能自由执行其任务一节,在事实上未能实现,不能不引为深憾。同时,上述诸种事实,更加证实中国政府对于恢复旅大中国行政权所作之决定,即为切实保障行将恢复之中国行政权得以自由行使职权起见,中国政府认为派遣足量之军警,进驻旅顺海军根据地区及大连,实为必要。至于中国政府依照中苏友好同盟条约有权派遣军警进驻上述地区一节,本部长已一再照会贵国驻华大使,兹不复述。

为此,中国政府特再郑重要求贵国政府对于本部长本年五月十二日之备忘录,迅予同意并惠复。

本部长顺向贵代办表示敬意。

此致

苏维埃社会主义共和国联邦驻华大使馆代办费德林阁下

外交部长　王世杰

《战后中国》第1册,第539—541页

外交部公报

1947年6月25日

(中央社讯)关于旅大接收问题之交涉经过,外交部昨(廿五)日发表公报如下:

（一）中国政府自日本投降后，于一九四五年十月，着手接收东北之际，即决定派遣若干军队，在大连登陆，首先接收旅大行政。讵苏联政府藉口大连为一自由商港，坚决反对中国政府派兵在大连登陆。因此，中国政府依约接收旅大行政之第一步即遭受阻碍，查一九四五年八月中苏友好同盟条约，规定大连为一自由商港，其意义系指过境货物得免除过境税；与中国军队之入驻大连无关。大连主权及行政之属于中国，曾经该约明白规定，中国行政权，除经条约明定者外，自不受任何其他限制，该约并无限制中国军队入驻大连之任何明文，故中国政府派兵由大连登陆，决不违反中苏条约，外交部当时曾根据上项理由，对苏方之见解予以严正之驳复。

（二）当时，因苏方之阻挠，中国军队未能入驻大连，旅大行政之接收，遂无法进行，因当时旅大，尚均在苏军占领中，自苏方拒绝中国政府军队由大连登陆后，中国共产党之武力乃在旅大附近迅速发展，此种武力之存在与发展，使得中国政府自陆地上接收旅大亦受重大阻障。

（三）本年三月，苏联曾表示希望中国政府在旅大建立其行政权，中国政府当经剀切声明，谓中国政府所以未能接收旅大，其原因为以上所述之两种阻碍。

（四）最近三个月来，外交部关于接收旅大事，曾与苏方多次交涉，苏方声明：在大连及旅顺海军根据地全部区域内无任何反中国政府之武力存在；苏方保证中国政府派往旅大行政人员之安全，并使其能自由行使职权；中国政府派往旅顺之武装警察数目及其驻扎地点，应由双方就地商定；至于中国政府决定派遣军队进驻旅顺海军根据地区事，因依照中苏条约，该海军根据地之防护，已由中国政府委托苏联政府办理，故苏联政府表示不能同意。又关于中国之军警进驻大连事，苏方藉口以当时对日战争状态尚未结束，依照中苏条约，大连仍应受旅顺海军根据地区域之军事管制，因此苏联政府认为中国军队现在不能进入大连，中国只可派警察赴旅顺大连，且须由中苏双方协定其数量与驻扎地点。外交部以依照中苏条约中，关于旅顺之协定，旅顺海军根据地全部区域均为中苏"共同使用"之地区,认为中国当然有权派军队入驻旅顺军区,故对苏方认为中国军队不能入驻旅顺之解释表示不能同意。至于中国军队进驻大连事,依照中苏条约,在"对日作战"时,大连固受旅顺军区之管制,但日本投降已一年有馀,所谓"对日作战"之事实,实际上已不存在,且即在"对日作战"时,中苏条约亦无限制中国军队进入大连之条文,旅顺军区对大连之管制,在"对日作战"时亦应仅以适应中苏共同对日作战之需要为限。我国军队警察进驻大连,以维护其行政之安全,即在"对日作战"时当亦不能视为与共同对日作战之需要有何妨碍。故外交部对于苏方之见解,曾迭次以书面严正表示不能同意,并要求苏方对于中国派遣军队入驻旅大之决定,能充分谅解。盖在现时情况下,旅大区域随时可受反抗政府之武力威胁或袭击。中国政府为确保其行政人员之安全与自由,在条约上固有派遣军队之权,在实际上亦有此需要也,但苏方仍不表示同意。

(五)我政府乃一面与苏方继续交涉,一面派董彦平等赴旅大视察地方情形,以为恢复旅大行政权之准备。关于派员视察一事,我方曾于事先商得苏方之同意,苏方并表示对董彦平等之视察,愿予以充分之协助,使其能自由执行视察之任务。但董等抵旅顺后,因未能获得苏方预允给予之协助,兼受当地所谓地方行政机构之阻挠,其视察任务遂未能达成。此一视察之结果,尤足证明如无足量之中国军警入驻旅大,中国行政人员将无法行使其职权。

(六)总之,旅大行政,至今未能由中国政府接收。一、由于苏联政府一再拒绝中国政府军队入驻旅大。二、由于自苏方拒绝中国政府军队由大连登陆后,中国共产党在旅大附近成立甚大之武力,以阻挠中国政府之接收。

中国政府于此不能不郑重唤起苏联政府对于中苏条约内次列两项条文所规定之基本义务,特予注意。

(一)"苏联政府同意予中国以道义上与军需品及其他物资之援助。此项援助,当完全供给中国中央政府,即国民政府"。

（二）"苏联政府以东三省为中国之部份,对于中国在东三省之充分主权,重申尊重,并对其领土与行政之完整,重申承认"。

中国政府深望苏联政府顾念其上述之义务,对于条约中无明白规定之事,不曲加解释以破坏中国主权与行政之完整,阻挠旅大行政之接收,中国政府愿本友好精神,继续交涉,以求取彼此见解之一致,同时中国应郑重声明,中国政府派遣军警接受旅大行政之权,既无条约限制,中国政府自得随时决定行使其权利。

《中央日报》(上海版)1947 年 6 月 26 日

傅秉常致外交部电

莫斯科,1947 年 7 月 12 日

第四九四号　十一日

南京外交部:本日各种苏报载塔斯社公报称:中国外交部最近关于旅顺军港区、大连港及在该两地设立中国民政机构问题发表公报称,苏政府未能同意华军进入旅顺军区及大连,似曾阻碍中国政府在该两地设立民政机构,并使中共得在该两地近郊组织其武力。又称:华军进驻旅顺军区及大连,为在该两地设立民政机构之必要条件。并称不久以前董彦平领导下之旅大视察团前往该两地执行任务时,未得苏方当局应有之协助。继称,依据中苏条件附文,苏政府对于中国负有给予精神及军事协助之义务,并应尊重中国在东三省之主权云云。塔斯社受权对上述中国外交部公报特声明如下:本年四月塔斯社曾正式公布,原在一九四五年十二月及一九四六年一月驻满洲苏军当局,即曾通知该地中国政府代表,苏方对于中国在大连设立民政机构,准备予以一切协助,并表示对于中国政府任命之大连市长,亦将予以必要之协助。当时中国政府虽曾向苏军当局正式通知业已任命大连市长,而该市长并未前往该地。一九四六年十二月三日,苏政府向中国政府提出在大连及旅顺均可设立中国民政机构问题。因未得复,一九四七年三月七日,苏政府再度提请中国政府,迅速依据中苏条约规定,在旅顺军港区全区以内设立中国民政机构。此后在谈判中,苏政府曾保证苏军事当局当协助中国民政机构执行其职务。由此可见中国外交部所称苏政府似曾阻碍在旅顺军港区及大连设立中国民政机构一节,不符事实,而徒使不知真相者,入于迷途。中国外交部所谓,因在军港区内无政府军驻扎,致使中共在旅大近郊组成其武力一说,亦无根据。中国外交部知悉,旅大以及全部军港区内,现在过去,均无中共武力存在。至于中国政府拟派军队驻入旅顺军港区内,实有违反中苏关于旅顺港条约之处,该约第四条曰:(待续)傅秉常。

南京外交部:续报告(该军港之防务由中国政府委托苏联政府担任之。为防卫该军港计,苏政府可在该处设立工事,而其所需费用应由苏政府担负。)此外该约第六条又称:苏政府有权在该军港区内保有其陆海空军,并分配其防地。条约内并未提及旅顺军港区内华军之驻扎问题。关于大连港之条约,亦未提及华军驻扎大连问题。且按该约规定,在与日本保持战争状态期间内,大连均包括入军港区之军事系统范围之内,现在对日和约并未成立,因之对日战争状态并未结束,故大连,包括入军港区之军事系统范围之内。苏政府对于国际间之义务忠实履行,此次认为亦严格遵守上述旅大条约之规定,并认为忠实严格履行此项规定,乃为双方共有之义务。中国政府要求派军前往旅顺军港区及大连,即违背上述条文规定。中国外部公报所称,旅顺军港区内如无华军驻在,则中国政府民政机构不能执行其职务一说,亦不能成立。旅大公共秩序及各该地民政机构之安全,由其警察力量即可完全维持,而对彼等之派遣,苏政府业已表示同意。中国外部所称,董彦平及其视察团在旅大等地时,未能获得苏方军事当局之协助一点,亦不符事实。旅顺军港区苏军事当局正式报告中,曾声明该团曾获得充分视察旅顺军港区及大连等地之便利。该团在苏方协助下,得以视察该地社会团体、工业、铁路、运输、大连港港运工作,并获得董彦平将军所欲得知之情报。该团离去旅顺之前一日,董彦平将军及外交部张特派员剑非,在与苏官方代表谈话中,曾对苏军事当局对于该团所予之协助表示满意。关于中国外交部公报所称，苏政府曾同意支持中国给予军事援助，以及尊重中国在东三省（满洲）之主权等项，则此义务苏方业已全部履行，苏军将该三省自日本帝国主义手中解放，并为尊重主权计，即将其军队自该地撤退。由于上述各节，可见中国外部蓄意歪曲事实之公报，实为居心支援目前中国反苏运动之一表现，因某方面之中国人，以及与其相近之外国人士，对此运动极感兴趣，盖欲以之转移对其内部问题之注目云。傅秉常。

《战后中国》第 1 册，第 544—546 页

塔斯社发表苏联政府公报

1947 年 7 月 11 日

（中央社莫斯科十一日专电）苏联各报，今载塔斯社发表之公报，答覆中国外交部所发表苏联阻挠中国在旅顺、大连成立政治机构，不准中国军队在该区登陆，及对董彦平一行视察时不予协助之公报。塔斯社称：苏军当局早在一九四五年十二月及一九四六年一月，即通知中国代表，苏联拟对中国在大连成立政府事，给与一切协助，然中国虽任命该地官员，迄无一人前往大连就职。因之苏方于一九四六年十二月，再度要求中国政府重新任命大连、旅顺官员，其后在一九四七年三月七日，又提要求，惟未获答覆，因之，中国外交部公报中所称苏联阻挠一节，与事实不符，并将使使不明真象者发生错误结论。又中国公报中所称中共藉旅大二地区增加兵力一节，亦毫无根据，因该区并无中共军队，又中国派兵至旅顺海军基地，系违反中苏协定第四条，该条为中国将防务委托与苏联，因之自不准中国军队驻屯该区。又关于大连之协定，亦不准中国驻军市区之内，而在对日作战时期，大连就受战时海军区之战时政府管理，目前对日和约尚未缔结，仍处对日作战状态，故大连仍归军政府管理，苏联政府一向审慎遵守条约，并认为双方均有此种责任。中国之要求派遣军队至旅顺海军基地及大连，实属违反此种协定。苏联政府对中国政府所称中国在该地之政府，如无中国军队协助，

即不能执行任务一节,认为无何理由。因苏联政府允许中国派往该地之警察,即可充份维持秩序故也。至中国所谓董彦平一行未获苏方合作一节,亦与事实不符。董氏领导之视察团,获得充分机会视察旅大之情形,该团并得苏方协助,视察公共团体与工业团体,铁路及大连港口。苏方且就彼等所询问之问题,提供材料。该团辞别时,其外交部代表,曾对苏方之合作表示感谢。苏联在支持及以军事援助予中国政府以及尊重中国在东北三省之主权等方面,均已履行其义务,在东北三省内肃清日军,其后为尊重中国之主权,而又撤退其军队。综上所述,中国外交部之公报,实属蓄意歪曲事实,旨在协助刻正进行中之反苏运动(此与若干中国及外国人士之旨趣完全符合),以转移一般人对其国内情势问题之注意力。

《中央日报》(上海版)1947 年 7 月 13 日

费德林覆外交部照会
1947 年 8 月 1 日

径启者:接准贵部长本年六月二十五日照会,兹奉苏联政府之命,奉覆如次:

一、旅顺海军根据地区域苏军指挥当局方面对于董彦平将军之视察团,曾予以视察旅顺海军根据地区域、大连情况以及获取所需各种资料之充分之可能。

二、董彦平将军所称,视察团未能视察当地自治机构之工作情形一节,查与事实不符。当地临时行政机构诸首长在董彦平将军视察团到达旅顺之日,曾正式与该团晤见,而在六月十六日,当地自治机构诸首长(关东公署主席、各市长、各县县长)复应邀参加旅顺海军根据地区域司令官贝洛波洛托夫将军欢迎董彦平将军之宴会。董彦平将军及其视察团具有一切可能建立必要的私人间之连系,以及对于当地自治机构之工作作详尽之视察。但,董彦平将军视察团诸团员并未表现其意图利用此项可能。例如,彼等之所以未视察大连市市政府情形,仅由于彼等轻视该市政府之诸正式首长,不愿视为主管之人员而与其谈话。董彦平将军视察团诸团员甚至并未以其访问市政府之目的告知大连市市长。

三、苏军当局对于董彦平将军及其视察团团员之视察机车修理厂、机车、客车及货车贮藏库,旅顺、大连、金州二十里台沿线铁路附属事业、大连港及其码头,"大连船坞"造船厂等处情形,视察旅顺及大连城市,各种企业及其他等等均曾予以协助。

董彦平将军所称,视察团巡视金州车站附近地区时,为服警察制服之华籍人员所阻止一节,其中不无误会,并显系具有成见。事实上视察金州一节,在董彦平将军亲自所订之计划中并未载明,因之地方当局对于董彦平将军及其视察团之拟往该地视察并未接洽,是以不能预料董彦平将军偕其视察团将徒步前往金州城,因之,当地警察对于彼等所未悉之徒步至该城者,加以注意,而请其出示证件,实属自然。此种误会,一经陪同前往之苏军当局代表说明,迅即解除。视察团当可一无阻碍的前往金州城,但董彦平将军自行辞赴该城。

四、董彦平将军关于视察东港之要求未获苏军当局首肯,因彼时该地苏军部队正在举行演习。至于视察营城子一节,董彦平将军本人及其视察团团员,均未提出此问题。

五、关于大连苏军当局于六月十日以大连无"安全饮食"为词,致使赴大连之全体视察人员整日未获供给饮食一节,显与事实不符。事实上无论苏军当局,以及任何其他方面人员,均未作类似之声明。董彦平将军视察团于上午十一时到达大连,十四时出发前往金州。自大连回程途中,在金州站上,科然诺夫将军曾建议董彦平将军视察团进用茶点,但各团员托词尚未饥饿,拒绝此项建议,此为当时实际情形。

六、关于乘炮舰往大连问题事,董彦平将军于六月九日曾表示希望于最近某一日内乘其炮舰前往大连。贝洛波洛托夫将军建议乘汽车或轻油火车,董彦平将军答称,彼将与舰长咨商,请将此项问题认为尚待解决者。但,其后董彦平将军及其团员均未重行提及此一问题。

董彦平将军、交部特派员张剑非先生结束视察时,与苏方正式代表会谈中,对于苏军当局所予董彦平将军视察团之协助,曾表示满意。

上述各项事实,证明贵部长照会中关于旅顺苏军当局对于董彦平将军视察团未曾予以协助之声明,不能成立。

七、关于中国民事行政机构问题,苏联政府仅能重申其迭次之声明,即中国政府可随时并迅速将其在旅顺海军根据地区域及大连建立民事行政权之决定,付诸实施,且为成立此种行政机构,并不需要派遣中国军队前往。为维持上述地区之社会安宁及秩序以及为保障民事行政机关之安全,派遣中国警察进驻,即已足够。苏联政府对于此点,早已表示同意。

本代办顺向贵部长重表崇高之敬意。

此致

外交部部长王世杰博士

苏联驻华代办费德林,一九四七年八月四日于南京

《战后中国》第 1 册,第 546—548 页

董彦平对费德林照会之驳答

1947 年 10 月 15 日

关于苏大使馆费代办来照对外部去照所述关于旅顺苏军当局对旅大视察团未予协助所声辩各节,核与事实多不相符,谨就当时实际情形分别列陈如次:

一、旅大视察团自登岸之日起,其一切活动,均在苏军当局严密保护限制之下,彦平及视察团任何一团员,均从未获得与其本人选择之对手自由接谈之机会,除铁路与大连港口设备,及少数苏军当局直接管理之工厂,曾作有限度之参观外,视察团并未得到其视察工作所必需之充分协助,以及自由搜集所需各种资料之可能。

二、视察团赴旅大视察,系经本国政府征得苏联政府之同意,且旅顺海军根据地及大连市区,自一九四五年八月十五日以后,始终在苏军

军事占领之下,视察团于其工作过程中,自必以旅大区苏军指挥当局为唯一之对手。至所称当地临时行政机构,无论其具备何种形式,均系在苏军占领之环境下所产生,实际接受该区苏军指挥当局之指挥,故视察团视察该项临时行政机构之工作,除通过苏军指挥当局之协助外,并无其他途径可循,此项立场彦平于六月六日与贝洛波洛托夫将军第一次正式会谈时,曾有所声明,并获得贝将军之赞同。关于视察大连市及其他各地临时行政机构之计划,早经于六月四日列入视察细目单,及视察日程中,送交苏军指挥当局征得同意,乃于六月七日开始视察时,苏军指挥当局之代表,突表示当地临时机构不能接受视察,并称苏军当局,亦无权促使其接受,殊与实际事态及苏方承认充分协助之诺言不相符合。彦平对当地临时机构负责人过去维持地方之劳绩,曾于六月六日贝将军之宴会席上公开致词慰问,可见视察团对渠等并无丝毫轻视之意。此外,本人在留旅顺期间,曾屡次试与负责地方人士建立私人间联系,但此种努力迄无成就。例如:本人曾拟派团员王洽民拜会迟子祥先生,竟未获迟氏之同意,六月十日复派王团员洽民会同苏军联络官拜访大连市长,并与晤谈,亦遭拒绝。本人曾派副官郭中奇由苏军联络官陪同前往关东公署银行接洽兑换钞票,曾遭拒绝。其所以未能达成视察之目的,实仅由于渠等之横生枝节,及苏军指挥当局未采必要之协助措置。

三、关于视察金州一节,在提交苏军司令之视察细目单及视察日程中,均已载明,且由苏方派大连城防司令科然诺夫少将及若干联络官陪同前往,服警察服之华籍人员之阻止行为,虽经苏军当局代表证明视察团一行人员身份后,亦未并改变,仅允前进三十步后,即行折回,本视察团以此种严刻之限制与就地折回并无差别,遂未接受。所称一经说明,迅即解除,视察团当可一无阻碍的前往金州城等语,查与事实不符。

四、关于视察旅顺全港,原为双方商定日程项目之一。六月九日彦平复向苏方贝司令官提出视察东港之要求,贝氏称,东港规模甚小,码头仓库亦少,且全部现为苏军使用,不必前往,并未提出彼时当地举行演习一节,张特派员剑非当时曾补充说明,旅顺港既为双方共同使用之港口,我方实有获得该东港概括观念之必要,但亦并无反应,苏覆照所称,未允视察东港,因当时彼地苏军正举行演习一节,与事实不符。

五、依照双方商定日程,曾规定视察铁路沿线三五村落,彦平及全部团员,于六月十日火车停留营城子时,曾向随行之苏方所派代表科然诺夫少将提出参观该地附近农村,但科少将答以该地驻有苏军,不便前往为词,加以拒绝,苏方覆照所称彦平及团员均未提出此问题一节,与事实不符。

六、六月十日全团赴大连视察,按日程规定原应于上午九时乘汽车出发,但因苏军联络官以准备交通工具未妥,延至十一时未克启行,苏军总联络官安顿诺夫少将于此时突又声称,大连方面不能负责供给安全性之饮食,须俟在旅顺用毕午餐后再行,彦平等当以时间不敷分配,未同意在旅顺进餐,以致在大连等果未获进用任何饮食之机会,科然诺夫少将在金州车站亦并未作任何进用茶点之建议,铁路当局拟以白水相款,且曾遭科少将之拒绝,此为当时实际情形。查六月十日午前出发视察大连、金州等地,早经于先一日通知苏方,本团团员在大连所必需之给养,苏军当局应有充分准备之馀裕,苏军联络官先以饮食安全问题,意图改变本团预定之视察计划与时间,嗣又以未能接受其建议,不惜陷全团团员于饥渴状态。苏军当局不能避免其应负之责任,此项细微末节,本不足叙述,要亦为苏军当局未予充分协助之佐证。

七、六月九日彦平提出拟乘本国军舰赴大连,贝洛波洛托夫将军以肯定性之措辞建议,改乘汽车或轻油火车,并称此事困难甚多,海上事甚复杂等语,其拒绝前往之意思表示甚为明显。彦平当以航行安全,如不获得苏方切实保证,自无法坚持军舰前往大连。

上述事实,已足以充分证明苏军指挥当局对视察团之工作,实未予以应有之协助。

《战后中国》第1册,第549—551页

外交部致费德林照会

1947 年 11 月 20 日

径启者:前准贵代办本年六月二十八日关于中国军警进驻旅大问题之备忘录,及本年八月四日关于董彦平将军视察旅大情形之照会,均经阅悉。来照所称关于董彦平将军等视察旅大各情形,经本部详细查核,殊与事实不符。本部长除将来照与事实不符之点,另以附件说明外,兹就旅大中国行政权之恢复一事,再行奉覆如次:

中国政府对于恢复旅大中国行政权事,极望早日获得解决。为切实保障旅大地区中国行政机构之安全,并使其行政人员得以自由行使职权起见,中国政府认为必须派遣足量之军警进驻上述地区。但苏方对于中国政府之此项意见迄未同意。因之,旅大中国行政权之恢复问题,久悬未决。中国政府对此深表遗憾。

中国政府对于恢复旅大行政权一事所持之立场,及其决定派遣军警进驻旅大地区所持之条约上与事实上之根据,已由本部长在本年五月十二日之备忘录及六月二十五日之照会中详予叙述。中国政府继续保持此项与中苏条约之条文及精神完全相符之立场与决定。

为使旅大中国行政权之恢复问题,迅获解决起见,本部长兹重请贵国政府对于中国政府所提关于派遣军警进驻旅顺海军根据地区及大连之要求予以谅解,并迅予同意。

本部顺向贵代办重表敬意。此致

苏维埃社会主义共和国联邦驻华代办费德林先生

外交部部长　王世杰

中华民国三十六年十一月二十日于南京

附:关于董彦平将军率领之视察团视察旅大地区之事实与说明

关于董彦平将军率领之视察团视察旅大地区之事实与说明:

(一)董彦平将军率领之视察团在逗留旅顺期间,除对铁路暨大连港口设备,以及苏军当局直接管理下之少数工厂曾作有限度之视察外,并未自苏军指挥当局方面获得视察工作所必需之充份协助,以及自由搜集所需各种资料之可能。

（二）董彦平将军暨其视察团团员曾屡次试与旅大地区临时行政机构之人士取得私人间联系，但均无成就。例如，董彦平将军曾拟派视察团团员王洽民先生拜会迟子祥氏，未获迟氏之同意。六月十日董彦平将军复派王洽民先生会同苏军联络官拜访大连市市长，并拟与彼作有关大连情形之谈话，亦被拒绝。上述事实，证明董彦平将军及其视察团并未能获得与当地临时行政机构负责人员建立必要的私人间联系之可能。

（三）关于视察金州一节，在视察团与苏军指挥当局所洽定之视察细目单，及视察日程中均经载明，并由苏方派大连苏军城防司令科然诺夫少将陪同前往视察。当视察团在金州附近地区被服警察制服之华籍人员阻止时，虽经苏军当局代表向该警察等证明视察团人员之身份，但视察团仅获得前进三十步之准许。视察团以此种苛刻之限制，实与被就地阻止前进无异，故未予接受。按照董彦平将军与苏军指挥当局所商定之视察日程，董彦平将军原计划视察铁路沿线之三五村落。营城子位于铁路沿线，自可视为包括于视察项目之内。视察团于六月十日乘火车经过营城子时，曾向随行之苏军当局代表科然诺夫少将提出视察该地附近农村之要求，但科少将以该地驻有苏军不便前往为词，予以拒绝。

董彦平将军关于视察东港之要求，曾遭贝洛波洛托夫将军之拒绝，贝将军当时未并说明不可前往之原因系该地苏军部队正在举行演行。

（四）关于大连苏军当局以无"安全饮食"为词，致使在大连之视察团人员整日未获供给饮食一节，当时事实经过如下：视察团按照视察日程原定于六月十日上午九时乘汽车前往大连，但以苏方准备交通工具未妥，延至十一时，犹未克启行。此时，苏军总联络官安顿诺夫少校声称，大连方面不能负责供给安全性之饮食，须俟在旅顺用毕午膳后再行。视察团当以时间不敷分配，对安少校之建议，未予同意。视察团人员在大连未获进用任何饮食之机会。科然诺夫少将在金州车站亦未向视察团作任何进用茶点之建议。铁路当局曾拟以白水相款,且遭科少将之反对。

（五）关于视察团拟乘中国军舰前往大连问题,董彦平将军曾于六月九日向贝洛波洛托夫将军提出。贝将军答谓,此事困难甚多,海上事甚复杂,并以肯定之语气向视察团建议改乘汽车或轻油火车前往大连。其不同意视察团乘中国军舰前往大连之意,至为明显。视察团当以航行安全未获苏方切实保证,其后遂未再行坚持乘中国军舰前往大连。

《战后中国》第 1 册,第 552—554 页

费德林致王世杰照会

1947 年 12 月 22 日

径启者:按准贵部长一九四七年十一月二十日关于旅顺大连问题之照会,兹奉复如次:

苏联政府对于中国军队进驻旅顺海军根据地区域及大连问题之立场,已由大使于一九四七年四月十日,及五月五日之各备忘录中详予叙述。苏联政府继续保持此项立场,并对中国政府关于该问题与一九四五年八月十四日中苏各项协定相抵触之观点,不能予以同意。

苏联政府对于旅顺海军根据地区域,及大连市中国行政机构之建立,未见有拖延之理由;并对中国政府迄今未采取措施,以建立中苏关于旅顺口及大连之协定所规定之上述地区之中国行政机构,表示遗憾。

至关于董彦平将军及其视察旅大之实际情形一节,大使馆已于一九四七年八月四日之照会中,予以充分之说明矣。

本代办顺向贵部长重表崇高之敬意。

此致

外交部部长王世杰博士阁下

苏联驻华代办费德林(签字)

一九四七年十二月廿二日于南京

《战后中国》第 1 册,第 554—555 页

七、马歇尔使华

说明:马歇尔使华是美国前参谋总长乔治·马歇尔(George C. Marshall)在1945年12月到1947年1月期间,奉美国总统杜鲁门之命出使中国,调解国共军事冲突的历史事件。马歇尔使华最终是一件失败的美国外交行动,对中国历史产生很大影响。第二次世界大战结束后,中国面临国共内战的阴影。美国从自身利益出发,试图以中立者的身份调解国共军事冲突,避免中国爆发全面内战。但美国的对华政策本身存在着一个矛盾,美国自抗战爆发以来,一直以支持国民党主导的国民政府为其基本立场,因此马歇尔调停多偏袒国民党,难言中立。这次调解最终没有成效,马歇尔也无功而返。

本章主要参考资料:

《中美关系资料汇编》第1辑,世界知识出版社,1957年

中国国民党中央委员会党史委员会编,秦孝仪主编:《中华民国重要史料初编——对日抗战时期》第七编《战后中国》第3册,台北"中央"文物供应社,1981年(以下简称《战后中国》)

中国社会科学院近代史研究所翻译室译:《马歇尔使华——美国特使马歇尔出使中国报告书》,中华书局,1981年

United States Department of State, *Papers Relating to the Foreign Relations of the United States*(《美国外交文件》,以下简称"FRUS"),1946,Vol. 10,Washington:United States Government Printing Office,1946。文件译文参考资中筠:《追根溯源——战后美国对华政策的缘起与发展,1945—1950》(中国社会科学出版社,2007)

中共中央党校党史教研室选编:《中共党史参考资料》(六),人民出版社,1979年

中央档案馆编:《中共中央文件选集》(一九四六——一九四七),中共中央党校出版社,1992 年

中共中央文献编辑委员会编:《周恩来选集》上卷,人民出版社,1980 年

中共中央文献研究室、中国人民解放军军事科学院编辑:《周恩来军事文选》,人民出版社,1997 年

中共中央文献研究室编:《毛泽东文集》第四卷,人民出版社,1996 年。

(一)马歇尔使华的背景与任务

说明:战后美国杜鲁门政府的对华政策是防止因中国内战而影响美国的在华利益。因此在国共内战升温之时,杜鲁门总统急忙派遣马歇尔出使中国调停纠纷。马歇尔出使中国计划出台后,美国政府又训令马歇尔调停政策,指明马歇尔的任务。

1. 马歇尔使华的背景

杜鲁门关于美国对华政策的声明
1945 年 12 月 15 日

美国政府认为,际此崭新及希望无限之时代,举世未来之和平及繁荣,端赖联合国组织之国家团结一致,共谋集体安全。

美国政府坚信一个强盛的、团结的和民主的新中国对联合组织之成功及世界和平最为重要。一个因外国侵略,有如日本所进行的,或因猛烈内部斗争而呈无组织状态与分裂的中国,乃是对目前及将来世界的稳定与和平的一个破坏性的影响。

美国政府久已承认下列原则,即国内事务之管理为各自主国家人

民之责任。可是,本世纪之事变表示:如果世界上任何地方和平破裂,即将威胁整个世界的和平。因此,美国及一切联合国家所迫切关心者厥为中国人民切勿忽视以和平谈判的方法迅速调整他们内部分歧的机会。

美国政府相信最关重要的为:

(一)国民政府与中国共产党及中国其他意见不同的武装部队之间应协商停止敌对行动,以使整个中国完全回复于中国人民有效的管制之下,包括立即遣送日军在内。

(二)召开全国主要政党代表的国民会议,以谋早日解决目前的内争——以促成中国之统一。

美国及其他联合国家承认,目前中华民国国民政府为中国唯一的合法政府,为达到统一中国目标之恰当机构。

美国与英国由于1943年的开罗宣言,同时苏联由于加入本年7月波茨坦宣言的约束及1945年8月中苏条约,均有义务,保证中国之解放,包括满洲归还中国管制在内。而且这些协定都是和中华民国国民政府所缔结的。

美国为与中国国民政府继续其过去为战争而建立之密切合作,并依照波茨坦宣言及清除残留于中国的日本影响之可能性起见,遂在日本解除武装及遣送回国中担任了一个确定的义务。因此,美国已在帮助并继续帮助中华民国国民政府在解放了的地区中实行日军之解除武装及遣送回国。美国海军陆战队即为此驻扎华北。

美国承认并继续承认中国国民政府,并在实际事务上,特别是在消除日本在中国影响上与之合作。美国深信,迅速磋商停止军事冲突,对于此项目的有效完成极为重要。美国的支持,将不扩展至以美国军事干涉去影响中国任何内争的过程。

美国已不得不付出一极大的代价,以恢复首先为日本侵略满洲所破坏的和平。除非日本在中国的影响完全祛除,又除非中国成为一个统一的、民主的与和平的国家,则太平洋上的和平的维持即使不被破坏,可能受到威胁。美国暂时在中国保持其陆海军,其目的即在于此。

美国深知目前中国国民政府是"一党政府",并相信如果这个政府的基础加以扩大,容纳国内其他政治党派的话,即将推进中国的和平、团结和民主的改革。因此,美国竭力主张由中国国内各主要政治党派的代表举行国民会议,从而商定办法,使他们在中国国民政府内得享有公平与有效的代表权。美国政府认为:此举就需要修改中华民国国父孙中山所建立的,作为国家向民主进展时之临时办法的一党"训政"制度。

自治性的军队例如共产党军队那样的存在,乃与中国政治团结不相符合,且实际上使政治团结不能实现。广泛代议制政府一经设立,上述自治性军队及中国的一切武装部队,应有效地结合成为中国国民军。

美国政府依照其一贯表示的对自决权的主张,认为完成中国政治团结所必要采取的详细步骤,应由中国人自行制定,并认为任何外国干涉这些问题都是不适当的。可是,美国的政府感到,中国对其他联合国家有一明确的责任,即消除其领土内的武装冲突,因为这是对世界稳定与和平之威胁。这个责任,国民政府与中国一切政治与军事集团均应分担。

当中国照上述方针向和平及团结前进之际,则美国准备以一切合理的方式帮助国民政府重建其国家,改进其农业及工业经济并建立一军事组织,俾能履行中国为维持和平与秩序而担负之国内与国际上的责任。为贯彻此种帮助,美国亦准备在合理条件下对中国所提出的信用借款及贷款之请求,予以善意的考虑,俾能有助于全中国健全的经济之发展及中美间健全之贸易关系之发展。

《中美关系资料汇编》第 1 辑,第 628—630 页

国共会谈纪要初稿中的军事问题

1945 年 10 月 5 日

关于军队国家化问题。中共方面提出:政府应公平合理地整编全

国军队,确定分期实施计划,并重划军区,确定征补制度,谋军令之统一。在此计划下,中共愿将其所领导的抗日军队由现有之一百二十余万数目,缩编至二十四个师至少二十个师的数目,并表示可迅速将其所领导而散布在广东、浙江、苏南、皖南、皖中、湖南、湖北、河南(豫北不在内)八个地区的抗日军队着手复员,并从这些地区逐步撤退应整编的部队至陇海路以北及苏北、皖北的解放区集中。政府方面表示:全国整编计划正在进行,中共所领导的抗日军队缩编至二十个师的数目,可以考虑。关于驻地问题,可由中共方面提出方案,讨论决定。中共方面提出:应设立北平行营及政治委员会,委任中共人员为主任。政府方面表示:中共所领导的军队之上,可设总的指挥机关,余均不能同意。中共方面复表示,行营及政治委员会可不设在北平。中共方面提出:中共及地方军事人员应参加军事委员会及其各部的工作,政府应保障人事制度,任用原部队人员为整编后的部队的各级官佐,编余官佐,应实行分区训练,设立公平合理的补给制度,并确定政治教育计划。政府方面表示:所提各项均无问题,其中详细办法,亦愿商谈。中共方面提出:解放区民兵,应一律编为地方自卫队。政府方面表示:只能视地方情势,有必要与可能时酌量编置。为具体计划本项所述各问题起见,双方同意组织三人小组(军令部、军政部及第十八集团军各派一人)进行之。

关于奸伪问题。中共方面提出:严惩汉奸,解散伪军。政府方面表示:此在原则上绝无问题,唯惩治汉奸必须依法律行之,解散伪军亦须用妥慎办法,以免影响当地安宁。中共方面复表示:政府将八十万伪军尽行加委,中国陆军总司令复密令各地伪军积极进攻中共领导的抗日军队,中共提出严重抗议,并要求政府立予制止。

关于受降问题。中共方面提出重划受降地区,参加受降工作。政府方面表示:参加受降工作,在已接受中央命令之后,自可考虑。中共方面复表示:严重抗议中国陆军总司令密令日寇于签字投降之后,犹得手持武器向中共领导的抗日军队进攻,并继续屠杀中国人民,要求政府立予制止。

关于避免内战问题。中共方面提出：停止一切武装冲突,各部暂留原地待命。政府方面表示:一切武装冲突自须即行停止,唯中央部队不能专赖空运,在必要时,中共军队不应阻止其通过。中共方面复表示:中央军队进入或通过某一解放区,只有在会谈已有结果,驻地已有划分后,才不致发生冲突。如在目前,不论前进或通过,事实上均为进攻中共所领导的抗日军队,且此事已在许多地区发生,要求政府立予制止,免致造成内战。

《周恩来军事文选》第三卷,第3—5页

拟向国民党提出停止内战恢复交通的四项临时办法

1945 年 10 月 26 日

甲乙:

(一)近日来国民党因恢复交通动员舆论,今日会谈,王、张、邵又传达蒋的意见:(1)采取临时办法恢复交通,中共部队离开铁路线(城市不在内),中央军得自由运兵护路和保证不向中共部队驻地进攻。(2)下月初开政治会议,会内讨论与会外协商同时进行。王世杰表示,无论如何要想出办法避免内战。他提出中央军不进攻解放区的保证。

(二)我们仍强调必须停止进兵方能恢复交通的主张,并表示内战如不能避免,政治会议很难开好。但因公告及人心不定,政治会议早开对我们不便,倡议不开或缓开,又给国民党造口实。

(三)我们提议向国方提出下列解决案,以便宣传。如同意,于我们并无不利,且便于斗争。

为坚决避免内战,以实现和平建国基本方针,应定如下临时办法:

(1)立即停止武力进攻。

(2)国民党军队立即停止向解放区进兵。

(3)恢复各铁路一般情形,铁路线上不得驻兵(城市不在内)。

(4)国民党军队在八条铁路(平绥、同蒲、正太、陇海东段,平汉北段,津浦、胶济、北宁)上无运兵必要,须要双方协商。如上述临时办法不达协议,须提交政治协商会议解决。政治协商会议开会时,首先须解决停止内战、解放区及国大问题。如同意,即进行开会之准备。

(四)关于政治会议,各方瞩望其早日开成。我方表示无兴,则将给人以我方消极的印象。关于恢复交通,人心急切期待。我以双方不谈皆难之,就可转为有利于我之新形势。

(五)上述两点,同意否? 请复。

丙丁
酉宥

《周恩来军事文选》第三卷,第6—7页

关于停止内战恢复交通问题同国民党谈判的补充意见①

1945 年 11 月 4 日

甲乙:

(一)戌江回电均悉。

(二)所提目标,当依序提出谈判。但为弯转得不要太急,且便于宣传动员,拟定办法如下,当否,请立电复。

甲、原提停止内战、恢复交通办法四点,不便撤回。而国方所提六条,须答复。故将原四点分为:

(1)立即停止进兵(我们在之交通线如铁路、公路、海口、机场都不得进兵)、进攻(凡我所在之华北、华中、华南解放区均不得进攻)、进占(凡我解放区及被我包围之敌占地区而为国民党军队占领者,均须退出)。

(2)停止利用敌、伪,其具体办法为:不得利用敌、伪打我,我所包围之敌、伪归我解决,全华北归我受降。

(3)交通线上双方不得驻兵,包括八条铁路在内。

(4)运兵须协商,但在目前平、津、青岛驻兵已足,无须增兵,将来

---

① 这是周恩来给中共中央的电报。

解放区问题解决,平、津、青岛之国民党军队应撤退。我们并提议八路军目前应派兵一部进驻平、津、青岛;东北应实行地方自治,人民自卫,更无派兵去的必要。

乙、为防止国民党拒绝我方提议,而将其所提六点公布,我们可否加入已谈过之下列三点:

(1)在双方军队都撤离交通线后,退出之铁路应由当地政府负责管理。

(2)同意国民参政会或政治协商会议派人组织交通监察团。

(3)政治协商会议如开会,必须首先解决避免内战问题。

丙、来电除上述外,还有全华北、东北、皖北、苏北及边区完全自治及两个政治委员会问题。合在讨论解放区时提出。

丁、另于新华社社论中,加强宣传国方进兵,在华北利用敌伪,发动内战,弥漫全国。我如自卫,不得不隔断交通,实行还击。现在为避免内战,我方要求华北撤兵,交我受降,并查办阎、傅,以配合我之谈判。

(三)为使谈判及政会拖延,请告《解放日报》、新华社多播送各地国民党进攻事实及地点、日期,至要。

周

戌支

《周恩来军事文选》第三卷,第9—10页

中共中央代表关于无条件停止内战致国民党政府代表的三项提议
1945 年 12 月 27 日

十二月廿七日中共中央代表以无条件停止内战办法书面提交政府代表,全文如下:

鉴于前次会谈,双方关于停止内战的条件之争执,迄无结果,故中共代表于此次会议开始,特向政府方面,先行提出无条件停止内战的办法三项,以副国内外人士殷切之望,以利政治协商会议之进行。

(一)双方应下令所属部队,在全国范围内均暂各驻原地,停止一切军事冲突。

（二）凡与避免内战有关之一切问题，如受降、解除敌军武装、解散伪军、停止利用敌伪、驻兵地区、恢复交通、运兵及解放区、收复区等问题，均应于军事冲突停止后，经和平协商方法解决。

（三）为保证第一项办法之澈底实现，及第二项办法之顺利进行，应在政治协商会议指导下，组织全国各界内战考察团，分赴全国发生战事区域，进行实地考察，随时将事实真相提出报告，并公布之。

《解放日报》1946 年 1 月 3 日

莫斯科三强外长会议公报关于中国问题部分
1945 年 12 月 29 日

三外长关于中国现状曾交换意见，他们共同商定关于在国民政府领导下，有一个团结及民主的中国之必要，并必须广泛吸收国内一切民主分子到国民政府的一切机构中。关于停止中国内部战争，亦达到共同意见，他们重申他们忠实于不干涉中国内政的政策。莫洛托夫与贝纳斯关于在中国的苏联军队与美国军队，进行了几次谈话。莫洛托夫声称：苏军已完成解除满洲日军武装，并自该地撤退日军的任务，但根据中国政府的请求，苏军因而延期至二月一日前撤退。贝纳斯声明：美军根据中国政府的请求，驻在华北美军的主要责任，是执行日本投降条件，即解除日军武装及撤退日军的责任。他声称：这些任务一旦完成，或在中国政府没有美军帮助能够执行这些任务时，美军即撤离中国。两国外长之间，对于苏军与美军在完成其公务及责任时，在最短期内撤离中国的愿望，意见完全一致。

《中共党史参考资料》（六），第 38 页

中共中央发言人对三外长莫斯科会议关于中国的协议的谈话
1945 年 12 月 30 日

关于莫斯科三强外长会议公报，中国共产党中央发言人今日谈称：

三强外长在莫斯科会议中所达到的协议,对于建立巩固与持久的和平,开创了新的局面,值得全世界爱好和平和民主的人民热烈欢迎。中国人民尤其欢迎关于远东方面各项问题的协议,包括建立远东委员会及对日委员会,建立朝鲜临时民主政府及在中国问题上的协议。这些协议,对根绝日本侵略势力的死灰复燃及巩固远东和平是有重大意义的。

外长会议中,关于中国的决议,发言人指出:这是与中国人民目前的迫切要求相适合的。这便是:(一)中国一定要是团结的和民主的中国;(二)国民政府必须改组,必须广泛地吸收一切民主份子参加国民政府的一切(各级)机构;(三)中国的内战必须停止;(四)列强不干涉中国内政和外国军队在最短期内撤离中国。

发言人最后指出:国民党发言人对三强会议关于中国的协议表示抗拒式的沉默是值得注意的。中国共产党愿乘三强外长会议公报发表的机会,再度向中国国民党呼吁,在全国人民一致要求与三强对中国所一致表示的愿望的基础上,迅速以政治商谈的方法,来解决国内的一切争论,以求实现团结与民主,首先是立即全面无条件的停止内战,并迅速召开政治协商会议来结束一党专政,改组国民政府,吸收一切民主份子参加国民政府的一切(各级)机构,希望国民党当局盱衡世界大势,迅下决心,抛弃武力解决的意图,诚意地以和平友谊的态度和国内各党派及无党派代表商决一切国家大计。

《解放日报》1945 年 12 月 31 日

马歇尔初到中国的感受

在我住在重庆的初期(我于 1945 年 12 月 22 日到达重庆),我尽力接见一切来访者,这些人希望同我讨论中国的局势,……我收到了从全国各地寄来的大量中国人的来信。绝大多数这种来信都证明,中国人民明白他们的国家处在危急之秋,许多来信忧伤地设想,中国的命运只有寄托于我出使任务的成功。这种态度表明了当前许多中国人的心理状态,他们看不到自己的国家有什么希望,除非通过美国的影响。我相信大部分中国人民都欢迎美国帮助寻求一种和平解决中国内部问题的方法,这种蕴藏着的中国人对美国人的好意,是这个国家足以使我们增光的能够感触到的宝贵财富,是一种存在于意识形态和政治党派领域之外的因素。

《马歇尔使华——美国特使马歇尔出使中国报告书》,第31页

杜鲁门致赫尔利接受其辞职函

1945年11月27日

大使先生:

我已经收到你十一月二十六日经由国务卿转呈辞去驻华一职的呈请,我感激你在这个重要和艰难的职位上所贡献的辛劳。

你认为不能继续任职,使我遗憾在心。于是依从你的愿望,接受你的辞职。杜鲁门。

《战后中国》第3册,第40页

目前宣传与谈判的方针

1945年11月7、8日

甲乙戌虞致丙丁:

美国政策深堪注意,友人意见值得考虑。但在美蒋坚决进攻方针下,我们无法退让,只有自卫一法。东北方面,山海关三日已打响,第十五师在美军支持下由秦皇岛进攻,事先要求我军退出山海关及离开铁路线,当地我军没有接受,彼即攻击,被我击溃。沈阳得失,决于作战结果,如我能在本月内歼灭其首先进攻的两三个师,取得集结兵力、整训后备之时间(需要两个月),并在尔后能根本歼灭其进攻力量,则东北可能归于我有,那时让国民党插一只脚,很好讲话。目前可以不公开自治军及全盘自治的宣传与要求,但战争是不可避免的。如果作战不利,蒋得沈阳、长春,则我方只能获得边境二等地方。即使如此,也要用战争才能解决,洮南、龙江、佳木斯等地也不是谈判可以获得的。中央军

退出华北一点,谈判时可以提得恰当些,宣传与谈判可以有些不同,但华北问题的解决同样取决于作战。目前的谈判,彼方全为缓兵之计,并无诚意解决问题,彼方一切布置均为消灭我党。我方宣传弱点甚多,你提出的意见是很对的,应当采取"哀者"态度,应当照顾中间派,不要剑拔弩张,而要仁至义尽;但是总的情况,我处内线,彼处外线,我是防御,彼是进攻,再过一时期各方均会看得清楚。目前谈判方针在不束缚手足使将来不好说话的条件之下,可以保留伸缩余地。请你全盘考虑,写出一个详细条文,并加分析告我,以便研究成熟,再向彼方提出。

甲乙戌齐致丙丁:

上电未发,接戌虞电,我们意见完全一致,即照来电办理。今日新华社发表国民党军队百余万向我进攻的详细番号,当有利于揭破彼方之欺骗。

《毛泽东文集》第四卷,第69—70页

关于国共谈判

1945 年 12 月 5 日

七周谈判

自毛主席离渝后,国民党由和偏战,谈判陷入僵持阶段,但中间也有起伏。

头一周(十月十二日——十九日)因国民党正在调兵北进,并企图在东北登陆,故拖延未谈。后因所图未遂,张群乃于十九日回渝,二十日续开谈判。

第二周(十月二十日——二十六日)会谈,一般无结果,而内战之幕已揭。当时仅解决政治协商会议办法及名额,解放区意见仍旧,只得交政治协商会议解决。对内战问题,彼此均认为严重,须求解决。

第三周(十月二十七日——十一月三日)集中力量商谈如何停止内战。国方因华北失败,急求进入东北,故愿谈停止进攻。彼时我先提四条:一、停攻、停占、停进;二、停止利用敌伪;三、双方自铁路线撤退;

四、运兵须协商。同时,各方反内战运动已起,但要求恢复交通,故国方乃有六条答复,并响应参政会及黄炎培之派交通考察团的提议。我当时指明:一、停攻须全面;二、撤出铁路线须双方;三、北宁西段、津浦南段必在内;四、停止利用敌伪须确定。国方答考虑,我方答请示。

第四周(十一月四日——十日)为紧张期。我方以新四条谈判,要求其下令:一、全面停攻;二、退出侵占区;三、双方退出铁路线;四、保证以后不攻,并取消"清剿"命令。国方认我方态度强硬,惟仍要求谈前四条。邵①表示可要蒋下令停攻,考察团亦可派,惟不用内战名义。张②表示只要能进东北,军队数目可协商,并问我方对东北态度。我方答以要民主自治,未答运兵事。

第五周(十一月十一日——十七日)为国方反攻期。因国方要求停攻我未允,而我攻归绥甚急,东北彼既无进入可能,且苏联又表示撤兵前五天始能运兵去,显示我有强力后援,于是更加引动美国,国方乃决作撤退长春的示威,中间分子亦跟之动摇。

第六周(十一月十八日——二十四日)为停顿期。我因候机回延,谈判未再进行。而国方亦因苏联让步,顽军又得攻出榆关,于是乃采取宣传攻势,企图多所收获,《大公报》之恶化即在此时。

第七周(十一月二十五日——十二月一日)为变动期。由于苏联让步和美国支持并未能如国方所想,而接收东北又困难甚多,故国方又主动地找我方谈判,提出商榷东北问题,并催开政治会议。

总观此七周经过,可看出国方在早晚市价上的波动。当然,问题的解决系于美苏的关系和力量的对比,但掌握时机,进退攻守,仍为政治战、宣传战所应注意的规律。

反内战求和平的方针

反内战求和平,是目前最得人心的口号。黄炎培、章乃器在国方反

---

① 劭力子。
② 张群。

攻时期犹敢组织重庆各界反内战联合会（十一月十九日开成立会），便是掌握了"人心厌乱，兵心厌战"的时机，提出了"内战必须停止，是非留待后论"的口号，以争取人心。

第三次世界大战爆发的象征，现在仍看不出。尽管美国反动派在挑动，中国反动派甚至想以三年内战来求之，但美苏关系绝未紧张到想要爆发战争的程度。苏武官告我：三次世界大战，目前绝不可能。但美苏关系，一时也不会好转。这是新旧民主之争，也就是社会主义与独占资本之争。独占资本包庇它同胞兄弟法西斯残余分子来与世界人民争夺战争的胜利果实，这种局面一时不会定下来。第一次世界大战后动荡了五年，才来一个资本主义的暂时稳定。这一次动荡会更大，恐世界局面大致定下后，有可能就是新的资本主义危机来了，而不会再有稳定。苏联只要两个五年计划，便可不战而定。那么，目前需要和平，不仅是真实的，而且是有利的。但苏联需要和平，不能从无原则的让步得来，而是从坚守条约信义、严保疆界安全与绝不损害世界人民基本利益的原则上得来。苏联目前不是怕打，而是不愿也不能以打求和平。由（子）是，加以世界人心所向，美国对苏的威胁，也常常是知难而退的，但苏联绝不给美国以借口，便其挑拨人民。因此，双方尽管是剑拔弩张，仍然要寻求和平解决之途的。

由于美苏的关系如此，必须要影响国共的关系。要蒋放弃反共思想和灭共企图而自动地做到国共亲密合作，这是不可能的；但要蒋目前下讨伐决心，宁进行长期内战而不惜，这也是不可能的。因此，国共关系会在相当长时期内摇摆不定，一时偏和，一时偏战，而在和之中便酝酿着战，战之中又酝酿着和，即使将来大致定了，也还会存在着严重的复杂的斗争，一直斗争到最后。

但是，不管蒋如何摇摆不定，我们必须有明确方针，才能争取和平阶段的到来。而且也因为"大势所趋，人心所向"，蒋虽摇摆，也不能完全背道而驰。故和平阶段加以争取，终会到来。和平方针是矛，坚强抵抗是盾。战而遇到抵抗，使其知难而退，才会走向和。

但是既称和,便须有妥协,有妥协便须有价钱。早晚市价固可不同,但一个时期,总要有一个基本价钱,好在有利时机,使妥协能够得到。否则,我有利,我涨价,他有利,他涨价,其目的便非求妥协,而是在求战。

定了价钱,也不是一次就能解决,更不会全盘解决。但是有了定价,而他不解决,其过在彼不在我。如解决了一部分,可使我们有阵地或有资本地进而解决另一部分,到那时另一部分的价钱,也就有可能提得更高些。抗战初,国方先解决军队数目,未解决边区问题,后来边区的价钱就自然提高了。这次,当然不能将解放区与军队分开解决。但即使这些问题能解决了,也还有新的问题会发生的。所以,和平时期的斗争会是层出不穷的,谈判乃至某时某地的武装斗争会是不断的。

美国的态度

胡政之回来说:在抗战时,美国需要利用一切力量打日本,故颇重视中共力量;现在抗战胜利,美国需要安定(实际上是独霸),故极力支持中国统一。这就是美国政策之最确切的说明。拿我们话说:抗战时是扶蒋用共;战后是扶蒋压共。照赫尔利的政策,是支援蒋用武力压迫中共到“不能为害”的地步。但这是“杀鸡取蛋”,做不通,而且会使美国愈陷愈深。由运兵、护路、租借、顾问已走到直接参加内战的边缘,即使真来二十万兵,也并不能求得安定和统一,反而是内战和分裂。于是国务院和国会的左派及共和党的报纸闹了起来,赫尔利乃不得不咆哮而去。

继之而来的马歇尔,是不是会变更美国今天的政策呢?我以为至少在目前基本上是不会变的,可变的是办法。办法有三种:一种是武的,最多不过直接参战,其结果如上所说;一种是文的,最多不过如赫尔利的五条,其结果仍是旧民主的统一武力,蒋固不能完全同意,我亦不能完全做到;再一种是双方并压,一方面减少或暂停对蒋之军事援助,避免内战扩大,另方面对我们施以某种政治上的压力。这三种办法的目的均在支持中国统一,好便于美国取得优势或独霸。

　　马歇尔之来,可能取后两种办法,而不一定取前一种,但也不见得能使我们接受。我们所应强调的是民主的统一,这点美国能同意而蒋不能接受;反之,蒋以邀请我们参加政府为民主,美国也能同意而我们决不能无条件接受。因之仍然是斗争,但为民主而斗争是能影响美国的。

　　最后,是否能引导到美苏两国出面调解呢? 邵力子曾以此问我。我看现在时机尚未成熟。我对美国态度是力求在某种程度上中立它,不挑衅,但根据毛主席四种区别(政府与人民、错的与对的、反动分子与进步分子、今天与明天),对其错误政策必给以适当批评,对其武装干涉中国内政必给以严正抗议,对其武装进攻必给以坚决抵抗。这样,方可使其知难而退重新考虑政策。

苏联的态度

　　苏联坚持和平的原则已如前述,因此它不能不以国民政府为对手方,而坚守中苏条约。但在可能条件与许可情况之下,它没有不愿意援助中国人民和支持中共谈判的。只是这种援助必然是不公开的,这种支持必然是暗示式的,远方朋友曾为此向我们做过多次解释。新疆特别是东北的谈判,曾对国共谈判给了影响。张公权的窥测是对的:苏联不愿意在东北有军事纠纷,绝不愿美国军队开入东北,也不愿国民党派过多的兵驻扎长春铁路,而政治上更愿看到民主解决。(熊式辉说:苏联只要看见中国有联合政府,一切便好谈。)所以当着我们能以军事力量抵抗国民党的进攻以利谈判时,他们便欢呼。但是当着我们要独霸东北、华北而只许国民党搭一股时,他们便惊呼这里边有火药气。五天撤兵,在他们看来是支援我们,而我们看来,还认为有利国方,可见彼此见解的距离。国民党虽进行了示威,但蒋经国仍然告诉苏方友人,没有红军帮忙和保护,中国政府无法接收东北。东北行政只能以民选解决,决不能由派去的省府人员接收。现在苏联延期一月撤兵,又只许蒋派兵二万分扎长、沈,这都是对我们的发展和谈判直接支援。邵力子曾对我说:去东北的兵可以限定数目,整编后你们也可派两个师去驻扎。张群屡次问我:你们对东北究竟怎样打算? 我说:中央无指示,但东北应民主自治。张说:你们参加东北行政是可以商量的。张公权也说东北行政可从长计议。我认为东北问题是可以谈的,而且也有局部解决的可能,因为国民党也知道东北是不能独霸的。当然这种解决,要于我们有利,并且不能束缚我们的发展。

国民党的态度

蒋在和战之间的摇摆,目前是偏于战,因之利用美国的支援、CC的叫嚣和黄埔的兵力,决心将我们赶出铁路线以外,但同时却又运用政学、英美及元老三系分子与我们进行不疲倦的谈判。这是矛盾,但也是不矛盾。因为战的目的如果被他达到,他便要压迫我们接受只许在某几省框子内保有行政专员区,如果我们仍不接受,他便可暂时不理,或找到借口一直打下去;如果战的目的不能达到,且被我们打败,而美国兵又多撤走,要他和平解决,他便可经过谈判答应较高的条件。

什么是他较高的条件呢? 二十个师不会再高;一般的解放区选举到行政区,热、察、冀省府由他加委,但不能清一色;山东省府改组,他为主,我们参加;东北各省或民选加委或改组参加;军队规定驻地,平、津、青、济由他驻兵。这是蒋所能答应的较高条件了,但也要在战的目的失败后。在目前,蒋至多只能答应东北地方自治,省府改组,华北划出热、察两省归我主持,其他则选至行政区,而铁路必须让出。

内战能不能停止呢? 在蒋没有试验失败以前,他不会真正停止的。由于国内外的要求,一时的表面的停止是可能的。我们提议的前四条,再加以内战考察团的组织,如果真能做到,对我们是有利的。但他在目前条件下,仍不会答应的。并且停战以后,谈判不成,又会打起来的。即在停战之中,对华中、华南的“清剿”,恐也不会停止的。因此,边打边谈会成为今后相当时间的国共关系的特点。

黄埔、CC是要战的,但对战,尤其是军人,并无足够信心。政学、英美、元老三系是倾向和的,当然希望照他们能出的价钱和下去,对我们说来,太低了,则不能接受。王世杰在我临走前一次会议上说,如需要,他愿到延安来和毛主席谈。这说明他们是在做和的一面工作的。

各方的态度

人心厌乱,兵心厌战,的确是一般人的心理。毛主席到重庆,中外欢腾,特务动摇,而解放区担心,可见处境不同之甚。毛主席回延,双十公告中未解决解放区问题,大众都担心。内战消息发表,大众更失望。反内战求和平,是大众的呼声,国民党反动派怕听,所以他们说是内乱。但只要是打,大众都不赞成,不管内战内乱。人民中进步分子,当然赞成把反动军队多打败些,不过包围归、包久了,他们也觉难于解释,有的更担心我们能否胜任。破坏交通,主要是中产阶级及公务人员不赞成,但内战不停,如何能恢复交通,所以他们很易被吸引到双方停止进攻和派人考察交通的要求上去。切断唐山——秦皇岛段铁路,停运煤至上海,这对上海及外侨是有影响的。

各党派(国民党民主派在内)一般地倾向于开政治协商会议,要求停内战,行民主,宁可赞成联合政府,重选国大,而不热心于为解放区争几个省和几师军队,因为除去进步分子外,一般的均认为这是中共本身的利益,只有民主才于他们有益。政治会议开,可使他们取得合法地位,联合政府可使他们有份,故连青年党在这个问题上也不好反对。

工商业家反内战是积极的,但不敢作左袒,尤不敢批评美国,就是这样,国民党仍压迫他们。而批评美国,文化界较勇敢些,青年自更积极,且有罢课运动。

反内战必须与人民争民主的运动联系起来,否则不仅无力,而且也会无事可做。

东北及美国问题起后,中间层起了极大分化。青年党固然露骨反动,但也影响了许多中间人。国民党在归绥、东北及美国问题上采取了攻势,但在美国问题的宣传上是失败了。

一般人对谈判秘密进行,总是不耐的,尤其是磨延于解放区和内战的争论上,而未提全国性的民主自由,他们是不满的,故必须转入政治攻势。

地方实力派及杂牌部队听到高树勋起义,异常兴奋,故第三种军事力量反蒋的酝酿,尤其是西北军系统较前更为积极。这类人是倾向于以内战求和平的。

今后的谈判

我们今后谈判的方针,应本着反内战、争民主、求和平的基本方针,实行政治进攻、军事自卫的原则,确定双十会谈纪要我方提案为基本价钱,来进行"边谈边打"的谈判。

在内战尚未停止的条件下,三人军事小组自无协商之可能和必要。在目前,应以政治协商会议为我方进行政治攻势的主要讲坛,辅之以国共的幕后商谈。不要希望这次商谈有什么大结果,要准备在政协中以政治攻势和国民党厮杀一场,也可能在厮杀中得到一些结果。

为在政协中采取政治攻势,其提案应着重于民主问题。国共商谈,亦当以此为标准,现特分提如下:

一、停止内战问题。在目前情况下,原先的四条是可继续商谈的:(一)停攻、停占、停进;(二)停止利用敌伪;(三)双方撤离铁路线;(四)运兵须协商。

关于停攻,须是全面的,有一处不停,即不算停,我方保有自卫之权。关于停占,第一步须从已占之铁路线——北宁西段、正太路、平绥路、同蒲路、胶济路、津浦路、平汉北段、陇海东段及其附近各地退回原防,然后再议其他。关于停进,在我解放区包围的城市和海口,不论海陆空运,均不得再增军队。

关于敌军,必须在本月内全部解除武装。对伪军,必须公布解散办法。绝对禁止敌伪军进攻我们,划定我军受降地区并参加一切受降工作。

关于交通,在国军从上述各铁路线及其附近各地退回原防后,方能着手恢复。以后在上述各铁路线上运兵,必须经过协商。

关于内战考察团,如中间分子对我们提议愿意响应,我们应主张成立全国各界反内战联合会,组织考察团分赴全国各地,不能单往华北。

此项提议在内战无法停止的条件下,可能为政协所采取,我们应有所准备。

二、关于东北问题。我们不一定急于求解决,但国民党既然多次询问我们意见,我们不能永远缄默,应从原则上主张:(一)东北应实行民选,由乡到省,成立地方性的联合政府;(二)长春铁路线上,应容许双方驻兵;(三)人民自卫武装,应归各地民选政府管辖整编;(四)东北经济建设,应由民主联合机构管理,保证不使用于内战。如果国方对此四点有商榷的意思,我们可不拒绝商谈。

三、关于施政纲领及改组政府问题。我们应于政协中,提出民主施政纲领及取消党治、改组政府为联合政府的议案。在纲领中,我们应提出在宪法实施以前的过渡时期的联合政府施政方针,内容应包括和平保证、国际合作、人民权利及政治、军事、经济、文化各项改革和复员善后等问题。在取消党治、改组政府案中,我们应主张在通过的民主施政纲领的基础上,改组政府成为各党派、无党派合作的民主的联合政府。

四、关于国大问题。我们应主张国大代表重选,同时应着重于宪草原则的讨论。而讨论中必先确定中国民主宪法的几项主要原则,如人民无限制的权利,革命民权与普选,直接民权与国会制,中央与地方均权制,民族自决权与自由联合,及新民主的军事、经济和文化建设等项,必须坚持。只有有了在这样原则之下通过的宪草,我们才能赞成召开制宪会议的国大,或进行普选,召开行宪的国大。

五、关于解放区及军队问题。内战不能真正停止,全国军队不能整编,解放区军队的缩编自也无从谈起,故叶参谋长①不去具有充分理由。关于解放区,我们不再提单独议案。民主施政纲领中关于政治改革应提到地方自治。由乡到省,凡一县过半乡区已实行乡区自治的,即实行县自治。凡一省或行政区过半数县已实行县自治的,即实行省或行政区的自治。省得自订省宪、自举省长及省级政府。如果能通过此

---

① 叶剑英。

种省制的纲领,解放区问题即迎刃而解。否则,只有悬而不决。

六、关于双十会谈纪要问题。我们应在政协中提议,凡双十会谈纪要已得双方同意的事项,应即付之实施,如人民自由、释放政治犯、党派合法、废除特务机关、地方自治、严惩汉奸、解散伪军等项,应由政协加以督促。

《周恩来军事文选》第三卷,第19—30页

2. 马歇尔使华任务

蒋介石致马歇尔欢迎来华函
1945 年 9 月 17 日

马歇尔元帅:

余请魏德迈将军向麾下转陈,一在华中美联合参谋团所拟具之建设一有效中国军队之计划,俾能协助维持远东之和平及安全。余深信麾下必将予以同情及了解之考虑,因在过去麾下为助极多也。

内子告余,最近华盛顿与麾下晤谈,麾下曾向之表示,麾下之兴趣及关切,愿协助实施一计划,俾使中国获得军事援助。

余企盼在不久之将来,麾下能来华一行。内子及余均将以麾下在舍下下榻为幸也。蒋介石,三十四年九月十七日。

《战后中国》第3册,第41—42页

欢迎马歇尔元帅使华
1945 年 11 月 29 日

适当国际局势异常微妙,中国内部乱事尚待弭平之际,美政府发布了一项使举世为之瞩目的任命,派遣马歇尔元帅任杜鲁门总统特使前来中国。马氏甫于一周之前辞卸参谋总长一职,在美国,也是曾任此一职务者中最伟大杰出并且勋业极昭著的一个,在六载任期中以卓越的天才与辛勤的尽瘁使美国从军事毫无准备的状况中逐渐走到胜利;最

近戎装甫卸，正该稍事休憩以调节那六载的勤劳，却又被赋以特殊使命，派来这扰攘杌陧的东方，足见美当局对我国问题的关切和重视，同时又可见美方当前的远东政策实有借重于马氏这等长才的必要。

与上述消息同时发表的，是赫尔利大使的辞职，我们于此不能不表示深切地惋惜。去年秋间，赫氏首偕美国前任战时生产局长纳尔逊氏充任特使前来我国。彼时正是日寇以孤注一掷姿态发动中原攻势，美国舆论对我充满了隔膜和误解的时候。其间赫氏曾一度赴苏，对于促进中苏邦交多所致力，旋以其来华所得关于我方内部军事政治的真实情况带返美国。随着赫氏此行，使美国人士视听为之一正，并且也更坚定了美国的对华政策。未几继高斯氏就任驻华大使，到现在差不多一年，我们可以说，在历任美国大使从没有人遇到比赫氏更为棘手的问题，也很少有人能像赫氏那样辛勤努力，不辞劳瘁，并且始终坚定的把握住贤明的美国对华政策和最大多数中国所一致拥护的政治路线。赫氏前此曾居留我国，针对我国情势本有相当认识，来华后复不惜辛勤奔走，博访周咨，因为他最能认识中国，所以他也最明了如何执行美国的对华政策。如果说他的工作曾受到某种牵制，抑或遭逢一部分人的反对，那正是由于那些人对于中国问题还有如雾里看花，不像赫尔利氏之具有真知灼见的缘故。这一年间他在驻华大使任内的措施，我们认为确能代表中美双方的最高利益，并且是促进中美邦交的最良好途径。不幸赫氏主张未能全面贯澈即中途去职，这在中美双方同样都是重大损失。

不过，赫尔利大使所执行的并非他个人的见解，而是美国一贯的外交政策，从已故罗斯福总统到现在杜鲁门总统，其间一脉相传，并无改变。如果就上月美国海军日杜鲁门总统所发表的十二点外交政策而论，其于远东毋宁较前更关切更强硬，这是国际新形势发展的自然结果。无论美国民间舆论如何庞杂，美当局一定能高瞻远瞩，把稳船舵，不为浮言所动。美人之爱好公理和平往往较其他民族更为深切，因之美人也往往不惜以最大力量维护公理与和平。即使大西洋宪章及其精神在今日已有人不予尊重,在美国则绝非如此。赫尔利大使其辞职宣言中力言应以国家力量支持联合国的决议,陈纳德少将表示现在正是决定美国远东政策的重要时机,这都是深刻了解中国者的呼声,想美国当局必能深切加以注意。美国名政论家李普曼在美国外交政策一书中曾经表示:有两个国家,如其生存遭受威胁,美国将不辞一战,一个是英国,另一个则为中国。这一看法,在此次大战中已有过实际的证验,在目前,无论欧洲或远东固然都没有再度爆发战争的可能,而美国的一贯对外立场却更有予以强化和贯澈的必要。赫尔利大使的工作始终都把握了美国的一贯政策,今日远东复杂微妙的局面却需要一个比赫尔利威望更高信仰更强的人来从事实地考验并作最后决策,庶几可以平息庞杂的舆情,克制错误的见解并贯澈正确的对外政策,也许这就正是此次特派马歇尔元帅来华的原因。

这次美国的作战,在政治上是罗斯福的胜利,在军事上是马歇尔的胜利。后者因为一向以全力从事军令工作,不事张扬,不骛荣利,也许一般同胞对他还感到陌生,实际上他不但是美国陆军之母,杰弗逊以后最伟大的军事天才,华盛顿以后最负人望的军人,并且他在政治上也具有极好的修养。在过去推他做欧洲统帅呼声一度极高,但却终于任命了他所擢拔的艾森豪威尔者,正因为在华盛顿不能缺少他这样一个沟通国会与军队之间的人物的缘故。此度奉命来华,必能以其手创美国新式军备的同样睿智和天才,在动荡中的远东寻觅出一个符合真理与和平的原则,并且有利于中美双方及其邦交的外交方策,我们谨以最大的热诚欢迎马氏早日莅临。

《中央日报》1945 年 11 月 29 日

魏道明致蒋介石电

华盛顿,1945 年 12 月 6 日

急,渝。密。主席钧鉴:今(六日)晨与马歇尔晤谈要点如下:职先对其使命表示欣幸,并以值此世界问题困难之际,意义尤为重大。伊谓

本已准备退休不再膺职务，只以目下局势重要，勉力接受。伊对我情
形，所知不多，且因出席国会珍珠港调查委员会，以未获早谈为憾，甚愿
知职意见。当答以彼对世界大局之了解与经验，自不难有助于我问题
之解决，将来谒见钧座，自可知悉详情。并谓我现时问题，实为世界问
题之一面，惟有就此着眼，方能谋得适当解决，伊甚以为然。当询苏联
在东北情形，职将经过摘要告知，伊询苏联最近态度好转原因何在？其
意似在国际局势并未收效，苏联何以忽然转变。当答以政府情报，对此
无所提及，似需就全局观察。个人意见觉其重要原因，恐一方为中共无
力抵抗，中共原一再声言将在某某等处大战，惟国军由山海关直至锦县
抵抗，实为微弱；一方则由美协助我国态度坚定，在此情形下，苏联知难
而退。故此时美对远东态度，必须明朗，切实协助，当不仅使远东形势
改进，可望由此打破世界僵局，此实深望于伊者。伊原同情对苏联采取
坚决立场，当时对此尤为注意。旋询华北中共情形，职答以如对苏问题
顺利，华北中共问题不难解决，中共份子复杂，局势明朗后，必将有一部
份解体，亦惟有彼时，中共方可接受政治解决办法。嗣职询以行期，伊
谓如珍珠港事件七日可竣，拟于八日启程，由太平洋飞沪，并拟约魏德
迈在沪相晤，一同赴渝，途中可与详谈，大约下星期四、五（十三日、十
四日）可抵渝。伊一再声明，不愿以其行期牵动钧座巡视计划，并约临
行与职再谈。最近此间祖共份子大事动员，史迪威及高思均在此，但在
现时情形下，马歇尔似不致受伊等影响。职下次拟与马歇尔谈此辈中
国通见解，只知小处着眼，对我认识，与日人战前所犯同样错误。钧座
如有所指示，敬乞电知。又杜鲁门总统，日前在记者会宣布，将书面声
明对华政策，此事实为重要。昨特访白宫里海上将详谈，以此时局势略
有好转，总统宣布对我协助之旨，必须明确切实无移，当更有助益，否则
影响匪浅。伊现正研究，如何说明，必须贯澈一向支持国民政府之政
策，并尽量予以必要之协助，措词务求详明，同时即以此为马歇尔之指
示，此事当可无虑。昨国务卿致国会议员函，说明对华政策要点颇详
（已电王部长），似与白宫准备发表声明，亦不无关系。职魏道明叩，亥

鱼(十二月六日)。

《战后中国》第3册,第46—48页

杜鲁门致马歇尔函
1945 年 12 月 15 日

亲爱的马歇尔将军:

在你离国赴华的前夕,我要再度向你表示我对你愿意担任这一艰巨使命的感谢。

我对你处理面临你的任务的能力至为信任,但是为了对你能有所帮助而加以指导,我要告诉你国务卿贝尔纳斯和我对于你的使命所想到的某些思想、观念和目的。

附上几个文件,希望你把它看做这封信的一部分。第一个是美国对华政策的声明,据我了解,这是过去与你及国务院其他官员商讨后所拟成的。第二个是国务卿致陆军部的关于中国的备忘录。第三个是我关于对华政策发布新闻中谈话的副本。我知道这些文件已给你看过,并且得到了你的同意。

我要你去中国这个事实,就是我对那里的局势真正关切的最明显的证明。国务卿贝尔纳斯和我都切望能尽快地以和平民主的方法达到中国的统一。我希望你,作为我的特使,以适当而可行的方式,运用美国的影响,以达成这个目的。

我特别希望你努力说服中国政府,召开一个包括主要党派的代表所组成的全国会议,以获致中国的统一,同时实行停战,特别是在华北要实行停战。

据我了解,由包括中国共产党在内的各党派的代表所组成的人民政治协商会议,现正在重庆召开。这个会议为你提供了一个与各政治领袖讨论的方便的机会。

我们自中国、特别是自华北遣送日军的计划,以及我国自己的武装部队最后从中国撤退的计划的成功,自然都将大大地有赖于上面所指明的、你的努力的成功。我特别希望两者都能尽快完成。

你可以用最坦白的态度和蒋介石及其他中国领袖谈话。尤其是涉及中国在经济方面希望得到贷款与技术援助，以及在军事方面的援助时（我的意思是指已经提出了的美国军事顾问团，我在原则上已经同意）你可以表明：一个不统一的和为内战所分裂的中国，事实上不能被认为是适当的地区，按既定方针而得到美国的援助。

我盼望你把你的协商的进展和你可能遇到的阻碍经常地报告国务卿贝尔纳斯和我。你将得到我们的全力支持，我们任何时候都将努力尽可能地帮助你。

哈里·杜鲁门

1945 年 12 月 15 日于华盛顿

附件：国务卿贝尔纳斯致陆军部的备忘录

总统和国务卿都切望中国能以和平民主的方法，尽快地达到统一。

在 12 月 7 日参院外交委员会的公开会议上，国务卿说：

"在战争时期，美国对华的迫切目标，在乎促使几个党派在军事上团结一致，俾得以他们联合的力量，对付我们的共同敌人——日本。我们的比较长远的目标，当时同现在一样，以及至少具有同样重要性的目标，在乎促成一个强大、统一和民主的中国的成长。

为了达到这个较长远的目标，中国中央政府与各个意见分歧的分子，以真诚的态度，解决其分歧，获致和解，是属必要的。我们以为，一如我们历来所认为的和一贯所表示的，蒋介石委员长的政府实为发展民主的最满意之基础。但是，我们同时以为它必须予以扩大，即容纳那些目前在中国政府中没有任何发言权而具有庞大的与完善的组织的政党的代表。

这不是一个容易解决的问题。它需要机敏与审慎、耐心与约制。这个问题不是中国的领袖们自己所能解决的。在这方面，我们的影响是一个因素，成功与否将有赖于我们在变动的情况下，运用这种影响，以促成中央政府、所谓共产党以及其他党派，彼此让步。"

　　总统要求马歇尔将军充任总统特使出使中国,以适当而可行的方式,运用美国的影响,以达成上述的目的。马歇尔将军将特别努力,以影响中国政府,召开一包括主要党派的代表的国民会议,以求获致中国的统一,并同时实行停战,特别是在华北实行停战。

　　为了答复魏德迈将军最近的通报,国务院要求陆军部准备给他指示,规定:

　　(一)他可以帮助中国国民党政府运送中国军队往满洲港口,包括对那些部队的后方勤务上的帮助;

　　(二)他也可以加紧部署,尽速自中国战区遣送日军离境;

　　(三)在马歇尔将军于重庆与中国的领袖商谈,以筹备包括主要党派代表的国民会议和获致停止冲突的结果之前,除去利用华北港口运输部队至满洲以外,将停止再运输中国部队至华北各地;

　　(四)运送中国部队至华北的部署应即准备妥当,但可不必通知中国政府。当马歇尔将军决定在下列情况之下,即:(甲)进行运送中国部队至华北之工作,不致妨碍商谈;或(乙)中国党派之间的协商业已失败,或显示已无成功的希望以及为履行投降条件和在维持国际和平中获致美国的长久利益等情况之下,使运送部队有必要之时,则此种部署可即将付诸实施。

　　1945 年 12 月 9 日于华盛顿

　　　　　　　　　　　　　《中美关系资料汇编》第 1 辑,第 626—628 页

(二)马歇尔调停的经过

　　说明:马歇尔于 1945 年 12 月 20 日到达上海,12 月 21 日在南京与蒋介石见面,次日至重庆与周恩来、叶剑英、董必武等见面,成立了以国民党张群、共产党周恩来以及马歇尔本人的三人小组。三人小组于 1946 年 1 月 10 日达成了第一次停战协议。5 月下旬,国民党占领长

春。在马歇尔的压力下,蒋介石6月6日下达了六月停战令。接着,成立了以王世杰、陈诚、邵力子、周恩来、董必武为首的五人会议小组,但没有达成任何协议。9月底,国民党乘中共主力在大同之际进攻中共华北区中心城市张家口。经马歇尔争取,停战期限延长到10天。但中共拒绝了这样的十天休战,要求无限期休战。10月,马歇尔参与第三方调停活动,以失败而告终。11月16日,中共发表声明,强烈谴责国民党单方面召开国民大会,拒绝承认此次会议。11月18日,周恩来夫妇对马歇尔作社交性质的拜访,第二天周从南京乘飞机回到延安。

1. 第一次停战

(1)发布停战令

马歇尔致蒋介石备忘录
1946年1月2日

呈蒋委员长备忘录　马歇尔特使提出者

题旨:停止战争行动。

依照中国国民政府与中国共产党之协定,停止战争命令由钧座与毛泽东主席立即同时发布,倘钧座同意此项建议,则请钧座与毛泽东主席在商定的日期、商定的时刻,同时发布下列样式之命令。

吾人建议的停战命令草稿如下:

中华民国国军之一切部队、正规部队、民团部队及非正规之游击队等,皆须接受命令,于中华民国　年　月　日时实行下列指示:

一、一切战斗行动立即停止。

二、在中国本部及满洲境内一切军队调动,皆须停止;中华民国国军,为重行建立在满洲主权而开入满洲及在满洲境内调动,当系例外。为必须之给养、行政及警卫而作之纯粹地方性的军队调动,亦属例外。

三、破坏与阻碍各项交通线之行动,必须停止。并须立即拆除诸陆路交通线之障碍物。

四、在目前一切部队,皆维持其现时地位。

五、此后将发布其他训令与命令。

蒋介石签字

同样备忘录一份,交周恩来先生转毛泽东主席。

执行总部　马歇尔特使提出者

前言:中华民国主席蒋介石与中国共产党中央委员会主席毛泽东,同意于　日成立一执行总部,执行关于停战之协定。

任务:由于此项命令成立之执行总部,将实行彼此同意之政策。本总部为保证更有效地实行停战命令,为解除日军武装,恢复各项交通路线及配合移送日人至海岸线,以便送其返国起见,得建议增订必需之附属协定。三位代表所一致同意之训令,将用中华民国政府主席名义发布之。

法权:执行总部,依照上述目的管理在中国本部、十六度以北之法属安南、海南、台湾及满洲境内之中央政府的与共产党的一切正规军队、民团及非正规部队之调度与移动。

组织:执行总部包括代表三人,有权投票及相互谈判。其中一人代表中国国民政府,一人代表中国共产党,一人代表美利坚合众国,美国代表将为此三人中之主席。

在本执行总部之内设立一执行组,为推行工作机构,该组包括若干军官与士兵,足资实地监督履行诸协定及呈送各项报告之用。中国方面代表人物由国民政府及中国共产党两方平均分担。

为推行总部工作起见,该部得设置必需之秘书人员及警卫与服务小组。

房舍与供养:国民政府以适当之居住及办公房舍,供应执行总部。国民政府并将以食物供应该部。整个执行总部之安全,由国民政府及中国共产党军队联合负责,执行总部代表在各地方之安全,视环境情形,由两方各拨给少数部队负担。

地点:执行总部设于北平。

程序:执行总部,以国民政府、中国共产党及美利坚合众国之执行者的地位,推动工作。

此三代表,每人有一表决权,一切事宜,须三人一致通过,国民政府或中国共产党得由其领袖本人或其所正式遣派驻总部之代表,否决任何建议、命令或行动。

执行总部用中华民国政府主席之名义,发布必需的正式命令、指示及训令。

该部每日以报告分送中华民国政府主席及中国共产党中央委员会主席。

执行总部之工作,由执行组推动之。

执行组主任,由一美国军官担任。

执行组监督发给一切有关部队之命令、指令及训令的出版。

执行组遣派监察及报告小组,以保证政策与协定之切实履行。

国民政府、中国共产党及美利坚合众国得各个维持其本身的通讯线。

权利之有效时间:执行总部,应在本命令之下继续存在并执行其工作,除非由于此项命令之修正而发生变动,或由于中华民国国民政府主席或中国共产党主席或由于彼等正式代表,宣告上述联合命令无效,该项宣告,当正式通告其他对方。

《战后中国》第3册,第63—66页

关于停止国内军事冲突的办法

1946 年 1 月 3 日

为了有效地无条件地立即停止国内军事冲突,国民政府代表与中国共产党代表特商定实施办法如下:

一、双方立即下令所属部队在全国范围内均各暂驻原地,停止一切军事冲突,并恢复一切交通。

二、因国内军事冲突与我国对盟邦所负有之受降及遣送敌俘等义务有关，故应由政府及中共各派代表一人会同马歇尔将军，从速商定所有与停止军事冲突、恢复一切交通及受降、遣俘有关事项的具体办法，提请政府实施。一俟上述任务完成，或政府与中共双方认为自己可以完成上述任务之时，此项协商即宣告停止。

三、由政治协商会议推定全国各界公正人士若干人，包括国民参政员在内，会同国共两党代表，组织军事考察团，并在政治协商会议指导下，分赴全国发生军事冲突区域及日军、伪军所在之地点，进行实地考察，随时将事实真相提出报告，并公布之。

《周恩来军事文选》第三卷，第 38 页

停战令新闻发布

1946 年 1 月 10 日

国民政府代表张群将军、中共代表周恩来将军受蒋介石委员长及毛泽东主席之委托并授权宣布已发布给中华民国国军及中共所领导的正规部队、民团、非正规军或游击队以下的命令：

"中华民国国军及共产党领导下之一切部队，不论正规部队、民团、非正规部队或游击队应即实行以下命令：

（一）一切战斗行动立即停止。

（二）除另有规定者，所有中国境内军事调动一律停止。惟对于复员、换防、给养、行政及地方安全必要之军事行动，乃属例外。

（三）破坏与阻碍一切交通线之行动立即停止，所有阻碍该项交通线之障碍物，应即拆除。

（四）为实行停止冲突，立即于北平成立军事调处执行部。该部由三委员组织成，一人代表中国国民政府，一人代表中国共产党，一人代表美国。所有必要训令、命令应由三委员一致同意，以中华民国国民政府主席名义经军事调处执行部发布之。"

为了公共利益，我们进一步受权宣布以下关于上述停战令的条款，这些条款已被允准并作为会议记录的一项记载。

1. 停战令第二节,对国民政府在长江以南整军计划之实施,并不影响。

2. 停战令第二节,对国民政府军队为恢复中国主权而开入东北或在东北境内调动并不影响。

3. 停战令第二节所云之交通线包括邮政交通在内。

4. 共同同意,国民政府军队在上项规定之行动,应每日报告军事调处执行部。

双方并声明:军事调处执行部之一切协定、建议及指示只涉及停止冲突所引起之直接问题。

美国参加军事调处执行部仅为协助中国委员实施停止冲突命令。

军事调处执行部内设之执行组,包括若干官兵,足敷实地监察详细办法之实行。

军事调处执行部各委员,得各别设置通讯线,确保迅速而无障碍之通信。

军事调处执行部先设于北平。

张群

周恩来

《中美关系资料汇编》第 1 辑,第 630—631 页

蒋介石致各部队将领下达停战令

1946 年 1 月 10 日

蒋委员长三十五年一月十日下达停战命令　手启子蒸令一亨电

政府代表与中共代表对于停止冲突及恢复交通业经商定办法,并予公布,同时颁发下开之命令:

一、一切战斗行动立即停止。

二、除下列第五项附注另有规定者外,所有中国境内军事调动一律停止,惟对于复员、换防、给养、行政及地方安全必要军事调动,乃属

例外。

三、破坏与阻碍一切交通线之行动必须停止,所有阻碍该项交通线之障碍物,应即拆除。

四、为实行停战协定,应即在北平设一军事调处执行部。该执行部由委员三人组成之,一人代表中国国民政府,一人代表中国共产党,一人代表美国,所有必要训令及命令应由三委员一致同意,以中华民国国民政府主席名义,经军事调处执行部发布之。

五、附注:

甲、本命令第二节,对国民政府在长江以南整军计划之继续实施,并不影响。

乙、本命令第二节,对国民政府军队为恢复中国主权而开入东北九省或在东北九省境内调动,并不影响。

丙、本命令第三节内所云之交通线包括邮政在内。

丁、国民政府军队在上项规定下之行动,应每日通知军事调处执行部。

六、上开命令应自即日起开始实行,迟至本年一月十三日下午十二时止,务必在各地完全实施,仰各遵行,不得违误为要。

《战后中国》第3册,第68—69页

(2)建立军事调处执行部

建立军事调处执行部的协议

前言

国民政府代表张群、中国共产党代表周恩来,共同议定并经国民政府核准,设一军事调处执行部,实行关于停战之协定。

任务

军事调处执行部应实行业经商定之停战政策。本执行部为增订必需之附属协定,俾停战命令之实施更为有效,得为各种建议。此项建议,包括解除日军武装,恢复各项交通线,及配合移送日军至海岸线,以便遣返之各项措施。经三委员一致同意之正式训令,以中华民国政府主席名义发布之。

组织

军事调处执行部设委员三人,各有表决及互商权,其中一人代表中国国民政府,一人代表中国共产党,一人代表美国,美国代表被邀请充任主席。

本执行部内设立一执行组为推进工作之机构,该组包括若干军官与士兵,足资实地监督履行诸协定及呈送各项报告之用,国民政府及中国共产党在执行组内,应有同等人数。

执行部应设置必需之秘书人员以资工作。

房舍与给养

国民政府以适当之居住及办公房舍,供应执行部,并供其膳食。整个执行部之安全,由当地当局负责。其办公室住所及设备之直接保护,视其需要之情形及经同意后,由双方军队各派少数警卫担任之。

地点

军事调处执行部先设于北平。

程序

军事调处执行部,以国民政府、中国共产党及美国三方面执行者之地位,推动其工作。

三委员各有表决权,一切事宜,均须经三人一致通过。

军事调处执行部,以中华民国国民政府主席名义,发布必要之正式命令、指示及训令。

执行组每日应缮具报告,由各委员分送其首长。

军事调处执行部之工作,经过执行组进行之。

执行组主任,由美国军官担任之。

执行组督察向有关部队发布及传达一切命令、指示与训令。

执行组得设立分站,必要时应派遣监察及报告小组,俾实行政策与协定。

国民政府、中国共产党及美国各得在军事调处执行部所在地,维持其独立之通讯线。

有效期间

军事调处执行部继续存在,并执行其工作,直至中华民国国民政府主席或中国共产党中央执行委员会主席,经向对方作适当之通知后,废止之时为止。

张群

周恩来

1946 年 1 月 10 日签于重庆

《中美关系资料汇编》第 1 辑,第 645—646 页

三人会议致蒋介石委员长

军事调处执行部的组织

关于停战的指令经阁下与毛泽东主席赞同后,致使军事调处执行部有义务立即进行工作。军事调处执行部为了方便和加速工作起见,应使其组织愈小愈好。

业经被任命为军事调处执行部的美国委员罗勃逊先生最初携带的随员不得超过四人,即政治顾问一人,副官一人,录事一人及翻译一人。

在白罗德上校指挥之下的执行小组,必须包括必要的人员,以便在危险地区设置各个分部,维持交通,供应必需的办公处所及室内需要等等。执行组的美国部分于开始时,计划中大约将包括美国军官二十六人,士兵六十八人及中国籍的雇员三十人。

附件即是白罗德上校拟订的执行组美国部分的组织形式。情势急迫,请阁下派遣一个规模相仿的组织,作为执行组的国民政府部分的人员。

白罗德上校将于 1946 年 1 月 11 日去北平成立军事调处执行部,并集合美国方面的人员。

罗勃逊先生于 1946 年 1 月 13 日可准备就绪,启程前往。如果国民政府方面的委员与中共方面的委员能准备同时启程,则最为便利。马歇尔将军将以其私人专用的 C—54 供应使用。

军事调处执行部与执行组的人员,应立即组织起来。国民政府方面与共产党方面的人员,至少在开始时,双方各不得超过军官四十人与士兵九十人。

在这些人员到达之前,准备给予适当的便利是非常重要的。因此,建议凡参加执行组的人员应按照预定计划,于 1 月 15 日开始到达北平,至少有半数人员应于 1 月 19 日前到达北平。其余人员到达北平的日期,至晚不得迟过 1946 年 1 月 26 日。

同样的备忘录正在递送致毛泽东主席。

张群

周恩来

马歇尔

1946 年 1 月 10 日于重庆

《中美关系资料汇编》第 1 辑,第 646—647 页

军事调处执行部执行工作的备忘录

军事调处执行部成立于北平,乃执行 1946 年 1 月 10 日在重庆签订的停战协定的机构,并于 1 月 14 日起开始办公。该执行部的任务,在其规定成立的文件中,已经提出,作了如下的规定:

“军事调处执行部应执行业经商定之停战政策。本执行部为增订必需之附属协定,俾停战命令之实施更为有效,得为各种建议。此项建议,包括解除日军武装,恢复各项交通线,及配合移送日军至海岸线,以便遣返之各项措施。经三委员一致同意之正式训令,以中华民国政府主席名义发布之。”

军事调处执行部以三委员为首领:即国民政府代表郑介民中将,中国共产党代表叶剑英中将,美国代表兼主席为美国驻华使馆代办罗勃

逊先生。按协议上的规定，一切事宜的决定，均须经三人一致通过。并规定三人不能获致协议的问题，应提交三人小组决定，而视为最后遵行的程序。在三委员之下，并直接对三委员负责的为执行组主任。按照成立军事调处执行部的协议，任命美国军官白罗德准将为执行组主任。执行组为军事调处执行部内执行其决定与指令的机构。军事调处执行部执行组下设各科或处：计划执行科、后方勤务科、控制冲突处、交通处、军事整编处及对外联络处。并以美国陆军飞机，供作北平与执行小组派往的各地区之间运输工作人员及运输给养之用。由于在中国缺乏交通工具，飞机是去所有执行小组所在地的唯一的实际上可能到达的交通工具。

执行小组组员是军事调处执行部在中国的广大地区内执行任务的主要人员，执行小组由执行部三个方面的每方代表各一人组成之，在执行小组每方的组员中，包括有通讯员及翻译人员。此等执行小组经派往发生冲突的地区或遭受冲突威胁的地区，以制止或阻止战事。战地的实际经验表明，如小组中的一个中国组员，否决了可能对该方不利的任何建议时，则执行小组的工作效率就会受到阻碍，必要的调查工作实际上也被阻碍了。因此，执行部的美方代表建议：修改一致同意的规定，俾美国方面的组员以主席的资格可以打破僵局，并且指挥小组的调动，以调查据报违反停战协定的事件——不包括调查的结果或采取的行动在内，国民政府方面的代表曾同意此建议，但共产党方面的代表则不同意。5 月初，执行小组中共产党组员反对小组的调动，致执行部遭遇到妨碍小组调查的事件益多，美国方面代表乃建议关于调查工作的决定采取表决办法，经多数通过决定之。国民政府方面同意了这个建议，但共产党方面又根据这个建议与执行部的一致同意的原则相违背为理由，而加以反对。

中国方面的每一方面，在处理执行部及执行小组的争论的问题时，往往钻入持久的辩论中，企图为自己取得可能的最后的好处，而不是关心于大的原则和妥协，俾产生一种促成解决双方间分歧的精神。一方或他方都想阻碍有关破坏停战令的一切调查,除非它也同样调查对方,虽然此种对于对方的调查与讨论的事件毫无关系。双方间的不信任,因涉及执行小组的事件而更加厉害了。共产党人控诉说,他们的执行小组的组员有被捕或被打的,已非止一次。在某些情形中,他们的代表竟被绑票而致失踪,迄今音信杳无。共军曾有两次开火,击毙国民政府的执行小组的组员。在另一次事件中,执行小组的一个美国组员中了共产党哨兵的枪弹而受了轻伤。每一方面为对执行小组进行宣传起见,都明显地在其控制地区内组织群众,游行请愿。那种游行请愿往往发展到难于控制的地步,致引起了几乎要打击执行小组组员的事件。虽此等事件不应过分夸大,但亦表现了中国两党之间的仇视及军事调处执行部与执行小组执行职务中所遇到的困难。

执行小组中的美国方面的组员常驻于原始的与困难的生活条件之下的孤立地方,这是颇值得表扬。执行小组系执行停战的主要人员,他们就地监察执行部所颁发命令的执行情况。执行小组的美国方面的组员,往往冒着炮火,乘吉普车通过几乎不能通过的道路以完成其任务,并努力以各种方式达成了使中国双方获致合作的奇迹。

执行小组的美国方面的组员曾竭尽一切努力以保证其公正无私的态度,假若他们被人认为有所偏袒,则其作用势将归于无效。不可避免地常有一种感觉,即认为若干执行小组的美国方面的组员有所偏袒。此种责难多来自共产党方面。然而一般认为:这是由于共产党报纸和广播反对美国援助国民党的宣传所引起的。这些常常与事实的真相不符,自然会在共军的下级士兵中激起仇视的感情。同时亦认为:执行小组的美国方面的组员处理该组交来的问题时,并不是有意识地或故意地表现偏袒。引起的误解主要由于上述的宣传运动,在某些情形中或者是由于老实的判断和无意的错误的判断所引起。这种错误在某种环境下是不可避免的,自然有时会对某一方面有利。

截至1946年9月,军事调处执行部计有三十六个执行小组。并且建立了广泛的通讯联络网,使这些小组与北平的执行部取得联系。军事调处执行部建立时,其主要任务为执行停战。执行部的其他同样重要的任务为恢复交通、遣送日本军民人员回国及复员与整编中国陆军。这些任务是在执行部成立时原来的协定或后来由三人小组(或军事小组)所获致的协定中所规定了的。有一个颇堪玩味的评论说,上述任务中,执行部所能顺利完成的,仅只遣送日本军民人员回国一端而已。恢复交通和复员及整编中国陆军都必须要靠在停战之后实行。军事冲突一日不停止,加上所涉及的政治问题不能解决,则这两个任务中的任何一个都不能完成,或甚至无法有效地着手开始工作,执行部的成果是,执行部已在其可能限度内非常成功地达成任务,但它的成功大多取决于整个的政治局势。国共关系的恶化很快地就反映到执行部及其执行小组,在有效防止破坏停战的命令或实施业经协议的指示及决定上,添增了许多的困难。

无论如何,执行部作为执行中国的两个政党间达成的非政治的主要协定的机关,在努力获致中国的和平统一及恢复国内经济生活上,起了一定的重要的作用。假若执行部的努力不是完全成功的话,则责任也不能归诸执行部本身,而应归之于使执行小组的和平目的遭受失败的那些相互仇恨和不信任的中国人士。

《中美关系资料汇编》第 1 辑,第 647—650 页

(3)政治磋商情形

周恩来同志在政协开幕式上的致词
1946 年 1 月 10 日

主席、各位先生们:

适才蒋主席宣布了政治协商会议的开幕,我谨代表中共代表团向政治协商会议致词:

政治协商会议主要的是各抗日党派的协商会议,为使会议的范围扩大和比较完备起见,更邀请无党无派的社会贤达参加。这个会议是

中国人民和民主人士多年以来所期待的,经过政府及中共代表在抗战胜利后的会谈中加以确定了。现在由国民政府主席召集,并在此宣布开幕,我们愿致其庆贺之忱。

这样的政治协商会议,在中国的历史上还是创举。尤其当举国一致要求迅速结束训政,积极筹备宪政的过渡期中,这个会议更负有严重的历史任务。照预先商定的会议内容,虽仅有两大项,但在此过渡期中,和平建国方案及国大宪法问题,却关系中国民族和国家今后的命运至大,全中国乃至全世界人民都寄以极大的希望。我们中共代表团本此认识,愿以极大的诚意和容忍,与各党代表及社会贤达,共商国是,努力合作。

中国目前状况之不满人意,是毋庸讳言的。尤其是抗战胜利后,紧接着不幸的国内战争,使中国人民、世界盟邦的政府和人民都关心此事,并要求迅速结束内争。中共是当事人的一方面,此次代表团前来陪都,首先提出无条件停止内战,经二十多天的呼吁和奔走,经政府代表的共同努力,尤其是经我们盟邦马歇尔将军的赞助,最后赖蒋主席的远见和决心,使全中国和全世界所关心的内战,在今天双方下令停止了。(大鼓掌)十八年国内惨痛的经验,人民的痛苦,使我们今天在先烈的昭示之下,在中山先生遗像之前,应痛下决心,不仅在今天下令停战,而且要永远使中国不再发生内战。(大鼓掌)我们中共代表团是带着这种信念和决心来参加会议的。并望以此努力,告慰全国人民。

军事冲突停止了,才能很好的谈到政治解决。政治解决就是要实现和平建国的方针。国共双方在双十会谈纪要中,已经承认在和平、民主、团结、统一的基础上,并在蒋主席领导之下,长期合作,坚决避免内战,建设独立、自由和富强的新中国,澈底实现三民主义。双方又同认政治民主化、军队国家化及党派平等合法为达到和平建国必由之途径。政治协商会议就要请各党代表及社会贤达一起来订出如何实现政治民主化、军队国家化及党派平等合法的方案,并在此过渡期中,我们提议要在共同纲领的基础之上,实现各党派、无党派代表人士合作的举国一致的政府。于此,人民权利和党派合作,更是目前急迫待决的问题。方才听到蒋主席关于保证人民权利四项的公布,我们表示欢迎这个公布,并愿为实现这四条权利而奋斗。

有了和平团结的局面,有了民主统一的基础,中国才能进行真正的人民普选和民主宪政,也才能有真正的农业改革和工业建设。

由于百年来中国人民的民族独立,民主自由的运动,和以孙中山先生为代表为领导的领导的志士仁人的牺牲奋斗,到今天,使我们才得看见了新中国的曙光。尤其是八年抗战,中国人民更有了空前的民族觉醒和民主要求,中国抗战军民又流了血,尽了力,而全世界也正处在为人民的民主和持久的和平而奋斗的历史关头。我们遭遇此千载一时的良机,只有急起直追,迎头赶上,去掉一切落伍陈腐和不合时宜的制度和办法,信赖人民,依靠人民,实现民有、民治、民享的政治。中国的民族和国家,才能在联合国中不愧为五强之一,也才能有助于世界的持久和平和国际合作。

我们希望各党代表和社会贤达,对人民负责,对国家负责,一定要使这个会议的历史任务达到成功。我们也知道,在成功的道路上,一定会遇到困难,碰到波折,但只要我们为中国和平、团结、民主、统一而奋斗,我们相信困难是可以克服而且能够克服的。

预祝政治协商会议的成功!(鼓掌)

《新华日报》1946 年 1 月 11 日

蒋介石在政协开幕式上的致辞
1946 年 1 月 10 日

各位先生:

今天政治协商会议开幕,本席代表国民政府向各位致诚挚之欢迎,同时也愿乘此时机,陈述我个人对会议的期望。至于政府的方针,我在元旦广播词中已经详尽说明,不再重述。

今天到会的各位会员,有半数以上都曾参加过历届的国民参政会,因此我在今天很自然的联想到国民参政会的成就。参政会到今天已是第四届，而民选的成分逐渐增加，现在由选举产生的参政员，已占总额三分之二。历届参政会对国家的贡献，不一而足，而最重要的就是共同一致，拥护抗战到底的国策。尽管参政员中间，在政治上的立场和见解各有不同，而对于国家民族安危存亡所系的根本大计，其主张则是全体一致，始终一贯的。我们所以能持久抗战，获得胜利，这是一种主要的力量。现在我们抗战已告胜利，我们中国对这次世界大战中的任务，正如其他联合国一样，"要赢得胜利，并且要赢得和平"。所谓赢得和平，就一般的说，是要确实保持胜利的成果，建立世界和平的秩序，永绝侵略战乱的根源。而在我们中国来说，尤其要紧接着抗战的胜利，以举国一致的努力，排除万难，以谋国内秩序的安定和建国工作的进行。

本会议召集的目的，是邀集各党派代表和社会贤达来共商国是。我们所要商讨的，是国家由战时度到平时，由抗战进到建国的基本方案，也就是怎样集中一切力量，增强一切力量，以开始建国工作的问题。我们八年苦战，死者为国牺牲，生者备尝痛苦，唯一的目的，就是在保障民族的生存，排除建国的障碍，以求得这一个复兴建设的良机。现在抗战既已胜利结束，建国工作就应该立即开始。我们中国必须实行三民主义，已为全国所公认；中国必须成为统一、民主而强盛的国家，更是世界所切望。所以我们一方面要努力促成国民大会的如期召集，民主宪政的及早实施，同时，我们要在国民大会召开以前，集思广益，群策群力，来消除一切足以妨碍意志统一、影响安宁秩序和延迟复兴建设的因素，以充实我们建国的力量，加速我们建国的进行。政府召集本会议的旨趣，就在于此；本会议的使命与任务，也就在于此。

我们过去因为进行着生死存亡的抗战，一切的措置与法令都着重于适应军事的要求。抗战结束以后，我们的工作应该是"善后为先，建设第一"，许多战时法令，已经在陆续废止或修改。今后政治上和社会上一切的设施，都要尽量纳之于正常的轨辙，加强法制的精神，以立宪政的基础。参加本会议的各位先生，对于此点，一定是具有同感的，如有意见,深望尽量陈述,政府无不可以考虑采纳。但是我们必须注意国家社会现实的状况,总要使过渡期间不发生困难或纷乱,使国家根本不至于动摇,以期顺利推行宪政,而使建国工作得以圆满进行。

本会议虽然不是由人民选举而产生,但各位先生热心国事,关切民生,一定能体察人民真正的愿望,认识人民迫切的要求。国父有言:"国家之基本在于人民",所以人民的要求与国家的需要,必然是符合的。依本席的观察,今天我们人民最迫切的要求,是求安定,求复兴,求国家的统一、进步与繁荣,以增进他们的生活,最低限度也要求他们的生活有保障,使他们得以安居乐业,使他们的自由不受侵害。对于这一点,政府当然要负责尽职,以满足人们的愿望,解除人民的痛苦,保障人民的自由。同时,本会议所要充分商讨的,也就要以这些最迫切的要求为基础,来确定我们当前的国是。我们中国必须实现民主,这是我们国民革命一贯的宗旨,也是这次艰苦抗战的目的。但在国民大会没有召集、宪政没有实施一前,人民真正的意志,还没有充分表达的途径,我们大家的责任,却是十分的沉重。政府这次召集本会议,只有责任和义务的观念,绝没有自私和得失之见。政府对于本会议的决定,只要有利于国家的建设,有裨于人民的幸福,有助于民主的推进,无不倾城接纳。同时,我个人在会议开始的今天,要对各位贡献下面几点的意见:

第一、要真诚坦白,树立民主的楷模。我们这一次会议,当然不是为各党派解决自身问题的会议,而是为共同奠定建国基础的会议。我们个人对于国事的见解和政治上的主张,必不能绝对相同,或许是距离甚大,但是我希望各位在巩固国本的共同认识之下,都能充分坦白的提出主张,不必有所隐讳或保留。我们正可藉此热烈讨论的机会,从各种不同的见解中发现共同的途径,从相互的谅解中增进我们的合作精神。唯有坦白才见得真诚,也唯有牺牲成见,择善而从,才能成立合理而有益的决议。应主张的就积极主张,该让步的应不惜让步。我们要以这一次为民主精神的试验,也要以这一次为养成民主风度的嚆矢。我们希望本会议能始终保持谅解与和谐,不希望发生任何停顿和波折。

第二、要大公无私,顾全国家的利益。我们的谅解与让步,有一个共同的指归,就是国家民族利益为先,而党派或个人的得失为后。在国家民族整个的利益之前,所有党派或个人部分的成见,应无不可以牺牲,无不可以让步。为了成立有效的决议,有时候撤销我们的提案,比之坚持我们的主张更有伟大的价值。这样才见得我们谋国的公忠,才能使这次会议有确实的成就。

第三、要高瞻远瞩,正视国家的前途。我们在举行会议的中间,有三件事,大家要牢记于心:一是抗战期中,军民牺牲的壮烈;二是我们同胞流离痛苦,渴望解救的迫切;三是我们国家过去承受忧患的深重,和民族前途安危祸福的不可预知。所以我们这一次会议,是要集中力量,而决不可以分散力量;是要造成团结,而决不可以破坏团结;是要扶助政府,增强政府,而绝不是要消弱政府;是要开辟建国的前途,促使我们国家的进步,而绝不可以使国家停滞在百事落后的地位,甚而至于造成国家的退步。只要我们能认识这几个要点,而后我们国家乃可以迈进于民主建设的大道,为世界友邦所尊重。

各位先生,本席对于这一次会议,是具有充分的信心。我深感我们过去国民参政会的精诚合作,已经赢得抗战的胜利。我因此同样深信,这一次会议的成就,必能推进建国的工作,保持胜利的成果,以赢得和平。世界舆论所瞩望,人民殷切的祈求,都集中于我们这一次政治协商会议,敬以十分的诚意,祷祝本会议的成功。

现在,我还要乘此机会向各位宣布政府决定实施的事项:

(一)人民之自由:人民享有身体、信仰、言论、出版、集会、结社之自由,现行法令,依此原则分别予以废止或修正。

(二)政党之合法地位:各政党在法律之前一律平等,并得在法律范围之内,公开活动。

(三)普选:各地积极推行地方自治,依法实行由下而上之普选。

(四)政治犯:政治犯除汉奸及确有危害民国之行为者外,分别予以释放。

中国民主同盟代表张澜在政协开幕式上的致词(由沈钧儒代读)

1946 年 1 月 10 日

主席、各位代表:

今天政治协商会议开幕,这不只是全国人民注意的一件事,这是全世界人士注意的一件事。这个会议的成功或失败,不止关系国家的命运,的确可以影响到全世界的前途。我们想我们今天到会的全体会员,必定一致感觉我们今天的责任是十分重大,我首先代表中国民主同盟全体出席会员向会议表示,愿以真诚坦白的态度,至公无私的决心,和衷共济的精神,来与诸位会员共同担负这个重大的责任。

这个会议虽然是以党派的代表占多数,我相信各位代表都承认这次会议的目的,不是党派的利益,而是国家全体人民的共同利益;具体些说,这个会议的目的,是怎样谋取国家自身的和平,以保障远东以及全世界的和平;怎样建立中国国内的民主,以奠定远东及全世界的民主。今日在座全体会员,尽管在政治主张上,各有不同,但我们的目的,我们求国内的和平,求政治的民主,这目的都是相同的。因为在大目的相同之下,仍有见解的不同,所以这个会议,才有他的需要与效用。因为只有政治见解的差别,而大目的仍旧一致,所以我们又相信这个会议决定有其光明的前途。

这次会议的目的,既然是国家的和平与民主,我就愿代表中国民主同盟的出席会员,在这个目标上向会议贡献几点意见。和平与民主是相辅而行相依为命的两件事,但在步骤上,一定要先有和平,而后才能实现民主。今天主席在致辞中,首先宣布和平谈判已告成功,这真是举国欢迎的消息。我们相信这不是暂时的和平,而是中国永久的和平。和平是会议成功的先决条件,永久的和平是中国建国的先决条件,这就是我们今天的第一个请求。至于谈到民主,我们今天没有过高过远的希望。我们认为今天全国老百姓所要求的,只是那些做人的起码的各项基本自由权利,不过老百姓要的不是字面上与纸面上的自由权利,他们要的是事实上真实的自由。今天听到主席在致辞后的负责声明,知道最近政府既已有所决定,这是我们要致无限的欢欣的。我们相信今后人民的自由,必可得到切实的保障,以副我们人民的要求。

其次,经过这八年的抗战,老百姓是颠沛流离,是家破人亡。全国大多数的人民,今天是无饭可吃,无衣可穿,无家可归,这些问题,不力求解决,我们却从事政争党争,这无论是当权或在野的党派,内心都应感觉罪过。我们认为当前复员与救济这些问题,比较制宪行宪问题还要迫切,我们愿与会员诸公共同先来解决这些问题。

至于实行开放政权,订定共同党纲领,召开国民大会,以及制定宪法,实行宪政等等问题,当然是国家走上民主正轨的许多立待解决的问题。我们中国民主同盟对这些问题有一贯的主张,却没有任何的成见。解决这些问题,我们着重这几点:

第一,不能违反人民的普遍愿望;

第二,不可辜负盟友协助的好意;

第三,方案实行的时候,必出之以至诚,守之以自信。

关于解决上列问题的详细办法,我们愿本互让的原则,在会议中求得公平合理的结果。

总之,今天我们出席这个政治协商会议,我们不止应该向全国国民负责,而且应该向八年抗战的死难先烈负责。先烈们用鲜血性命换来的抗战胜利,换来的民族生存,换来的国家独立,我们没有摧毁它、破坏它的权利,今天我们只有努力,奠定国家永久和平,建立国家真实民主的基础,才对得起死难的先烈,对得起全国的人民。今天我们就本着这样的责任心,追随主席及会员诸公,共同努力,以求会议的成功。

《新华日报》1946 年 1 月 11 日

政治协商会议召开办法

（一）国民政府为在宪政实施以前，邀集各党派代表及社会贤达共商国是起见，特召开政治协商会议。

（二）本会议名额定为三十八人。

（三）本会议协商之范围如下：（1）和平建国方案；（2）国民大会召集有关事项。

（四）本会议开会时，以国民政府主席为主席，主席因事不能出席时，由主席指定会员之一为临时主席。本会议之集会，由主席召集之。

（五）本会议为审议案件、草拟计划及工作报告等事项，于必要时，得设分组委员会。前项分组委员会及召集人，由主席临时指定之。

（六）本会议商定事项，由本会议主席提请国民政府实施。

（七）本会议设秘书处，置秘书长一人，由本会议主席指派，酌置秘书干事及书记，由秘书长派充之。

《新华日报》1946 年 1 月 7 日

政治协商会议会员名单

（一）中国国民党：

孙科、吴铁城、陈布雷、陈立夫、张厉生、王世杰、邵力子、张群

（二）中国共产党：

周恩来、董必武、王若飞、叶剑英、吴玉章、陆定一、邓颖超

（三）中国青年党：

曾琦、陈启天、杨永浚、余家菊、常乃德

（四）中国民主同盟：

张澜、罗隆基、张君劢、张东荪、沈钧儒、张申府、黄炎培、梁漱溟、章伯钧

（五）无党无派：

莫德惠、邵从恩、王云五、傅斯年、胡霖、郭沫若、钱永铭、缪嘉铭、李烛尘

《新华日报》1946 年 1 月 7 日

附一

政治协商会议分组人员名单

（一）改组政府组

召集人：王世杰、罗隆基

参加人：王世杰、陈立夫、王若飞、陆定一、曾琦、余家菊、罗隆基、沈钧儒、王云五、傅斯年（十人）

（二）施政纲领组

召集人：张厉生、董必武

参加人：陈布雷、张厉生、董必武、王若飞、常乃德、杨永浚、张申府、黄炎培、李烛尘、郭沫若、傅斯年（十一人）

（三）军事组

召集人：胡霖、张东荪

参加人：张群、邵力子、周恩来、陆定一、陈启天、杨永浚、张东荪、梁漱溟、缪嘉铭、胡霖（十人）

（四）国民大会组

召集人：曾琦、邓颖超

参加人：吴铁城、张厉生、董必武、邓颖超、曾琦、余家菊、章伯钧、梁漱溟、邵从恩、钱永铭（十人）

（五）宪法草案组

召集人：傅斯年、陈启天

参加人：孙科、邵力子、吴玉章、周恩来、陈启天、常乃德、罗隆基、章伯钧、傅斯年、郭沫若（十人）

《新华日报》1946 年 1 月 16 日

附二

政治协商会议综合委员会委员名单

召集人：孙科

（一）中国国民党：

王世杰、吴铁城

（二）中国共产党：

周恩来、董必武

（三）中国民主同盟：

章伯钧、张东荪

（四）中国青年党

陈启天、曾琦

（五）无党无派

王云五、傅斯年

《新华日报》1946 年 1 月 24 日

附三

政协宪草审议委员会各方委员及会外专家名单

政治协商会议曾决议设立宪草审议委员会，以便根据该会议拟定的修改原则，并参酌宪政期成会修正案、宪政实施协进会研讨结果及各方意见，汇综制成五五宪草修正案，提供国民大会采纳。现悉该委员会人选，现已由各方面推出，并公推会外专家十人，共计三十五人，其名单如下：

政府方面：孙科、王宠惠、王世杰、邵力子、陈布雷

共产党：周恩来、董必武、吴玉章、秦邦宪、何思敬

青年党：曾琦、陈启天、余家菊、杨永浚、常乃德

民主同盟：张君劢、黄炎培、沈钧儒、章伯钧、罗隆基

无党派方面：傅斯年、王云五、胡霖、莫德惠、缪嘉铭

会外专家十人：吴尚鹰、林彬、戴修骏、史尚宽、楼桐荪、吴经熊（以上五人为五五宪草原起草人，大部分并曾参加宪政实施协进会工作）；周览、李中襄、钱端升、周炳琳（以上四人为参政员，曾参加宪政期成会及宪政实施协进会工作）

蒋主席制定孙委员科为该会召集人。此项名单，现已通知各委员，

并定十四日下午三时，假国民政府举行第一次会议。

《新华日报》1946 年 2 月 8 日

政治协商会议决议案

1946 年 1 月 31 日

政治协商会议第十次大会，全体一致通过政府组织、施政纲领、军事问题、国民大会、宪法草案等五案，分志全文如下：

政府组织案

一、关于国民政府委员会者：中国国民党在国民大会未举行以前，为准备实施宪政起见，修正国民政府组织法，以充实国民政府委员会。其修改要点如左：

（一）国民政府委员名额定为四十人（内有五院院长为当然委员）。

（二）国民政府委员由国民政府主席就中国国民党内外人士选任之。

（三）国民政府委员会为政府之最高国务机关。

（四）国民政府委员会讨论及决议之事项如左：

（1）立法原则；

（2）施政方针；

（3）军政大计；

（4）财政计划及预算；

（5）各部会长官及不管部会政务委员之任免，暨立法委员、监察委员之任用事项；

（6）主席交议事项；

（7）委员三人以上连署提出之建议事项。

（五）国民政府主席对于国民政府委员会之决议，如认为执行有困难时，得提交覆议；覆议时如有五分之三以上委员仍主张维持原案，该案应予执行。

（六）国民政府委员会之一般议案，以出席委员之过半数通过之。

国民政府委员会所讨论之议案,其性质涉及施政纲领之变更者,须有出席委员三分之二之赞成始得议决。某一议案,如其内容是否涉及施政纲领之变更发生疑义时,由出席委员之过半数解释之。

(七)国民政府委员会每两周开会一次,必要时主席得召集临时会议。

二、关于行政院方面者:

(一)行政院各部会长官均为政务委员,并得设不管部会之政务委员三人至五人。

(二)行政院不管部会之政务委员及部会长官,均可由各党派及无党派人士参加。

三、其他:

(一)在宪法实施前,国民参政会人数应否增加,职权应否提高,由政府斟酌情形定之。

(二)中央及地方机关之用人,应本惟才惟贤之义,不得有党派之歧视。

附注:(一)国民政府主席提请选任各党派人士为国府委员时,由各党派自行提名,但主席不同意时,由各党派另提人选。

(二)国民政府主席提请选任无党派人士为国府委员时,如所提人选有为各被选人三分之一所反对者,则主席须重新考虑,另行选任之。

(三)国府委员名额之半由国民党人员充任,其馀半数由其他各党派及社会贤达充任,其分配另行商定。

(四)行政院现有部会及拟设之不管部会政务委员总额中,将以七席或八席约请国民党以外人士充任。

(五)关于国民党以外人士所担任之部会数目,于会后继续磋商。

国民大会案

一、民国三十五年五月五日召开国民大会。

二、第一届国民大会之职权为制定宪法。

三、宪法之通过,须经出席代表四分之三之同意为之。

四、依选举法规定之区域及职业代表一千二百名照旧。

五、台湾、东北等新增各该区以及其职业代表共一百五十名。

六、增加党派及社会贤达代表七百名,其分配另定之。

七、总计国民大会之代表为二千零五十名。

八、依据宪法规定之行宪机关,于宪法颁布六个月内,依宪法之规定选举召集之。

和平建国纲领

国民政府鉴于抗日战争业已结束,和平建设应即开始,爰邀集各党派代表与社会贤达,举行政治协商会议,共商国是,以期迅速结束训政,开始宪政;特制定本纲领以为宪政实施前施政之准绳。并邀请各党派人士暨社会贤达参加政府,本于国家之需要与人民之要求,协力一心,共图贯澈。纲领如左:

一、总则:

(一)遵奉三民主义为建国之最高指导原则。

(二)全国力量在蒋主席领导之下,团结一致,建设统一自由民主之新中国。

(三)确认蒋主席所倡导之"政治民主化"、"军队国家化"及党派平等合法,为达到和平建国必由之途径。

(四)用政治方法解决政治纠纷,以保持国家之和平发展。

二、人民权利:

(一)确保人民享有身体、思想、宗教、信仰、言论、出版、集会、结社、居住、迁移、通讯之自由。现有法令有与以上原则抵触者,应分别予以修正或废止之。

(二)严禁司法及警察以外任何机关或个人有拘捕、审讯及处罚人民之行为,犯者应予惩处,政府已公布之提审法应迅速明令执行。

(三)保证妇女在政治上、社会上、教育上、经济上地位之平等。

三、政治:

(一)当前国家设施应顾及全国各地方、各阶层、各职业人民之正当利益,保持其平衡发展。

(二)为增进行政效能,应整饬各级行政机构,统一并划清权责,取消一切骈枝机关,简化行政手续,实行分层负责。

(三)建立健全之文官制度,保障称职人员;用人不分派别,以能力资历为标准,禁止兼职及私人援引。

(四)确保司法权之独立与统一,不受政治干涉,充实法院人员,提高其待遇与地位,简化诉讼程序,改良监狱。

(五)厉行监察制度,严惩贪污,便利人民自由告发。

(六)积极推行地方自治,实行由下而上之普选。迅速普遍成立省、县(市)参议会,并实行县长民选。边疆少数民族所在之省县,应以各该民族人口之比例,确定其实行选举之省县参议员名额。

(七)自治县政府对于其辖区之国家行政,应在中央监督指挥之下执行之。

(八)中央与地方之权限采均权主义,各地得采取因地制宜之措施,但省县所颁之法规,不得与中央法令相抵触。

四、军事:

(一)军队属于国家,军人责任在于卫国爱民,确保军队编制之统一与军令之统一。

(二)军队建制应适合国防需要,依民主政制与国情改革军制,实行军党分立,军民分治,改进军事教育,充实装备,健全人事经理制度,以建设现代化之国军。

(三)改善征兵制度,公平普遍实施。并保留一部分募兵制度,加以改善,俾符合高度装备军队之需要。

(四)全国军队应按照军事计划,切实缩编。

(五)筹备编馀及退伍官兵之复业与就业,保障残废官兵之生活,抚恤阵亡将士之遗族。

(六)限期遣送投降日军回国,对于伪军之解放,游杂部队之清理,应妥订办法,迅速实施。

五、外交：

（一）遵守大西洋宪章、开罗会议宣言、莫斯科四国宣言及联合国宪章，积极参加联合国组织，以确保世界和平。

（二）根据波茨坦宣言，肃清日本在中国之残馀力量，并与同盟国共谋日本问题之解决，防止日本法西斯军国主义势力之再起，以保障东亚之安全。

（三）与美、苏、英、法及其他民主国敦睦邦交，遵守条约信义，并致力于经济文化之合作，以共策世界之繁荣与进步。

（四）本平等互惠之原则，迅速与有关各国订通商条约，并改善侨胞之地位。

六、经济及财政：

（一）遵照国父实业计划，制定经济建设计划，欢迎国际资本与技术之合作。

（二）第一期经济建设原则，应予澈底实施，凡有独占性之企业及私人资力所不能举办者，划归国营，其他企业一概奖助人民经营之。本此原则，对于现行设施加以检讨与改进。

（三）为促进中国工业化，由政府定期召开全国经济会议，邀集对发展经济建设有关之各方面社会人士，吸取民间意见，以决定政府之措施。

（四）防止官僚资本之发展，并严禁官吏利用其权势地位，从事于投机垄断、逃税走私、挪用公款与非法使用交通工具。

（五）积极筹划增修铁路、公路、建设港湾、兴修水利及其他工程，并资助住宅、学校、医院及其他公共机关之建筑。

（六）实行减租减息，保护佃权，保证交租，扩大农贷，严禁高利盘剥，以改善农民生活，并实行土地法，以期达到"耕者有其田"的目的。

（七）厉行荒山造林、植草，保持水土，发展畜牧，整顿并发展农村合作组织，加强农事试验研究工作，利用现代设备及方法治蝗除虫，以扶助人民之生产。

（八）实行劳动法，改善劳动条件，试行劳工分红制，举办失业工人及残废保险，切实保护童工女工，并广设工人学校，提高工人文化水准。

（九）迅速制定工业会法，使经营工业者得有单独之组织，并本劳资协调精神，将有关工厂管理法规加以检讨与改进。

（十）财政公开，厉行预算决算制度，紧缩支出，平衡收支，划分中央与地方财政，收缩通货，稳定币制，并公布内外债之募集与用途，由民意机关监督之。

（十一）改革税制，根绝苛杂与非法摊派，归并征收机构，简化稽征手续，以资产及收入定累进税则，并厉行国家银行专业办法，扶助工农事业之发展。

（十二）征用逃避及冻结之资产，以平衡预算。

七、教育及文化：

（一）保障学术自由，不以宗教信仰、政治思想干涉学校行政。

（二）积极奖进科学研究，鼓励艺术创作，以提高国家文化之水准。

（三）普及国民教育与社会教育，积极扫除文盲，扩充职业教育，以增进人民之职业能力，充实师范教育，以培养国民教育之师资，并根据民主与科学精神，改革各级教学内容。

（四）在国家预算中，增加教育及文化事业经费之比率，合理提高各级学校教师之待遇及其养老年金，资助贫苦青年就学与升学，设立科学研究、文艺创作之奖金。

（五）奖励私立学校及民间文化事业，并补助其经费。

（六）奖助儿童保育事业，普及公共卫生设备，并积极提倡国民体育，以增进国民健康。

（七）废止战时实施之新闻出版、电影、戏剧、邮电检查办法，扶助出版、报纸、通讯社、戏剧电影事业之发展。一切国营新闻机构与文化事业，均确定为全国人民服务。

八、善后救济：

（一）迅速恢复收复区之社会秩序，澈底解除人民在沦陷时期所受之压迫与痛苦,制止收复区物价之高涨,严惩接收人员之贪污行为。

（二）迅速修复铁路、公路,恢复内河沿海航业,协助因抗战而迁徙之人民还乡;如有必要,并为安顿其住所与职业。

（三）妥善运用联合国善后救济物资,以赈济战灾;分配医药,以防治疾疫;供给种籽肥料,以恢复农耕。由民意机关与人民团体协同主管机关推进其工作。

（四）迅速整理收复区之工厂、矿场,保障原有产权,继续开工,使失业工人恢复工作,并谋敌产逆产之合理处置,使后方对抗战有贡献之厂家参与经营。

（五）迅速治理黄河,并修筑其他因战事而破坏及失修之水利。

（六）政府停止差役、兵役及豁免田赋一年之法令,应由各级政府切实执行,严禁变相征发之行为。

九、侨务:

（一）对海外各地受敌人摧残而失业之侨胞,应协助其复业,并对其居留国内之眷属生活予以救济。

（二）协助归侨返回原地,便利其复产复业。

（三）恢复并协助海外各地侨胞之教育文化事业,并奖助侨胞子女回国就学。

附记:

（一）凡收复区有争执之地方政府,暂维现状,俟国民政府改组后,依施政纲领政治一项第六、第七、第八三条之规定解决之。

（二）地方参议会、律师公会及人民团体代表,会公共组织人民自由保障委员会,经费由政府补助之。

（三）关于公民宣誓及公职候选人之考试,应依民主国家之通例,即予改订。

（四）行政院所设之最高经济委员会,应参加民间经济专家及有经验之企业家为该会之委员,共策进行。

（五）建议政府撤销硝磺管制。

（六）（1）查明在抗战期间由下游迁至后方之工厂，因战事结束停工失业之工人，其遣散费用由政府酌量补助；（2）在战时于兵工器材有贡献之各工厂，政府应继续收购其成品，并尽量收购其器材。

（七）修正出版法，将非常时期报纸、杂志、通讯登记管制办法，管理收复区报纸、通讯社、杂志、电影、广播事业暂行办法，戏剧电影检查办法，邮电检查办法等予以废止，并分别减轻电影、戏剧、音乐之娱乐捐与印花税。

军事问题案

一、建军原则：

（一）军队属于国家，军人责任在于卫国爱民。

（二）军队建制应依国防需要，并按照国家一般教育及科学与工业之进步，改进其素质与装备。

（三）军队制度应依我国民主政制与国情实行改革。

（四）改善征兵制度，公平普遍实施，并保留一部分募兵制度，加以改善，俾符合高度装备军队之需要。

（五）军队教育应依建军原则办理，永远超出于党派系统及个人关系以外。

二、整军原则：

甲、实施军党分立：

（一）禁止一切党派在军队内有公开的或秘密的党团活动，军队内所有个人派系之组织与地方性质之系统，亦一并禁止。

（二）凡军队中已有党籍之现役军人，于其在职期间不得参加其驻地之党务活动。

（三）任何党派及个人不得利用军队为政争之工具。

（四）军队内不得有任何特殊组织与活动。

乙、实行军民分治：

（一）凡在军队中任职之现役军人，不得兼任行政官吏。

（二）实行划分军区，其区域之范围，应尽量使与行政区不同。

（三）严禁军队干涉政治。

三、实行以政治军办法：

（一）在初步整军计划完成时，即改组军事委员会为国防部，隶属于行政院。

（二）国防部长应不以军人为限。

（三）全国军额及军费，应经行政院决议，立法院通过。

（四）全国军队应受国防部之统一管辖。

（五）国防部内设一建军委员会，负建军计划及考核之责（此委员会应由各方人士参加）。

四、实行整编办法：

（一）军事三人小组应照原定计划尽速商定中共军队整编办法，整编完竣。

（二）中央军队应依军政部原定计划，尽速于六个月内完成其九十师之整编。

（三）上两项整编完竣，应再将全国所有军队统一整编为五十师或六十师。

（四）军事委员会内，应即设置整编计划考核委员会，由各方人士参加组织之。

宪法草案决议

一、组织审议委员会：

（一）名称：宪草审议委员会。

（二）组织：委员名额二十五人，由政治协商会议五方面每方面推五人，另外公推会外专家十人（参考宪政期成会及宪政实施协进会名单）。

（三）职权：政协会设宪草审议委员会，根据协商会议拟定之修改原则，并参酌宪政期成会修正案、宪政实施协进会研讨结果，及各方面所提出之意见，汇综整理，制成五五宪草修正案，提供国民大会采纳（如有必要时得将修正案提出协商会议协商）。

（四）时间：以个两月为限。

二、宪草修改原则：

（一）国民大会：

（1）全国选民行使四权，名之曰国民大会。

（2）在未实行总统普选以前，总统由县级省级及中央议会合组选举机关选举之。

（3）总统之罢免，以选举总统之同样方法行使之。

（4）创制、复决两权之行使，另以法律规定之。

附注：第一次国民大会之召集方法由政治协商会议协议之。

（二）立法院：为国家最高监察机关，由选民直接选举之，其职权相当于各民主国家之议会。

（三）监察院：为国家最高监察机关，由各省级议会及各民族自治区议会选举之，其职权为行使同意、弹劾及监察权。

（四）司法院：即为国家最高法院，不兼管司法行政，由大法官若干人组织之；大法官由总统提名，经监察院同意任命之。各级法官须超出于党派以外。

（五）考试院：用委员制，其委员由总统提名，经监察院同意任命之。其职权着重于公务人员及专业人员之考试，考试院委员超出于党派以外。

（六）行政院：

（1）行政院为国家最高行政机关，行政院长由总统提名，经立法院同意任命之，行政院对立法院负责。

（2）如立法院对行政院全体不信任时，行政院或辞职，或提请总统解散立法院，但同一行政院长不得再提请解散立法院。

（七）总统：

（1）总统经行政院决议，得依法颁布紧急命令，但须于一个月内报告立法院。

（2）总统召集各院院长会商，不必明文规定。

（八）地方制度：

（1）确定省为地方自治之最高单位。

（2）省与中央权限之划分，依照均权主义规定。

（3）省长民选。

（4）省得制定省宪，但不得与国宪牴触。

（九）人民之权利与义务：

（1）凡民主国家人民应享之自由及权利，均应受宪法之保障，不受非法之侵犯。

（2）关于人民自由，如用法律规定，须出之于保障自由之精神，非以限制为目的。

（3）工役应规定于自治法内，不在宪法内规定。

（4）聚居于一地方之少数民族，应保障其自治权。

（十）选举应列专章，被选年龄为二十三岁。

（十一）宪草上规定基本国策章，应包括国防、外交、国民经济、文化教育各项目：

（1）国防之目的，在保卫国家之安全，维护世界和平，全国陆海空军须忠于国家，爱护人民，超出于个人、地方及党派关系以外。

（2）外交原则本独立自主精神，敦睦邦交，履行条约义务，遵守联合国宪章，促进国际合作，确保世界和平。

（3）国民经济应以民生主义为基本原则，国家应保障耕者有其田，劳动者有职业，企业者有发展之机会，以谋国计民生之均足。

（4）文化教育应以发展国民之民族精神、民主精神与科学智能为基本原则，普及并提高一般人民之文化水准，实行教育机会均等，保障学术自由，致力科学发展。

注：以上四项之规定，不宜过于烦琐。

（十二）宪法修改权属于立法、监察两院联席会议，修改后之条文，应交选举总统之机关复决之。

关于军队国家化问题

1946 年 1 月 16 日

主席、各位先生：

　　和平建国方案是政治协商会议主题之一。这个方案包括两大项目：一是政治民主化，一是军队国家化。在讨论政治民主化时，曾注意到一面承认国民政府之领导，一面求得在国民政府基础上之改组，使之成为过渡时期的民主的政府。现在讨论军队国家化，原则也是一样：一面要承认抗战八年中间所有抗日武装的功绩与存在，一面要在此基础上整编为平时的国家军队。这是一件巨大的工作，政治协商会议各位先生乃至全国人民都应认真地切实地督促与协助此件工作之进行，务使其成功，而不致失败，使全国军队真地变为国家化的军队，没有一点敷衍。故我们对此议题，特提出几点意见。

　　第一，是军队国家化与政治民主化的问题。本人在报告停止军事冲突时，曾说明这两个问题的相互关系，不仅要平行前进，以达统一，而且要认识过去历史的发展。造成国内军队派系不同之现象，有其政治的历史原因。中共所领导的武装，是被逼而拿起武器来的。现在要所有军队国家化，我们非常同意。青年党的提案上说得很公道，要政治民主化与军队国家化双方同时实行，但对陈启天先生关于提案的口头解释，我有点不同意，因为如果以为先有军队国家化，然后才能政治民主化，那么，今天协商的问题，将用什么方法来解决呢？政治协商会议，就是要平心静气来商讨，以达到政治民主化、军队国家化的目的。本会同人对于这一点如有共同认识，便易于解决问题。

　　第二，是军队国家化的标准问题。我们很同意青年党提案的意思，要军队不属于个人，不属于派系，不属于地方，而须属于整个国家，由代表国家的民主政权的机构来统率。这点，不但我们间绝无争论，而且完全同意。在此认识之下，本人还有一点申说，即军队也属于人民。军队是从人民来的，只有军队能真正保护人民利益，才能保护国家，才能保护民族。中山先生说革命之武力要与国民相结合，而且要成为国民之武力。现在的军队，无论其为国民党所领导，为共产党所领导，其根源都是从革命武力而来。但军队要属于人民，是最难做到的一件事。这种军队应该不是站在人民之上，而是人民的子弟兵，因为人民以其血汗所得来养兵，为的是保护自己。军队能够这样做，才真正是国家的军队、人民的军队。这是我在军队国家化的要求上认为很重要的一点。

第三，如何使军队国家化。这是本会今天要回答的课题，我们愿意提出几点办法：

一、同意成立委员会，执行整编全国军队的任务。委员会名称如何，没有问题，甚至于可考虑在宪政实施以前，军事委员会仍存在，而加以改组。不管哪种委员会，都应该包括各方面人士参加，像民主同盟提案所说之三种成份，这样才能使军队得到公平合理的整编。不但如此，在过渡时期，军事委员会之附属机关如军令部、军政部等等，都应该改组，都应该有各方民主分子参加。因为有武装的人，不少成见很深，界限极严，如无各方人士参加，难得公平解决问题。举例说，这几天各地冲突仍未停止，这是非常不幸的。本人与张岳军先生都很焦急，白天晚上，无时不在等候消息，恐怕事态扩大，发生乱子，对不住人民，且无以告慰盟邦。然而另一方就不同了，如军令部报告消息，一定要附说对方是虚构事实，这样解决问题就难得公道。所以，把军委会附属机构加以改组，以利整编工作之进行，颇为必要。今天林次长报告军队整编经过，使大家知道国家军队情形，那么，各方人士去各种军队机关参加实际工作，岂不是更为有益？如大家能够通力合作，足使军令军政达到真正的统一与改革。

二、同意全国整编与大量裁兵的原则。但这件事不能单靠纸上数字，必须见到实效。林次长报告政府计划全国军队减缩到九十个师，可是今天的整编会和去年不同，去年减缩以后，所减的兵补充其他单位缺额，余下的只是官佐。今年要从二百五十三个师整编到九十个步兵师、十个骑兵旅，也就是由三百八十万人减缩到一百八十万人，裁去二百万人，问题很大，工作至巨。而且还有游击部队、地方团队要裁减，伪军要解散，被裁散总数当不止二百万。被裁散之士兵，如何给以出路，不是容易解决的。林次长说要他们回到生产界中，固然很好，但必须尽速发展农业生产，以为被裁兵员开一条回乡的生路。讲到发展农业生产，首须实行农业改革，举办农村借贷，这些问题都有关国家整个施政计划。就这一点看，要没有各方人士参加的全国整编委员会，以领导、决定、督促和检查各种计划的实行，整编工作是不能建立公平合理的制度，并很好地安排被裁兵员之生活的。过去之不公，偏于一方，已经成为举国的定论。我们要求在这个问题上，必须有所改革。

三、凡是抗日有功部队，应该一面承认，一面整编。在此原则之下，中共部队虽系一党领导，然为人民的武装，参加抗日，著有功绩。会谈纪要中政府答应对我们要求至少编为二十个师一点，在全部问题解决时，可以考虑，而且愿意先交三人小组讨论。这点我们没有异议，三人小组正在磋商进行办法。我们要与全国整编计划配合，整编为二十个师，而同时还要商定驻地，因为初步整编，总要有驻军区域。这个军队驻地，到宪政实施、全国部队整编完成达到了军队国家化的时候，当然可以随时调动。并且整编日期，也要和其他部队整编日期相配合，因为这是不能不有联系的。

四、同意青年党主张，用文人主管军政。军政机关原应隶属行政院，现在军政部主要属于军事委员会，而军事委员会是战时机构，又与行政院平行，今后既无战时状态，即应照民主政制，使军政仍属于行政院。我们更赞成在过渡期间，军政主管由国共两党以外的文人来担任，因两方都有军队，如此可以免掉偏袒一方的责备。

五、改革军队制度与教育问题。政府军队制度，可说一方面起源于黄埔练兵，另一方面不少从日本、德国学来。日本、德国的军队制度，已不适用于今天的民主国家，这只要参考美国的军队制度即可知道。中国今日的军队制度，应该以民主国家尤其是美国的军队制度为改革的榜样。唯有军队制度改革了，军队教育方可随之变动。故军队国家化，改变军队教育是一个大问题，因为各种军队经过长期的对立，这不仅两党的军队,即中央与地方系统,各个私人系统,也都有对立状态,遂致影响军队教育因人而异,因系而别。今天要统一军队,必须从改革教育着手。讲到军队教育,如果制度是民主的,三民主义的教育方针,自然没有争论了。一方面不去教反共的思想,一方面当然也不去教反国民党的思想,使军队第一个认识是属于国家,属于人民。同时改善军民关系、军政关系、官兵关系等等,也是非常重要的,应该使他们深切明了。所谓军民关系,现在军队教育对于这点错误甚多。重庆街上有一句口号叫:"军人第一。""军人第一"这个意思,无论在平时或战时都不妥当。"军人第一"很容易使军人想到自己是超越人民的。在战时,说军事第一是应该的,说"军人第一"便会使军人与百姓之间发生问题,因为他是第一了,谁都应该听从他,于是"老子天下第一"的气概便出来了。照理,军民冲突,首先要责备军人,因为军人有枪,横行霸道十分容易,老百姓决不敢和他冲突。刚才陈启天先生说:"秀才遇到兵,有理说不清。"秀才也许还可以和他讲几句道理,如目不识丁的老百姓遇到兵,才真是说不清了。所以,改善军民关系这一点非常重要。至于军政关系,应该以政治军,不能以军治政。目前的事实不然,故须加以改革。讲到官兵及上下级关系,当然军队首先要求服从命令,遵守纪律,并划分等级,但同为国家服务,其义则一。我们看美国军队等级虽是很严,而平常生活则极其平等。这些都是军队教育与制度问题,我们须要大大改革。

六、地方治安应由地方的保安队或自卫队负责维持。国防部队可以自由调动,地方部队则属于地方,不必调动。人民自卫队的组织只要不脱离生产,就能自行解决给养,如此既可以节省国家经费,又可以使人民受到初步的军事教育,免了普遍兵役训练。在农村中,我们如能尽量减少民劳,使之用力于发展生产,总是好的。

七、我们非常同意军党分开。军队不应属于党,应属于国家,因此对于党与军队的界限,必须划分清楚。现在无论国民党或共产党,在这方面都还没有划清。对于军官训练,军队在办,政府在办,党也在办,中央训练团就是一个例子。过去是党国，不必再说，今后政府改组，就应把军党分开。

八、我们很同意现役军人不做行政官吏。军队既要整编，编余或退役军人很可做政治活动或行政官吏，而现役军人就不应再兼行政官吏。

九、我们提出在过渡期中一般军费支出，只能占国家总预算的百分之二十五，其余都应用于建设方面。至于复员整编费用，当然列入临时项目，由整编委员会或军事委员会计划，送改组后的政府核准。

十、关于伪军，根据林次长的报告，决心遣散伪军，意思很好。但要把六十多万伪军彻底解散，回到民间，总要有切实办法才能做到，否则还是会为害地方的。

十一、限期解除敌人武装。我们要消弭内战，一定要迅速解除敌人武装，并遣送其回国。现在既有了军事调处执行部，很希望它能彻底完成此事。

十二、关于外债问题。复员善后需要很大费用，借外债是不可免的事，但是借外债必须经过改组后的政府批准。外债的支出应该用在建设方面、复员方面，绝不能用来养兵以进行内战。

以上是我们关于军事改革方面所提出的十二项建议，同时声明这十二项应包括所有军队在内，没有任何例外。

《周恩来军事文选》第三卷，第42—48 页

国民党六届二中全会对于政治协商会议报告之决议
1946 年 3 月 16 日

二中全会十六日上午十八次大会，修正通过对于政治协商会议报告之决议草案，原文如次：

（甲）抗战胜利以后，和平建国为举国一致之要求，尤为本党继承总理遗志实现三民主义应完成之历史使命。爰由国民政府召集政治协商会议，冀以政治方式消除一切纠纷，保障和平统一，完成建国之大业。故在协商进程中，凡属国家民族利益所在，本党均不惜以最大之容忍为

多方之退让,委曲求全,俾底于成。其所协议诸端,本党秉为国为民之夙愿,自当竭诚信守,努力实践。惟是体察当前之情势,与立国永久之大计,关于下列各点,特致殷切恳挚之愿望:(一)国民政府既须改组,容纳各党派分子参加,各党派均应一本忠诚为国家之和平统一民主建设而共同努力。尤其属望中国共产党切实依照协议,在其所占区域内,首须停止一切暴行,实行民主,容许人民有身体、思想、宗教信仰、言论、出版、集会、结社、居住、迁徙、通讯之自由,及各党派公开活动,使政治民主化之原则不至因任何障碍而不能普遍实现。(二)军队国家化乃和平建国之先决条件,此次军事小组所订之《军队整编及统编中共部队为国军之基本方案》,中国共产党务须切实履行,尤其目前一切停止冲突恢复交通之成议,必须迅切实现,封锁围城,征兵扩军及军队之调动,必须即刻停止,俾全国秩序得以恢复,人民痛苦得以苏解,"军队国家化"之障碍得以首先扫除。(三)三民主义为建国最高原则,早为全国所遵奉,已为此次政治协商会议所共认。而五权宪法乃三民主义之具体实行方法,实有不可分离之关系。权能分职五权分立,尤为五权宪法之基本原则,本党五十年来领导革命,悉为实现此最进步之政治制度,以建立国家而奋斗,决不容有所违背。所有对于五五宪草之任何修正意见,皆应依照建国大纲与五权宪法之基本原则而拟定,提由国民大会讨论决定,庶宪政之良规得以永久奠定。总之,此次政治协商会议以和平建国为目的,则于各项协议之实施进程中,凡有足为和平建国之阻碍者,胥必力为排除,乃能措国家于磐石之安,而跻人民于康乐之境。本党矢以贞恒,勉尽职责,并愿各党各派共体时艰,相与开诚,协力以赴之。

(乙)对于此次国民大会制定宪法之言论主张,所应根据之原则,以期齐一意志增强力量案,经通过由全会授权常务委员会负责处理。原文如次:本案应请大会为下列各项之诀议,交中央常会,通令全党同志遵照:(一)制定宪法,应以建国大纲为最基本之依据。(二)国民大会应为有形之组织,用集中开会之方式,行使建国大纲所规定之职责,其召集次数,应酌予增加。(三)立法院对行政院不应有同意权及不信任权,行政院亦不应有提请解散立法院之权。(四)监察院不应有同意权。(五)省无须制定省宪。

《大公报》(重庆版)1946 年 3 月 17 日

周恩来同志在中外记者招待会上关于国民党二中全会的谈话

1946 年 3 月 18 日

诸位先生:

在政治协商会议之后召开的国民党二中全会,我们曾寄以很大的希望,但二中全会的结果实令人失望,因二中全会的决议动摇了政治协商会议的决议。国民党内为数不少的顽固派利用二中全会通过了很多重要的违反政协决议的议案,这不足为怪,而可怪的是这两个会议的决议既如此相反,却都是在蒋主席主持和领导之下通过的。

一、关于保障人民权利问题。在政协开会时,蒋主席曾作了保障人民权利的四项诺言,但在政协开会后,就连续不断地发生了沧白堂打人、较场口事件、捣毁新华报馆、捣乱西安第十八集团军办事处,一直到捣乱执行停战决议的北平执行部事件。这许多事件至今没有一件得到解决。如言论、出版的自由问题,限制言论自由的法令名义上虽已废止,但实际上仍限制重重,并且采用了极不平等的限制办法。象中共在北平出版的《解放》三日刊受到非法的禁止,而别的新出版的报纸在上海则得到许可。又如释放著名的政治犯,除叶挺、廖承志外,不论中共或其他党派及无党派被捕的人和青年学生,至今仍毫无消息。现在的政府仍然是国民党一党政府,这些违反保障人权的事件,国民党负有责任,但二中全会对这些问题一字未提,所有决议案中,没有一字谴责这些妨害人权的罪恶行为。

二、关于改组政府问题。改组政府是件大事,究竟是否结束训政走向宪政,在此过渡期间成立举国一致的各党派合作的政府,二中全会无明确态度。它不仅避开结束训政不谈,反而要把各党派推选的国府委员拿到国民党中常会去选任,这是完全违反政协决议的。……

三、更重要的是关于宪草问题。宪法关系中国今后是民主或仍是一党独裁的大问题。政协修改宪草的原则是各党派及无党派代表全体起立通过的,对这些原则如有任何变动,一定要经过政协各方代表的一致协议。国民党中有些人特别指责宪草修改原则不合于五权宪法。……二中全会对于宪草通过了五点修正原则,所增加之两点半关系至大,其目的就是推翻政协修改宪草的原则,不受政协约束。另外,吴稚晖先生又提出了三点反对意见,立即在二中全会上成为决议。……

四、五、六(略)

……

我们愿号召全国人民、盟邦朋友、各党派朋友,一致来拥护并监督政协全部协议的实现。特别希望国民党内主张民主团结的朋友,在蒋主席领导之下,来纠正和推翻党内这种反政协的企图。且这种企图现在已成为决议,快要实行了。我们应提醒国民党的朋友,因为国民党对今天的政治是负有最大的责任的。由于这一缘故,在国民党二中全会闭幕之后,来做这一声明,是有必要的。我们不愿蒙蔽舆论,而愿诉诸舆论。

《周恩来选集》上卷,第226—232页

蒋介石在国民参政会上演说要点
1946年4月1日

……

蒋介石继即谈及"东北问题最近的发展",其主要内容就是撕毁东北停战协定,他说:

"东北问题在本质上是一个外交问题。问题的焦点在我们中国国民政府依照中苏友好同盟条约的精神及附件的规定,接收中国在东北的主权。东北主权接收的经过,已由外交部王部长另作报告,此刻无须重述。本席要特为补充的,就是最近中苏两国政府交换的文件。苏联大使于本月廿二日照会外交部,'苏联政府通知中国政府苏军依照政府的决定本年四月底将自满洲撤退完毕'。外交部已于本月廿七日照覆:'中国政府为谋便利苏方起见,对于苏军于本年四月底自满洲撤退完毕,可予同意。请苏方将苏军自各地点撤退之日期通知我方。并于撤退时根据中苏友好同盟条约的精神对中国政府接防军队予以便利与协助。'外交部王部长并于同日面告苏联大使:'现在距离苏军撤离完日期尚一月有馀,且东北铁路纵横,交通便利,纵中国政府军队足能于苏军撤退以前到达,苏军所要撤退的各地区,请苏联政府电知东北苏军司令,迅与我军事代表团董彦平中将商订交接各地防务的办法,以便我军能于接防时获得苏方之协助。'这就是中苏关于东北接收主权问题最近交涉的经过。……"

　　……

　　蒋介石复谈及"政治协商会议及宪法原则的商讨",其内容是撕毁政协决定,维持一党专政,他说:

　　"在政治协商会议五项协议案中,宪法草案修改原则一项具有特殊的重要性。宪法是国家的根本大法,而宪法的最后决定权当然在国民大会,但是在宪法没有制定以前,全国人民无论何人如有良好意见,都可提出来作为决定宪草的参考。政治协商会议宪法草案小组既已汇合出席各方代表的意见,更决定组织宪草审议会,其开会时间定为两个月,在这两个月中,宪草审议委员会的工作是'根据协商会议拟定之修改原则,并参酌宪政期成会修改案、宪政实施协进会研讨结果及各方面提出之意见,汇综整理,制成五五宪草修正案,提供国民大会采纳'。中国国民党二中全会对于宪法草案修改原则予以周详矜慎的审查。"

　　"上月十六日二中全会决定授权全会负责处理,审查意见为左列五项:(一)制定宪法应以建国大纲为最基本之依据。(二)国民大会应为有形之组织,用集中开会之方式,行使建国大纲所规定之职权。其召集之次数,应酌予增加。(三)立法院对行政院不应有同意权及不信任权,行政院亦不应有提请解散立法院权。(四)监察院不应有同意权。(五)省无须制定省宪。

……"

(4)军事会议三人小组

军事三人小组第一次会议情况
1946 年 1 月 18 日

书记处并尚昆:

一、军事三人小组政府方面已换张治中、张群,我方因剑英去北平,改由我参加,蒋提议请马歇尔为顾问,我亦同意,因参加可讨论全国整编问题。据政府报告,拟整编为九十个师、十个骑兵旅,共一百八十万人,另海军五万、空军十五万、学校机关四十万,共二百四十万(密讯军政部计划相同)。如因马参加,而能督促政府施行此计划,则我军配合整编得到公平装备较有利。

二、三人小组第一次会谈,系准备性质,试讨论一切。两张承认军队整编后平等待遇,整编比例以过去所谈的七分之一计算,驻地由我提出商量。我要求先听军政部全国整军计划编制、装备的报告,两张同意。关于地方自治,两张仍只答应民选县长及行政专员,省则只答应改组。关于宪政,两张同意省自治民选。

三、在目前停战及谈判整编期中,我身边无一熟悉解放区的参谋(带来的全部参谋中)。每日一人工作到深夜,今天开会实在支持不了。王政柱不来请尚昆另派一人来。

关于军队整编办法和程序的意见

1946 年 2 月 5 日

中央并转毛主席：

　　关于整军、建军问题，连日与马歇尔、张治中分别会谈，记其要点如下：

　　甲、马歇尔之意见：

　　（一）要军队国家化，必须改变中国军队制度及军人思想，而采取西方民主制度。其办法：

　　（1）征兵制，最多二年一换。

　　（2）平时军官升迁要慢，绝对不兼行政官，不做议员。

　　（3）平时军队只管训练，不管其他。

　　（4）另划补给区，供给装备给养。军官不得过问征兵，由各省自理，不属补给区。

　　（5）每三师为一军，直属国防部。

　　（6）军队驻地拟定后，在平时驻移，总统均不得随意调动，如需调动，现时须经国府委员会，将来须经国会通过。

　　（7）各省保安队、民兵，属于各省、县管辖，国防部可派人训练，但无权指挥，各地人数应依需要规定。

　　（二）整军机构：

　　（1）现时整军机构不可信，最好三人小组拟好计划后，另组织三人执行部，分派三人小组至各地监督实施。

　　（2）第一步政府编九十个师、三十个军，中共六个军。

　　（3）第二步即以编十六个军，编为五十个、六十个师。

　　（4）第一步时间，马认为需一年，第二步六个月可编成。

　　（5）在第一步整编时，马即主张试行下列方法，即两个中共师，一个政府师，合为一军，军长用中共将领。另两个政府师，一个中共师，合为一军，军长用政府将领。司令部均用两方面人。

　　（6）第一步改编成时，即同样装备供给。

（7）中共军队主要驻华北，一部分驻东北、华中、华南。

（8）三个月内，如派一个军至日本，马提议中共参加一个师。

乙、张治中一方同意马之意见。但他指出军委会中有人反对这种意见，尤其在数目上，九十个师对二十个师，认为无法同意。他们大骂林蔚，不应在政协会上报告九十个师计划，而且不应说半年可成。张提议：

（一）希望我们能依照以前所说，以七分之一的比例递减，即是说政府军六个，我们一个。

（二）同意半年内，先实行平行整编，国方编九十师，我们编二十师，然后再依照马歇尔办法，实行第二步整编。

（三）如此一切补给装备，也在第一步整编好后，发给同等待遇。

（四）驻地在第一步整编时须商定。

丙、我们意见：

（一）马歇尔建军原则可同意，因他在基本上是限制统帅权的。

（二）马之整军原则，基本上亦可同意，因他之统一整编办法，是公平的。只要我们有信心、有魄力、有办法，以一个军长、两个师长，还怕不得影响其余一个师，至少亦不会被消灭，如此可保住六个军。另一方面，我们抽出六个师，参加他们六个军，也可影响其一部，而不致被消灭，这就是赚的。但在程序上，我们可主张在第二步整编时，再逐渐试行。在第一步整编时，只以一个好师参加驻扎日本，取得美国装备训练，试验一番。

（三）整军程序，第一步平行整编，我坚持二十个师，国方九十个师，各编各的，编好后，再统一装备、供给。驻地即在现时原有地区，只广东、湖北须北调。第二步可改以六分之一比例逐减。即国方五个，我一个。如国方减至五十个师，我即十个师。这比双十会谈时已胜利多了。

（四）民兵、保安队的数目，另定之。

以上意见当否，请中央考虑，即示复。

周恩来

丑微子

《周恩来军事文选》第三卷，第52—54页

关于整军问题

1946年2月11日

本应先由张部长发言，但他客气，坚持要我先发言，故我现在先说。军事三人小组所要讨论的整军问题，马歇尔将军曾分别向我们发表了他的意见，我和张部长①二人也曾彼此通知过去谈话的情形。在我们二人的商谈中讨论了许多问题，我现将讨论的各点再依次报告如下：

一、三人小组讨论的范围。照原来三人会议的建议，三人军事小组应讨论各军队的整编事宜，此点曾得蒋主席及毛主席的同意。但政治协商会议的了解则是三人军事小组仅讨论第一期整编中共军队的办法。二者说法略有出入。但我想，照三人会议的建议案似较好。因为不仅需要讨论国共两方在第一期如何分别整编为九十个师和二十个师，并应该讨论将来如何统一整编全国军队为五十个师或六十个师。这样的统一整编办法也是政协会所希望的，且将来发表这样的办法也可以使全国的人民和军队安心。

二、军队的数目问题。政府拟将中央军缩编为九十个师的计划已在政协会上作过报告。关于中共部队的改编问题，在双十会谈纪要上曾载明，政府愿考虑缩编中共部队为二十个师。过去双方代表均曾同意，中央军之改编为九十个师和中共军之改编为二十个师是两件独立的事，不相联系，但现在政协会在讨论政府改组的事上，却使得这两个原无联系的问题联到一起去了。此事曾使政府代表感到处境困难。现在为了解除政府代表的这种困难，我主张第一期双方军队整编仍依照

----

① 张治中。

九十个师和二十个师的数目进行,但我个人负责向延安建议:(一)在第二期整编时不再依此比例,而另商办法;(二)愿由三人小组来商定第二期整编时国共军队的比例数。

三、时间的问题。我们曾考虑到整编所需要的时间问题。中共军队缩编为二十个师,需要的时间可不致太长,但要复员编余的一百多万人则需要相当时间,而政府方面在缩编中将遣散二百余万人,其所需时间将比我方更长。因此今晨我们双方意见,以为第一期整编约需时十个月。

四、统一整编的问题。政协会所决定的是整编分为二期,第一期分别整编,第二期再统一整编。但马歇尔将军在过去的谈话中曾特别着重统一整编的问题。他的这种办法,我个人觉得很好,并曾对延安方面作过有利的报告。我和张部长二人都很赞成。

五、征兵问题。原则上政协会曾对此做过决定,而且我们双方也均同意此决定。但感觉具体办法还应经过国大的讨论,列入宪法之内。关于此事,我们也愿听到马歇尔将军的意见。

六、军事制度问题。我们均同意军队的最高编制将是军,每军三个师,军以上无更高的指挥机构。目前存在的一切更高的机构,如绥靖公署之类,则可以不在此过渡阶段即整编第一期开始时,即行一概取消,此点我尚未和张部长交换意见。另一项问题,即指挥权和军需补给制度的划分问题。我们双方不同意取消军区制。关于指挥权,同意接受马歇尔将军的意见,军队在平时只司训练,防区划定之后,即不移动。如拟做大的调动,须经国务委员会通过,如有国会后,即经过国会通过。这样的西方式的民主制度我们认为是好的。

七、驻地的问题。马歇尔将军所提的意见,即中共军大部驻华北,一部驻东北、华中和华南,我已考虑过。考虑后我个人意见,在华南中共不必再驻军队,因过去在双十会谈纪要中,中共已声明愿撤出。关于由华南撤军的办法,我已和张部长商量过。因此除华北外,中共尚有一部驻华中和华东,即可解决此问题。

八、开始装备和补充的问题。问题是究竟何时开始装备、补充各军,是在整编一开始时即实施呢,还是留待较后的某一个时期? 此问题尚未和张部长讨论过。

九、编余的官兵问题。原则上编余的兵应回到生产中去,这是双方同意了的。我们认为还要研究具体的计划,负责使我们和中央军所驻的地区中不发生土匪。至于官佐应如何训练和安排也得制订计划。此事可先分别负责,待以后再统一办理。但为使得两个阶段能衔接起来,目前也应有所准备。

十、军队的教育问题。这包含政治军事两方面。必须规定在第一步应达到如何的水准。特别在政治方面为了便利以后的混合编制,应制定一个共同纲领。

十一、日军缴械问题。双方均认为此问题并不严重,因所余日军的人数并不多。中共这样想,如果这问题可交执行部去解决,则可不在此讨论。如果可以接受这样的原则,即由中共包围的日军,应由中共军缴械(其人数并不多),其他的也应立即由政府军缴械竣事,则此问题极易解决。也许政府方面担心中共因此将取得许多武器,若然,则我们愿考虑把这种缴来的武器封存(其数也极有限),也许政府的代表今天已不再认此是一重要的问题了。

十二、伪军问题。这问题在过去很复杂,但在今天已通过一临时办法,即北平执行部决定,不管是否伪军,只要得政府军或中共军一方的承认,则该方即须负责使此种军队接受执行部的命令。根据这个办法将不会再有冲突,因今天大部伪军已由政府军收编,中共也收编了一些,并不再有中立的伪军存在,而且双方也商定不得争取已由对方收编的伪军,因此局势已定。当然,这仅是临时办法。以后三人小组还要商研解散和遣散的办法。今天既要谈缩编,则首先要缩编伪军。

十三、土匪问题。现在同意各军应对其现有驻地自行负责。在整编以后各军也自行负责防区内的清匪事宜。

十四、地方部队的问题。地方部队包括民团、保安队等,系属于地方,其职责是维持地方治安,不属于国防军。此原则双方同意。至其具体办法,三人小组当具体计划。这仅是初步的意见。我们也愿听取马歇尔将军的意见。

十五、执行机构。三人小组做了原则的决定后,应设立一执行的机构负责整军。我们双方接受马歇尔将军的意见,由现在的执行部和小组来处理、检查。此外,政协会也决定设立一个整编计划考核委员会,待我们计划决定后,此委员会也将成立,但其责任仅是检查考核,与前者不冲突。

《周恩来军事文选》第三卷,第58—62页

张治中致蒋介石呈

重庆,1946 年 2 月 11 日

报告　三十五年二月十一日下午十二时于重庆

谨将今日与共党代表周恩来、马歇尔特使会谈经过报告如后:

甲、上午十时至十二时与周氏会谈,彼提出项目共十五点,其主要者计有下列三点:

(一)周氏于会谈开始时,即郑重提出广东军事问题之严重性,随即列举各项理由说明广东东江纵队曾生部队之存在,为中外周知之事实,绝不能予以否认,彼并一再提出保证此项部队终必撤出广东省外,无论如何务请停止军事行动,并准许军事调处执行小组迅往大鹏湾调处。如政府军队仍着着进迫,甚至企图将曾生部队整个解决,定必引起严重之后果,届时共党军队亦必在山东方面采取报复行动,如因此使停战协定陷于破裂,其责任应由政府方面负之云。此点周氏再三反覆申言。以职之见,彼既保证此项部队退出广东,则似不宜因此局部问题致影响整个问题之进行。职已商得刘次长为章同意,即由军令部电令张主任发奎即予停止军事行动,并准许军事调查执行小组前往当地执行调处任务矣。

(二)关于缩编军队之数字,周氏希望现仍维持二十个师,即于全

国军队第一期缩编中,共军与中央军维持二对九之比例。惟于第二期缩编为五十至六十个师时,共党愿降低其比率,即不坚持二对九之比例,其缩减数俟再会商决定。但职表示不能同意,仍望其再行考虑,并约明晚会谈。

(三)关于驻地问题,周氏表示共党军队可不驻华南,愿以大部驻华北,在东北及华中分驻一部云。

乙、十二时职偕周氏往访马歇尔特使商谈,仍为上午讨论之各项(广东问题先约定不谈),除师数及驻地外,其余均属附带问题,无关急务,拟另详报。

马歇尔特使于听取双方意见后,表示愿为考虑拟具方案分送双方研究,并定于本星期四(十四日)举行正式会议,以便觅取协议。

会后马歇尔特使复郑重向职说明中国政府派兵参加占领日本之重要性,盖藉此既可取得美国朝野之好评,复可增进中央政府对东北之发言地位,最后并出示其亲拟之申明一纸,职当时表示同意,惟告以此申明究以钧座名义抑军事委员会或外交部名义发布,须于请示后方克奉告。兹谨抄呈申明一纸,敬祈鉴核示遵。右呈委员长蒋。职张治中(印)谨呈。

附呈:马歇尔代拟派兵参加占领日本申明一份。

《战后中国》第3册,第73—75页

军事三人小组最后商定的整军问题

1946 年 2 月 24 日

中央:

(甲)关于整军问题,军事小组最后商定数事电告如下:

(一)第二个六个月定之统编定为四个集团军,每集团总司令各二,共先国后,第四个集团军在第十一月始成立,其余我方两个军仍独立。

(二)因有两个军总司令属共方,故编十八个师分为六个军,以便划一。

（三）十二个月终了时,我方驻地东北一个军,华北四个军,华中一个军。

（四）第三个六个月时我方统定为六个军,四个军属共为军长,每军共二师国一师;两个军属国为军长,每军国二师,共一师。

（五）第十八个月终了时,我方驻地东北一个师,华北七个师,华中两个师。此项东北与华中有变更,因华中只四个军,我调一个军可控制苏北、皖北财富之区,连接山东,威胁至南京,较在延拟议时为有利。

（六）地区因为张治中力争西北独立,乃分为五个区,东北九省,华北划为热、察、绥、鲁、冀、晋及陕甘宁边区七省,西北为甘、宁、青、新四省,华中为苏、浙、皖、豫、鄂、赣、湘、川、康、藏十省,华南为闽、台、粤、桂、黔、滇六省。

（七）在十八个月终了时,由二十个军驻地为东北五个军,华北六个军,西北三个军,华中四个军,华南两个军。

（八）学校问题将另办法。马允考虑长期学校事,但是因目前美军官留者少,只能先合办一校,每三个月一期,每期训练出三个师干部,以后各师办预备训练班以便加以深造。如学好后,普通学校学好的仍送原军。

（九）人事序列亦将另订规章。

（十）宪兵及护路警察,张治中声明负责介绍行政院讨论,在未解决前,恢复交通协定全部有效。

（十一）题目经多次争执后,最后定为《关于军队整编及统编中共部队为国军之基本方案》。此方案具文另电告,下星期一（二十五日）可签字发布。

（乙）关于接济五师及转移问题,关于出外视察问题,关于东北停战问题,下星期一会议当提出讨论。

　　　　　　　　　　　　　　　　周恩来

　　　　　　　　　　　　　　　　丑

军事小组会议关于军队整编及统编中共部队为国军之基本方案
1946 年 2 月 25 日

兹由政府代表张治中将军及中共代表周恩来将军,并由马歇尔将军充任顾问所组成之军事小组会议,经授权宣布:双方已就"关于军队整编及统编中共部队为国军之基本方案"获致协议。

本军事小组会议,现正根据方案拟具详细实施之方法,并将责成北平之军事调处执行部,向各军传达必要之命令,并监督其实施。

为减少整编期中之种种困难起见,上述各项办法,规定于十八个月内逐步实施完成。

本方案之目的,在于减少军费支出(译者注:英译本删略"减少军费支出"一句)促进国家经济建设,与确立造成足以保卫国家安全之精练国军之基础,并包括若干办法,保障人民权利不受军队干涉。

本方案之各项条款全文如下:

关于军队整编及统编中共部队为国军之基本方案

第一条　统帅权

第一节　中华民国国民政府主席为陆海空军最高统帅,最高统帅经由国防部(或军事委员会)行使其统帅权,本协定所提及之各集团军总司令、各军军长、各补给区主任,均应经由国防部(或军事委员会)向最高统帅呈送报告。

第二节　最高统帅有任免所属军官之权,但在整编军队过程中,遇有必须撤免中共所领导单位之任何一司令官,或其他职位之任何一共产党军官时,最高统帅应指派政府内资深之共产党代表所提名之军官以补其缺。

第二条　职责与权限

第一节　陆军之主要职责,在战时为保卫国家,在平时为训练军队,陆军可用以镇压国内骚乱,惟须受下节之限制。

第二节　当国内发生骚乱,经该地省主席向国府委员会确证当地局势已非地方警察及保安部队所能应付时,国民政府主席以最高统帅之资格,经由国府委员会之同意,可以使用陆军,以恢复秩序。

第三条　编制

第一节　陆军包括由三个师所组成之各军,各该军配置直属部队之人数,不得超过其总兵力 15%。至十二个月终了,全国陆军应为一零八师,每师不得超过一万四千人,在此数内,由中共部队编成者计十八个师。

第二节　全国将划为八个补给区,区设主任一人,向国防部(或军事委员会)负责,在各该区内担任以下职责:

(一)办理驻扎各该区内军队之补给营舍及薪饷事宜;

(二)办理由各该区内被裁并各单位所收聚之武器,及装备之贮存修理及分发事宜;

(三)处理供应各该区内之编余官兵,并处理供应还乡及其他目的地之过境编余官兵;

(四)处理供应并初步训练在各该区内接收用以补充各部队之新兵;

(五)补给在各该区内之军事学校。

各补给区主任对于驻扎其区内之军队,并无指挥权与管辖权,尤其不得干涉或借任何方式影响民政民事。

各军军长应派其个人代表,驻于其部队所在地之补给机关内,以保证其所辖部队之需要,获得完全而迅速之补给。

各区每两个月应举行会议一次,由区主任主席,该区内各军军长及师长或其指派之代表均须参加,国防部(或军事委员会)亦应派遣代表参加,以传达国防部(或军事委员会)之指示。所有补给情形及有关事项,均应提出讨论。

第四条　复员

第一节　本协定公布后十二个月内,政府应将九十师以外之各部队复员,中共应将其十八师以外之部队复员,复员应立即开始,并大致每月裁撤总复员人数十二分之一。

　　本协定公布后三个星期内,政府应拟具所保留九十师之表册,及最初两个月部队复员之次序。在同期内,中共应拟具其部队之详细表册,说明其性质、兵力、武器,旅以上司令官之姓名及各单位之驻地,此项报告,并须包括所拟保留十八师之表册,及最初两个月部队复员之次序。上述文件表册,均应送交军事小组。

　　本协定公布后六星期内,中共应向军事小组送交所拟复员各部队单位之全部表册,政府亦应送交同样表册。

　　军事小组一俟接到上列各项表册文件,应即制成实施计划送双方批准,经批准后,上项文件表册及实施计划,即由改组呈报国防部(或军事委员会)。

　　第二节　复员各部队之武器及装备,可用以补充所保留之各部队,对于此类转移之详细报告,应由军事调处执行部呈报国防部(或军事委员会),此项剩余物资,依据国防部(或军事委员会)之指示贮存之。

　　第三节　为避免因复员而引起之普遍困难及不法情势,政府及中共应于初期各自供应其编余人员之补给,并处理其运输及就业之诸项问题,政府应尽速接办以上事宜之统一管理。

　　第四节　在上述十二个月之时期完毕后六个月内,政府军应更缩编为五十师,中共军应更缩编为十师,合计六十师,编为二十军。

　　第五条　统编与配置

　　第一节　在本协定公布后之十二个月内,应编成四个集团军,每集团军包括政府军一个军,中共军一个军,每军三个师。各该集团军编成之次序如下:于第七、第九、第十、第十一个月各编成一个集团军,各集团军之参谋人员,政府与中共军官应各占半数。

　　第二节　在十二个月终了时,各军之配置应如下述:

　　东北——五个军(每军三师)全部属政府军,各军军长由政府军官充任;中共军一个军(三个师)由中共军官充任军长——共计六个军。

　　西北——五个军(每军三师)全部属政府军,由政府军官充任军长——共计五个军。

华北——三个军（每军三师）全部属政府军，由政府军官充任军长。四个集团军各包括政府军一个军及中共军一个军（每军三师），内中两个集团军总司令由政府军官充任，两个集团军总司令由中共军官充任——共计十一个军。

华中——九个军（每军三师）全部属政府军，由政府军官充任军长；中共军一个军（三个师），由中共军官充任军长——共计十个军。

华南（包括台湾）——四个军（每军三师）全部属政府军，由政府军官充任军长——共计四个军。

第三节　在十二个月以后之六个月内，上节所述之四个集团军应更编为独立之六个军，内中四个军各包括政府军一个师，中共军两个师，两个军各包括政府军两个师，中共军一个师，以后集团军即应取消。

第四节　在次六个月即第十八个月终了时，各军之配置应如下述：

东北——一个军包括政府军两个师，中共军一个师，由政府军官充任军长，四个军（每军三师）全部属政府军，由政府军官充任军长——共计五个军。

西北——三个军（每军三师）全部属政府军，由政府军官充任军长——共计三个军。

华北——三个军每军包括政府军一个师，中共军两个师，由中共军官充任军长；一个军包括政府军两个师，中共军一个师，由政府军官充任军长；两个军（每军三师）全部属政府军，由政府军官充任军长——共计六个军。

华中——一个军包括政府军一个师，中共军两个师，由中共军官充任军长；三个军（每军三师）全部属政府军，由政府军官充任军长——共计四个军。

华南（包括台湾）——两个军（每军三师）全部属政府军，由政府军官充任军长——共计两个军。

第六条　保安部队

第一节　各省应有权维持一与其人口比例相当之保安部队，但其总额不得超过一万五千人,当省内普通警察显然无法应付局势时,该省主席即有权使用此项保安部队,以镇压骚乱。

第二节　保安部队之武装,应以手枪、步枪及自动步枪为限。

第七条　特别规定

第一节　军事调处执行部

根据三十五年一月十日三人会议所签协定而设立之军事调处执行部,应为本协定之执行机关。

第二节　统一之制服

整编后之中国军队,应采用显著而划一之制服,以供中华民国陆军官兵之着用。

第三节　人事制度

树立妥善之人事制度,凡陆军军官之姓名、阶级及职掌,均载入统一之名册内,不得以政治关系而有歧视。

第四节　特殊武力

本协定生效后,政府及任何政党或派系组织,不得保持或以任何方式支持任何秘密性或独立性之武力。

第五节　伪军及非正规军

所有受日本之直接或间接主使而在中国成立之军队,以及政府或中共以外个人或派系所保持之一切军队,应尽速解除武装并解散之,第八条第一节所述之实施计划内,应规定执行本节之具体办法,并限期完成之。

第八条　一般规定

第一节　本协定经蒋委员长及中共毛泽东主席批准后,军事小组应即拟具关于执行本协定所载各种条款之详细计划,包括各种进度表、规章及具体步骤,送呈核夺。

第二节　双方谅解并同意:上述详细计划须规定复员应于最早日期开始,补给区之组织应逐渐成立,军队之统一编组之详细程序,应根据第五条所规定之办法实施。

　　双方同时谅解并同意:在最近之过渡期内,政府及中共均应负责维持其军队之良好秩序与补给,并保证各该军队于军事调处执行部所颁发之命令,立即绝对遵行。

　　政府代表　张治中

　　中共代表　周恩来

　　顾问　马歇尔

1946 年 2 月 25 日于重庆

《中美关系资料汇编》第 1 辑,第 640—644 页

周恩来致马歇尔声明书

1946 年 3 月 10 日

　　东北问题之发生不应责备本党。我人自始即愿此一问题与整个中国问题共同解决,且我人对于内政问题与外交问题曾划一明确之界限,此乃我人始终一贯之态度。因此对于国民政府与苏联间之交涉,从未加以干涉,此点阁下质诸政府中负责交涉之人即可证明。关于此问题之内政方面,我人亦从未拒绝商讨。倘反对党表示有解决此事之愿望,我人亦甚乐于接受。例如,去年十二月初当国军沿锦州沈阳铁路线前进之时,政府在东北之代表张嘉璈往访我方代表董必武商此事。董必武当向其明白表示如国军开往沈阳乃以自苏军控制下接收各地主权为目的,则中共不愿干预其事。但渠亦曾警告国军不可向西调动,而以攻击共军为目的,以致造成战事。此足证当时国军并未遭遇阻碍也。其后事实上国军竟改变方向而进攻热河,直至停战命令发布后始行停止。此足证我人即在停战以前亦从未拒绝与政府直接讨论东北问题,虽然,我人坚决反对任何将内政与外交混淆不分之举动。

　　但国民党自始即作另一方向之宣传,将此事之内政方面与外交方面混为一谈。自东北情况严重化以来,政府在过去三个月,……不仅在二月间,曾尽力将内政与有关外交之事混而为一。对于此种行动,我人保持缄默而不表示任何反响。盖当时我人关心政治协商会议而希望其

能获得成功也。此足证我人自始即不愿东北问题发展至惊人之程度，以致破坏政治协商会议之成功。

至于共产党兵力在东北迅速增长一点，经坦白之解释即易明了。当日本投降之时，政府拒绝任何地区之共产党军队接受投降或有参加受降之权。各大城市均为获得美国运输上协助之国军所接收，在此种情况下，共产党军队为欲求一出路，乃越河北及热河之边界向东北方向移动。此时东北乃一真空之地带，苏军大部份分布铁路沿线，仍有广大地区为共产党军活动之地。结果，我人曾将甚多伪军缴械，设法组织人民，且在国军进入以前，已组设许多由人民选出之地方政权。以上所述在当时情况下均为甚合逻辑之事，但中共仍未因此而不愿国军可进入东北自苏军手中接收主权一点，关于此点在停战协定中已有规定；中共亦未主张东北方面之冲突不应停止，此亦协定中亦已有规定者。我人既愿签字于该项协定，即足证明我人从未有何企图，要求东北应有不同之地位。阁下于一月底曾提议派一执行小组往营口，我人即表同意，此更足证明我人未将东北认为例外，而不受协定之拘束。然派执行小组问题，耽误月余仍无决定。同时国军源源开入东北。遵照停战协定之规定，政府在该地之军队调动应向调处执行部逐日报告，但此事政府并未遵守，此类事件表示政府故意避免讨论东北问题，并拒绝我人有任何提及该问题之机会。结果，使此问题悬而不决者达月余，使我人必须自己阐明对东北之立场。在阐明立场时，我人绝对遵守下列之原则：

（一）我人不愿牵涉有关东北之外交事宜，而对于此事之内政方面与外交方面则划一明确之界限。

（二）有关东北之军事及政治事宜，盼望同时解决。在军事方面，我人既同意于执行小组之派遣，当然同意政府调往之五个军有权接收某些地方，并进而同意东北之和平恢复后可进一步着手整编各军。甚至在最后一个月，在基本协定中，我人已作让步，使政府可驻五个军于东北，此数将占全国总兵力四分之一，我方已作此让步，使政府在东北占压倒的军事优势，而并不要求在东北驻一强大共产党正规军。目前我人在该地拥有甚大之武力,即作此要求,亦甚合理;然而,我人仅要求政治的民主,实施政治协商会议决议案于东北,改组东北政务委员会暨各省省政府,以及实施有关地方自治的联合政纲。

鉴于上述各节,余认为本党发表此种声明,并无错误。

前三个星期发生之情况亦甚易了解。即在延安声明以前,国民党CC系,曾设法将任何有关苏联之事与我人混为一事。余前已言及,三个月来我人对国民党之宣传及指责始终不理,余且不愿向报界谈及此事。但二月中之各次示威游行将各种与中共毫无关系之事均加罪于我人。至此,意外事件层出不穷,群众大会之血案,新华日报及民主日报之被捣毁,北平调处执行部之为群众捣乱,成都新华日报分社之被毁,以及十八路军西安办事处之被捣毁。此等捣乱份子对于苏联大使馆及领事馆并无行动,而以我人为唯一之目标,吾人始终缄默至最近始作最后之答复,二个月内不调协之份子虐待我人并继之以下流之行动,彼等所称唯一之理由乃指我人主张东北应有不同之地位而不受一般协定之约束。事实上,我人之愿望适与此相反,我人坚决反对东北成为不同之地位而不受协定之拘束;我人盼所有一切有关停战、整编军队、保护人民权利、改组政府,以及联合政纲等协定均实施于东北。彼等指责我人依靠苏联,事实证明适得其反。倘我人固曾依靠苏联,则赤峰事件即不至发生;我人亦不会主张派遣执行小组前往各地,并请阁下前往东北矣。只因对于此事,我人已往不愿作公开之解释,乃使不调协之份子得以发动数十种报纸以轻侮中共,以欺骗人民,并发动反对我人之示威游行。

例如,示威者经过中共代表团之住屋之前一连数日,我们每人均受其欺侮。二月二十二日午后新华日报被毁,余自混乱之中仍来出席军事小组会议。经四小时之努力,谈妥整军计划之最后解决办法。次一星期一,乃签字于正式之文件。即在此数日内,我方人员为不调协份子指责并殴打。当时国民党二中全会尚未开会。

余不欲以内争之事有扰清听,故未向阁下谈及,亦未供给任何有关之材料,然 CC 系及三民主义青年团一部份人员侮辱我人整整两个月。受人如此侮辱殴打以后,延安方面最后始作答复,各项声明之一部份其后曾刊登于新华日报。然而,全部均为自卫之性质。至于余本人则从未对东北问题发表公开之声明。即在我人出发旅行以前,余特为询问倘报界提及东北问题则我人应如何作一致之答复,余之动机为欲避免一切足以被认为宣传之事。鉴于上述种种,前二个月各项挑衅之责任,完全应由国民党党部机构负责,甚为明显。

至于国民党二中全会,彼等之企图在推翻政治协商会议之一切决议;彼等不仅反对中共,且亦反对国民党内主张和平民主统一之人士。过去数日之会议上,CC 系几每日攻击他人,此事即张治中将军亦不愿否认。日前,我人在孙科公馆讨论宪草时,孙科、邵力子二先生亦不否认此事。是以并非中共之宣传与声明足以破坏已往成就之一部份;事实上,此等反动份子首先捣乱,彼等甚至要求撤回国民党之政治协商代表。陈立夫先生虽其本人亦为政治协商会议之代表,实在幕后指导反动份子反对政治协商会议。彼等反对王世杰、邵力子、张群、孙科,甚至反对张治中、宋子文及翁文灏。事实上凡不属该系统者人人均遭反对。而此等人均系与中共及东北问题并无直接关系者。CC 系之目的在推翻政治协商会议之决议,彼等认为此项决议对该系本身为不利者。由于此等事实,余恐政治协商之决议将为彼等所推翻。彼等欲更改政治协商之决议,尤以修改宪草原则为甚,以使宪法成为维持集权统治之物,而非民主之宪法。至于政府改组案,彼等一方面欲将国民党内赞成和平及民主者排斥于政府之外;一方面主张非国民党而将参加政府者之名单应由国民党中央委员会通过。关于国民大会,彼等欲改变代表之比例。关于联合政纲,彼等欲派官员接收共产党所控制之地区,并禁止普选。彼等进而要求政治协商会决议不应拘束国民大会之各党派代表。以上所述之事亦均与东北无关也。

所以,鄙见认为东北问题仅为彼等之藉口,事实上不调协份子不愿放弃一党专政之权,此乃主要之原因。余因关心中国之前途,认为东北问题有寻求解决途径之必要,且盼在阁下离华前即得解决之办法。本党并无将东北问题作为例外或在该地主张不同地位之意图,此事与外交问题毫无关系。倘对于此问题之解决有所反对,即不啻将东北问题造成例外,而有引起内战之危险。但此非吾人之希望,且我人始终表示反对。

兹以下述二例解释余之态度。一个月前,美记者数人问余对苏军自东北撤退问题之意见。各记者均为素识者,故余坦直相告曰,倘我人仅考虑自身之利益,则苏军愈早撤退愈妙。盖若苏军已撤而国军尚未到,当然苏军所撤之地将为吾方军队所接收。倘苏军不撤,则最后各地将为政府军队所接收。然我不愿公开宣布此意,恐人误会我人有独占东北之意。翌日,联合社记者作简短报道,谓余赞成苏军撤退。但国民党报纸并未提及或刊载此项消息,因此事与彼等之宣传型式不合也。

此外,在我人旅行途中,阁下接获甚多反共之材料,但我人不愿供给阁下以反国民党之材料,事实上余获得甚多此类材料可供阅读。余之所以未曾提出者,因觉倘东北问题能告解决,则并无提及之必要矣。同日,余曾与阁下谈话表示我人应解决此一问题,而非使此问题更为复杂或引起纠纷,谅阁下亦承认此系事实也。

《战后中国》第3册,第86—91页

马歇尔特使向军事三人小组会议提出之《关于派遣执行小组赴东北授予执行部命令草案》

1946 年 3 月 11 日

三月十一日　军事三人小组举行会议,马歇尔特使提出《关于派遣执行小组赴东北授予执行部命令草案》,但因周恩来对第四条拒绝同意,致未获致协议。先是军事三人小组原拟赴东北视察,嗣以马歇尔特使奉杜鲁门总统电召返国述职,势难成行。故马氏离华前提议举行此一会议。

在下列条件下,慎选之执行小组,应赴东北:

(一)小组之任务,应根据执行部之命令达成之。

（二）小组必须随同政府军队前进，避免进入苏军之驻地。

（三）小组应前赴冲突地区，或政府军与中共军密接地区，使其停止冲突，并作必要之调处。

（四）政府部队有权占领恢复中国东北主权必要之各地区，并特别指明政府军队，在沿中苏条约中所载两条铁路之两侧三十公里，有单独管辖之权。

（五）政府军队为重建主权所必须占领之地区（包括煤矿），需要共军由此撤退，苏军所撤之地区，中共军队不得开入占领。

《战后中国》第 3 册，第 91 页

军事小组会议的备忘录
1946 年 3 月 16 日

一、"军队整编及统编中共部队为国军之基本方案"乃军事调处执行部关于复员、调防及统编的一般指令。

二、军事调处执行部将是执行此项基本计划的媒介。执行部将组织监察小组，以计划及监察执行总部的命令在此等事项上之执行情形。该小组将由政府、共产党及美军人员组成之。执行部将利用联合战地小组实际检查国共部队的复员、调防及统编情形。

三、此项基本方案规定所需呈报之报告，将成为执行部拟订的详细计划及日程的基础。

四、复员要求逐渐取消军部以上之军事指挥部。

五、伪军之遣散将于复员开始之日以后三个月内完成之。此等部队之装备及军火，应缴送各该地已成立的地方补给区，或按照军事调处执行部之命令交出之。

六、军事调处执行部将指令政府或共产党选定所保留的各个师至其一般地区集中；并开始一个为期十二周的基本训练，以等待详细的指示。

七、在美军临时军事顾问团指导之下，将组织一基本训练学校，训练在最后六个月中指定作军事统编的共产党的十个师,进行为期三个月的关于编制、教练程序与行政等一系列的基本教程。关于学校之计划将与军事调处执行部采取一致的步调。

八、军事调处执行部将按照国防部(或军事委员会)的指示而下令作必要的调防和统编工作。复员、调防及统编所需的后勤补给,将使之与国防部(或军事委员会)的动作调合。军事调处执行部得直接与补给区主任交涉处理有关补给上的各项问题。

九、军事调处执行部将拟订关于复员人员的补给与管理之详细计划。

中民政府代表　张治中

中国共产党代表　周恩来

马歇尔将军代表　吉伦

1946 年 3 月 16 日于重庆

《中美关系资料汇编》第 1 辑,第 644—645 页

中共中央给东北局和中共赴渝谈判代表团的指示
1946 年 3 月 13 日

东北局并丙丁:

真亥两电均悉。

(一)东北同志的想法和你们及我们都有很大的距离,他们雄心很大。不了解为什么要让出许多地方给国民党,东北全党全军都是这种心理,东北局诸同志不过是反映这种意见。但在蒋军尚不承认东北停战,拒绝与我谈判东北问题及不承认我在东北地位时,他们采取比较强硬的政策,是好的。只有如此,才能逼蒋承认我在东北地位。故我们暂不要他们退让。但在国民党真意与我谈判,并承认我在东北地位时,我们必须有某些让步才能达到妥协。也只有到那时,才能说服东北同志。

(二)在谈判中,你们现在可以承认在停战条件下国军可以接收沈阳至哈尔滨之长春路上各城市(路两旁不在内),至政府军以后再要进

驻那些地区和我军须从那些地区撤退,须待政治问题解决及我军驻防地区确定,并须到东北和我军负责人员商讨后才能具体解决。到东北和我军负责人商讨一点须十分重视。但我们内心的盘子,长春路的主要部分(即沈阳至哈尔滨)及抚顺、鞍山、本溪、营口、辽阳等数地,是要让给国民党的。但此种让步须有交换条件,你们暂时不要答应国方并且也未征求东北局同意。现在你们切不可一般承认国军有权全部接收长春路及苏军撤退区。因中东路大部南满路南段应力争由我接管,至于两路以外之苏军驻扎区,大部已交我接管,一部即将交我,其中除抚顺、本溪准备让出外,其余均不能让。如你们答应国民党有权接收苏军撤退区则安东、通化、延吉、海龙、合江、佳木斯、黑龙江、洮南、通辽、辽源等地及其他广大地区均到过苏军而我决不能让,将来不好改口。我们并想以让出长春路主要部分及抚顺、本溪交换国方从热河撤兵。自然在东北保持我们这种地位,须要经过严重的外交斗争以至军事斗争,我们要以一切力量去争取。

(三)你们在此问题的交涉中,须通盘计划步步设防,并与中央及东北密切联络,以期做到算无遗策。因东北与华北、华中不同,华北、华中是就地冻结,各守原防,而东北则须由我们让出许多地方,所以最难说服同志,而可能造成党内纠纷(在整军问题上各地不同意见已有很多)。再则,在长春全路及东北全境大打内战,美蒋均有顾虑,蒋方对东北内战消息向苏方讳莫如深,就是证据。蒋方对东北问题大吹大擂,高声恐吓,其实是想达不战而得大部地方之目的。不论他的兵力、士气与民心,也不论国际国内环境,都无在东北大打久打与反苏反共到底之可能。此点亦请注意。再则东北友人态度甚硬,亦堪注意。

(四)希望你能回延一次,住四五天然后返渝。由于苏军突然撤兵,蒋介石急欲解决东北问题,我倒可不急,迟几天无不利之处。

甲乙
元午

《中共中央文件选集》(一九四六——九四七),第89—91页

中央关于目前时局及对策的指示

1946 年 3 月 15 日

各中央局、分局(转省委、区党委、纵队首长):

关于目前时局及对策:

(一)苏军已从沈阳及其附近撤退,国共两军在东北的冲突即将展开。为了和平,我方代表曾极力向蒋、马①提议,在东北停战,但马、蒋商谈后提出五条,作为给东北停战小组的指令,以为派遣小组去东北的先决条件。规定小组只能随政府军前进,政府军有权进驻东北之主要地区,长春路两侧各三十公里以内,政府军单独管理,苏军撤出地区中共军队不得开入占领等。但东北政治问题及我党我军在东北地位,则没有提及亦不愿讨论。在此条件下,我方当然不能接受,停战小组亦暂不能派出。东北军事冲突仍有可能继续一个时期。

(二)在国民党二中全会中,除以西西为主干的少壮革新派所进行之反苏反共反政协运动外,还有以何应钦、白崇禧为首的军人派,正在积极进行反苏反共阴谋,企图破坏停战整军,借口东北问题,实行各地军事接收,想在马歇尔离华期间,造成新的内战局面,煽动美、苏冲突,和美、苏尖锐对立。为此,何、白已电召孙连仲、王耀武、傅作义等到渝,并在全会宣读阎锡山反共电报,而这种阴谋,是蒋介石所知道的,因此十分值得警惕,其阴谋之危险性,较西西革新派更为严重。

(三)为了对付国民党内反动派,特别是何、白军人派之阴谋挑衅,除开审慎应付东北问题外,华北、华中各地应即提起警觉,密切注意顽方动态,并在军事上作必要准备,加强整训,加强侦查,严防反动派突然袭击。如果反动派发动进攻时,必须能够在运动中坚决、彻底、干净、全部消灭之。但我方一切秘密准备,对外切勿声张,勿给顽方以任何借口。

---

① 指蒋介石、马歇尔。

（四）恢复交通及北平执行部一切合理命令仍应主动照常执行。北平执行部及各地执行小组中我方人员，须加强工作，不称职者须加强人员，当作一件大事办理，并注意争取美国人。

（五）切实具体的展开统战工作，以分化与争取顽军，反对内战阴谋为主要目标。

（六）除东北及热河外，各地第一期复员整军（即精兵简政包括党、政、军、民、学所有脱离生产人员在内），不论时局变化如何，均应力争完成，以裁减老弱及无职务、无武器人员，合并机关，减少单位，充实部队，减少财政支出利于作长期打算为目标。中央希望第一期复员三分之一左右，时间三个月左右完成，由各地自己做成计划（此计划须能适应和平、战争两种环境），电告中央批准，即可执行。各地首长暂时不要来延，并不要远离部队。在复员工作中，要有充分政治准备与组织准备，须向一切人首先是干部说得清清楚楚，反复解释多次，由当地主要负责人出席解释，并发动复员者自己讨论，以便人人明了复员的积极意义及复员后的工作方向。最重要的是充分注意安置他们的生产及生活，动员各方面欢送欢迎，把他们当作有功劳于国家的光荣战士看待，使他们各得其所，如果还未解释好准备好的地方便不要仓卒复员。如果对此点疏忽，定会造成恶果。同时要向复员者说明，如遇反动派大举进攻，除老弱外，要在一声号令下准备归队。

（七）减租、生产两件大事，一切地方须抓紧推动，召开专门的减租训练班、生产训练班，纠正偏向，奖励成绩，在报纸上讨论减租及生产工作中的优点缺点，务必在今年内获得空前巨大成绩，造成解放区不可动摇的群众基础与物质基础，不怕任何反动派的破坏。对这两件事注意不足的地方，务必加强注意力，务必派得力干部去指导。

（八）不论反动派破坏如何猖獗，甚至再打一时期内战，不论全世界、全中国反苏反共活动如何高涨，世界与中国的和平局面业已确定，任何反动派不能改变此种大局。我们应当有此坚信。在时局估计与党的政策等项问题上，党内各种过左过右偏向，希望随时解释，妥为纠正。

中央
寅删

《中共中央文件选集》(一九四六——一九四七),第 92—95 页

中共中央给东北局的指示

1946 年 3 月 24 日

东北局并告林彪、黄李①:

　　(一)美苏中苏关系业已改善,苏军四月撤完,已照会王世杰②,判断蒋介石必由沈阳出兵向北和我争夺长春、哈尔滨;(二)我党方针是用全力控制长哈两市及中东全线,不惜任何牺牲,反对蒋军进占长哈及中东路,而以南满、西满为辅助方向;(三)为此目的,请速与辰兄交涉,允许由我方派兵占领长哈两市及中东全线,如得允许,即令周保中③部担负占领任务并厉行剿匪;(四)黄李部动员全力坚决控制四平街地区,如顽军北进时彻底歼灭之,决不让其向长春前进;(五)我南满主力就现地坚决歼灭向辽阳、抚顺等处进攻之敌,如能歼敌一两个师,即可牵制大量顽军不得北进;(六)如作战结果顽军在辽阳、抚顺地域巩固了他们的地位,以致可以抽兵北上向四平街长春前进时,你们须准备及时将南满主力转移至四平街、长春之间,与黄李及周保中协力,为保卫北满而奋斗,留下相当数量之部队保卫南满解放区。(七)以上望考虑电告。

中央
寅敬酉

《中共中央文件选集》(一九四六——一九四七),第 100—101 页

---

①　黄克诚、李富春。当时黄任东北民主联军(西满)军区政治委员、第三师师长兼政治委员;李任西满军区政治委员。
②　时任国民党政府外交部部长。
③　当时任东北民主联军副总司令兼东满军区(即吉辽军区)司令员。

中共中央给林彪、彭真等的指示

1946 年 3 月 25 日

林彭并李黄程萧①:

恩来今日已到重庆,东北无条件停战的协定可能于日内签字,但小组到东北并召集双方代表协议实际停战,还须若干时日,因此你们至少还须经一二个星期也许更长时间的恶战才能实际达到停战。在此期间内顽方会拼命进攻,企图控制更多的战略资源要地,而你们应尽一切可能不惜重大牺牲,保卫战略要地,特别保卫北满。据密息,顽军后方运输困难,弹药不继,望切实破坏铁路、公路,截击顽军后方联络线,以争取战役的胜利。凡有苏军地区,小组均不会去,但苏军撤退地区,若有冲突,小组即将派去。长春、哈尔滨、齐齐哈尔等地,你们必须在苏军撤退后一二日内控制之,否则停战小组即将派到这些城市,保证国民党的占领。但如被我控制,小组亦将保证我军的占领,以待整个东北问题的解决。关于东北停战及以后东北工作意见,由饶漱石转达,饶现在延安。

中央

寅有

《中共中央文件选集》(一九四六——一九四七),第 102—103 页

关于东北问题同张治中初步商定六点意见的说明

1946 年 3 月 16 日

一

中央并转毛主席:

(一)三人会议停了两天,美蒋两方都催问消息。今晚以中央元午电示与张治中作长谈,说明我军在东北所占的地方,目前决不能让,而且要等待政治解决。张治中谅解情况,承认我军地位,他要求对执行小

---

① 李富春、黄克诚、程世才、萧华,当时程任东北民主联军南满军区司令员,萧任政治委员。

组必须有任务规定方能出发,对之很重视。经多次磋商后,提出下列三项:(甲、乙、丙三项上次电告,不改。)

丁、政府接收东北主权,有权派兵进驻苏军现时撤退之地区,包括长春铁路线两侧各三十里在内。

戊、凡现时中共部队驻在地区,政府军队如须进驻,应经过商定行之。

己、以后东北驻军地区,以整军方案另订之。

(二)根据上述三点之戊项,完全依照中央及东北局意见,未答应任何我军现驻地区给国方。根据丁项,政府只能进驻现时苏军撤退地区,即沈阳、长春以及抚顺地区。但我军驻在抚顺、铁岭,故我们可根据戊项不让,而铁岭亦可作妥协条件。至于沈阳以南、以东及长春路以北非苏军现时撤退地区,完全不受丁项约束。张治中要求不提现时二字,我说如无此二字,即无时限,不可能有妥协。故现实问题,即派执行小组至沈阳商议,沈阳至长春(不含)段由国方接收,但铁岭还须协商,其他一切都不让。

(三)张治中所以愿意让步,自然是美苏关系转好,蒋亦不能打,对于东北目前只想占多少算多少。另,张治中二十日飞新,故愿意于现在办好此事,故宁愿承认我军现时一切驻区。

(四)根据此种条件及中央指示,我们可能承认国军可以接收沈阳。至于哈尔滨、长春路各城市,还稳得多,因目前苏联绝不会再北撤。至两侧各三十里,因是条约上的规定。

我们代表团考虑至再,觉得如再拒绝,等于我们一无让步,要使东北军队全部冻结。至长春以北及满洲里至绥芬河线,最好苏军不拒绝我接防,使将来更好谈判,我军亦可不必拘束。

(五)中央同意此三项否,请立电复。

恩来
寅丑

不遵守停战令的实际上是国民党军
1946年3月18日

　　整军问题。在政协会议中，军政部次长林蔚氏报告，政府军队现有三百八十万，要减到一百八十万，编为九十个师。但在二中全会中，同一人的报告则说政府军队及机关学校现有四百九十万，将来只减到三百四十七万，仍编九十个师，这和在政协报告中的数目比较，多出了一百六十七万。即去掉机关学校，仍然会多出很多，那就是所谓兵工总队，成为正规军的后备队或补充队。这是违反政协决议和整军方案中复员计划的，因这既不能减少国库开支，且将保持额外的一部分队伍，完全与复员精神相反。

　　停战问题。国民党二中全会在宣言上要求中共部队即速停止继续攻袭，但实际上究竟是谁不遵守停战命令实行继续攻袭？只要听到方才林、郑①两位关于广东、湖北情形的报告，就很清楚了。在山西，任何人都可看到，太原、大同的日军到现在还没有被解除武装，因为阎锡山氏还在利用他们攻打中共和解放区的军民。在华北、华中其他地方，继续进攻和蚕食中共地区的村镇的事，还在不断发生。

　　关于东北的情形，马歇尔将军在两个月前曾提议派遣执行小组去东北调处军事冲突，当时我们立即赞成，政府却在最近才同意了这个提议，可是又发生了执行小组的任务问题。我们曾提出了两个解决办法：一个是无条件派遣执行小组去，立刻停止一切军事冲突，并调查当地实际情况，把问题带回来提供三人会议解决。另一个更好的办法是先在重庆谈判关于军事、政治问题解决方法的一般原则，然后再派遣执行小组根据已经谈好的原则去具体执行。这两个办法，都还没商得结果。我们向来主张东北的内政与外交问题应分开解决：外交问题，过去一直是政府负责的，现在依然如此；但是内政问题，大家都有责任，必须用政治方法和平解决。这不仅仅是中共的意见，这也是其他民主党派和东

---

　　① 林平（尹林平），郑绍文。

北人民的意见。

《周恩来军事文选》第三卷,第84—85页

军调部致东北执行小组美方代表密令
1946 年 3 月

根据三月二十七日三人会议之指示,执行总部授予进入东北之执行小组下开命令:

一、一九四六年一月十日所发布之停战命令,规定政府及中共之正规军、非正规军、民团、游击队一律停止冲突,并规定除另有规定外,所有部队调动亦一律停止。该项命令规定准许政府军队进入东北,并在东北境内之调动不受限制,以恢复中国之主权。

二、东北之小组应执行上述关于停战命令之基本规定,而以下列各项为其指导原则:

甲、小组之任务,以调处军队事务为限。

乙、小组应在政府军及中共军区域内工作,并避免进入苏军驻留之地区。

丙、小组应从速前赴冲突地点,及势将接触或冲突之地点,使其停战,并依据停战命令中之基本协定作必要及公平之调处。为取得调处之基础,小组应通知政府军有权执行:

1. 占领所有村镇、城市及交通线上之要点。

2. 政府军单独管理所有公路、铁路、水上、空运交通,包括上述交通设备,两侧三十公里之地区。

3. 政府军得占领并管理所有工厂、煤矿、电厂及其他设备之地区。

丁、小组应向执行部迅呈有关执行上述命令之报告,并每日呈送有关东北情形之报告,包括小组对发生事件,及违反停战命令基本协定所采取之行动。

附:军调部对东北执行小组之指示

(中共所提第三次要求修改之条件)

（一）

由精选人员所组成之执行小组，应立即派往东北，执行下列诸指示：

一、小组之任务，仅限于军事调处工作。

二、小组应在政府军队及中共军队中设置，并避免进入仍为苏军驻守之地区。

三、小组应前往纠纷地点或政府军与中共军密接之处，以制止冲突，并作必要之调整。

记录：一切有关于东北政治军事各项问题，政府代表保证与中共代表迅谋解决。

（二）

由精选人员所组成之执行小组，应立即派往东北，执行下列诸指示：

一、小组之任务应根据执行部之命令达成之。

二、小组应在政府军队及中共军队中设置，并避免进入仍为苏军驻守之地区。

三、小组应前往纠纷地点或政府军与中共军密接之处，以制止冲突，并作必要之调整。

四、政府在接收东北主权时，有权派兵进驻苏军现时撤退之地区，即苏军现时撤退之沈阳、长春间铁路线及其两侧各三十华里在内。

五、凡现时中共部队驻在地区，政府军队如须进驻，须经过执行小组之商讨行之，如小组未能取得协议，则应由较高机构解决之。

六、将来一切军队在东北之驻防事宜，依整军方案另订之。

七、政府保证以政治协商会议各项决议之原则，立即与中共商讨解决东北政治问题。政府军队对于当地民选政府应暂维现状，不得有任何妨碍与干涉，以待政治问题之解决。

（5）马歇尔返美

马歇尔致蒋介石备忘录译文

1946 年 3 月 9 日

昨晚余接杜鲁门总统来电，命余立即返美参加会议，并盼余于十二日以前到达华府，但以多种原因，难以实践，因此余计划于十一日（星期一）晚离此启程。

顷据余之旧属沙利君将其于三月八日觐见杜总统时之谈话情形摘要告知本人，余因而得悉敝国总统有如下之观念与表示，余特以此消息奉告阁下，但非由于敝国总统之授意，因余以为阁下于此时得知敝国总统所持之观点，实甚重要，且余深信阁下对于本人此一非正式之举动必能严守秘密也。

敝国总统感觉不论吾人对苏联在满洲之企图所作之判断如何正确，而中国本身联合一致之迅速达成，实属极端重要，彼正准备支持此一目的，在各方面，无论政府或议会，均将尽其所能而为之。彼颇了解美国对于中国政府在金钱、物资及人力上充分援助之需要，彼觉余此时返美，对于促使美国国会与一般舆情在未来政策上之保持一致，将有其大价值也。

《战后中国》第 3 册，第 98—99 页

魏道明致蒋介石电

华盛顿，1946 年 3 月 21 日

主席钧鉴：马歇尔将军抵华府后，对总统所作报告，最要观点为钧座对于各方协商经过、差别，尽量让步，无可再让，而所遇困难，其原因多出于某方，认东北军事严重，对苏情形颇为强硬。美政府对我协助问题，现经慎重考虑，除紧急救急事业，如收复交通、购料借款已在办理外，对稳定币制借款，原则上亦可无问题。关于国防军事，则认现时应先于战后建设，美对国际局势政策，在军事方面，积极为万一之准备，海

空军复员,原较陆军为缓,其力量仍属充实,陆军则继续征兵法案,以为补充。在政治方面,则着重联合国组织,其理由除积极求问题之解决外,则因民众对苏情感虽劣,但美国如为任何一国,转入战争漩涡,殊不易得多数拥护,惟人民重视联合国组织,为整个和平所系,若此机构,一旦失败,美国成为当冲之一,虽至作战,亦所不惜。再据确息,原子弹秘密,已为苏方获得,但专家认其工业设备,与技术欠佳,非经长期不能制造。职魏道明叩,寅马印。

《战后中国》第3册,第100页

杜鲁门致蒋介石函译文

1946年3月29日

蒋主席阁下:马歇尔将军带交阁下三月十一日惠书敬悉。关于东北之紧急情形及中国一般情况之发展,马将军已为余详细说明。阁下对彼之推许,并以彼所负之使命极多成就,使余闻之欣感无已。彼正与余及敝国国务卿详商直接有关中国各项事务,并与其他政府负责人员,会商财务及物资援助之可能办法。马将军谓拟于三周内办完裨益阁下之工作后,首途返华。谨重申本人对阁下之无上之敬意,及本人对于贵国在阁下领导下复兴大业关切之怀。杜鲁门(签字)。一九四六年三月二十九日。

《战后中国》第3册,第102页

2. 第二次停战

(1)马歇尔回任

中国国民党中央宣传部致马歇尔备忘录

中国共产党于其四月二十一日函送政府代表并于四月二十二日发表之声明中,对于政府有数点之指谪。马元帅对于停止冲突协定及整

军方案实施之事实,均极明悉;因此对于中共攻击政府破坏上两项协定一点,实无多言之必要。关于其他各点,则事实如下:

一、共党声称政府迄未实行其四项诺言,实则政府业已逐步忠实施行。诺言之一为"人民享有身体、信仰、言论、出版、集会结社之自由。现行法令依此原则分别予以废止或修正。司法与警察以外机关不得拘捕审讯及处罚人民"。在战时所采取之各项紧急措施之法令,国防最高委员会业已分别废止或转饬依照法律手续予以修正。新闻检查之废止,即为显著之例证,凡此措施均已公布。诺言之二为"各政党在法律之前一律平等,并得在法律范围之内公开活动"。目下即系如此。诺言之三为"各地积极推进地方自治,依法实行由下而上之普选"。政府在凡可能实行之地点,均在进行。而全国适用此项原则,必须相当时间,且颁布宪法为此事之前题,亦不待言。诺言之四为"政治犯除汉奸确有危害民国之行为者外,分别予以释放"。凡共党提出此类人员之名单均经释放。在新疆之若干共产党员案件,新省政府改组后,张主席治中亦正在办理中。

二、共党声称国民党二中全会之决议违反政治协商之协议,实则二中全会,在其宣言及其关于政协报告之决议中,均公开表示赞同政协协议并坚定声明将予忠实执行。诚然,二中全会对于政协之宪法草案曾建议修改数点,但此修改意见之提出,系根据政治协商会议所商定"如有其他较好之宪草意见由党派临时协商定之"之明白了解。二中全会通过之修改数点并非完全硬性规定之决议,而为"交常会处理"之意见——此即交由常会与各党派会同商定。关于此点,政府现所采取之途径即系如此。

三、关于共党在国府所占之委员名额事,共党曾经建议在二十名中,共党应占十名(其他二十名政协协议应为国民党),此建议系在政治协商会议以外而非会议以内提出。政府认为此事应由其他各党派共同讨论,寻取一彼此满意之方式,因此自不能予以同意。但政府曾迭次催促各党派互相商讨,从速对于各党派在国府之名额获得共同谅解,惟各党派迄未获得。各党派乃请王世杰博士参加调处，但此亦无结果，无党派之人士遂建议以八—四—四—四分配（八共产党，四青年党，四民主同盟，四无党派人士）。政府以各党派既无法获得共同谅解，而无党派人士之建议又甚公正，乃赞助此议，并予提出作为一良好之解决。

但共党对此方案表示不满，声称共党及民主同盟必须取得十四名（共党十，民主同盟四），藉以获得在国民政府委员会中之三分之一之必需否决权。为解决此困难起见，政府又提议，政协协议规定涉及变更施政纲领之议案，须有出席委员三分之二之赞成始得决议，可将此项条款修改为十二票即可否决。如此则共党当可接受八名，民主同盟当可接受四名。但对此共党仍不接受。

至关于共党及其他党派参加行政院问题，则政府拟在国府委员名额解决后即与各党派进行商讨。

四、共党又声称政府欲增加国民大会名额，此非事实。要求增加国大名额者实为国民参政会，参政会为战时之惟一民意及具有代议性之机构，故参政会员认为彼等有权出席国民大会。政府曾将此问题向各党派（包括共党）提出讨论，并建议各党派出席国大之代表亦可比例增加。换言之，即共党与民主同盟仍将获得国大四分之一之人数之否决权。对于此项建议，各党派，包括共党，均已表示同意。

《战后中国》第 3 册，第 116—118 页

中美关于美国驻华军事顾问团协议（草案）（节选翻译）
1946 年 4 月 29 日

第二节　组成、职责和人员

第 6 款：顾问团美军人员数量由美利坚合众国政府和中华民国政府协商确定，开始时不超过 1000 人。

第 7 款：该顾问团应该包括陆军人员和海军人员，由一位团长负责，他应当是美国陆军或海军将级军官。

第 8 款：该顾问团的职责是向中国提供为完成本协议第一节规定

的目的所需要的有关地面、空中、海上和后勤工作事宜的建议与帮助。美国人员除了训练演习或巡航外,不得与中国军队或舰只随行。

第三节　责任和级别

第 9 款:在该顾问团工作的成员仍保留其美国陆军、海军或海军陆战队的军衔、军阶,并按其美军军阶着装。

第 10 款:该顾问团成员必须遵守美国陆、海军军规。

第 11 款:顾问团成员不得承担会导致中华民国政府负责的义务。

FRUS,1946,Vol. 10,pp. 831–836

马歇尔致蒋介石备忘录译文

南京,1946 年 5 月 10 日

事由:关于东北问题协定之可能原则。

俞大维将军嘱将余认为可能获致停止东北冲突协定之原则,作成书面建议,余因缺乏必要之认识,不能对该问题之政治方面作任何有保证之建议,余对军事上应予考虑之点,自较清楚。至于整个问题,余正考虑中共方面接受协定之各种可能性,虽然自四月二十三日以来,除于离重庆转致阁下所示之意见而外,余并未向中共提出任何建议,易言之,下列所提获致停止冲突协定之可能原则中之任何讨论,余并未向周恩来将军提及。

军事上之各项考虑

鄙意在东北政府军队之展开,不应根据对于苏联政府之可能攻击行动采取有效抵抗一点而决定,盖适合于此种性质之有力防御,其所需之足量政府兵力与补给即无法保持于东北,是以余意国军在东北之布置首应根据政府对共产党将来行动不可推测,及苏联政府对此而发生可能反响军力之展开,并应根据后勤及继续接济之便利。

以上两项考虑,似已指出国军力量之集中应在东北之南部,大部份集中于沈阳附近及葫芦岛以北。

另一考虑,即共产党大致将坚持重新考虑在东北之最后兵力,以增加其目前协定之共军一师、国军十四师之比例,余不知彼等之要求究竟如何,惟余猜测彼等将坚持一个军,倘确系如此,则国军在东北之总数可再加一个师,成为政府军五军,共军一军之比例。

倘此调整能予接受,则次一考虑即为此等兵力之最后分布问题,余对于该地区之政治意义及其他因素缺乏基本之认识,使余难作建议。骤然视之,政府应将兵力置于长春以南,并同意将共军置于哈尔滨以西至满洲里之地区。俞大维将军曾坚持以国军一军分配于长春满洲里之间,以象征中央政府之权利,余意此种布置,即自象征之观点,亦甚软弱,且将阻碍谈判,况即使同意,亦将为以后继续扰乱之根源。余意政府最好能在原则上接受共军一军,视为政府兵力之一部分,并同意驻在该地区。

关于沿铁路兵力之布置有三点应予以考虑:第一、为中苏条约之条款,中央政府自国际之观点极愿严格履行;第二、为苏军在东北至少由其消极之行动,曾使中央政府甚难履行其条约义务之事实;第三、究竟有关铁路之该项条约关系是否竟极端重要,是以宁可进行危险之内战,而不愿对该协定之执行予以通融,或此事之重要性使政府宁可放弃收复东北大部分势力之可能性,而对于条约中之协定,不愿予以通融。

目前军队之情况,余觉倘在获致停止冲突协定之可能原则以前,国军向长春北进,则获致协定之希望即甚微,除非能击毁在东北之共党军力,此点余意非政府力量所能及,万一国军北进而被击退,则政府之地位,余恐将受严重之打击,且除非接受大损政府威信之牺牲,即无法达到和平之解决。

余尚未得通知是否共党接受阁下所提共党自长春撤退之提议,并同意在签订任何停止冲突协定及有关将来军力分布与政治改组谈判开始以前即由政府军占领长春。据余之印象,中共不能同意由政府军立即占领长春,余不知彼等是否能同意将兵力撤出长春,但余希望能劝促使其同意与阁下对该点之提议,并诱导其接受关于实际占领长春之妥协办法;倘能如此,则余提议此问题之解决,可采取组织调处执行部前方指挥所之方式,该指挥所设在长春,在与当局谈判组织保安部队时,即控制该城,并采取关于铁路交通及恢复地方秩序于常态之必要措施,最后由国军占领长春之协定或能达到,假定在谈判获得协定后三个月之时间内。

阁下曾指示由余以阁下名义转达周恩来将军之条件不能有任何通融之处。惟以余观之,倘对于该项提议不能于最近数日内获得同意,则中央政府应设法觅求可能接受之妥协原则,结果必大有利于中央政府,因余觉"时间"绝对有害于中央政府而有利于共产党也。华北之局势,已濒于严重之破裂,必将牵动大规模之内战,余亦极觉忧虑。

政治上各项考虑

余因对此类问题并无确切认识,因而提出建议甚觉踌躇。据曾往长春与共党各首领作长谈之美国记者报告,在东北之政治军事及宣传机构已在长春设立,并曾举行具体而微之选举,为东北九省中之八省选举省主席。据余与民主同盟代表及余与周恩来将军已作之谈话观之,东北政治委员会及经济委员会之改组,似能便利其他之谈判,显然需要者即勿使军事机构控制委员会,而共党及东北居民均有代表参加委员会,余认为倘其他集团能有合理之参加,则委员会由政府控制当能接受。

共党曾确切声明将坚持在谈判后决定东北将来之政治解决办法以前,已经选出而在其监督下之地方政府应继续有效,余推测共党在最后解决办法中,大致将努力保持此等地方政府之一部分,而关于省主席问题亦将坚持有代表参加。此处,余特别缺乏必要之认识,藉以提供准确之建议,但根据地图推论之,此类问题之妥协或与将来共党兵力分布之地区有关,即嫩江、兴安、辽北及黑龙江各省,共党势力如此集中,或可认为于我不利,但权衡之际,应考虑倘无此不利,则共党势力分布全地区之可能影响如何?诚如阁下所知,将不可避免的在边界与苏联势力相接。鉴于目前在长春以北之东北各地共党已建立其控制权,余恐彼等之要求必甚苛高,但吾人必须面对此一问题,除非将东北之大部分完全放弃——余意此举将引起华北之完全破裂。

　　一般意见

　　综合以上所及各项，政府在军事上有确切而严重之弱点，共军则占战略上之军事优点，且中国人民渴望和平，而世界各国之人亦均渴望和平，在此情况下，俞大维将军所谓政府为谋取和平所作之妥协，在心理上，将有害于政府之威信一点，余不能同意。反之，余认为倘有必要时，采取利用在长春设调处执行部之妥协——不仅派一小组——正足以昭告世界，阁下正在尽一切努力以增进和平，且所运用者为此目的而组设之机构。

　　关于立即设法停止冲突一点，尚有一个问题，即苏联政府是否将反对美国参加，对于小组进入东北之事，余尚未见有何被仇视之迹象，余觉美方调解之必要性甚为明显，即使引起苏联政府之反感或坚持参加，亦不能顾虑矣。

　　最后，谨提供此一意见，即某种之妥协，必须获得，且应迅速获得，否则中国无论在军事上、财政上及经济上将陷于混乱之状况。

《战后中国》第 3 册，第 120—124 页

蒋介石的两面作法和我们的方针
1946 年 5 月 13 日

中央及叶罗[①]：

　　一、目前蒋系有意识地走向战争，但作法尚保存两面，其原因：

　　（一）由于我方力量强大，国方有愈打愈乱而且前途有垮台危险。

　　（二）由于民穷财尽，人民反对战争。

　　（三）由于国际形势不许，特别是马歇尔所代表的美国政策尚未支持蒋之全面内战方针。唯于东北问题，美马对苏联及中共却具大疑惧，其本身亦急欲插足东北，故对蒋之接收长春主权虽不公开主张，但亦不

---

　　① 叶剑英，罗瑞卿。

反对,而且助其运兵。因此蒋之作法,在关外则强调接收长春,在关内则极力向我挑战,在政治则国大无限期延期,先用全力肃清后方,而口头则说遵守政协决议,坚决实行整军、复员、改组政府及国防部,企图以此骗取舆论,争取美国,造成我欲内战之印象,以孤立我们,便于达到其发动全面内战之目的。本此分析,我之方针当然应据实揭露蒋之内战方针及挑战阴谋,放手动员群众,坚决准备自卫并实行还击,但同时也应避免挑战,不受挑衅。

二、目前形势亦极严重、复杂而微妙。

(一)美、苏在世界尤其远东问题上,尚在避免武装冲突。

(二)苏联在形式上尚避免直接牵入国共冲突之中。

(三)美马与蒋对中国内战看法尚未一致。马一方面认为蒋只要拿下长春,便可停战,另一方面也怕万一长春之战旷日持久,引起关内战争,那便全面破裂,又非美国之愿。蒋则认为,只要美马不反对拿下长春,便可能在打下长春前挑起关内战争,那便拖美下水,不容马不赞成中国内战。

(四)美国如公开赞助中国内战,并帮助蒋军火借款及运兵,这无法在国会及人民中通过,故马仍企图经民盟劝中共让出长春,然后停战、借款,实行美化中国。而蒋则企图在形式上改组政府,迁就美马建议,表示他愿意和平统一,以便骗取美国军火借款到手,然后大战。

(五)蒋现从各方面宣传我欲内战,我欲独占东北,不欲实行政协决议,而得寸进尺永远不会停止,最后必然反美、反国、反民,打倒一切,以此来离间美马与中共及民盟各方与中共之关系,造成分裂局面。美马对此颇受影响。民盟分化也非不可能。

本此分析,我之策略当然应坚持与扩大和平民主的统战政策,不放松任何一种矛盾的利用,以避免自己孤立,对美马仍尽力争取,至少可麻痹一时,以推迟内战危机。

三、目前蒋之两面作法:一面向马说拿下长春便停战协商,另一面却不急打长春,反而回打南满,准备引起关内战争;一面故意忙于改组国防部及整军,借图骗取美国军火借款,另一面却在积极布置内战,向我挑衅;一面表示急欲实行政协决议,另一面却推翻和变更一切协议,使任何协商都无结果;一面欢迎美国调处,另一面却背后破坏一切调处。此种作法的唯一目的,便在骗取人民,争取美国,把中国拖入内战深渊。这种危险现在正在增长。

四、目前我之对策在上述我之方针与策略下应进行:

(一)在东北,坚守四平长春之线,准备大打并彻底破路,广泛游击,使蒋回打南满作法失其效验。

(二)在关内,坚守自卫原则,准备有力的还击,但不受挑衅,每遇冲突或国方阴谋布置,即坚决揭穿并立即进行调处,以免爆发或蔓延。现时中原事件协议后,我拟再去淮阴、南通一行,北平叶、罗也可提议去永定河、白河间调查调处,如此既可证明移动是事实,又可使内战推迟,而且表明我之积极反战态度,也便于我之动员。

(三)对美国,仍以争取为主,批评为辅。适当与严正的批评应在个人谈话时多多为之。公开舆论(不限制我们自己)应要求其停运、撤兵及督促国方停战,并表示其应公正调处。各地停战小组起作用者,与美工作关系亟谋改善。

(四)南京、上海已成为反动舆论中心,谣言之盛超过重庆。故我党在京、沪均应有报纸才便作战与动员群众,否则处在围攻中,我无还手机会。现正筹备在上海出大张,南京出小张,均日报。机器已运下,唯经费必须请中央即拨。

(五)昨日见王、邵、孙①,均主张速开谈判,我意谈固不难,但解决问题非形势好转有国内外新压力不易实现。

五、前途在目前看来真正好转绝无可能,全面破裂尚有顾虑,但危险已增长,半打半和也许较多,最后要看力量的变化和对比来决定。然即使能和也不会安定,必然仍在不安定的斗争中对峙下去。要动员群

———————

① 王世杰,邵力子,孙科。

众,以待决战。

六、上述意见对否,请中央指示,并告北平,以便配合工作。

周恩来

辰元寅

《周恩来军事文选》第三卷,第115—118页

蒋介石致军事三人小组会议及军调部电

1946 年 5 月 20 日

南京军令部徐部长转军事三人小组会议、北平郑厅长转军事调处执行部公鉴:四平街为辽北省之省会,国民政府所任命之该省政府本已于三月间与长春、哈尔滨、齐齐哈尔等各省市政府,皆已先后完成其接收之任务。不料共产军队在苏军撤退之初,当我军未及接防之间,竟用武力攻取四平街、长春等中长路沿线各重要都市,明目张胆,破坏停止军事冲突等各种协议,甘冒不韪,阻碍国民政府接收国家之主权,必欲使我国领土主权与行政分裂而不能完整。此种行为,势将促我国家回复至战前次殖民地之地位,而陷我民族于万劫不化之境,亦将无以安慰我十四年来为抗战所牺牲之军民先烈在天之灵。每念及此,痛心盍极!今我军虽已收复四平街,但仍一本政府宽大为怀,以和平统一之方针,遵守停止军事冲突与军队整编方案等协定,听候军事三人小组会议之和平解决。如共产军队果有和平解决之诚意,自应听候军事三人小组会议之调处,只要将其共产军队自动退出长春等我政府前所业已接收之各地,而由三人小组或执行部负责调处,则我军极愿竭诚接受其调处,求得和平之解决,以期贯彻我政府政治解决与和平统一之政策。甚望共产军队能翻然悔悟,切念其豆相煎之痛,同懔骨肉相残之耻,为国家多留一分元气,为人民保存一线生机,从速履行停止冲突协议,遵守整编方案,化干戈为玉帛,化戾气为祥和,团结合作,完成革命建国之使命。是所盼祷。

《战后中国》第 3 册,第 126 页

周恩来覆马歇尔备忘录

1946 年 5 月

周恩来将军对于委员长五月廿四日所示停止冲突条件之意见。

政府军进入长春以后,倘政府愿根据其一个月前所声明之长春一经解决即可停战之声明而恢复谈判,则此正其时矣。事实上,吾人对于委员长希望迅即停止冲突恢复和平之表示,甚为欢迎。为遵照此项愿望计,本人所提令饬北平调处执行部立即派人前往长春负责停止冲突之建议,谅必能获得阁下及政府之同意也。

至于三项协定(停战协定、恢复交通协定、整军计划)在原则上,我人同意应立即实施。同时本人认为应订立第四协定,即三月廿七日三人小组所获协议(执行各小组进入东北之命令)亦应签订。

蒋夫人函之第四节(步骤问题)涉及细目及性质广泛,本人无法即得延安之训令,故只能表示余个人之意见,藉作答复。

甲、谈及接收东北之主权,在目前究竟包括何种意义,余并不明白。倘指苏军驻防各地之主权,则事实上苏军已自东北撤退,政府完成接收手续已有相当时日。倘指军队之分布,则应俟三人小组讨论东北复员及整军计划时再行决定之。倘指东北之民事行政,则余提议可改组东北政治及经济委员会为一民主的东北临时行政会议以求解决。

乙、关于修复铁路恢复交通,余同意根据恢复交通协定,铁路之修理应立即开始实行;同时,余愿与交长俞大维将军开始谈判恢复通车、铁路行政及恢复一切交通之细目,最后提请三人小组核准。

丙、关于美方军官享有决定权问题,余将根据阁下以前之建议继续努力,使各小组美方代表对于进行调查之步骤有最后决定之权。

本人已尽思竭虑,提供上述各点作为答复,倘蒙赐示卓见,无任感祷。周恩来。(签名)

马歇尔致蒋介石函译文

1946 年 5 月 26 日

今(星期日)午接奉蒋夫人来函,敬悉阁下五月廿四日所示之条件。余今日已与周恩来将军作三小时之会议。彼将于今晚提出一项声明,以阐明共方对于阁下所声明一般条件之同意及认可各点之细目。关于政府接收主权之步骤及阁下第四节(丙)项所建议授权与美国官员之限度,彼尚不能做确切之表示。

谨先述余之观感及建议如下:

甲、周将军与余共同建议调处执行部应立即派一前方小组进入长春并即驻在该地。

乙、余敦促阁下立即下令国军在下令二十四小时以内停止前进、攻击及追击,并宣布此一行动之目的在促进阁下停止战斗及以和平谈判解决问题之愿望。余觉继续阁下目前军事上之推进,徒足招致国军初入东北时所遇不幸结果之重演,及在长春共党首领最近之敌对态度。况在此时而作其他举动,则与阁下最近向共党所提之建议相反矣。

丙、请詧核尊函所提余愿否保证共党之诚意一点,"保证"一名词如何解释并祈赐示。

丁、问题,阁下是否有意给予北平美方委员以全权,使能决定双方委员所不同意之一切事宜。此举自能推进工作无疑,惟余觉事实上将使美国人寖至美国政府负责决定甚多即将发生之重大问题,其范围似觉太广。是否可将美国人之最后决定权,限于特定之事项。例如各小组应于何时前往何地、如何出发、接见何人以及涉及地方之决定等项;在长春方面之紧急措施以及有关在东北停止冲突之事宜,美国人亦有最后决定之权;各小组及小组主席提呈调处执行部之事宜,以及有关恢复交通之事宜,亦有决定之权。在上述各项中,凡一切有政治性之事宜,除非以后协定中有特殊规定者,均应除外。

蒋介石覆马歇尔函

1946 年 5 月 28 日

马歇尔将军阁下：余对阁下二十六日之提议，甚为赞同，惟应研究如何能促使其从速实现，以期达成阁下调解之使命，而使今后再不发生如过去五个月来所遭遇之苦痛与悲惨之经验，则不能不先求得其确实之保证，与实施其各项协定具体之办法。否则一如过去，仅凭几个原则，抽象而空洞的一个"无条件的停战协定"之名词，徒使局势恶化，战争蔓延，不仅使中国危急，人民困苦，与政府崩溃之险象日增一日，且使美国对援助中国和平统一之政策，亦将背道而驰，无法完成也。故余不得不对阁下重申一贯之主张，甚望阁下谅察之。

一、周问接收东北之主权如何解释一节，此即可明了其共党对调解与和平之诚意如何矣。此种根本问题，如共党若非预为其曲解"接收东北主权"之用意所在，则自无发问之疑义。余曾与阁下明言，吾人应对所有协定不只在文字上，并须在精神上皆应澈底履行，不应作如此无谓之巧辩也。余今只就狭义方面，简答如下：自苏军进入东北后，在我国主权有关事项，尤其在中苏友好协定中所规定之事地物等项，无论其撤退以前有否正式交给国民政府，或在接收以后复为共党非法武装所夺取者，皆应为我国民政府所收复，自无待言。此乃实现中国在东北之领土主权与行政完整之第一步骤，亦为我政府收复主权最低限度之职权也。尤其是长春铁路全线及其两侧地区。无论为对外条约之信守，与对内交通之统一，更应由国民政府完全收复。此当为东北问题之先决条件也。

二、关于周所谈修复铁路恢复交通一节，吾人再不可以其"立即开始"与"开始商谈"等徒托空言之巧妙名词所眩惑，使之重演其延宕不决之惯技。余对阁下应切实声明：此一修复铁路恢复交通之问题，如无具体实施办法，若共党不从事实上表现其再不阻碍修复铁路之诚意，则一切问题彼所谓"三项协定在原则上我人同意应立即实施"等等之美妙名词，吾人绝不能置信；否则彼以为吾人真为可欺，更无解决问题之可能矣。余以为此一问题，必须由美国代表能负其责任，并赋予美国代表有决定之权能，及确定一定之期限内，以保证其实现，此乃为其对一切协定有否诚意实施之试金石也。

三、关于美国代表所有决定权之问题，阁下如为顾虑美国外交政策与中国内政之关系，不愿范围太广，余自谅解。然此为调解者之义务与责任问题，如双方既承认美国之调解，应予调解者仲裁之权责，自非干涉内政可比。今阁下以为美国代表决定权，只可限于特定事项，余亦甚赞同。而对于修复铁路恢复交通之执行权及其责任，必须由美国代表保证之，此则余不能不特别声明与恳切要求也。

四、阁下希望余对国军下令使之停止前进攻击与追击一节，自为余最大之宏愿，亦为余唯一之目的。惟此一问题只要阁下能使从前所订立之整军协定，先在东北提前实施，并即规定实施之具体办法，则我政府自可立即停止军事行动，而长春执行小组自亦可于此时成立方能有效也。但政府尚未接收主权之地区，以及已经接收而被共党非法武力所夺取之各地，必须先派行政官吏及其足敷维持治安与交通之军警，分赴各地依法接收，而共党不得从事阻止，此为政府接收主权最低限度之办法也。

五、阁下要求余解释保证共党诚意一节，其"保证"意义如何，余可直答如下：即"停止军事冲突协定，恢复交通协定，以及整军方案协定，凡阁下所共同签字之各种协定，皆能由阁下规定期限，负责实施"。并促使共党切实执行，而不再加破坏与延宕是也。蒋中正。中华民国三十五年五月二十八日。

《战后中国》第 3 册，第 135—137 页

（2）六月停战令

蒋介石为颁发第二次停战令发表之声明
1946 年 6 月 6 日

蒋主席三十五年六月六日宣布：余刻已对我在东北下令，自六月七

日正午起,停止攻击前进及追击,其期限为十五日。此举在使中共再获得一机会,使能确实履行其以前所签订之协定,政府采取此一措施,绝不影响其根据中苏条约有恢复东北主权之权利。

下列各点必须在此十五日内获得完满之解决:

(一)完全停止东北冲突之详细办法。

(二)完全恢复国内交通之详细办法及进度。

(三)获得一确切之基础,迅即实施本年二月二十五日有关全国军队复员、整编统编之协定。

《战后中国》第 3 册,第 175—176 页

蒋介石致马歇尔函
1946 年 6 月 6 日

马歇尔将军阁下:阁下五月廿六日大函所示之建议,余根本上极表赞同。为使阁下建议之意见及目的更为明晰起见,特为提出下列数点。尚祈詧照。余过去五个月来所获痛苦之经验,使余于应付共产党时更为准确切实,诚盼阁下对于下述各点予以充份谅解与支持。

(一)阁下建议余令国军停止前进、攻击及追击共党,此固不仅为阁下之愿望,余最近前往东北时,亦抱此心愿也。是以,余今日已下令在东北之国军自明日正午起至六月二十二日正午止,在此十五日内,准停止对共党之一切攻击、前进及追击。并盼在此时期中对于业已签订各协定之详细实施办法均能完成。惟须请阁下自共党方面获得保证,将整军协定立即在东北首先实行。并请阁下在此时期内议定实行二月二十五日所订整编及统编军队之整个计划,并将实施之具体办法示知为荷。至于阁下暨中共代表所建议派遣执行部前方小组往东北一节,自可派往长春先作准备工作,俟具体办法解决之时再行开始其任务。

(二)关于修复铁路及恢复交通一节,余认为有关此事之决定权,应赋予美方代表,即由其决定最后完成修复之时期及进度。否则,即无从保证其实现。

（三）余特为强调一点，即政府接收东北主权之神圣职责不应久延。是以，一月十日停战协定中所规定政府对于收复主权保持自由行动一点，应始终予以维持。例如，倘共党仍继续其目前所为，在长春以南之海城附近攻击国军，则国军仍有保留其反攻之权。此则应特别声明者也。一九四六年六月六日。

《战后中国》第 3 册，第 176—177 页

蒋介石致马歇尔备忘录
1946 年 6 月 21 日

阁下与本人昨今两日商讨关于停止前进攻击追击之前令展期事，本人已作下列之决定，兹特以书面奉告阁下如左：

为予中国共产党更大之机会，对于停止军事冲突恢复交通整编军队及军队驻地等问题，期得完满之解决，余刻已命令前方指挥官对于停止前进攻击追击之前令，其有效时期延长至本年六月三十日中午为止。

今晨与阁下所谈中共军队必须在本年七月一日以前由胶济铁路两侧撤出三十公里以外地区一节，务须办到。已饬徐永昌将军向周恩来将军提出矣。蒋介石。

《战后中国》第 3 册，第 184 页

马歇尔致蒋介石备忘录
1946 年 6 月 28 日

兹遵嘱将本人对于整军方案商讨现阶段之意见奉闻，阁下当已知悉，在过去数日，本人曾竭尽一切方法并获得妥协条件，以谋双方距离之接近，昨日辞别阁下后，曾两度与周恩来会商。目前本人发觉共方对政府要求共军完全撤出苏北及撤出承德甚难同意，又共方坚持凡共军撤出之地方政府，在政府改组之前，不受阻扰，关于共方对安东省之态度，及是否欲驻牡丹江，而不欲驻延吉一点，本人尚不知悉。关于苏北及安徽共军驻地问题若不顾及地方政府问题，则余以为下举办法似可

为妥协方案，即共军由淮安以南及宿迁至淮安一段运河以西地区撤出，如此则可解除南京、上海一带之威胁，共方似可承诺于四周至六周内撤出上项地区（但周恩来谓尚未取得延安之同意）。山东方面似可使共方承认由胶济铁路全线撤出，最近共方提议在益都驻兵一师。关于胶济线共方必坚持限制国军兵力及驻地，周恩来提议一个师驻济南，一个师驻潍县，一个师驻青岛，此项兵力何时驻入一点，尚未谈及；惟政府坚持共军须十日内撤出胶济线之主张，则曾提及，共军撤退后该区内地方政府问题，将仍为争执之点。平汉线共方似欲坚持邢台驻兵一师，依照政府之原案，允许共军在平汉线东西邻接地区驻留，实则彼等即可控制该线，故照共方之修正，似可接受，而不致影响政府之地位；在此地区内共军一个军中之其他二师，共方主张在整军第一期内，一个师置于菏泽，一个师置于长治，此不符合政府之主张，惟余亦觉政府似可接受，因对政府地位并不十分威胁。共方欲在同蒲线上之闻喜驻兵一个师一节，本人与周恩来尚未曾谈及，故不知周对此点坚持之程度如何，今日余当与周谈到。关于承德，余发现共党方面有坚决之意志，不肯让步，对古北口之态度，是否如此，则非余所知。余恐此点将为使谈判失败之致命打击；参考地图后，如稍事忽略，北平——承德——朝阳铁路之重要性，则政府方面实已占有叶柏寿、凌源、平泉及路线西端之怀柔，及古北口西南之密云，相对的共党则占领平沈路锦津段西北之全部地区。阁下为何不能考虑共军撤离古北口及平朝铁路以东及以南之地区，俾政府方面通东北之主要交通线获得相当安全；如是则共军在热河之南面界线，将经过丰宁及察省沽源，再沿察哈尔之外长城而西，一如阁下最近所建议然。余对于东北问题之讨论，因时间限制，颇为简短，但内中有两点颇为重要，余曾述及，余尚不能断定共党是否能接受劝告，放弃安东；余更未讨论彼等在洮安（齐齐哈尔南）驻一个师之请求。余曾问周恩来何以共军愿在牡丹江驻一个师，而不愿在政府提议之延吉。彼答称：延吉附近韩国难民麕聚，故不愿驻军。由周恩来昨日语气，共方似愿接受俞部长所谓一仅有形式之兵力驻于哈尔滨，以代替现在

"哈尔滨驻一个师及一个军部"之要求。共方对政府容其三个师驻留东北方案之拒绝态度(即由五个师减为三个师),究坚持至若何程度,现在余尚不能报告。余并未向周恩来提及,假如政府允许委任若干省政人选以后,共方愿作更大让步之可能性;但余颇信彼等对政协会议之重开及制宪讨论之正式开始,极有兴趣。阁下曾云:军事协定以后三、四个月内,不致考虑政治讨论。余以为此一搁延必将招致新的军事冲突及破裂,阁下欲利用此时间以测验共党之和平诚意,余则以为在紧张之目前政局正常反应下,此举将造成战事之再起。余以为在六月三十日正午以前,欲求完成一对二月二十五日整军协定详尽之正式修正方案,似已不及。在过去余所主持之三人会议中,常有因一句措词而辩论一小时以上者。现在对获致一般协议而欲确定最后方案之词句,则非一周时间不能完成,或许延至十日亦未可知。同时余不相信停战命令之再度延长可顺利实施,而使今日之形势不至破裂。故余建议吾人现在准备一个协议,内中包含各项主要问题,且具备足以充份保障政府权益之细目,庶几可在六月三十日宣布停战。

《战后中国》第3册,第186—188页

蒋介石与马歇尔谈话纪要

1946 年 6 月 30 日

时　　间:民国三十五年六月三十日上午九时半至下午一时。

地　　点:主席官邸。

主　　席:昨日与周恩来代表谈话结果如何?

马将军:中共不能接受政府建议,彼云如接受,中共将不能继续存在。

主　　席:昨日阁下与周恩来代表之谈话记录,余已看过,关于政府所提条件,除下列两项须修正外,馀无意见:(一)苏北中共部队应于一月内撤至陇海东段以北;(二)临城系指临城枣庄路段,临城现在政府控制下。

马将军:苏北中共部队一月内撤至铁路线以北恐难办到,余觉除东北外,政府条件颇苛。

主　席:此非政府要求,乃在求解决整个问题,政府认为最低之安全条件,所谓整个者,东北与东北以外地区连同一体,关于东北,政府让步颇多。至于热察及关内亦系政府认为最低安全条件,并非要求,此事曾与阁下谈过,想尚能记忆。

马将军:余尚能记忆。

主　席:为表示让步求得解决问题起见,余兹假定暂不提承德问题,昨日所提其他条件:(一)苏北共军于一月内撤至陇海东段以北。(二)共军于十日内撤离胶济线。(三)于一个月内撤出安东省。(四)一个月内撤出承德以南地带。(五)所有撤出地带,地方政权交与中央。上项各条件,如我方暂不提承德问题,中共是否可同意?

马将军:余意中共不会接受,兹分别陈述如下:(一)交出地方政权为最大困难。(二)苏北如分两期撤至陇海东段以北,第一期于一个月内撤至淮安县以北,第二期三个月或六个月撤至铁路线以北,中共或有接受可能;一个月撤至铁路线以北,余料中共不会接受;中共军队在苏北已有相当时日,将撤退区政权交出,必甚困难。(三)撤离胶济线十日或办不到,如延长至一个月,或可接受;将此区内政权交出,问题较少,因沿铁路线地区不久前尚在政府控制下也。(四)安东省或无问题。(五)撤出承德以南地带,中共事实上已接受,惟(四)(五)两撤退区交出政权,亦是问题。

主　席:中共撤出承德以南地带,阁下原建议系三个月,政府条件为一个月。

马将军:此系缩短时期问题,关于撤退一节,中共事实上已接受。

主　席:关于地方政权问题一节,余欲特别声明,一政府之下不能另有他政府,一国家之内不能另有他国家,如此政府不成为政府,国家不成为国家。现苏北区被迫逃出难民甚多,情况极惨,如中共不将政权交出,数百万难民不能还乡,保民为政府责任,全世界皆然,现数百万难民不能还乡,国民政府对中国人民将何以自解。中共如此不近情理,使政府不成为政府,国家不成为国家,如此余宁中共不撤出苏北,不愿撤出后又保留中共地方政权,使流离失所之难民不能返乡。余为国家元首,不能尽保护人民之责任,内心惭疚,不可言喻,阁下当亦能谅解也。

马将军:余深知主席困难,余亦极同情难民,但为难民还乡问题或致酿成全面战事,甚不值得。

主　席:此问题只须中共合理近情,并不致发生全面战事。

马将军:余深觉政府利害自应充分顾虑,但此问题总须求一个解决方式,余昨曾有建议,与周恩来代表谈话时余又想到,或由政府军政负责人与中共讨论,余提及陈总长与王部长,周代表提邵力子先生,即交彼等讨论如何?

主　席:此事余尚须考虑,余意此次无论签订何种协议,务须求其可行。如签订一协定而不遵守实行,不但背信,且丧失人格。以过去数月之经验而言,以前所签订各协议,因中共无诚意,不守信义,等同废纸,例如一月十日停战协定,中共迭次破坏。余敢言余部下或有少数不遵行者,阁下应详知余确遵守协定,向未命令攻占任何城镇。而中共则反是,例如中共攻占四平街、长春。六月七日政府颁布停战命令后,中共或派兵攻占我城镇及战略交通要点,或集中兵力威胁各该地点,此皆大规模军事行动,中共部队未得最高级命令,何敢如此妄为?

马将军:关于此事余愿将余之"因果"分析贡献于主席,中共在东北将其实力估计过高,竟以武力攻占四平街、长春,其结果为国军击败,现中央亦有人将国军武力估计过高,自国军占领长春及以后继续扩张战果后,余即知中共必有军事行动。六月七日政府颁布不攻击命令,此命令须二日后方能到达前线,故中共截至九日止之一切军事行动,尚可解释为占领长春后之反响。惟自九日起中共在山东及山西,或攻占城镇,或威胁要点,或毁坏交通,余认为暴行并极愚笨。余曾坦白将余之意见告周恩来代表,但吾人不要忘记,中共对政府甚为疑惧,中央大会常发表不信协商能成功,非武力解决不可之言论。……此徒增中共疑惧之心理,而于事实无补。

主　席:本党对党员统制不如中共之严密,本党党员皆有言论自由,近数年来,中共对余极尽侮辱,谓余为独裁者、法西斯主义者、与日人妥协者,关于此种侮辱,事实俱在,不待辨明,阁下亦深知悉。余决于十月中召开国民大会,还政于民。(译至此马帅颇为感动)圣经中有言须饶恕罪人应饶恕七十个七次,余所忍受已远过此数,惟余系为国家忍受一切,在此情况下,即余之友人亦必愤怒,何能过责余之部下,彼等之言论并不代表政府意见,亦不能左右余之意旨。

马将军:在美国敌党攻击政府有过此者,惟中国元首尊严,情形不同,中共态度余亦不韪,但普通人民可任意发表言论,政府高级官吏如发言太随便,则使人疑系政府意见。美国人民皆可批评美总统,惟余本人在参谋长任内,即不能如此。

主　席:本日所谈如假定暂不提承德,中共是否可接受其他条件?阁下既云中共不能接受其他条件,此事可不再提。

马将军:此事当遵照尊意,不告知中共。

主　席:本日十二时停止攻击命令失效,惟政府仍愿继续以协商方式解决一切问题。兹拟有备发布用之文稿一件,阁下愿否一阅,阁下如有意见尽可将此稿修正。

马将军:余甚愿一阅,并当遵命修正。惟在未阅之前,先申明愿文稿之措词使调解人更易调解,而不增其困难。(马帅将稿修正后读与主席听)

主　席:关于整军与规定驻地两问题,是否须规定一时期,限期讨论完毕。

马将军:余意可不必,如时期太长则失意义,太短再延期对外似不甚好。余意以不定时期对政府较为有利,余当负责通知周恩来代表,此事应于最短时期内讨论完毕。

主　席:此事余尚须考虑。

马将军:余深感激今日主席对余之坦白谈话,余对主席对国家之责任心尤为钦佩。

《战后中国》第 3 册，第 190—194 页

马歇尔与周恩来会谈摘要

1946 年 7 月 8 日

周:兹提四项文件一事:在上周与政府代表会谈时,余所遵循之途径,一如以前与阁下(指马歇尔将军)商谈时所遵循者,余正尽余最大之努力以求得协议。

政府之立场,与中共人员须无条件自苏北完全撤退至陇海铁路以北;而我方之立场,则为地方行政不能破坏,此为我方之基本态度。因此两党各自坚持己见相互对敌,而解决终不能得,"商谈"者,实含妥协之意,否则吾人将仅仅获得僵局耳。我人深恐当苏北艰困解除之后,吾人又将重覆胶济铁路之情形,地方行政事项与随之而起之政治问题,为此种种原因,吾人认为问题之解决,应该遵循政治协商会议之决议。即问题之解决,须在政府改组之后,并应整个予以解决,而不逐一解决。

因此余建议关于军事问题,吾人亦可试拟若干办法,以助三人会议作最后之解决。苟委员长真相信苏北中共武力威胁南京与上海两地,余早作让步,即中共武力将于第一期内缩编为两个师,而于第二期内缩编为一个师。余并曾作进一步之声明,对于军力之进一步缩减,吾人愿考虑作进一步之让步。但余必须明切声明,此项让步绝非完全撤退,而仅为缩减而已。

政府代表亦认为此事属于军事范围内,故已不在彼等权利范围之内,遂未作何答复。为此原因,我人未能获得一暂时之解决。

政府代表曾明白表示,彼等并无定规方案,唯对余所提之定规方案,则又认为不能接受。余之建议为:第一、中共武力可予缩减;第二、关于难民问题,各县将组委员会以应付之;第三、地方行政问题,将于正式停战或改组政府为联合政府后予以解决。唯届时应作整个之商议,包括所有中共区域,而非零星逐一商议也,否则临时过渡办法亦可拟

定。唯政府对此建议,完全拒绝,而在另一方面,又不能提出反建议。彼等之立场异常坚硬,务须吾人接受其提案,即全部撤至陇海路以北是,唯如此,彼等方愿商议撤退之技术问题。此种办法实如要吾人接受之命令而非提案,故我人无法继续商谈。最后,吾人同意由政府代表向委员长请示,而由余向延安请示。我人亦谈及将整个问题送交三人会议解决之。

马:商谈是否已经停止结束!

周:余与马歇尔将军之看法相同。(指商谈已结束)在星期六晚最后一次会议后,邵先生与王部长即晚往谒委员长,关于会谈经过作详尽之报告。据邵先生谒委员长后告民主同盟人士,委员长并未作肯定之指示,听报告后即离去。

马:似乎情形又转回到余身上矣。

周:在最后一次会议时,陈诚将军曾偶然提到如果商谈不能获致协议,则整个问题,将送回三人会议与马歇尔将军解决。王部长继称,还以先向委员长请示为妥。

中共方面认为,解决此项问题,厥有两项办法:第一、务先拟出一妥协方案,以求解决;第二、暂时搁置此一整个问题,即依特别文件(按原文字面译此)内第七节,吾人可以删去一切有关地方行政之问题容后再谈。如吾人能拟出一些办法,则四项文件即可签字,而对于整个局势,将最有利。欲达到此一可能性,余认为唯有将整个问题,交还三人会议解决之。

周:政治问题,将于政治商谈范围内解决之,因此系政治协商会议之规定也。王部长承认,在政治协商会议内有此一条规定,因之行政问题可以留俟政府改组为联合政府之前或后,而全盘问题获得解决之时再予解决。王部长并称,彼将考虑,地方行政问题之解决,是否宜乎同时将全国各不同地区(在所有中共地区者)之行政问题予以解决,而不仅仅光解决苏北与山东地区之地方行政问题。王部长恐怕如此以求问题解决,需时太长,而当作此商议之时间来临时,政府将提出建议案。

（此处原文不甚清楚）余必须同意，凡此问题，均可于签署四项文件后，由两党间或于政治协商会议中讨论。余所建议之两项办法，其唯一异点在第一个办法，将在文件中提及；而第二项办法，则不予提及也。

《战后中国》第 3 册，第 198—201 页

蒋介石的广播演词
1946 年 7 月 1 日

特急。

致：委员长行营主任

主席行辕主任

绥靖公署主任

战区司令长官

绥靖区司令

警备司令

南京卫戍司令

集团军总司令

军长（整编师长）

北平军事调处执行部委员郑介民将军

我政府为谋取和平，已极尽忍耐，委曲求全，一再让步。但至今任何问题均未获成功之解决。兹为促使共产党改悔，俾达获致协议及建立和平与统一之基础，特作如下规定：如共军不进攻我军，则我军亦不进攻共军。设共军向我军进攻，则我军为自卫、保护人民之生命财产及维持地方治安计，将集中力量予以反击，以尽我军人之天职。此令发出后，一切部队应严格服从，并报告收到此命令之日期。

委员长　蒋介石

《中美关系资料汇编》第 1 辑，第 663—664 页

毛泽东与朱德的联合声明

1946 年 7 月 1 日

致共产党全体战地司令员：

在任何地点，如国民党军队不攻击我军，我军即不应主动地攻击国民党军。但如被攻击，我军将坚决采取自卫手段，以保护人民之生命财产，并维持民主政府的法令。

毛泽东

朱　德

《中美关系资料汇编》第 1 辑，第 664 页

美国驻华使馆政策建议

（公使衔参赞巴特沃思起草）

1946 年 9 月 6 日

如果中国处于内战状态，我们必须重新估价美国的立场，并确定这种局势下的行动方针。

首要和最迫切的因素是内战状态将不可避免地鼓励和增加苏联对中国内乱的兴趣，激起它对美国会迫于形势而撤出中国的希望。苏联在中国的政治扩张将对美国国家安全构成一种威胁。因此，美国要继续留在中国，同时坚持其政策目标，建立一个统一的中国，而要达成这一步，必须使敌对行动停止下来。这是最重要的。目前需要重申和修改的只是根据最近局势的发展为完成当前目标而运用的策略。

依我看来，美国取消对中国合法政府的全部援助，采取一项所谓的中立政策，与全面支持该政府，给它提供必要的手段来用武力解决共产党问题，同样是不切实际的。前一个方针将是歧视统治着中国大部分地区的政府，最终会导致一种混乱局面，使中国人受苏联的阴谋摆布。第二种方针是对很大一部分中国人的歧视，几乎必然在某一个阶段导致苏联对中国共产党的公开或隐蔽支持，使苏联得以推进自身利益，最终可能导致苏美之间出现严重冲突。

另一种可供选择的政策是,有条件地支持国民政府,将这种支持用作长期杠杆,以便影响中央政府,使其在全面政治局势中做出某些合理的妥协。在继续给予该政府某种支持的同时,我们应该理解,委员长是当家人,实际控制着国民党中国的政治局势。鉴于此,并考虑到他过去的记录和当前立场,我们没有充分理由认为,对他施加压力就会使他的基本政治哲学和世界观发生根本转变。因此,我们必须按照他的本来面目对待他。但是,我们在行动中,必须避免给予他的支持足以使他相信靠武力能够解决中国问题。我们还必须使他确信,他不能超出某些界限,超出就不能继续得到美国的援助。当然,这种政策从某种意义上讲是惩罚中央政府,未对中国共产党施加相应的压力。事实上,我们并不能对延安施加任何有效而正面的压力。

在中央政府和共产党的支持者之间,存在着深刻的裂痕,相互恐惧和不信任甚至超过政治和经济哲学的分歧,阻碍着迅速和平解决争端。对共产党在中国舞台上的地位的观念上的分歧,更加深了这种怀疑。20 年无休止的内战奠定了互相恐惧和不信任的基础,使共产党更加确信,他们的政党必须有自己的武装,才能保持长期生存;有了这样一支军队,他们就可以创立一个国中之国。相应地,中央政府意识到,共产党通过武力而不是政治方法之所得,就是合法政府之所失,认为该党正在搞武装叛乱,反对合法政府,因此只能作为武装叛乱来对待。目前的结果是,双方似乎都确信,全面的内战是必然的。中央政府之所以这样确信,是因为它认为,它能够而且应该使用武力求得一种听命于它的和平局面,或至少保证一个足够有利的地位,以便更为有效地进行讨价还价。共产党之所以这样确信,则是因为它似乎认为,上述做法是中央政府的既定方针,因而它必须通过充分显示或使用武力,来表明该政府的意思是不会实现的,从而也转过来加强他们对自己讨价还价的地位。另外,共产党也许,但不一定认为,进一步扩大内战将使中国的经济和财政情况全面恶化,从而使共产党对中国人民的号召力得到加强。因此,美国的目标必须是使委员长确信,用军事手段解决问题是行不通的,他也不能指望美国对这类努力给予任何支持;另外,也必须使共产党确信,如果他们拒绝接受任何合理的解决方案,他们将得不偿失。

虽然我们在这相对来说和平的一年里,已经为中国人民重建和完成了许多东西,但是我们必须认识到,美国对华政策目标的实现目前遇到严重障碍,因此除非争斗双方终于认识到,最终必须政治解决,否则美国的调停是很难获得建设性成果的。我们还必须认识到,一种长期的内战僵持局面也是极其危险的,那样的话,我们将可能分裂为两个区域,而苏联的影响将在北部地区占据统治地位。如果可能的话,我们必须避免这种情况。我们必须坚守我们的政策,即建立一个统一、稳定的中国。因此,至关重要的是必须保持美国进行调停的机构和手段以及随时可以提供的援助,以便在僵持局面使两党较为乐意接受调停时,立即使用。为此,建议采取下列步骤:

1.美国总统发表一项美国政策声明。

2.目前暂时中止美国的调停努力,直到中国双方都明显地认识到谁也赢不了谁,同时,中国大多数人民和平解决的要求日益增长。

3.加快改组和减少驻华北美国海军陆战队人员的进程,以便在一个有利时机完全撤出,并适时地统治中央政府,使他们能做好准备去占领美军撤出后的地区。首批海军陆战队应该从青岛撤出,因为那一地区的局势看来比较稳定,撤退引起的反响最小。

4.停止军事支援的活动,例如美国驻华军事顾问团和调处执行部,直到可以再次有效地应用这些手段时为止。

5.保留第七舰队青岛基地,但是削减对中国海军的训练项目。

6.在经济领域,完成船只转让谈判,已经批准的贷款,包括剩余物资协定,应继续进行,必须有充分谅解,这些贷款一笔也不能用于获得武器、弹药和军火;即使中国政府付现款也不得发放武器、弹药和军火出口许可证;除了用于与当前问题无重大关系的改善运输的长期建设和开发项目外,不再给予进出口银行的贷款。

如果在任何时候,明显地发现苏联正在有效地支持中国共产党,那么我们当然需要重新考虑我们的立场,并相应地制定行动方案。

FRUS,1946,Vol.10,pp.147-150

呼吁长期全面停战反对赋与马歇尔最后决定权力

1946 年 6 月 21 日

周恩来

新华社延安廿一日电:据外国通讯社南京廿日消息:中共代表团首席代表周恩来号召:"无限期的停止关内及东北一切战争,以待协商解决"。同时周氏直率地拒绝国民党所建议马歇尔对中国问题有最后决定权之方案,他说:任何盟国的行动,必须根据一九四五年十二月十五日杜鲁门对华政策的声明及同月廿七日莫斯科外长会议公报,该公报声明美苏英不干涉中国内政。周恩来称:中共反对给予马歇尔此种最后决定权,认为每一问题必须由各方面共同获致协议。

《解放日报》1946 年 6 月 21 日

毛泽东关于反对美国军事援蒋法案的声明

1946 年 6 月 22 日

新华社延安二十二日电:中国共产党中央委员会主席毛泽东,今日为美国对华军事援助发表声明如下:

美国国务院于本月十四日提付国会审议的继续对华军事援助法案,对中国的和平安定与独立民主有极为不利的影响,因此中国共产党坚决反对此项法案。中共此种意见,并为中国广大民主人士所支持,在抗日战争中,美国对于中国实施军事援助,并派遣美军在中国领土上协同作战,其目的是击败中美的共同敌人日本帝国主义,但就在那时,由于美国错误地仅仅援助国民党军阀,这种援助也并未有效地加强中国的抵抗,相反地是被国民党军阀用以加强其对于积极抗日的中国共产党与中国解放区的进攻与封锁。在日本投降以后,美国没有停止反而极大地加强了对于中国国民党政府的各种军事援助,并在此实际目的下派遣庞大的军队驻在中国的领土与领海之上，这种行动已经证明是中国大规模内战爆发与继续扩大的根本原因，仅仅在美国政府宣布履行一九四五年十二月莫斯科三国外长会议公报关于中国问题的约束，与中国国民党宣布停止内战，并宣布履行中国政治协商会议关于国家民主化的决议的前提之下，中国共产党才曾经不反对美国对于中国的某种军事援助。但是现在这些前提都已被严重破坏，因此美国实行所谓军事援助，实际上只是武装干涉中国内政，只是以强力支持国民党独裁政府继续陷中国于内战、分裂、混乱、恐怖和贫困，只是使中国不能实现整军复员和履行其对于联合国的义务，只是危害中国国家安全独立与领土主权完整，只是破坏中美两大民族的光荣友谊与中美贸易的发展前途。中国人民今天所急需的并不是美国的枪炮及美军留驻中国领土，相反，中国人民痛感美国运来中国的军火已经太多，美国在中国的军队已经驻的太久，它们已经构成中国的和平和安定与中国人民的生存和自由之严重巨大威胁。在此种现实情况之下，中国共产党不得不坚决反对美国政府继续以出售、交换、租借、赠送或让渡等方式将军火交给中国的国民党独裁政府，坚决反对美国派遣军事使团来华，并坚决要求美国立即停止与收回对华的一切所谓军事援助，和立即撤回在华的美国军队。

《解放日报》1946 年 6 月 23 日

七个月总结——评马司联合声明(节选)

1946 年 8 月 14 日

……

可是对于中国停战工作的失败，马歇尔自己也不是没有错误。马歇尔将军在其三月回美以前，他的声望是很高的，因为他当时的行为一般是公正的，他对于和平民主的原则是坚持的，他对于顽固分子是曾予以斥责的。但不幸的是，他对于国民党反动派仅仅限于口头的一二声的斥责，对于美国反动派及飞扬跋扈的海军则甚至连公开的斥责也没有。相反的方面，他坐视着国民党反动派得到美国反动派不断的实际的接济,不去制止;他在国民党反动派每次提出破坏已成协议的新要求来时,并不为已成的协议之实现去奋斗,却不顾已成的协议,而来重新"调处",这样,就使国民党反动派越来越肆无忌惮,美国反动派也越来越肆无忌惮,马歇尔自己的地位就越来越低,越来越被中美反动派所看不起。四月九日,当马歇尔再度来华以前,蒋介石已向美国记者表示,他自己是"决心要消灭共产党","现在只看美国的态度如何",蒋介石的这种表示,当时重庆的所有外国记者都知道,马歇尔不会不知道。四月间美国驻华海军擅自帮蒋介石运两个军去东北,中共代表闻讯立即抗议,可是马歇尔于四月末,不顾中共代表的抗议,再次提出此项要求,中共代表再次抗议,但五月初旬,这两个军已在东北出现了。接着,马歇尔又提出,要再运两个政府军到秦皇岛、青岛,"接替防务,以便美海军陆战队撤退",中共抗议,可是结果是运去了三个军,而陆战队并未撤退。五月间四平街长春作战时,马歇尔一面让美海军帮助蒋介石运兵东北,一面表示中共不退出长春则他也不进行调处,乃至中共方面表示愿意以退出长春换取东北停战,马歇尔又表示无能为力。当时蒋介石已完全撕毁东北停战协议,马歇尔并不坚持东北停战,但对于关内停战,还表示愿意坚持。到了六月十七日,蒋介石不仅提出关外要几乎全部九省,并且提出关内要苏皖地区,热察两省,陇海津浦两路,威海卫烟台两港,此时马歇尔连关内停战也不坚持了。美国反动分子一步步帮助国民党反动派,而运兵,而装备,而配合作战,马歇尔任其进行,以至国民党反动派一步高一步的要求,而长春,而哈尔滨,而苏北,而五项要求,而全解放区,而使马歇尔的和平活动遇到完全失败。这不能不令人遗憾,令人惋惜。

……

《解放日报》1946 年 8 月 14 日

中共中央关于反对美国以剩余战争物资援蒋内战的声明

1946 年 8 月 29 日

(新华社延安二十九日电)中共中央委员会声明:

　　据可靠消息,最近来华的美国清算物资委员会代表陆军部助理皮得生和其他美国军事人员正与蒋介石政府谈判出卖美国在西部太平洋的巨量剩馀战争物资,此项物资的总值达二十万万美元(远远超过日本投降以来美国助蒋租借物资的总值,据估计足供蒋介石内战两年之用),将以五万万美元的低价供给蒋介石,以免蒋现在依靠美国支持而进行的全面内战在某一天将因军火不足而终止,在那一天美国政府所口头要求的"中国和平"将真正实现。这个谈判,现仅有运输问题尚未解决。蒋介石准备出让中国的领空权,以换取美国把这批物资运来中国。这个谈判如果成功,将进一步表示美国政府对华政策的虚伪性、帝国主义性与残酷性。满口和平的华盛顿当局,似乎因为看到其盟国人民被美国炮火所轰毙而感觉奇异的快乐,好像罗马末日的贵族欣赏罗马奴隶在竞技场上被野兽所吞食一样,所以决心"援助"亲爱的中国,以便中国民族在长期娱乐其白宫"主人"的野蛮表演中归于灭亡。中国共产党要求全中国人民、全美国人民和一切联合国人民一致奋起,反对和制止这个罪恶的买卖,反对和纠正美国当局坚持制造中国内战的罪恶政策,反对和不承认蒋介石政府出卖主权以换取外国武器屠杀同胞的叛国行为。中国共产党认为美蒋在此项和同类谈判中的任何密约协议都是非法的,中国人民对此决不负任何责任。

《解放日报》1946 年 8 月 29 日

3. 调停尾声

(1)张家口停战

进攻张家口将迫使国共关系全面破裂

1946 年 9 月 30 日

　　哲生、铁城、力子、雪艇、厉生、亮畴、岳军、立夫先生转陈
蒋主席赐鉴:

　　敬启者:自六月休战谈判中断以来,政府进一步的不顾一切约束,撕毁一月停战协定,在关内大举进攻。在此三月中,政府军队已进占解放区许多城市,摧毁许多地方的民选政权,狂炸解放区,伤害无数居民的生命财产,更提出无理的五项要求,强要中共军队及民选的地方政权退出若干地区。而当中共根据政协纲领的规定不予接受时,政府更加紧军事进攻,以期达到政府要求的目的,并扩大其占领。因此,政府军队除了攻占中原、苏北、皖北、山东、山西、河北、热河等解放区的一系列地区外,又藉口中共之围困大同,声言要发动攻占承德、张垣和延安。果然,政府军队旋即攻占承德,并续占平绥路上如集宁、丰镇等重要城市。其实,中共对大同的战役仅是牵制山西阎、胡军队的进攻,属于围困性质,最近更正式宣布撤围,大同的威胁已不存在。但政府军却毫无任何藉口的继续扩大对热河和冀东的占领,并且公然发动对张家口的三路大举进攻。形势已很显然,政府不惜以进攻中共解放区的政治中心之一张家口,迫使国共关系临于最后破裂的境地。恩来等特受命声明:如果政府不立即停止对张家口及其周围的一切军事行动,中共不能不认为政府业已公然宣告全面破裂,并已最后放弃政治解决的方针。因此所造成的一切严重后果,当然全部责任均应由政府方面负之。专此奉告。敬请

勋安!

　　中共代表团　　周恩来、董必武、吴玉章、陆定一、邓颖超、李维汉谨启

　　九月三十日

《新华日报》1946 年 10 月 2 日

马歇尔致蒋介石备忘录

1946 年 10 月 1 日

　　委员长钧鉴:自与阁下于星期一上午谈话后,同日(九月卅日)下午俞大维将军来访,余对于目前谈判之情形及军事行动等曾做详尽之

考虑,同时对于下列各项之发展亦深为关切。

(一)中共方面于九月三十日宣布,除非某些政协条件能予实施,否则拒绝提出国大名单。中央政府方面中央社则发布攻击张垣消息。

(二)宋院长非正式建议(附件 1),如停止冲突等,于今日上午向司徒大使提出。

(三)董必武君亦于今日送来周恩来将军致余之备忘录(附件 2)。

余对政府及中共二方对于此种紧急情况之措置均未能同意,政府现显然采取以武力解决基本争执之政策,此即以全面攻势强制其遵照政府之条件及要求,余实难同意。余虽认识政府有保障其安全之需要,但余以为目前进行之方法业已逾越此种限度。

对中共方面,余反对彼等之任何行动及声明,予多数政府方面之人士,认为中共之提议并无诚意,不足置信,其目的初非欲在改组政府内与政府合作,第在破坏政府而遂其夺取政权而已。

自本年三月以来谈判迄无功效,余今不欲多所置词,现在余仅欲表明者,即对于停止冲突之协议应即获得协议之基础,而不再彼此提出条件及反条件,而致拖延谈判之进行,否则余拟向杜鲁门总统建议,请其将余召回,并中止美国之调处工作。马歇尔(亲签)。

附件(1):宋子文院长向司徒雷登大使提出之非正式建议备忘录

1946 年 10 月 1 日上午

备忘录　不受约束之非正式提议

(一)五人会议首先开会讨论共党参加国府委员会问题。

(二)

(a)第一次开会以后,三人会议开会并决定共军驻地

(b)规定共军移驻指定地区之日期。

(c)派遣停战小组视察各该军队调动之情形。

(d)中共代表接受共军移驻地区及移驻日期时,即可下停战命令。

(e)共军抵达指定地区时,即统编于国军之内,与其他国军各师受同样之训练与装备。

附件(2)：中共代表周恩来致马歇尔特使要求国军停攻张家口之备忘录

1946 年 9 月 30 日上海

马歇尔将军阁下：

　　自本年六月间之停战谈判停顿以后，国民党政府不仅进而不顾所有前订之约束，且撕毁一月间之停战协定并在中国本部进行大规模之攻势。过去三个月内，彼等已占许多城市，在各处摧残民选之地方政权，在解放区进行残忍之轰炸，死伤无数之平民。彼等且提出无意义之五项条件，指定共军及民选之地方政权应自许多地区撤退。当中共鉴于彼等之主张与政协之联合政纲之基本原则不符而加以拒绝时，政府竟倾兵进攻，冀以武力达此要求并扩大其占领之地。

　　除在湘鄂、皖北、苏北、山东、山西、河北及热河各地将共党所领导之解放区占领以外，国民党当局并以共军包围大同为藉口，声明将以强暴之攻势占领承德、张家口及延安。事实上，承德迅即被占，平绥路上其他重要城市如集宁、丰镇等亦相继被占。其实中共对大同之战役，仅为牵制山西胡宗南、阎锡山部下国民党军之进攻，乃系围困性质。最近中共更正式宣布撤围，则大同已无威胁存在。

　　另一方面，国民党军队仍继续扩大其在热河及冀东之占领。此时最重要者乃正式发动对张家口的三面进攻。国民党政府显然不惜向中共解放区政治军事中心之一张家口进攻，以迫使国共关系临于最后破裂之危境。

　　现余奉命提出下列一点尚请阁下转达政府：倘国民党政府不立即停止对张家口及其周围之军事行动，则中共不能不认为政府已公开宣布全面破裂，并已最后放弃其所声明之政治解决之方针。达到此一阶段时，一切严重后果之责任，当然完全由政府方面负之。周恩来。

马歇尔与司徒雷登联合声明

1946 年 10 月 8 日

十月一日上午,马歇尔将军接获中共代表王炳南交来九月三十日周恩来将军在上海所发之备忘录,内涉及中共所反对之国民党之活动,其末节曰:

"余兹受命声明,并请阁下转达政府,如国民党政府不立即停止对张家口及周围一切军事行动,中共不能不认为政府业已公然宣告全面破裂,并已最后放弃政治解决方针,其因此所造成之一切严重后果,当然均由政府方面负责。"

上述备忘录,当即徇周恩来之请,转达予蒋主席。翌日,马歇尔将军接获蒋主席答复之备忘录一件,内涉及共产党军之若干敌对行为,并表示政府为节省时间,掬示衷诚起见,特坦率表明其对解决时局可能让步之最大限度如下:

一、中共不断催促国民政府改组,而改组之关键为名额分配,政府原同意国民政府委员名额为中共八名、民盟四名,共十二名;中共则要求中共十名、民盟四名,共十四名。兹政府折衷让步,中共八名、民盟四名、无党无派名额中一名,由中共推荐政府同意,共十三名。中共应即行提出国府委员之中共方面之名单,及其国民大会代表名单,但此项协议,由非正式五人小组会议协定后,仍交由综合小组取得协议。

二、为切实实施整军方案,先行迅速规定中共十八个师之驻地,并遵照规定期限进入驻地。此项决议应由三人会议正式协定后,交由军事调处执行部监督执行。此项函件当即送交中共代表,中共代表于周末往访担任斡旋之美方代表,询问蒋主席十月二日之备忘录是否对周恩来将军九月三十日备忘录之答复,但何以对张家口之事并未提及。其后蒋主席与马歇尔将军及司徒雷登大使之间连续举行会议,最后蒋主席同意渠下令停止向张家口进军,以十天为期,其间五人小组及三人会议将举行会议,考虑蒋主席于十月二日声明中所提出之两项建议。蒋主席并同意在休战期间,军调执行部将在各重要地点派驻小组,监督遵守情况,而政府代表将不参加共党防线内之小组,而共党代表将不参加政府防线内小组,而在双方军队之间,则小组中双方代表均可参加。再者,美方代表有权决定小组将往何地,并于何时前往,并就任何实际上被认为破坏休战之行动,亲自提出报告。

蒋主席并同意此次休战由美国调人公开宣布,政府及共产党均不发表任何宣言。

上项消息,于十月六日一时半立即通知中共代表王炳南,俾由渠通知上海之周恩来将军。今日,即十月八日,王炳南先生曾口头提出延安方面通过周恩来将军之答复,其要旨如下:

(一)休战应无时间限制,否则,根据以往经验,将不能令人满意。除非政府军队撤退至其原来阵地,表示政府之诚意,则其方案似仅系一项战略而已。

(二)共产党希望召集三人会议及五人小组会议,但所讨论者不应限于蒋主席十月二日声明中之两项,在休战条件之下,讨论此等问题,应视为系在军事压迫之下。

(三)共产党方面对于十月二日之声明,尚无答复,因共产党希望自马歇尔元帅与司徒雷登博士获得其对阐明和平局势之消息。最近之建议,暗示局势并无甚多之改变,周恩来将军故准备作一书面之答复,而以为无返南京之必要也。

《战后中国》第3册,第223—226页

中央关于目前战局及谈判问题给周恩来、董必武的指示
1946 年 10 月 10 日

周董并告叶①:

西庚沪电悉。(一)家康②发言很好。(二)现时一切所为均在为

---

① 周董,指周恩来、董必武。叶,指叶剑英。

② 陈家康,当时任中共中央南京局外事委员会委员、中共驻上海办事处新闻发言人。

分裂时责在彼而不在我,所见甚是。(三)蒋军一般能守但攻击精神很差,这是反映官兵矛盾、士兵及下级战意不高。怀来正面十六军被我歼灭一个团又一个营后,其攻势即顿挫。现一方面以九四军之两个师(缺一个团又一个营),从门头沟向怀来以南;一方面从延庆方向抽出五三军两个师中之一个师,加入怀来正面;又一方面从东北抽调一个旅正向昌平集中,准备第二次进攻;此外,十三军攻围场向沽源,傅作义一部进张北,蒋提十天休战,全是便于调兵并使我在十天内不能还击。(四)各地蒋军进攻快要达顶点,过此以后他便无力再进,我即可以寻找弱点,逐一歼灭其有生力量,逐渐转入反攻,收复失地(目前短期内还将失去几个地方),此种可能性现已明白显露出来。(五)午未申三个月共歼蒋正规军二十五个旅(包括阎锡山),今后三四个月内,应为再歼二十五个旅而奋斗。(六)目前谈判与军事无联系,不发生配合问题,你们只把握教育群众,表明分裂责不在我一点便好,对美蒋欺骗取坚决揭露方针,对马司退出调停之表示不要表示挽留之意,再过一时期我即应考虑退出执行部(似以冬季过后提出为宜,因双方在东北冬季均无意大打,执行部在东北还有些作用)。(七)东北目前继续休战一时期,是蒋方需要调一部兵力攻热河(七一军一个师)及平绥(快速部队及一个旅);我方现发动报复作战,攻克西丰,并拟再打几仗;但在东北全局上,大体仍应保持平静,但这些对外均不要提及。

甲乙
酉灰

《中共中央文件选集》(一九四六——一九四七),第307—308页

周恩来致马歇尔函

1946年10月9日

马歇尔将军阁下:

阁下令柯艾上校转来的蒋主席10月2日的备忘录,业经在上海收悉。

　　蒋主席的备忘录,不仅拒绝答复我 9 月 30 日备忘录中所提的要求,立即停止进攻张家口的军事行动,反而进一步向中共提出违反政协决议及整军方案的两项要求,故我未立即作复,而只请王炳南先生将我的意见口头通知司徒大使,以期待阁下与司徒大使将继续为中国的和平而进行公正的努力。

　　如王炳南先生曾经通知司徒大使的,我们所以不能接受蒋主席的两项要求,是由于以下的原因:

　　(一)依照既定协议中的原则,中共及民盟必须在国府委员四十名中获得十四名,即三分之一强的投票数,方足以保证和平建国纲领不致被单方面变动,而政府所提议的十三名不能给这种保证,且将无党派一席算入中共或民盟,亦与政协决议不合。

　　(二)国大名单仅能提交改组后的政府,且必须在宪法草案业经政协修正为提交国大的唯一草案及国大代表名额业经最后商定之后,此乃政协决议的程序,蒋主席要求立即以名单交给一党政府,显与政协决议相违。

　　(三)为切实实施整军方案,应规定在整军时双方军队的驻地,而不应只规定中共军驻地,让政府军得保持随意调动,随时威胁与进攻中共部队及解放区居民之自由。

　　不意我方期待竟至落空,7 日接读阁下 6 日致司徒大使的备忘录,得悉蒋主席仅在实行他的上述二项要求之下,才同意对张家口的进攻暂缓十日,这显然是压迫我们屈服的最后通牒,使我不能不坚决拒绝这一提议。

　　现在,除已由董必武、王炳南二先生口头转达我方意见外,我愿向阁下更作如下之申述,并转达蒋介石主席:

　　一、在 9 月 30 日的备忘录中,我业已声明,政府对张家口的进攻,即系表示其不惜全面破裂的决心。故现在只有立即无限期地停止进攻张家口,并将进攻部队撤至原防,才足表示政府愿意重开谈判,避免破裂。否则一切严重后果,应由政府方面负其全责。

二、为表示最大的诚意和让步，只要政府立即无限期地停止进攻张家口，我方愿意参加三人会议和非正式五人小组（或政协综合小组），俾同时讨论停战及实施政协决议二项问题。关于此二项问题，中共有如下的提议：

（甲）关于停战问题（由三人会议讨论之）：

（一）双方军队在关内应恢复1月13日的位置，在东北应恢复6月7日的位置。

（二）在整编中双方军队的驻地均应规定。

（三）政府方面违约调动的军队，应退回原驻地，以便整编。

（乙）关于实施政协决议者（由政协综合小组或非正式的五人小组讨论之）：

（一）在国府委员会中，中共及民盟应合占四十名中之十四名，以保证和平建国纲领不被单方面所修改，至十四名名额之分配，由中共与民盟双方协商定之。

（二）行政院应与国府委员会同时协商改组。

（三）依照政协决议之原则及其规定之程序，由宪草审议委员会修正宪法草案，作为提交国大之唯一宪法草案，各党派并须保证该草案之通过。

（四）国大之最后召开日期及国大代表资格增加名额之分配，应由政协综合小组协商决定之。

（五）在政府按照本项一二两条改组后，各党派应根据前条商定之名额，将国大代表名单提交政府。

（六）地方政权问题，应依照和平建国纲领之规定，暂维原状，以待政府改组后实施地方自治。

（七）为保证蒋主席1月10日在政协会议上关于人民自由权利之四项诺言的切实实施，须首先并立即释放政治犯，彻底查办本年1月以来各地发生之惨案，惩办凶手，取消特务组织，并恢复本年1月以来所封闭与停止的报纸、杂志、通讯社、书店及人民团体。

（八）根据政协的军事决议，实行军民分治，并切实复员。

上述各项提议，悉本停战协定、整军方案及政协五项决议，实为解决当前时局危机之最可靠的办法。如政府当局尚有诚意履行此等协议，应无不赞成之理，否则空言政治解决，实施政协，实际为武力解决，摧残政协，不惜以内战独裁造成全国分裂之局，中共方面将坚决反对到底。

专次，并致敬意。

周恩来谨启

1946 年 10 月 9 日于上海

《中美关系资料汇编》第 1 辑，第 683—685 页

马歇尔与周恩来谈话记录

上海，1946 年 10 月 9 日

周恩来关于军事问题，我方所持之立场为：

（一）双方部队在关内者应恢复一月十三日之位置，在东北者应恢复六月七日之位置。

（二）从现在起至军队整编之期间，双方部队之位置应予确定。

（三）一月十三日政府军队凡曾移动者，应归还原来位置，俾便利军队之缩编。

惟有如此，始可使停战得到保证。

关于政治问题，我方之观点，为无论由五人会议或综合小组商讨，均应包括以下各点：

（一）中共及民盟在国府委员会内必须占有十四席，以求保证施政纲领不遭破坏。至于中共与民盟席次之分配，可另行商讨解决。

（二）国府委员会组成后，应即进行改组行政院。

（三）宪法草案委员会，应即重新召开，以完成宪草之研究，而提交国民大会，各党对该草案均应支持。

（四）国民大会之日期及代表席次分配最后之决定，应由综合小组

协商解决。

（五）在中央政府改组完毕后，各党即依照改组后之政府所同意之席次提出名单。

（六）地方政权问题，应依照政协所决定之施政纲领办理，即目前维持现状，以俟改组后之中央政府树立自治之地方政权。

（七）为保证实施委座在政协开会时所作之四项诺言，政治犯应即予释放，本年一月后被封禁之报纸、杂志及民众团体应准予恢复，特务应予废止。

（八）依据政协之军事决议案，军民分治之原则应切实执行，军队裁编应迅速重新开始。

以上八点均在政协决议范围之内，均应付诸实行。

简言之，非正式五人会议及政协综合小组将仅从事讨论实现政协会议决议案之方法，以及与其互相抵触违反之各点。

予在对蒋主席十月二日之备忘录所作答覆中，即拟将上述情况列入矣。

若更明白言之，则吾人可说政府对张家口之攻击必须无限期停止，以期避免全面决裂，而庶几三人小组及非正式五人会议得以进行，商讨停战问题及如何实现政协决议，此乃予具体之答覆也。

予尚欲申述其他二点：

一、共产党对于美国政府适于内战进行间，所给予国民党之支援，不能同意。至于美国驻华军队之不能如诺撤退，更为反对。

二、予更注意阁下与司徒大使每次发表声明，辄在共党拒绝政府条件之后，而绝不在政府拒绝共党条件之时，举例如六月停战以后，共党虽几已放弃其全部要求，而政府仍拒签协定，以致谈判失败，阁下等当时固未发表声明也。嗣后司徒大使参与斡旋，政府提出五项要求，形同阻梗调停，而阁下等又未发表声明也。政府对非正式五人会议既拒作任何保证，复提出无端要求，最近更拒绝停止进攻张家口，阁下何尝发表声明乎。而共党拒绝政府五项要求，阁下发表声明于前。此次我方

（共党）拒绝政府建议，又有此一声明于后。文内对共党虽无明显之谴责，但其发出之时机，则实引使外界人士产生误会，对事实真相未能明了焉。

《战后中国》第 3 册,第 226—228 页

蒋介石在南京的演说

1946 年 10 月 10 日

全国同胞们！今天是我们中华民国第三十五周年国庆纪念日，也是抗战结束政府还都之后第一次举行的国庆纪念。回溯国父与革命先烈缔造民国的艰难，追念抗战军民（译者注：按英译本将"军民"改为"将士"）奋斗牺牲的史迹，瞻望统一和平建设的前途，省察国家独立民族自由难得而易失的时机，凡我同胞，更当勤奋惕励，继续迈进，实行国父遗教，完成先烈的志事，建设三民主义的现代国家，达成中华民国富强康乐的目的。

国父有言："建屋不能猝就，建国亦然。当有极坚毅的精神，而以极忍耐之力量行之。"我国自辛亥革命以来，到今天已满三十五年了。我们国民革命的事业，在此三十五年之间，前后相比，实际是在迈步前进之中，然而国民革命最后成功的距离，自然还是很辽远。自从国民政府奠都南京，完成北伐，乃至八年抗战的结束，我们已经击败了日本侵略的强权，洗雪了五十年来的国耻（译者注：上句在英译本中被删略），恢复了台湾的领土，接收了东北的主权。我们并且已经取消了百年来重重束缚的（译者注：以上数字在英译本中被删略）不平等条约，建立了与世界各国友好合作的基础。这都是国民革命显著的成就，实足以告慰于国父与革命先烈在天之灵。我们国民政府所以能集中全国同胞的意志，结合全国同胞的力量，突破险阻艰危重叠而至的困难，克服外患内忧相交侵逼的危局，以获得抗战的最后胜利，这就是证明国民政府革命建国的方针，符合了全国同胞的愿望。我们检讨过去的成绩，惟有继续奋勉，共同一致维护国家民族的独立自由，尤其要始终一贯，实现

国父三民主义的遗教,使我们中国成为"独立统一强盛民主"(译者注:此处英译本删略"独立"和"民主",仅称"统一强盛")的国家,作远东和平的支柱。国父说:"中华民国之创造者其目的在和平。"我们今天纪念辛亥革命,必须三复斯言。

我在去年今日,曾经说明今后工作是"建国第一"。在今年元旦,又曾为我同胞剀切说明,国家统一,与政治民主的必要。不幸这十个月以来的经过,一切不能依照预期而实现。迄今变乱扰攘,靡有止息,我全国同胞直接间接的都受着国家不能和平,社会不能安定,生活没有保障的痛苦。这实在是无限的痛心。我们国家的基础,究应如何使之稳定,目前非常的变态,究应如何纳入正轨,我要趁此机会,披肝沥胆,详告我全国同胞。

我们国民革命的目的,是在实行三民主义,建立平等独立自由的中华民国。而建国的基本条件,是国家的统一与社会的安定。社会秩序如果不能安定,则人民生命财产不能获得保障(译者注:英译本加添"更不能安居乐业"一句),农工生产自然无由发达,而人民生活水准更无从提高。同时国家统一,如果不能巩固,则内乱必至频仍,民主基础自然无法建立。而建国事业亦无从着手,三民主义亦无从实现。所以政府当前对时局的方针,是以保障国家的统一为第一,将循和平的途径以求统一。我们知道,国家统一的最低条件,乃是军令与政令的统一。欲求军令的统一,必须实行军队国家化,建立全国性的军队;欲求政令的统一,必须国家的法令制度能够推行于全国,铲除地方的割据。如果一国之内有两个对立的军队,地方的政治形成割据的局势,那么就不能称为统一的国家。所以我们今日要争取和平,必须巩固国家的统一。可以说今日中国没有统一就没有和平。而统一乃是和平的唯一条件。这一条件,如果被否认或遭破坏,不但延长人民的痛苦,且将引致国家的危亡。这是每一个人民切身利害生死的关键,也就是政府无可旁贷的责任。政府对于阻碍统一,企图分裂叛变,自不能熟视无睹,而全国同胞,对于危害国脉斫丧民命的祸乱,更不能袖手旁观,置国家民族于万劫不复之地。

　　但是政府对于今日国内的政治问题,仍是坚持以政治方法,求得解决的方针。这一个方法,是始终不会变更。因为我们抗战胜利的成果,决不忍在自己手里来毁弃。战后人民的痛苦,不能再使之日益加深。和平建国的机会,万不能遭受挫阻,而听其蹉跎贻误。所以政府这一年来竭尽心力,不惜任何委屈忍让,总以求得全国团结一致,避免冲突,共谋国是为目标。政治协商会议的召集,主旨就在于此。最近政府所迭次表示的声明,其重点亦在于此。无论国内的变乱纠纷如何剧烈,只要有和平解决一线的希望,政府决不放弃和平的途径。(译者注:以上一段,在英译本中被删略)而今日达到国家统一的和平途径就是要军队国家化,政治民主化。如何实现政治民主化? 就是要召开国民大会,与扩大政府组织,使政府得偿还政于民之愿,而国民能有行使政权之实。如何实现军队国家化? 就是要依照整军及统编既定的方案,划分军区,规定日程,限期实行,使任何党派不得再以武力作政争,必须如此,而后我们中国始能成为真正统一的民主国家。今日政府所要求于各党派者就是参加国民政府,出席国民大会。所要求于共产党的,只要放弃其以武力割据地盘分裂国家的企图,与各党派一致来参加国民政府与国民大会。这一步骤的实现,乃是各党共同协议的成案,也是全国同胞一致的要求。所望各党派如期提出国府委员及国民大会的代表名单使国民政府及早改组,国民大会得以如期完成。

　　现在特别要为我同胞说明的,就是关于停止冲突的问题。这本是我们政府一贯的宗旨,而且政府所期望的是全面的永久的停止冲突。6月间的军事三人会议,其主旨本在恢复交通与规定共军驻地等问题,以为实现停止冲突的保证。终因共产党坚成见,而陷于停顿。我个人为求得永久和平,在过去三个月内,曾经提出若干建议,希望共产党予以接受,亦均被他们所拒绝。后来,他们又要求立刻召开由马歇尔将军所主持的军事三人小组会议。但是由于已往事实的经验,如果对于若干主要基本问题不先求得协议与谅解,则三人会议的重开势必于事无补,因之我坚决赞成以司徒大使为中心的五人会议,先行召集,使政府与中共对于组织国府委员会的问题能够成立协议,以显示其共同遵守政协决议的诚意,并以此为获得实施政协决议的基点。在此项诚意与基点树立以后,乃可以取得新的互信与互助。我并主张在宣布停止冲突时,中共应提出其参加11月12日召开的国民大会代表名单,以表示其对政府合作的诚意。如果当时能够照此进行,我相信停止冲突,必早已实现了。(译者注:上段在英译文中被删略)

现在共产党对于政府在10月2日所提出关于改组国民政府与实施整军方案的两点办法,既不接受,对于马歇尔将军与司徒大使所提休战的建议亦表示拒绝。但是政府并不因此而放弃和平解决的方针。政府仍旧希望用调解与商谈的办法,来求得解决。我们国内当前政治与军事情形,断不能任其继续发展,使人民的痛苦加深。又鉴于目前形势的紧张,以及一般因不明了政府政策而引起的不安,我今天特在国庆纪念日郑重声明,就是打开目前僵局的途径,还是要用和平商谈的方式,将几个基本问题求得解决。一俟下列问题达到协议,政府准备即下停止冲突的命令。(译者注:上句在英译本中被删略)我主张五人会议与三人会议应同时召开,第一以五人小组会议,协议改组国民政府;第二以三人小组会议,解决实施整军统编方案有关问题。一俟获得协议,只要共产党能够停止他的军事行动,不再攻击国军,则政府可立即发布停止冲突的命令。以上是政府对处理目前局势的方针(译者注:此句英译本改译为"政府认为如果这些建议能以实现,则目前困难即将消除")。为国家前途着想,为人民利益着想,惟此为达到和平统一切实可行的途径。总之,政府对于共产党,在任何情势之下,始终不放弃开诚商谈的期待。只要共产党同以国脉民运为重,袪除成见,了解政府的苦衷,实现上述的办法,那么不但停止冲突,可以立即实现,而且和平建国的工作也可以毫无障碍的顺利达成。

同胞们!我们过去八年抗战,赖我全国同胞一致的团结与坚忍的奋斗,乃能贯彻始终,获得最后的胜利。今后建国大业,仍须我全国同胞秉持坚定的信心,遵循确定的步骤,践覆笃实,百折不回,促进五权宪法的实施,保障三民主义的完成。尤须齐心一志,共负责任,巩固国家的统一,安定社会的秩序,以树立和平的基础,完成建国的大业,才能贯彻国父的遗志,而无愧于革命先烈与抗战牺牲军民的英灵。

《中美关系资料汇编》第 1 辑,685—688 页

(2)第三方面调停与国民大会

第三方面人士的建议
1946 年 10 月

和平是中央政府一贯的目标,休战一直是政府的愿望。我们悯于人民的苦难,认为应求迅速解决。因此建议三点,希望双方获致谅解,并急速停战。

(一)双方立刻颁发停火令,部队各驻留于现防阵地。停战及恢复交通的办法将由三人会议经由军事调处执行部及其执行小组实施之。双方部队将根据前此之协定加以整编。部队之分配则由三人会议处理之。(共军在满洲之驻地,齐齐哈尔、北安、佳木斯应事先予以确定。)

(二)全国地方政府应根据政协决议及和平建国纲领,由改组后之国府委员会加以处理。凡有关军事民事之纠纷,应急速分别处理之。但沿中长路除政府所已占有之县以外,政府应派铁路警察,加以接收。

(三)根据政协决议和已通过之程序,应召开政协综合小组会议,以筹划改组政府。此时一切党派均将加入政府,并讨论召开国民大会问题,俾使各党派均能才加国民大会的会议,同时应召开宪草审议委员会,以完成宪法的修改工作。

莫德惠 梁漱溟 黄炎培 陈启天 张君劢 余家菊 缪嘉铭 罗隆基 李璜 章伯钧 左舜生

《中美关系资料汇编》第 1 辑,第 690—691 页

周恩来致马歇尔函

1946 年 11 月 8 日

马歇尔将军阁下：

我于十月九日致阁下并请阁下转达蒋主席的备忘录，迄未得复。

对于蒋主席十月十六日的声明，我已将我方态度及意见于十七日在上海面告政府代表吴铁城、邵力子、雷震三先生，十八日向第三方面亦作同样声明。同日，又奉到阁下转来蒋主席十月十七日致阁下的备忘录，我于来南京后，当分别将我方态度及意见面告阁下及司徒博士，想邀洞鉴。

抵京后，一切商谈，均经过第三方面人士。现经他们之斡旋，三人会议、政协综合小组及宪草审议委员会，或有开议的可能，我们亦正为此努力。特此函告，顺致敬意。周恩来谨启，十一月八日。

《战后中国》第 3 册，第 240—241 页

马歇尔与周恩来谈话记录内容摘要

南京，1946 年 11 月 10 日

一、周恩来谓前日由报章读到主席文告，昨日又阅见停战命令，旋考候上校又将陈诚将军之备忘录送抵余处，事前政府未将有关停战命令事件通知，故余不能明了政府之用意何在。

二、马歇尔将军对于主席文告及陈诚将军备忘录之用意有所解释，并说明目前余对政府立场所了解者如下：一般军政首长均认为国共问题舍武力以外无法解决；但另一方面，则予之观察认为蒋主席一直主张战斗应予停止，且对和平解决作一最后努力，故前日之文告，似为两种意见之中庸。但可显见者，阁下本月八日备忘录之末段，实乃引致陈将军此一备忘录之原因也。

三、周恩来称，国大正式开幕，限期只馀两日，但迄今政府共党及第三方面仍无政治上之协议，问题之症结已演变至此一阶段，即政府或者将国大延期，然后根据政协决议召开综合小组会议，以讨论解决各项政

协决议及程序问题;或者忽视共党及其他政党之意见,不论其反对与否,单独进行召开国大。如事件循后一途径发展,则任何政治会谈,将无再度举行之馀地。并表示赞成三人会议之重开,但先须声明二点:1.如未来两日内,政治讨论未能获致协议,而政府单独召开国大,政治方面必然产生决裂,而军事方面亦将不无影响。2.按主席文告停战谈判将根据共党所不能接受之八点,故此一会议之重开以前,将明了其缺少成功之可能。

《战后中国》第 3 册,第 242—243 页

周恩来的声明

1946 年 11 月 16 日

国民党政府一手包办的"国民大会"已于昨天开幕了,这一"国大"是违背政协决议与全国民意而由一党政府单独召开的,中国共产党坚决反对。不但这一"国大"的开会日期未经政协协议,更重要的它是一党召开的分裂的"国大",而不是各党派参加的团结的国大,政协决议的国大(译者注:以上七字在英译本中被删略)。依照政协决议及其程序与精神,必须协议次第付诸实施之后,在改组的政府领导之下始能召开。政协各项决议是各党派协议的临时大宪章,是一个整体而不可分割的。十个月来政协决议不但未曾丝毫付诸实施,而且被国民党当局破坏无遗。停战协议是经过政协决议批准的,但内战从东北大打到关内,政府当局已彻底破坏了 1 月间停战令的位置。政府当局在政协开幕时所宣布的四项诺言,从校场口大打案至李、闻暗杀案,已被国民党特务统治破坏得一干二净。政府改组迄未协议成功,和平建国纲领遂亦无从实行。而对许多解放区的地方政府,国民党当局不仅不许其依照纲领规定,维持现状,且欲实行"接收",不允则实行武力占领。军事决议的基本精神是实行军民分治,但现在国民党政府的各省主席几无不以现役军人充当。宪草审议在重庆既未完工,中共代表当有全部保留之声明,到南京后,政府当局更将其一搁至今,从未再议。国大问题

的协议,是政协开幕期中一个最后妥协。国民党当局保证不开一党包办的分裂的国大,并保证通过政协审议完成的宪草,其他党派方允十年前的一党包办的代表得保留在区域与职业代表名额之中,且必须增加党派代表与解放区代表。在内战完全停止,政协决议已付诸实施,人民自由权利已获保障及政府改组之后能够到会,这样的国大才能算是各党派参加的团结的国大。现在开幕的所谓"国大",不仅违背上述决议及其精神,便连开会日期或延期也均由一党政府决定。根据政协决议,二零五零代表中,应有各党各派与无党派代表四一零名,解放区代表二零零名,代表名额据10月15日上午已公布者,竟达一五八零人,在原协议二零五零人中,已侵占其他党派名额四一零人(译者注:英译本中误为一百零四人),可见这一"国大"是彻头彻尾一党包办的分裂的"国大"。所谓空出名额等待中共参加,既系破坏政协,又属完全骗局,实际上只是想骗取中共以外的其他党派参加,以粉饰国民党当局个人独裁的面目而已。由于一月来南京商谈第三方面人士的辛勤努力,中共方面曾不断提议商谈形势可以不拘,但必须依照政协决议及其程序办事。惟均被政府当局拒绝。一党"国大"的会期愈近,我们主张立即停开一党"国大",方有可能使军事三人会议、政协综合小组及宪草审议委员会得以同时开会,根据停战协定、整军方案与政协决议分别解决当前的军事政治问题,并立付实施,然后方能在和平的环境中从容召开各党派参加的团结的国大。但急欲粉饰独裁的政府当局,对此根本不予考虑。现在开幕的一党"国大",不但使中共及第三方面最近在商谈中的主张成为不可能,并且最后破坏了政协以来的一切决议及停战协定与整军方案,隔断了政协以来和平商谈的道路,同时也很快的彻底揭穿了政府当局11月8日"停战令"的欺骗性。这一党"国大"还要通过一个所谓"宪法",把独裁"合法"化,把内战"合法"化,把分裂"合法"化,把出卖国家与人民利益"合法"化。照这样做下去,中国人民一定要陷入苦痛的深渊。我们中国共产党人坚决不承认这个"国大"。和谈之门已为国民党政府当局一手关闭了,一党"国大"中将要玩的一切把戏,乃至改组政府,我们绝无一顾之必要。参加了这一"国大",承认了这些把戏,就必然推翻了政协决议,破坏了政协以来和平民主团结统一的轨道,中间的道路是没有的。进攻解放区的血战方殷,美国政府援蒋内战的政策依然未变,假和平、假民主,绝对骗不了人。我们中国共产党愿同中国人民及一切真正为和平民主而努力的党派,为真和平真民主奋斗到底。

1946 年 11 月 16 日于南京

《中美关系资料汇编》第 1 辑,第 696—698 页

董必武致马歇尔

1946 年 12 月 4 日

马歇尔将军阁下:

周恩来将军嘱我将下列电报递交阁下:

"由于一党操纵的国大之召开,政协协议已为蒋介石主席所撕毁无遗,国共两党间已无谈判的基础。然为符合全中国人民争取和平与民主之愿望,本党主张,如国民党立即解散正在开会的非法国大,恢复1 月 13 日停战令时之军队原防,则两党仍可重开谈判。乞将上述各点转致蒋主席。"

董必武

1946 年 12 月 4 日于南京

《中美关系资料汇编》第 1 辑,第 698 页

(三)马歇尔使华任务失败

说明:国大结束后,蒋介石再次与马歇尔长谈,讨论与中共重启和谈之可能。马歇尔自觉自己任务已经完成,于是向杜鲁门申请回国。马歇尔随即发表离华声明。1947 年 1 月 10 日,周恩来评马歇尔离华

声明,指出马歇尔声明只提政协决议不提停战协定,有意回避他的责任。之后国共双方的关系持续恶化,军调部基本上停止运作,马歇尔趁机于 1 月 21 日到达华盛顿时向杜鲁门提出关闭军调部,结束美国的调停行动。美国国务院于 1 月 29 日宣布,将结束三人小组与军调部的联系并尽快撤出美国人员。

1. 马歇尔离华与杜鲁门声明

马歇尔个人声明
1947 年 1 月 7 日

总统最近曾发表过去一年内中国一切发展之综合报告,以及美国政府对华之立场。目下之环境使余对于此事,应以直接获得之印象,有所补充。

在本人进行谈判,以便促成中国和平与民主政府之时期内,若干问题,乃余所认为比较重要者。际此复杂而混乱之局势中,余仅将述及各该比较重要之问题。

首先,和平最大之障碍,厥为国共两方彼此完全以猜疑相对。

一方面,政府领袖坚决反对组织一共产主义式之政府。另一方面,共产党人则坦率声明,谓彼等为马克思主义者,虽则首先将经由英美型之民主方式政府,但仍企求在中国建立一共产主义式之政府。

政府领袖认为:中共愿意参加去年 1 月间政治协商会议所规定之政府,此种表示,纯处于破坏之意旨。余相信:中共人士深感政府方面并无履行政协决议,组织新政府之诚意,中共人士并认为:政府且以军事力量之威胁,及秘密警察之行动,存心消灭共产党。除此项浓重之相互不信任外,国共双方且有一显而易见之错误,此即忽视在谈判中此项疑惧对于对方考虑若干建议或反对理由时之影响。双方考虑问题均仅从自身之疑惧出发。因此,双方对于对方之立场均存偏见,且对每一建议或可能性,均具戒心。遥远及广大军事冲突之前线所传来之混乱新闻,复使此项错误愈见深重。斥堠冲突,每被故意歪曲为大规模攻势行动。双方均利用曲解以中伤对方。余亦只得仰赖执行总部所属小组中之美籍官员之报导,略窥事实真相,而且事件次数极多,所占之地区亦极广大,以致美方人士遂有顾此失彼之感。余对美军及海军陆战队排除极大障碍,争取中国和平之卓绝英勇,谨此加以述及。

余以为最近谈判决裂最重要之因素如下:在国民政府实际上亦即国民党方面,其最有势力之反动集团,对于余促成真正联合政府之一切努力,几无不加以反对,往往以政治或党的行动为掩护,但国民党即是政府,故其行动虽非直接,而其势殊不可侮。彼等公开坦白宣称:中共之合作实为不可想象之事,惟有武力政策方能解决问题。此一集团包括军事与政治各领袖。

在中共方面,余相信内有激烈分子亦有自由分子,但有不少人竭力反对此种见解,以为中共党纪严厉,在一党内绝不容有如此不同之观点。但在余看来,共产党方面,确有自由分子集团在内,尤其一般青年,彼等因痛恨当地政府之腐败而倾向共产党,但彼等重视中国人民之利益,更甚于立即建立共产观念之鲁莽措施。至于真正极端之共产党徒,则不惜任何激烈之手段以求达到其目的,例如破坏交通,以便破坏中国之经济,而造成有利于推翻政府之局面,至于人民所受之直接痛苦,则在所不计。彼等完全不信任国民党之领袖,彼等似乎相信,凡政府所提出之建议,无非用以打倒共产党者。去年2、3月间显然受人鼓动之群众暴动,其中若干次发生之地点,离余从事谈判之地仅数椽之隔,予共产党以良好之借口,使其猜疑成为合理。

中共手段中之极有害及煽动性的方面则为宣传文字。余愿告示美国人民:此种宣传已全然不顾及真理及事实经过,对吾人政府之政策及意志,极尽故意曲解及诋毁之能事,且种种事实,均足以证明此项宣传之主要目标,欺骗中国及世界人民,激发彼等对美国痛恨心理。对于此项公然诋毁及全然不顾事实之行动,吾人实难保持缄默,然而一次否认之后,则非每日均有否认不可,此又为美国官员绝难容忍之一种工作。

秉公言之，国民政府新闻公布机关虽无中共宣传之罪恶性质，亦有诸多错误之报道。中共对于安平事件所发表之声明，尤其是纯属杜撰。安平事件之结果为海军陆战队士兵死者三名，负伤十二名，此项事件系出自有计划之埋伏截击，被袭者为输送执行总部供应品及若干联总物资之海军陆战队运输队，中共方面报道则谓此项事件系由防御海军陆战队袭击而起。对于此事件之调查工作，亦属故事迁延，以便掩饰此项事件之真实，及私人之间所承认的事实。

双方之极端分子曾使获致解决之诚意工作一再挫折。一年前政治协商会议所获致之协议，系自由而且远大之宪章，此项宪章遂为中国奠定一和平及复兴基础。惟国民党中不妥协集团，意欲保持其自身在中国之封建统治，显无秉承政协决议之诚意。余虽以军人之姿态现身说法，然而余对军事之支配力量，亦复引以为憾。军事之支配力量已使中国政府之力量愈益薄弱。同时，详察中国形势之人士，必须牢记者，并非我们在美国所司空见惯的少数共党集团或委员会之活动结果，而系万万人民及一百余万军队之动态。

余从未确定中共内部态度之演进。最近数月中，中共所追随之路线，显示彼等不愿促成公允之妥协，此为最确定者。即欲使中共代表与政府代表会谈问题，亦属不可能。中共现已提出最后要求，而促使谈判中断。彼等要求解散国民大会并恢复1月13日之军事位置，此为政府所不能接受者。

在政府占有优势之反动派系与不妥协的共产党之间已存在有一种问题，而余必须声明，在2月间，共产党并无此种不妥协之表现，此种问题即如何使和平与幸福赐于饱受痛苦而目前说不出话来的中国人民是也。政府中之反动派显然以为不论其行动如何，必能获得美国之帮助。共产党则不愿为国家利益而妥协，彼等以为经济崩溃，将使政府垮台，并深信沿铁路交通的广泛游击战，将加速政府之倒台，而将中国人民所受之痛苦置诸不顾。

据余观察所及，此项情势之挽救，惟有使政府中与小党派中之自由分子居于领导者的地位,此种自由分子为优秀人物之集合,惟仍缺乏政治权力以发挥其起支配作用的影响。余相信:在蒋委员长领导之下,此等团体如能顺利推行工作,必可经由良好之政府而达到团结之目标。

事实上,国民大会业已制定一项民主之宪法,其中主要部分均与去年 1 月各党派政治协商会议决定之原则相符合。不幸共产党未能认为可以参加此次之大会,而该会通过之宪法,则似已包括彼等所要求的各个主要的事项在内。

中国政府不久即将进行重要之改组,在 1947 年圣诞节以前,将于完成选举后,实施宪法。目前民主中国之形式既已由新订之宪法奠定,其实施步骤,自将成为一种试验。至于政府真诚欢迎各党派,积极分担政府的责任,从事充实民主中国的形式一点,究能做到何种程度,则犹待事实证明。

第一步将为在实行宪法以前改组国府委员会与政府之行政部门。实行改组之方法以及对自由分子与非国民党党员之代表席数,将有重大之关系。吾人并希望在此过渡时期内,共产党或其他集团,如果认为合意而来共同负担起中国前途之责任时,仍有机会,得以参加。

国民党治下之训政时期已告结束,此点早已正式声明在案,一党之统治若真正终止,则国民党即将终止受政府之财政接济。

余所言皆坦白无讳,盖非如此不能希望美国人民明了此复杂之问题。余在谈判进行时期内已发表此种见解,余以为大多数之有关的个人均已知之。余今公开发表,乃因此为余之职责所在,向对于远东局势一切发展深切关心之美国人,提出余对于此种局势及一切可能之估计。

《中美关系资料汇编》第 1 辑,第 698—701 页

杜鲁门关于美国对华政策的声明

1946 年 12 月 18 日

去年 12 月间,我曾发表声明,阐述本政府对中国之观点。当时以及现在我们相信团结民主的中国,对世界和平洵极重要,扩大国民政府

基础俾其足能代表中国人民,将加速中国走向此一目标的进展。且中国对其他联合国家负有一种显而易见的责任,即制止其国土内之军事冲突,良以此项冲突乃世界稳定及和平之一大威胁也。去年三外长在莫斯科也曾阐明,我们的盟友英、苏两国也都同意这种观点,去年12月27日,贝尔纳斯、莫洛托夫和贝文发表声明,略称:

"三国外长曾对中国局势,交换意见。渠等同意在国民政府之下,有一统一与民主之中国,国民政府各级机构中民主党派之广泛参与及内部冲突之停止,均属必要。渠等重申坚持不干涉中国内部事务之政策。"

去年12月我的声明中也曾阐明本政府的政策,我们承认中华民国国民政府为合法的政府,我们协助中国政府收复解放了的地区和解除日本侵略者的武装,并遣送出境。此外,中国若沿着上述的路线走向和平团结,我们且准备对中国作经济上和其他方面的援助。

我敦请马歇尔将军代表我前往中国,我们同意以我所发表有关本政府对中国的观点和政策的声明为他的方针。他完全晓得怎样进行他的任务,他深知停止中国内战、扩大中国政府基础和促成一团结民主的中国,是中国人自身的工作。他以一个伟大的美国国民的姿态前往中国,贡献他的卓越才能于中国人民。

在战时,中美两国政府曾订立协定,训练和配备一支计有三十九师的特种的军队。这种训练工作于对日战争胜利日时完成,当马歇尔将军抵华时移交这些部队的配备工作,也已大部完成。

美、英、苏均致力于中国的解放,将包括满洲归还予中国在内。因为中国缺乏船只与运输机,美政府同意协助中国政府收复自日军手中解放出来的地区,包括满洲在内。在美方协助下,输送至华中、台湾、华北和满洲的国军,计空运者三军,海运者十一军,这种运输工作大部分在马歇尔抵华前即已完成,或已开始了的。

解除日军武装和遣送日军的工作,进展颇缓——太迟缓了,我们认为在这方面协助中国,对未来的中国及整个东亚的和平均极重要,投降了但尚未被击溃的日军和日籍行政人员、技术人员和商人共达三百万人,这些都要在困难的情形下设法遣送之。在中国政府的请求之下,我们在中国保留了相当数量的美军,并且紧接在对日战争胜利之后,我们就立即派遣海军陆战队在华北登陆,该队的主要任务为协助遣送日人,而在马歇尔将军抵华之时,已遣送返国的日人只有二十万人左右。

在他到达中国的时候,马歇尔将军也面遇着中国内部极不顺利的情形。因为在战争时期和从那时候起就发生的内战,全国的交通都严重地被破坏了。这种破坏,阻止了中国经济的复兴和救济物资的分配,并且使遣送日人成为一种迟缓和困难的过程。战时工厂的摧毁,因战争而发生的通货膨胀,对日战争胜利日之后,在占领区域日人在经济上的停止营业活动,以及交通的被破坏,致使全中国经济生活陷于停顿,把不可形容的痛苦带给了千千万万的人民,剥夺了对大多数中国人民有重大意义的对日战争的胜利果实,大大地增加了中国内部的紧张和不满。

中国自行解决其国内困难,是迅速地与有效地完成美国已经允诺协助中国政府的各项计划所必需的,马歇尔将军的经验和睿智是中国当局解决其国内困难时所可资利用的。

当马歇尔将军抵华时,事态急遽地变动了。跟着各党派一致采纳他的大公无私的忠告,于1月10日获致并宣布了全面停战的协议。该协议的特征即是于北平设立了军事调处执行部。各方坚信由于交通不便和各地方前线部队感情的不融洽,除非有为双方所信任的联合执行机构,能在各地任何情形下执行任务,则停止冲突和退守原防的命令,能以执行的机会很少。

该执行部在三委员的领导下进行工作,一为美籍人士,任主席,一为中国政府代表,另一则为中共代表。美驻华大使馆参赞罗伯森氏充任主席,以迄本年秋间返国时为止。该执行部为了在各地进行工作起见,又在各地普遍设立执行小组,每一小组由美方、政府及中共官员各一人主持。他们驰赴所有战斗未停止或相持不下的危险地点,设法实现停战令,他们常在极困苦的危险的情形下进行工作。执行部和执行小组中的政府和中共官员的合作程度是一大证明,显示国共争执虽达二十年之久,两党仍不无合作的可能。

政治方面也有同样的进展。1 月 10 日政治协商会议开幕,国共与若干小政党代表均与会。在三星期内的直接讨论后,政协已获致一连串富有政治家风度的关于重要的政治和军事问题的协议。该协议规定由各党派的代表组织一过渡性的联合政府,规定在召开国民大会以前,沿着民主路线修改宪草;并规定裁减国共双方军队,以便将来合并成一小规模的现代化的名符其实的国军,对代表人民的政府负责。

3 月间,马歇尔将军回到美国,他报告这些协定成立后,中国人民对于和平与团结所获得的重要进展。他也指出了除非中国的经济上分崩离析现象得以立即中止,而尤其是除非全国运输机构得以恢复活动,这些协定无法顺利地付诸实施。政治的团结是不能在紊乱的经济上面建立起来的。美国政府一如其在全世界其他受战争蹂躏的地区所做的一样,已经批准以若干小额贷款贷予中国政府,以便供应紧急的善后复兴的需要。六项特种借款总共计达六千六百万美元,主要的是购买原棉、修理船只和修理铁路的器材。但是这些紧急措施并不能适合需要。一如马歇尔将军的报告,在协定中中国方面于工作上获有重要进展以后,进出口银行另外指拨五亿美元,充作可能的另一笔贷款,依照各个计划逐步完成的原则,贷予中国政府机构和私人企业。至于此项贷款实际上能否拨给,显然将依据 1945 年 12 月 15 日美国政府所阐明的政策而决定,截止现在为止,这一笔五亿美元的借款,仍在指拨项下,但未拨出。

在广大的援助被阻滞的时候,美国政府曾完成了其对中国的战时租借诺言。美国曾给予中国以租借的援助,以帮助中国作战抗日,随后并履行诺言,以协助中国收复日本占领的地区。援助的种类计有货物、配备和服务数类。其中一半是服务性质的援助,包括从空中运输和海上运输军队。据最近报告中的数字,直至对日战争胜利日为止,美方对华的租借援助总值约为八亿七千万美元,从对日战争胜利日起以迄2月底即在马歇尔将军抵华以后,总值约为六亿美元。其中大部分为用于运输方面的费用。自此以后,租借计划即经减少,以完成未完的义务为限,在后来,其中大多数是中止了的。

根据我们和中国为了清理剩余物资所成立的协议,使我们清偿了许多账目而处理了很多的剩余物资。而中国亦掌有了相当大量的民用物资。在战争时期内,中国政府以国币供给美军,从事建造设备,供养军队和其他用途。战事结束时,这方面的债务达一千五百万亿法币,因为继续不断的中国通货膨胀,我们无从决定这笔款项折合美元后确切的价值。

中国同意购买中国境内和太平洋十七个岛屿与基地全部美国剩余物资,仅有若干例外。购买剩余物资的协定事先经过了六个月的谈判,终于在8月间订立。处理剩余物资的工作,在欧洲已经结束,太平洋方面结束这种工作诚是迫切的事,尤其是在热带性气候下,露天仓库中的物资每易损坏,且中国亦极需此项剩余物资,希望交易成功,以部分地减轻中国人民所遭受的严重的经济困难。剩余物资之中,在中国境外的美方飞机、一切未解除武装的作战物资和固定设备均不在购买之列,因此,该协定不致使任何武器流为内战之用。

除三千万美元外,中国政府注销全部我们挪用的以国币计算的债务,并同意划出相当于三千五百万美元之款项,充为美政府在中国境内之用度,和购置或改善我们外交使领方面所需要之建筑物和资产之用,并另外划出二千万美元,充为实施文化教育计划之用。

在4月间马歇尔将军再度抵华之前,种种迹象显示停战协定曾被藐视。执行总部及其小组的诚挚与不屈不挠的努力,结果,使多处地方性冲突归于停止,千万人的生命亦因此得免于难。然而新冲突仍不断发生,共军占领长春后,东北亦因而陷入混乱的危机中,国民政府又未完全同意派遣执行小组到长春去。

政治方面情形的变化也同样使人失望,国共双方的谈判虽然一而再地重开,但是也一而再地决裂,谈判最后成功的希望虽未完全消失,但是 1 月和 2 月间所获致的协议,都未见实现。自从那时起若干中国党派亦未能及时实行政治协商会议上达成的决议。

在其他方面,也有令人兴奋的进步。尤其是肃清在华的日本人。依照盟国协议,中国应负责解除在中国、台湾以及法属印度支那北纬十六度以北地区所有日方军事人员的武器,并且遣送日本侨民和军事人员返国。我们的政府同意在这任务方面,协助中国。这项工作的范围极广,等待遣送出境的日人一共有三百万之多,其中一半是海陆军人员。海上和铁路交通已被毁坏,或是陷于停顿,港口的设备也遭受到严重的损坏,而且积满了救济物资和其他物资。日人必须被解除武装,集中后送至最近的港口。在若干地区,距离海岸港口是很遥远的。在各个港口并经逐一检查所有日人并予以体格检验,注射防疫针,在各港口成立隔离的集中营,以便应付传染病,如亚洲霍乱等,最后,这三百万人都要由海路运回日本。

美国军队帮助了解除日军武装的工作。军事调处执行部和它的小组完成复杂的程序,使日军能够通过内战的地带并从内战的区域转移至登船海口。美方军队并且参加在港口方面的检查工作,美军医疗队并指导一切打针和其他医药工作,最后在驻扎在日本的麦克阿瑟将军统辖下的美国的和日本的船只和第七舰队的许多美国海军船只,把这很大的人数运往日本的港口。

在去年年底,被遣送回国的日人约达二十万人。他们每日离开中国港口的约有二千五百人,至今年 3 月,因为美军和中国当局的迅速的和积极的努力,遣送日人离境的速率,增至每日在二万人以上。到 11 月为止,遣送离境的日人计达二百九十八万六千四百三十八人,而此项计划遂告完成。除了在满洲若干地区日人数目不明而外,仅仅战犯和中国政府所认为必须保留的一些技术人员被留下来了。纵然有内战、交通的被破坏和其他的困难,这伟大的任务终于完成了,这将永久成为中美两国为共同目标而合作的卓越例子。

各方对去年美军驻华，多有议论。去年秋间驻华美军为数相当庞大，实在有其必要，因为谁都不敢预测中国境内日军服从投降条约到什么地步。我们必须在有困难时派有适当的军队协助中国，当事实显示中国军队已能对付投降日军时，驻华美军就立即开始复员。

美军的主要职责为协助遣送日人离境。这种工作由于各地情况不同而延长。军事调处执行部和执行小组关于美国人员的工作需要大批美籍人士，尤其是因为重要的无线电和其他通讯工作几乎全是由美方供应的。军事调处执行部设在北平，距离海岸有一百哩，而且处于有可能发生地方冲突的地区。因此，美方之另一个责任，就是保护军事调处执行部的供应线。日军投降后美军的另一任务为提供必需之保护，俾使天津东北方之大煤矿所生产之煤，能抵达海口，以便供应华中各城市和各铁路线之用。这种煤斤是防止华中工业区崩溃所必需的。我们的海军陆战队于9月底始退出这种任务。其他美军的任务，则为寻觅对日作战期间在中国阵亡美军的遗体和坟墓。此外更有其他的美军须要守卫美方的建筑设备和储藏设备的仓库，并设法运回美国或作为剩余物资而出售之。

一年前美军驻华的军力达最高峰时为十一万三千人，今日，驻华美军数目已减少至一万二千人以下。其中包括直接参加军事调处执行部的美军二千人。驻华美军数目将更事减少，直至为供应并保护执行部和青岛的美军飞机场与仓库所必需之最低人数为止。

如此，在过去一年内，我们圆满成功地协助了中国遣送日人离境，并能陆续调遣大部的美国驻军返国。我们在协助中国接收日本占领地区方面也尽了相当的力量。我们曾采取若干经济援助的紧急步骤，以防止中国经济的崩溃，并且已经清理了我们自身战时在中国的财政支出。

中国迄今未能以和平的方法臻于团结实是一大憾事。因为马歇尔将军明白问题的严重性和获致解决方案的重要性，他甚至在谈判已由中共破裂的情形下，仍坚守他的岗位。在中国走向和平和真正民主的政府时,我们将继续协助中国。

一年前本政府所表示的观点,今日仍然是正确有效的,2 月间所同意的政治协商会议的决议案是健全的,自从 4 月份以来的战事发展已使 2 月间达成的军事整编协定难于实施,惟其中的一般原则基本上是健全的。

中国是一个主权完整的国家。我们承认这个事实,我们并且承认中国的国民政府。我们仍继续希望中国政府将获致一个和平的决策,我们曾发誓不干涉中国的内政,我们的立场是明确的。当避免被卷入中国内战之际,我们将维持我们的政策,协助中国人民争取国家和平和经济的复兴。

至于提出了的,关于建设性的援助中国的方案,我们都将予以审慎而且同情的考虑。例如最近经中国政府的要求而派遣的,在加利福尼亚州立大学副校长兼农学院院长赫济生领导下的中国农业访问团,即是这种建设性的援助的一个例子。还组织了一个中美联合农业技术团,其中包括了赫济生的访问团。中美联合农业技术团花费了四个多月的时间,研究农村问题。该团的建议已提供与中国政府。我们并准备协助中国实施该建议。当中国的情况有了改进之后,我们并准备考虑协助以进行其他与内战无关的计划,以鼓励中国经济重建和改革,从而增进中美两国商人之间的商务关系。

我们认为我们对中国的希望是完全和中国人民自身的最殷切愿望相符合的。所以,我们应继续我们的积极而且切合实际的对华政策,这种政策是基于完全尊重中国的国家主权和我们对中国人民的传统友谊的,这种政策的目标并在于促进国际间的和平。

《中美关系资料汇编》第一辑,第 701—706 页

顾维钧致宋子文转呈蒋介石电

华盛顿,1947 年 1 月 7 日

密。加码。子文兄:此次马歇尔宣言,大致不出弟今春所料,仍归

咎国共双方,致我国统一未能完全达到,并希望政府及各反对党中开明份子出掌政权,在委座领导下,由良好政府途径达到统一目的云云。再共和党领袖范氏告弟,美对中共现已洞揭其奸,美政府政策应将对华政策澈底修改,但我政府亦须澈底改良,希望委座与兄能将一切富于封建思想之各份子及贪污无能要人清除,代以开明廉洁干练人物,俾转移美国人民之视听,使美政府为尽力协助我国一切建设云。再顷白宫发表国务卿贝恩斯辞职,由马歇尔继任,并以奉闻,馀续陈。弟维钧叩,虞酉(七日)。

蒋主席批示:阅。

《战后中国》第 3 册,第 268 页

2. 美国结束军调处

南京美国大使馆致蒋介石声明译文
1947 年 1 月 29 日

美国政府现已决定结束其与三人会议及北平军事调处执行部之关系。该执行部系于一九四六年一月应马歇尔将军之建议而成立者,执行部之美方将容许必要之时间,并给予援助,以遣送中共人员归还中共地区。南京美国大使馆。一九四七年一月二十九日。

《战后中国》第 3 册,第 269—270 页

蒋介石致蔡文治①电
1947 年 1 月 29 日

(衔略)美国撤销执行部之提议,我方可表示谅解之意。但对于马歇尔将军与吉伦将军等友人协助我国和平之努力与精诚,殊为感激。尤其为此工作而牺牲之美国友人,其精神更为崇敬难忘。然如何结束

---

① 时任军事调处执行部参谋长。

业务，与如何遣回共党人员，应与吉伦将军切实协商，拟议办法，详报后再定。但以上之意，可由弟作私人非正式表示，至于正式答复，当由我政府与美政府直接办理也。

《战后中国》第3册，第270页

国民政府解散三人小组及军事调处执行部之声明

1947年1月30日

蒋主席昨已接到司徒雷登博士之通知，谓美国政府已决定与三人小组及北平军事调处执行部解除关系。近三月来我政府曾为停战与和谈作种种之努力，以期三人小组及军调部不致被迫放弃其工作，不幸我政府之一切提议因中共之坚闭固拒，均归无效，我政府现遂无法使有第三者参加之调停机构继续维持其工作，引为无限遗憾。马歇尔将军及军调部美方人员在过去一年间所为之努力，与所受之辛苦，我政府对之惟有深挚之感谢。

附：吴鼎昌致司徒雷登函

——民国三十六年(一九四七)一月三十日

兹为贵国政府声明决定与三人小组及北平军事调处执行部解除关系一事，国民政府特于本日发表声明。兹将该声明原文抄送查照，此致司徒雷登大使阁下。国民政府文官长吴鼎昌(印)。三十六年一月三十日。

《战后中国》第3册，第271页